D1922831

Polizei- und Ordnungsrecht Nordrhein-Westfalen

Hemmer/Wüst/Dr. Dr. Christensen/Dr. Kübbeler

Juristisches Repetitorium hemmer

Augsburg - Bayreuth - Berlin - Bielefeld - Bochum - Bonn - Bremen - Dortmund
Düsseldorf - Erlangen - Essen - Frankfurt/M. - Freiburg - Gießen - Göttingen - Greifswald
Halle - Hamburg - Hannover - Heidelberg - Jena - Kiel - Koblenz - Köln - Konstanz
Leipzig - Mainz - Marburg - München - Münster - Nürnberg - Osnabrück - Passau
Potsdam - Regensburg - Rostock - Saarbrücken - Stuttgart - Trier - Tübingen - Würzburg

Unsere Hauptkurse Zivilrecht - Öffentliches Recht - Strafrecht

Ab dem 5. - 6. Semester werden Sie sich erfahrungsgemäß für unsere Examensvorbereitungskurse interessieren. Hören Sie kostenlos Probe und besuchen Sie unsere Infoveranstaltungen.

Im Repetitorium gilt dann: Lernen am examenstypischen Fall! Wir orientieren uns am Niveau des Examensfalls!

Gemäß unserem Berufsverständnis als Repetitoren vermitteln wir Ihnen nur das, worauf es ankommt: Wie gehe ich bestmöglich mit dem großen Fall, dem Examensfall, um. Aus diesem Grund konzentrieren wir uns nicht auf Probleme in einzelnen juristischen Teilbereichen. Bei uns lernen Sie, mit der Vielzahl von Rechtsproblemen fertig zu werden, die im Examensfall erkannt und zu einem einheitlichen Ganzen zusammengesetzt werden müssen („Struktur der Klausur"). Verständnis für das Ineinandergreifen der Rechtsinstitute und die Entwicklung eines Problembewusstseins sind aber zur Lösung typischer Examensfälle notwendig.

Ausgangspunkt unseres erfolgreichen Konzepts ist die generelle Problematik der Klausur oder Hausarbeit: Der Bearbeiter steht bei der Falllösung zunächst vor einer Dekodierungs- (Entschlüsselungs-) und dann vor einer (Ein-) Ordnungsaufgabe: Der Examensfall kann nur mit juristischem Verständnis und dem entsprechenden Begriffsapparat gelöst werden. Damit muss Wissen von vorneherein unter Anwendungsgesichtspunkten erworben werden. Abstraktes, anwendungsunspezifisches Lernen genügt nicht.

Man hofft auf die leichten Rezepte, die Schemata und den einfachen Rechtsprechungsfall. Die unnatürlich klare Zielsetzung der Schemata lässt aber keine Frage offen und suggeriert eine Einfachheit, die im Examen nicht besteht. Auch bleibt die der Falllösung zugrunde liegende juristische Argumentation auf der Strecke. Mit einer solchen Einstellung wird aber die korrekte, sachgerechte Lösung von Klausur und Hausarbeit verfehlt.

Ersteller als „imaginärer Gegner"

Der Ersteller des Examensfalls hat auf verschiedene Problemkreise und ihre Verbindung geachtet. Diesen Ersteller muss der Student als imaginären Gegner bei seiner Falllösung berücksichtigen. Er muss also versuchen, sich in die Gedankengänge, Annahmen und Ideen des Erstellers hineinzudenken und dessen Lösungsvorstellung wie im Dialog möglichst nahe zu kommen. Dazu gehört auch der Erwerb von Überzeugungssystemen, Denkmustern und ethischen Standards, die typischerweise und immer wieder von Klausurenerstellern den Examensfällen zugrunde gelegt werden.

Wir fragen daher konsequent bei der Falllösung:

Was will der Ersteller des Falls („Sound")?

Welcher „rote Faden" liegt der Klausur zugrunde („mainstreet")?

Welche Fallen gilt es zu erkennen?

Wie wird bestmöglicher Konsens mit dem Korrektor erreicht?

Wer sich überwiegend mit Grundfällen und dem Auswendiglernen von Meinungen beschäftigt, dem fehlt zum Schluss die Zeit, Examenstypik einzutrainieren. Es droht das Schreckgespenst des „Subsumtionsautomaten". Examensfälle zu lösen ist eine praktische und keine theoretische Aufgabe.

Spezielle Ausrichtung auf Examenstypik

Die Thematik der Examensfälle ist bei uns auffällig häufig vorher im Kurs behandelt worden. Auch in Zukunft ist damit zu rechnen, dass wir mit Ihnen innerhalb unseres Kurses die examenstypischen Kontexte besprechen, die in den nächsten Prüfungsterminen zu erwarten sind.

Schon beim alten Seneca galt: „Wer den Hafen nicht kennt, für den ist kein Wind günstig". Vertrauen Sie auf unsere Expertenkniffe. Seit 1976 analysieren wir Examensfälle und die damit einhergehenden wiederkehrenden Problemfelder. Problem erkannt, Gefahr gebannt. Die „hemmer-Methode" setzt richtungsweisende Maßstäbe und ist Gebrauchsanweisung für Ihr Examen.

Das Repetitorium hemmer ist bekannt für seine Spitzenergebnisse. Sehen Sie dieses Niveau als Anreiz für Ihr Examen. Orientieren Sie sich nach oben, nicht nach unten.

Unsere Hauptaufgabe sehen wir aber nicht darin, nur Spitzennoten zu produzieren: Wir streben auch für Sie ein solides Prädikatsexamen an. Regelmäßiges Training an examenstypischem Material zahlt sich also aus.

Gehen Sie mit dem sicheren Gefühl ins Examen, sich richtig vorbereitet zu haben. Gewinnen Sie mit der „HEMMER-METHODE".

www.hemmer.de

Juristisches Repetitorium hemmer

Mergentheimer Str. 44 / 97082 Würzburg
Tel.: 0931-7 97 82 30 / Fax: 0931-7 97 82 34

Ihre Online-Recherche: So leicht ist es, bequem von überall – zu Hause, im Zug, in der Uni – zu recherchieren. Ob Sie einen Gesetzestext suchen, Entscheidungen aus allen Gerichtsbarkeiten, zitierte und zitierende Rechtsprechung, Normen, Kommentare oder Aufsätze – **juris by hemmer** bietet Ihnen weitreichend verlinkte Informationen auf dem aktuellen Stand des Rechts.

Erfahrung trifft Erfahrung

juris verfügt inzwischen über mehr als dreißig Jahre Erfahrung in der Bereitstellung und Aufbereitung von Rechtsinformationen und war der erste, der digitale Rechtsinformationen angeboten hat. hemmer bildet seit 1976 Juristen aus. Das umfassende Lernprogramm des Marktführers bereitet gezielt auf die Staatsexamina vor. Jetzt ergänzt durch die intuitive Online-Recherche von juris.

Nutzen Sie die durch das Kooperationsmodell von **juris by hemmer** geschaffene Möglichkeit: Für die Scheine, vor dem Examen die neuesten Entscheidungen abrufen, schnelle Vorbereitung auf die mündliche Prüfung, bequemes Nachlesen der Originalentscheidung passend zur Life&LAW und den hemmer-Skripten. So erleichtern Sie sich durch frühzeitigen Umgang mit Onlinedatenbanken die spätere Praxis. Schon für Referendare ist die Online-Recherche unentbehrlich. Erst recht für den Anwalt oder im Staatsdienst ist der schnelle Zugriff obligatorisch. hemmer hat ein umfassendes juris-Paket geschnürt: Über 800.000 Entscheidungen, der juris PraxisKommentar zum BGB und Fachzeitschriften zu unterschiedlichen Rechtsgebieten ermöglichen eine Voll-Recherche!

Das „juris by hemmer"-Angebot für hemmer.club-Mitglieder

So einfach ist es, **juris by hemmer** kennenzulernen:

***Ihr Vorteil:** 6 Monate kostenfrei für alle Teilnehmer/-innen des hemmer Haupt-, Klausuren- oder Individualkurses oder des Assessorkurses, die sich während dieser Kursteilnahme anmelden und gleichzeitig hemmer.club-Mitglied sind. Die Mitgliedschaft im hemmer.club ist kostenlos.

Danach nur 2,90 € monatlich, solange Sie Jurastudent oder Rechtsreferendar sind. Voraussetzung ist auch dann die Mitgliedschaft im hemmer.club. Auch für alle hemmer.club-Mitglieder, die nicht (mehr) Kursteilnehmer sind, gilt unser Angebot: nur 2,90 € monatlich, solange Sie Jurastudent oder Rechtsreferendar sind. Kündigung jederzeit zum Monatsende möglich.

Jetzt anmelden unter „juris by hemmer": www.hemmer.de

KURSORTE IM ÜBERBLICK

AUGSBURG
Wüst
Mergentheimer Str. 44
97082 Würzburg
Tel.: (0931) 79 78 230
Fax: (0931) 79 78 234
Mail: augsburg@hemmer.de

BAYREUTH
Daxhammer/d´Alquen
Parkweg 7
97944 Boxberg
Tel.: (07930) 99 23 38
Fax: (07930) 99 22 51
Mail: bayreuth@hemmer.de

BERLIN-DAHLEM
Gast
Schumannstraße 18
10117 Berlin
Tel.: (030) 240 45 738
Fax: (030) 240 47 671
Mail: mitte@hemmer-berlin.de

BERLIN-MITTE
Gast
Schumannstraße 18
10117 Berlin
Tel.: (030) 240 45 738
Fax: (030) 240 47 671
Mail: mitte@hemmer-berlin.de

BIELEFELD
Lück
Salzstr. 14/15
48143 Münster
Tel.: (0251) 67 49 89 70
Fax.: (0251) 67 49 89 71
Mail: bielefeld@hemmer.de

BOCHUM
Schlömer/Sperl
Salzstr. 14/15
48143 Münster
Tel.: (0251) 67 49 89 70
Fax.: (0251) 67 49 89 71
Mail: bochum@hemmer.de

BONN
Ronneberg/Clobes/Geron
Meckenheimer Allee 148
53115 Bonn
Tel.: (0228) 91 14 125
Fax: (0228) 91 14 141
Mail: bonn@hemmer.de

BREMEN
Kulke/Hermann
Mergentheimer Str. 44
97082 Würzburg
Tel.: (0931) 79 78 257
Fax: (0931) 79 78 240
Mail: bremen@hemmer.de

DRESDEN
Stock
Zweinaundorfer Str. 2
04318 Leipzig
Tel.: (0341) 6 88 44 90
Fax: (0341) 6 88 44 96
Mail: dresden@hemmer.de

DÜSSELDORF
Ronneberg/Clobes/Geron
Meckenheimer Allee 148
53115 Bonn
Tel.: (0228) 91 14 125
Fax: (0228) 91 14 141
Mail: duesseldorf@hemmer.de

ERLANGEN
Grieger/Tyroller
Mergentheimer Str. 44
97082 Würzburg
Tel.: (0931) 79 78 230
Fax: (0931) 79 78 234
Mail: erlangen@hemmer.de

FRANKFURT/M.
Geron
Dreifaltigkeitsweg 49
53489 Sinzig
Tel.: (02642) 61 44
Fax: (02642) 61 44
Mail: frankfurt.main@hemmer.de

FRANKFURT/O.
Gast
Schumannstraße 18
10117 Berlin
Tel.: (030) 240 45 738
Fax: (030) 240 47 671
Mail: mitte@hemmer-berlin.de

FREIBURG
Behler/Rausch
Rohrbacher Str. 3
69115 Heidelberg
Tel.: (06221) 65 33 66
Fax: (06221) 65 33 30
Mail: freiburg@hemmer.de

GIEßEN
Sperl
Parkweg 7
97944 Boxberg
Tel.: (07930) 99 23 38
Fax: (07930) 99 22 51
Mail: giessen@hemmer.de

GÖTTINGEN
Schlömer/Sperl
Kirchhofgärten 22
74635 Kupferzell
Tel.: (07944) 94 11 05
Fax: (07944) 94 11 08
Mail: goettingen@hemmer.de

GREIFSWALD
Joh. Lück
c/o HLS Rechtsanwälte
Knieperstraße 20 / Alter Markt
18439 Stralsund
Tel.: (0381) 3 77 74 00
Fax: (0381) 3 77 74 01
Mail: greifswald@hemmer.de

HALLE
Luke
Rödelstr. 13
04229 Leipzig
Tel.: (0341) 49 25 54 70
Fax: (0341) 49 25 54 71
Mail: halle@hemmer.de

HAMBURG
Schlömer/Sperl
Steinhöft 5-7
20459 Hamburg
Tel.: (040) 317 669 17
Fax: (040) 317 669 20
Mail: hamburg@hemmer.de

HANNOVER
Daxhammer/Sperl
Matzenhecke 23
97204 Höchberg
Tel.: (0931) 400 337
Fax: (0931) 404 3109
Mail: hannover@hemmer.de

HEIDELBERG
Behler/Rausch
Rohrbacher Str. 3
69115 Heidelberg
Tel.: (06221) 65 33 66
Fax: (06221) 65 33 30
Mail: heidelberg@hemmer.de

JENA
Richard Weber
c/o Kanzlei Luke
Rödelstr. 13
04229 Leipzig

Mail: jena@hemmer.de

KIEL
Schlömer/Sperl
Kirchhofgärten 22
74635 Kupferzell
Tel.: (07944) 94 11 05
Fax: (07944) 94 11 08
Mail: kiel@hemmer.de

KÖLN
Ronneberg/Clobes/Geron
Meckenheimer Allee 148
53115 Bonn
Tel.: (0228) 91 14 125
Fax: (0228) 91 14 141
Mail: koeln@hemmer.de

KONSTANZ
Guldin/Kaiser
Hindenburgstr. 15
78467 Konstanz
Tel.: (07531) 69 63 63
Fax: (07531) 69 63 64
Mail: konstanz@hemmer.de

LEIPZIG
Luke
Rödelstr. 13
04229 Leipzig
Tel.: (0341) 49 25 54 70
Fax: (0341) 49 25 54 71
Mail: leipzig@hemmer.de

MAINZ
Geron
Dreifaltigkeitsweg 49
53489 Sinzig
Tel.: (02642) 61 44
Fax: (02642) 61 44
Mail: mainz@hemmer.de

MANNHEIM
Behler/Rausch
Rohrbacher Str. 3
69115 Heidelberg
Tel.: (06221) 65 33 66
Fax: (06221) 65 33 30
Mail: mannheim@hemmer.de

MARBURG
Sperl
Parkweg 7
97944 Boxberg
Tel.: (07930) 99 23 38
Fax: (07930) 99 22 51
Mail: marburg@hemmer.de

MÜNCHEN
Wüst
Mergentheimer Str. 44
97082 Würzburg
Tel.: (0931) 79 78 230
Fax: (0931) 79 78 234
Mail: muenchen@hemmer.de

MÜNSTER
Schlömer/Sperl
Salzstr. 14/15
48143 Münster
Tel.: (0251) 67 49 89 70
Fax.: (0251) 67 49 89 71
Mail: muenster@hemmer.de

OSNABRÜCK
Fethke
Liebknechtstr. 35
99086 Erfurt
Tel.: (0541) 18 55 21 79
Fax.: ---
Mail: osnabrueck@hemmer.de

PASSAU
Köhn/Rath
Mergentheimer Str. 44
97082 Würzburg
Tel.: (0931) 79 78 230
Fax: (0931) 79 78 234
Mail: passau@hemmer.de

POTSDAM
Gast
Schumannstraße 18
10117 Berlin
Tel.: (030) 240 45 738
Fax: (030) 240 47 671
Mail: mitte@hemmer-berlin.de

REGENSBURG
Daxhammer/d´Alquen
Parkweg 7
97944 Boxberg
Tel.: (07930) 99 23 38
Fax: (07930) 99 22 51
Mail: regensburg@hemmer.de

ROSTOCK
Joh. Lück
c/o HLS Rechtsanwälte
Knieperstraße 20 / Alter Markt
18439 Stralsund
Tel.: (0381) 3 77 74 00
Fax: (0381) 3 77 74 01
Mail: rostock@hemmer.de

SAARBRÜCKEN
Bold/Hein/Issa
Preslesstraße 2
66987 Thaleischweiler-Fröschen
Tel.: (06334) 98 42 83
Fax: (06334) 98 42 83
Mail: saarbruecken@hemmer.de

TRIER
Geron
Dreifaltigkeitsweg 49
53489 Sinzig
Tel.: (02642) 61 44
Fax: (02642) 61 44
Mail: trier@hemmer.de

TÜBINGEN
Guldin/Kaiser
Hindenburgstr. 15
78465 Konstanz
Tel.: (07531) 69 63 63
Fax: (07531) 69 63 64
Mail: tuebingen@hemmer.de

WÜRZBURG - ZENTRALE -
Mergentheimer Str. 44
97082 Würzburg
Tel.: (0931) 79 78 230
Fax: (0931) 79 78 234
Mail: wuerzburg@hemmer.de

ASSESSORKURSORTE IM ÜBERBLICK

BAYERN

WÜRZBURG/MÜNCHEN/NÜRNBERG/ REGENSBURG/POSTVERSAND

RA I. Gold
Mergentheimer Str. 44
97082 Würzburg
Tel.: (0931) 79 78 2-50
Fax: (0931) 79 78 2-51
Mail: assessor@hemmer.de

BADEN-WÜRTTEMBERG

KONSTANZ/TÜBINGEN/ POSTVERSAND

Rae F. Guldin/B. Kaiser
Hindenburgstr. 15
78467 Konstanz
Tel.: (07531) 69 63 63
Fax: (07531) 69 63 64
Mail: konstanz@hemmer.de

STUTTGART

Rae R. Rödl / A. Baier
Mergentheimerstr. 44
97082 Würzburg
Tel. 0931-7978230
Fax. 0931-7978234
Mail: stuttgart@hemmer.de

BERLIN/POTSDAM/BRANDENBURG

BERLIN

RA L. Gast
Schumannstr. 18
10117 Berlin
Tel.: (030) 24 04 57 38
Fax: (030) 24 04 76 71
Mail: mitte@hemmer-berlin.de

BREMEN/HAMBURG

HAMBURG/POSTVERSAND

Rae M. Sperl/Clobes/Dr.Schlömer
Kirchhofgärten 22
74635 Kupferzell
Tel.: (07944) 94 11 05
Fax: (07944) 94 11 08
Mail: assessor-nord@hemmer.de

HESSEN

FRANKFURT

RA A. Geron
Dreifaltigkeitsweg 49
53489 Sinzig
Tel.: (02642) 61 44
Fax: (02642) 61 44
Mail: frankfurt.main@hemmer.de

MECKLENBURG-VORPOMMERN

POSTVERSAND

Ludger Burke/Johannes Lück
Buchbinderstr. 17
18055 Rostock
Tel.: (0381) 37 77 40 0
Fax: (0381) 37 77 40 1
Mail: rostock@hemmer.de

RHEINLAND-PFALZ

POSTVERSAND

RA A. Geron
Dreifaltigkeitsweg 49
53489 Sinzig
Tel.: (02642) 61 44
Fax: (02642) 61 44
Mail: trier@hemmer.de

NIEDERSACHSEN

HANNOVER

RAe M. Sperl/Dr. Schlömer
Steinhöft 5 - 7
20459 Hamburg
Tel.: (040) 317 669 17
Fax: (040) 317 669 20
Mail: assessor-nord@hemmer.de

HANNOVER POSTVERSAND

RAe M. Sperl/Clobes/Dr. Schlömer
Kirchhofgärten 22
74635 Kupferzell
Tel.: (07944) 94 11 05
Fax: (07944) 94 11 08
Mail: assessor-nord@hemmer.de

NORDRHEIN-WESTFALEN

KÖLN/BONN/DORTMUND/DÜSSELDORF/ POSTVERSAND

Dr. A. Ronneberg
Meckenheimer Allee 148
53113 Bonn
Tel.: (0228) 91 14 125
Fax: (0228) 91 14 141
Mail: koeln@hemmer.de

SCHLESWIG-HOLSTEIN

POSTVERSAND

RAe M. Sperl/Clobes/Dr. Schlömer
Kirchhofgärten 22
74635 Kupferzell
Tel.: (07944) 94 11 05
Fax: (07944) 94 11 08
Mail: assessor-nord@hemmer.de

THÜRINGEN

POSTVERSAND

RA Stock, RA Hunger & Kollegen
Zweinaundorfer Str. 2
04318 Leipzig
Tel.: (0341) 6 88 44 90 oder -93
Fax: (0341) 6 88 44 96
Mail: dresden@hemmer.de

SACHSEN

DRESDEN/LEIPZIG/POSTVERSAND

RA Stock, RA Hunger & Kollegen
Zweinaundorfer Str. 2
04318 Leipzig
Tel.: (0341) 6 88 44 90 oder -93
Fax: (0341) 6 88 44 96
Mail: dresden@hemmer.de

SACHSEN-ANHALT

POSTVERSAND

RA Stock, RA Hunger & Kollegen
Zweinaundorfer Str. 2
04318 Leipzig
Tel.: (0341) 6 88 44 90 oder -93
Fax: (0341) 6 88 44 96
Mail: dresden@hemmer.de

Polizei- und Ordnungsrecht Nordrhein-Westfalen mit der **hemmer-Methode**

Wer in vier Jahren sein Studium abschließen will, kann sich einen Irrtum in Bezug auf Stoffauswahl und -aneignung nicht leisten. Hoffen Sie nicht auf leichte Rezepte und den einfachen Rechtsprechungsfall. Hüten Sie sich vor Übervereinfachung beim Lernen. Stellen Sie deswegen frühzeitig die Weichen richtig.

Das **Polizei- und Ordnungsrecht** hat in Nordrhein-Westfalen eine lange Examenstradition. Meist werden ähnliche Problemkreise wie Versammlungsrecht oder Überprüfung einer ordnungsrechtlichen Verordnung in den Examina geprüft. Häufig werden aber auch aktuelle Probleme wie z.B. die Obdachlosenfälle in Examensklausuren integriert. Da in vieler Hinsicht Besonderheiten und Abweichungen vom allgemeinen Verwaltungsrecht bestehen, orientiert sich das Skript an den typischen Klausurvarianten und stellt diese in ihrer spezifischen Systematik dar. Die materiell-rechtlichen Probleme werden dadurch an der Stelle problematisiert, wo sie in der Klausur zu behandeln sind.

Die **hemmer-Methode** vermittelt Ihnen die **erste richtige Einordnung** und das **Problembewusstsein**, welches Sie brauchen, um an einer Klausur bzw. dem Ersteller nicht vorbeizuschreiben. Häufig ist dem Studenten nicht klar, warum er schlechte Klausuren schreibt. Wir geben Ihnen **gezielte Tipps**! Vertrauen Sie auf unsere **Expertenkniffe**.

Durch die ständige Diskussion mit unseren Kursteilnehmern ist uns als erfahrenen Repetitoren klar geworden, welche **Probleme** der Student hat, sein **Wissen anzuwenden**. Wir haben aber auch von unseren Kursteilnehmern profitiert und von ihnen erfahren, welche **Argumentationsketten** in der Prüfung zum Erfolg geführt haben.

Die **hemmer-Methode** gibt **jahrelange Erfahrung** weiter, erspart Ihnen viele schmerzliche Irrtümer, setzt richtungsweisende Maßstäbe und begleitet Sie als **Gebrauchsanweisung** in Ihrer Ausbildung:

1. Grundwissen:

Die **Grundwissenskripten** sind für den Studenten in den ersten Semestern gedacht. In den Theoriebänden Grundwissen werden leicht verständlich und kurz die wichtigsten Rechtsinstitute vorgestellt und das notwendige Grundwissen vermittelt. Die Skripten werden durch den jeweiligen Band unserer **Reihe „Die wichtigsten Fälle“** ergänzt.

2. Basics:

Das Grundwerk für Studium und Examen. Es schafft schnell **Einordnungswissen** und mittels der hemmer-Methode richtiges Problembewusstsein für Klausur und Hausarbeit. Wichtig ist, **wann und wie** Wissen in der Klausur angewendet wird.

3. Skriptenreihe:

Vertiefendes Prüfungswissen: Über 1.000 Klausuren wurden auf ihre „essentials" abgeklopft. Anwendungsorientiert werden die für die Prüfung nötigen Zusammenhänge umfassend aufgezeigt und wiederkehrende Argumentationsketten eingeübt.

Gleichzeitig wird durch die **hemmer-Methode** auf **anspruchsvollem Niveau** vermittelt, nach welchen Kriterien Prüfungsfälle beurteilt werden. Mit dem Verstehen wächst die Zustimmung zu Ihrem Studium. Spaß und Motivation beim Lernen entstehen erst durch Verständnis.

Lernen Sie, durch Verstehen am juristischen Sprachspiel teilzunehmen. Wir schaffen den „background“, mit dem Sie die innere Struktur von Klausur und Hausarbeit erkennen: **„Problem erkannt, Gefahr gebannt“**. Profitieren Sie von unserem **strategischen Wissen**. Wir werden Sie mit unserem know-how auf das Anforderungsprofil einstimmen, das Sie in Klausur und Hausarbeit erwartet.
Die Theoriebände Grundwissen, die Basics, die Skriptenreihe und der Hauptkurs sind als **modernes, offenes und flexibles Lernsystem** aufeinander abgestimmt und ergänzen sich ideal. Die **studentenfreundliche Preisgestaltung** ermöglicht den **Erwerb als Gesamtwerk**.

4. Hauptkurs:

Schulung am examenstypischen Fall mit der Assoziationsmethode. Trainieren Sie unter professioneller Anleitung, was Sie im Examen erwartet und wie Sie bestmöglich mit dem Examensfall umgehen.

Nur wer die Dramaturgie eines Falles verstanden hat, ist in Klausur und Hausarbeit auf der sicheren Seite! Häufig hören wir von unseren Kursteilnehmern: **„Erst jetzt hat Jura richtig Spaß gemacht“**.

Die Ergebnisse unserer Kursteilnehmer geben uns Recht. Maßstab ist der Erfolg. Die Examensergebnisse zeigen, dass unsere Kursteilnehmer überdurchschnittlich abschneiden.

Die Examensergebnisse unserer Kursteilnehmer können auch Ansporn für Sie sein, intelligent zu lernen: Wer nur auf vier Punkte lernt, landet leicht bei drei.
Lassen Sie sich aber nicht von diesen Supernoten verschrecken, sehen Sie dieses Niveau als Ansporn für Ihre Ausbildung.

Wir hoffen, als Repetitoren mit unserem Gesamtangebot bei der Konkretisierung des Rechts mitzuwirken und wünschen Ihnen **viel Spaß beim Durcharbeiten** unserer Skripten.

Wir würden uns freuen, mit Ihnen als Hauptkursteilnehmer mit der **hemmer-Methode** gemeinsam Verständnis an der Juristerei zu trainieren. Nur wer erlernt, was ihn im Examen erwartet, lernt richtig!

So leicht ist es, uns kennenzulernen: Probehören ist jederzeit in den jeweiligen Kursorten möglich.

Karl-Edmund Hemmer & Achim Wüst

Polizei- und Ordnungsrecht Nordrhein-Westfalen

Hemmer/Wüst/Dr. Dr. Christensen/Dr. Kübbeler

Das Skript ist urheberrechtlich geschützt. Die dadurch begründeten Rechte, insbesondere des Nachdrucks, der Wiedergabe auf photomechanischem oder ähnlichem Wege und der Speicherung in Datenverarbeitungsanlagen bleiben, auch bei nur auszugsweiser Verwertung, der Hemmer/Wüst-Verlagsgesellschaft vorbehalten.

Hemmer/Wüst Verlagsgesellschaft

Hemmer/Wüst/Dr. Dr. Christensen/Dr. Kübbeler, Polizei- und Ordnungsrecht/NRW

ISBN 978-3-86193-698-5
6. Auflage 2018

gedruckt auf chlorfrei gebleichtem Papier
von Schleunungdruck GmbH, Marktheidenfeld

Bohnert	Ordnungswidrigkeitengesetz, 5. Auflage 2016
Dietel/Gintzel/Kniesel	Demonstrations- und Versammlungsfreiheit, 14. Auflage 2005
Dietlein/Burgi/Hellermann	Öffentliches Recht in Nordrhein-Westfalen, 6. Auflage 2016
Drews/Wacke/Vogel/Martens	Gefahrenabwehr, Allgemeines Polizeirecht (Ordnungsrecht) des Bundes und der Länder, 9. Auflage 1998
Erichsen/Ehlers	Allgemeines Verwaltungsrecht, 14. Auflage 2010
Geis	Fälle zum Polizei- und Ordnungsrecht, 2. Auflage 2015
Göhler/König/Seitz	Ordnungswidrigkeitengesetz, Kommentar, 17. Auflage 2017
Götz/Geis	Allgemeines Polizei- und Ordnungsrecht, 16. Auflage 2017
Gusy	Polizei- und Ordnungsrecht, 7. Auflage 2009
Habermehl	Allgemeines Polizei- und Ordnungsrecht, 2. Auflage 1993
Hufen	Verwaltungsprozessrecht, 10. Auflage 2016
Meyer-Goßner	Strafprozessordnung, Kommentar, 60. Auflage 2017
Karlsruher Kommentar	Ordnungswidrigkeitengesetz, 4. Auflage 2014
Knemeyer	Polizei- und Ordnungsrecht, 11. Auflage 2007
Kopp/Schenke	Verwaltungsgerichtsordnung, 23. Auflage 2017
Kopp/Ramsauer	Verwaltungsverfahrensgesetz, 18. Auflage 2017
Kugelmann	Polizei- und Ordnungsrecht, 2. Auflage 2011
Lemke/Mosbacher	Ordnungswidrigkeitengesetz, 2. Auflage 2005
Lisken/Denninger	Handbuch des Polizeirechts, 5. Auflage 2012
Möller/Wilhelm	Allgemeines Polizei- und Ordnungsrecht, 5. Auflage 2003
Pieroth/Schlink/Kniesel	Polizei- und Ordnungsrecht, 9. Auflage 2016

Schenke Polizei- und Ordnungsrecht,
9. Auflage 2016

Schmidt-Aßmann/Schoch Besonderes Verwaltungsrecht
14. Auflage 2008

Schmitt Glaeser/Horn Verwaltungsprozessrecht,
15. Auflage 2007

Schwerdtfeger Öffentliches Recht in der Fallbearbeitung,
14. Auflage 2012

Tegtmeyer Polizeiorganisationsgesetz NRW,
1. Auflage 2004

Wehr Polizeirecht,
Allgemeines Gefahrenabwehrrecht,
3. Auflage 2015

Wolffgang/Hendricks/Merz Polizei- und Ordnungsrecht Nordrhein-Westfalen,
3. Auflage 2011

hemmer/wüst
Verlagsgesellschaft mbH
www.hemmer-shop.de
Mergentheimer Str. 44 / 97082 Würzburg
Tel.: 0931-7 97 82 38 / Fax: 0931-7 97 82 40

1. KAPITEL: EINFÜHRUNG

A. Bedeutung des Polizei- und Ordnungsrechts für den Studenten

Bedeutung der Polizei- und Ordnungsrechtsklausur

Das Polizei- und Ordnungsrecht hat eine nicht unerhebliche Examensrelevanz. 1

Aber auch der Student in den mittleren Semestern wird regelmäßig spätestens in der Übung für Fortgeschrittene mit zumindest einer Klausur aus dem Polizei- oder Ordnungsrecht konfrontiert.

Methode des Skripts

Dieses Skript ist durch seinen besonderen, von Lehrbüchern und anderweitigen Lehrmaterialien abweichenden Aufbau sowohl für den Einsteiger in diese Materie als auch für Kandidaten des Referendarexamens geeignet. Darüber hinaus ist es auch für Referendare zur Vorbereitung auf die Zweite Juristische Staatsprüfung konzipiert. 2

Die grundlegende Innovation im Rahmen dieses Skripts liegt darin, dass, anders als bei herkömmlichen Lehrmaterialien, der *relevante Stoff in* die klausurfalltypischen prozessualen *Klagearten eingearbeitet* ist.

Zum einen ist gerade das Verwaltungsprozessrecht ein (häufig unterschätzter) wesentlicher Bestandteil von Polizei- und Ordnungsrechtsklausuren. Zum anderen ist durch die Darstellung der korrekten Verortung von Problemkreisen in einer Klausur eine verständlichere und somit effizientere Stoffvermittlung möglich.

für Einsteiger v.a. Grundstrukturen von Bedeutung

Der Einsteiger erhält durch das Erarbeiten der übersichtlichen Grundstrukturen, die ihm das Skript darlegt, einen ersten Überblick über das Rechtsgebiet. Er kann daher zunächst einmal die an den Grundaufbau anschließenden Fallvarianten beim ersten Durchgang guten Gewissens übergehen. 3

Der Grundstoff inklusive der vertiefenden Varianten und der Exkurse soll den Studenten auf seinen ersten Kontakt mit dem Landesjustizprüfungsamt vorbereiten. Ihm soll hierdurch eine für das vorliegende Rechtsgebiet *größtmögliche Examenssicherheit* vermittelt werden.

B. Bedeutung des Polizei- und Ordnungsrechts für den Rechtsreferendar

verstärkte Bedeutung im 2. Examen

Dem *Referendar* dient dieses Skript sowohl zur Wiederholung als auch zur notwendigen Vertiefung des Stoffgebietes. Hierzu sind insbesondere die in den Exkursen für Fortgeschrittene und in den Fußnoten näher ausgeführten Sonderproblemkreise gedacht. 4

C. Grundbegriffe

Grundbegriffe des Polizeirechts

Die verschiedenen Polizeibegriffe sowie deren historische Entwicklung sind für das Systemverständnis unerlässlich. Darüber hinaus ist eine Darstellung der wichtigsten einschlägigen Gesetze und des Verhältnisses von Ordnungs- und Polizeibehörden für den ersten Einstieg in die Materie äußerst hilfreich. 5

I. Historische Entwicklung des Polizeibegriffs

hemmer-Methode: Das Wissen um die geschichtliche Entstehung des heutigen Polizeibegriffes dient lediglich dem besseren Verständnis der Materie. Aber Achtung: Sie ist ein beliebtes Thema für die mündliche Prüfung im Referendarexamen. Bei manchen Professoren hat man mit einigen rechtsgeschichtlichen Kenntnissen schnell „einen Stein im Brett“.

Ursprung: griechisch „politeia“

Der Ursprung der Bezeichnung Polizei[1] liegt in der griechischen Vokabel „politeia“, die in den griechischen Stadtstaaten gleichbedeutend mit der Verfassung des Stadtstaates und dem Status der in ihm lebenden Menschen war. „Politeia“ umschrieb somit die gesamte Staatsverwaltung.[2] 6

Der Begriff wurde später von den Römern ins Lateinische („politia“) übernommen. Schon im 14./15. Jahrhundert war er in Frankreich gebräuchlich.

Deutschland, 15. Jahrhundert: „Polizey“

Erst im 15. Jahrhundert tauchte die Bezeichnung „Polizey“ in Deutschland auf. Man verstand zu dieser Zeit darunter den gesamten Bereich einer „guten Ordnung des Gemeinwesens“.[3]

Reduzierung auf „innere Verwaltung“

Während des 17./18. Jahrhunderts trat eine Veränderung des Polizeibegriffes ein. Aus dem globalen Begriff wurden die äußeren Staatsgeschäfte, das Finanzwesen, das Militärwesen und die Justiz ausgegrenzt. Übrig blieb der Bereich, unter dem man heute die Tätigkeit innerer Verwaltung versteht. 7

Bis zur Mitte des 19. Jahrhundert umfasste die Bezeichnung Polizei nun beinahe die gesamte innere Verwaltung, nämlich die Gefahrenabwehr und die sog. Wohlfahrtspflege (Daseinsvorsorge).

Begriffsverengung auf Gefahrenabwehr

Unter dem Einfluss der Aufklärung fand schließlich eine Begriffsverengung auf die Aufgabe der Gefahrenabwehr statt.[4] Den Polizeibehörden verblieben dennoch umfangreiche Eingriffskompetenzen. 8

Man untergliederte die Polizeibehörden intern weitestgehend in die Fachpolizeien als sog. „Verwaltungspolizeien“ und in die „Vollzugspolizei“ für Eilfälle. So entstand das Polizeibehördensystem, das klassisch im preußischen PolizeiverwG vom 1. Juni 1931 normiert wurde.

NS-Regime

Während des Nationalsozialismus wurde der auf die Gefahrenabwehr verengte Polizeibegriff erneut auf die Wohlfahrtspflege ausgeweitet. Die Polizeibehörden wurden zum Instrument der zentralistisch organisierten NS-Diktatur und hatten die Kompetenz zur Betätigung auf allen Gebieten des öffentlichen Lebens. 9

1 Vgl. zu den Wandlungen des Polizeibegriffs: Boldt/Stoleis in Lisken/Denninger (Hrsg.), Handbuch des Polizeirechts, Kap. A, S. 1 bis 41; sowie Götz/Geis, Allg. Polizei- und Ordnungsrecht, § 2, Rn. 1 f.

2 Vgl. hierzu von Unruh, DVBl. 1972, 469.

3 Zur Vertiefung: Knemeyer, AöR Band 92, 153 ff. Die Bezeichnung „Polizey“ wurde erstmals in einer bischöflichen Verordnung von 1476 für die Stadt Würzburg kodifiziert. Ferner fand sie ihren Niederschlag in den Reichspolizeiordnungen von 1530, 1548 und 1577. „Gute Polizey“ umfasste neben der Aufrechterhaltung einer „öffentlichen Sicherheit und Ordnung“ eine Vielzahl von Handlungsanweisungen an die Bürger, z.B. Fragen der Berufsausübung, wirtschaftliche Organisation, Religion, auch zivilrechtliche Vorschriften wie z.B. das Vormundschaftsrecht.

4 Letztlich führte das „Kreuzbergurteil“ des PreußOVG vom 14.6.1882 dazu, dass § 10 II ALR (Allgemeines Landrecht für preußische Staaten von 1794), der der Polizei in einer Generalklausel nur noch die Aufgabe der Gefahrenabwehr zuwies, nun erstmals beachtet wurde. Schon Jahrzehnte vorher hatten die süddeutschen Staaten die Kompetenzen der Polizei auf die Gefahrenabwehr beschränkt. Es wurden für einzelne Fälle der Gefahrenverursachung Übertretungstatbestände geschaffen (so z.B. im bayerischen „Polizeistrafgesetzbuch“ von 1861).

Nachkriegszeit: Entpolizeilichung

Nach dem Zusammenbruch Deutschlands beschlossen die Alliierten im Februar 1945 auf der Konferenz von Jalta, dass im Zuge einer sog. Entpolizeilichung der Verwaltung zum einen die Polizei wieder zur Länderangelegenheit werden sollte. Darüber hinaus wurden die Kompetenzen auf die Gefahrenabwehr zurückgeführt. 10

Trennsystem / Ordnungsbehördensystem

Weiterhin wurde in einigen Bundesländern, so auch in Nordrhein-Westfalen, eine klare, auch behördenmäßige *Trennung der inneren Verwaltung von der Vollzugspolizei* herbeigeführt.[5] 11

Es entstand das *Trennsystem*, auch Ordnungsbehördensystem genannt.

hemmer-Methode: Folge dieses Systems ist die Auftrennung in die Teilgebiete Polizeirecht und Ordnungsrecht. Da auch im Rahmen der Klausur insoweit zu differenzieren ist, wird in diesem Skript
⇨ in Kapitel 2 "Die Polizeirechtsklausur" (Rn. 37 ff.) und
⇨ in Kapitel 3 "Die Ordnungsrechtsklausur" (Rn. 408 ff.) erörtert.

Einheitssystem / Polizeibehördensystem

Dagegen wurde in den übrigen Bundesländern[6] eine einheitliche Polizeiverwaltung i.w.S. beibehalten bzw. später wieder eingeführt. Hier führen sowohl die Behörden der inneren Verwaltung als auch die Vollzugsdienstkräfte die Bezeichnung Polizei. 12

Bezüglich der neuen Bundesländer muss in der Frage der Behördenorganisation differenziert werden: Brandenburg, Mecklenburg-Vorpommern, Sachsen-Anhalt und Thüringen haben sich dem Trennsystem angeschlossen, während Sachsen das Einheitsmodell eingeführt hat.[7]

Tatsächlich sind auch in diesem sog. *Polizeibehördensystem* bzw. *Einheitssystem* die vollzugspolizeilichen Aufgaben von denen der übrigen Polizeibehörden getrennt. Allerdings handelt es sich im Unterschied zum Ordnungsbehördensystem nur um eine innerbehördliche Aufgabenverteilung. Die Rechtsgrundlagen und die Behördenorganisation nach außen sind nicht getrennt.

II. Polizeibegriffe

1. Materieller (funktioneller) Polizeibegriff

materieller Begriff: alle Gefahrenabwehrbehörden

Nach dem materiellen Polizeibegriff wurden mit Polizei alle die Behörden bezeichnet, denen die Aufgabe der Aufrechterhaltung der öffentlichen Sicherheit und/oder Ordnung zukommt. Polizeibehörden sind danach *alle Gefahrenabwehrbehörden.*[8] 13

2. Formeller Polizeibegriff

formeller Begriff: Aufgabenumschreibung

Der formelle Polizeibegriff umschreibt *alle Aufgaben der Polizei im institutionellen Sinne.* Dies sind die Aufgaben der Gefahrenabwehr (Präventivbereich) und der Strafverfolgung (Repressivbereich). 14

5 So auch in anderen Bundesländern, die zur amerikanischen oder britischen Besatzungszone gehörten: Berlin, Hamburg, Hessen, Niedersachsen, Schleswig-Holstein und Bayern.

6 Z.B. Baden-Württemberg, Rheinland-Pfalz, Saarland, Bremen.

7 Schoch, Grundfälle zum Polizei- und Ordnungsrecht, JuS 1994, 395 ff.; Knemeyer/Müller, NVwZ 1993, 437 f.; Meterkord/Müller, DVBl. 1993, 985.

8 Götz/Geis, Allg. Polizei- und Ordnungsrecht, § 3, Rn. 13.

3. Institutioneller Polizeibegriff

uneingeschränkt-institutionell:

a) Nach dem *uneingeschränkt*-institutionellen Polizeibegriff gehören zur Polizei alle Angehörigen der besonderen staatlichen Einrichtung der Polizei. 15

Dieser Polizeibegriff ist dem POG NRW zugrunde gelegt, vgl. §§ 2 - 4 POG NRW. Polizei ist demnach der gesamte Organisationsapparat, d.h. der Inbegriff der Dienstkräfte, Einrichtungen und Sachmittel, die der Erfüllung polizeilicher Aufgaben dienen.

eingeschränkt-institutionell: § 1 PolG NRW

b) Unter den *eingeschränkt*-institutionellen Polizeibegriff fallen nur die nach außen als Vollzugskräfte in Erscheinung tretenden Angehörigen der besonderen staatlichen Einrichtung (Institution) Polizei. Dieser Begriff ist § 1 PolG NRW zugrunde gelegt. Danach gelten die Regelungen des PolG NRW nur für die *uniformierte Vollzugspolizei*. 16

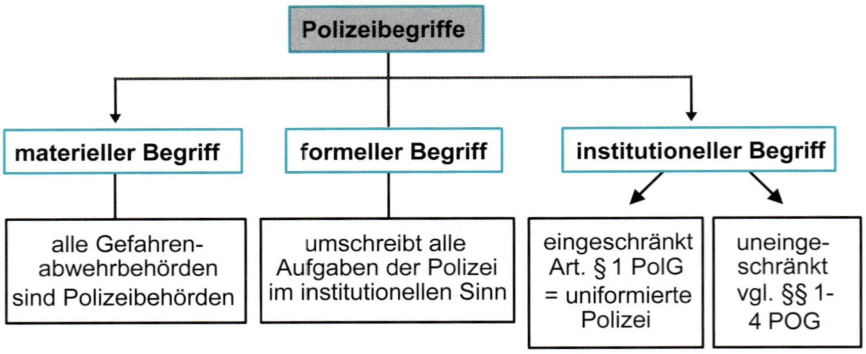

hemmer-Methode: Klausurrelevanz hat lediglich der institutionelle Polizeibegriff. Die Erläuterungen der übrigen Begriffe sollen das Verständnis fördern. Häufig wird die Kenntnis sämtlicher Begriffe aber in der mündlichen Prüfung von den Studenten erwartet.
***Merke also*: Eingeschränkt institutioneller Polizeibegriff: Danach ist Polizei i.S.d. § 1 PolG NRW nur die nordrhein-westfälische Vollzugspolizei!**
Dies sind die dem Bürger gegenübertretenden Beamten in Uniform mit Staatswappen und mit Schirmmütze. Nur sie haben die Befugnisse aus dem PolG NRW!
Wenn also nachfolgend der Begriff Polizei verwendet wird, bezeichnet er nur die Vollzugskräfte i.S.d. § 1 PolG NRW.

III. Rechtsvorschriften des Polizei- und Ordnungsrechts

hohe Klausurrelevanz von Spezialgesetzen

Sowohl in der Polizei- als auch in der Ordnungsrechtsklausur wird vom Klausurersteller die Anwendung einer Vielzahl spezieller Gesetze des Landes- und Bundesrechts verlangt. 17

1. Polizeirecht

wichtigste Gesetze für die Polizeirechtsklausur

a) Polizeigesetz des Landes Nordrhein-Westfalen: PolG NRW

PolG NRW

Das PolG NRW gilt für das Handeln der Polizei im eingeschränkt institutionellen Sinne, § 1 PolG NRW. 18

Regelungsinhalte des PolG NRW:

- ⇨ Eingriffsbefugnisse für Gefahrenabwehrmaßnahmen (Präventivmaßnahmen) §§ 8, 9 ff., 34 ff. PolG NRW;
- ⇨ Zuständigkeit der Polizei, § 1 PolG NRW;
- ⇨ Verantwortlichkeit (Adressat), §§ 4, 5, 6 PolG NRW;
- ⇨ Polizeiliche Handlungsgrundsätze, §§ 2, 3 PolG NRW;
- ⇨ Vollstreckung polizeilicher VAe, §§ 50 ff. PolG NRW;
- ⇨ Folgen des Handelns der Polizei, § 67 PolG NRW i.V.m. § 39 OBG NRW.

b) Gesetz über die Organisation und die Zuständigkeit der Polizei im Lande Nordrhein-Westfalen: POG NRW

POG NRW

Wie sich aus den §§ 2 - 4 POG NRW ergibt, gilt das POG NRW für alle Angehörigen der besonderen staatlichen Einrichtung Polizei. Es regelt die *institutionelle Ordnung*, also die innere Organisation der Polizei des Landes Nordrhein-Westfalen. 19

Relevant für die Klausur sind vor allem die Regelungen zur sachlichen (§§ 10 – 14 POG NRW) und örtlichen (§§ 7 – 9 POG NRW) Zuständigkeit (vgl. dazu Rn. 92 ff.), welche im Rahmen der formellen Rechtmäßigkeit vom polizeilichen Maßnahmen anzusprechen ist.

c) StPO - Strafprozessordnung

StPO

Die StPO regelt die Aufgabe der Polizei zur Strafverfolgung (§ 163 StPO) und die Eingriffsbefugnisse für Strafverfolgungsmaßnahmen (*Repressivmaßnahmen*). Ihre Regelungen sind abschließend. Nur hinsichtlich der Art und Weise der Anwendung unmittelbaren Zwanges darf auf die §§ 58 - 66 PolG NRW zurückgegriffen werden, vgl. § 57 I PolG NRW. 20

hemmer-Methode: Die StPO kennt keine allgemeinen Vollstreckungsregelungen (wie etwa §§ 50 ff. PolG NRW oder §§ 55 ff. VwVG NW). Die Ermächtigung zur Vollstreckung folgt unmittelbar aus den Eingriffsbefugnissen (vgl. Rn. 402).

d) OWiG - Ordnungswidrigkeitengesetz

OWiG

Das OWiG enthält die Aufgabe der Polizei zur Verfolgung von Ordnungswidrigkeiten (§ 53 OWiG - Repressivbereich) sowie die hierfür erforderlichen Befugnisse. 21

e) Sonstige Rechtsvorschriften

sonstige

Weitere Spezialbefugnisse für Präventivmaßnahmen der Polizei sind außerhalb des PolG NRW geregelt. Solche finden sich z.B. im Versammlungsgesetz (VersammlG, Sartorius Nr. 435), Lebensmittel-, Bedarfsgegenstände- und Futtermittelgesetzbuch (LFGB, Sartorius Ergänzungsband Nr. 862) u.a. 22

Diese Regelungen sind *leges speciales* zu denen des PolG NRW.

2. Ordnungsrecht

wichtigste Gesetze für die Ordnungsrechtsklausur

a) Gesetz über Aufbau und Befugnisse der Ordnungsbehörden: OBG NRW

OBG NRW

Das OBG NRW ist bei Tätigwerden der allgemeinen Ordnungsbehörden einschlägig. Diese werden in § 3 OBG NRW bestimmt (Gemeinden, Kreise und Bezirksregierungen). 23

Regelungsinhalte des OBG NRW:

- ⇨ Eingriffsbefugnisse für Handeln durch VAe, § 14 I OBG NRW bzw. § 24 OBG NRW i.V.m. den dort genannten Vorschriften des PolG NRW;
- ⇨ Zuständigkeit der Gefahrenabwehr, § 1 OBG NRW;
- ⇨ Verantwortlichkeit (Adressat), §§ 17, 18, 19 OBG NRW;
- ⇨ Verhältnismäßigkeit und Ermessen, §§ 15, 16 OBG NRW;
- ⇨ Folgen ordnungsbehördlichen Handelns, §§ 39 ff. OBG NRW.

Es ist somit ähnlich wie das PolG NRW für die Polizei geregelt, nur dass es für die allgemeinen Ordnungsbehörden gilt.

Darüber hinaus enthält das OBG NRW in den §§ 25 ff. OBG NRW eine Reihe von *Verordnungsermächtigungen*. Vorschriften für das Verfahren beim Erlass von Verordnungen finden sich in den §§ 30, 33 f. OBG NRW (dazu ausführlich unter Rn. 493 ff.)

b) Spezialgesetzliches Ordnungsrecht

Spezialgesetze

In einer Vielzahl von spezialgesetzlich geregelten Rechtsgebieten wird neben den allgemeinen Ordnungsbehörden sog. Sonderordnungsbehörden der Aufgabenbereich eröffnet. 24

Das besondere Ordnungsrecht umfasst u.a.:

- ⇨ Versammlungsrecht (VersammlG);
- ⇨ Allgemeines Gewerberecht (GewO);
- ⇨ Gaststättenrecht als besonderes Gewerberecht (GastG);
- ⇨ Immissionsschutzrecht (BImSchG);
- ⇨ Baurecht (BauO NRW)
- ⇨ und Vereinsrecht (VereinsG).

Diese Regelungen gehen bei Einschlägigkeit dem subsidiären OBG NRW vor.

Telemedienrecht

Eine solche Subsidiarität besteht gerade nicht im immer bedeutsameren Telemedienrecht. Darin wird die Verantwortung von Diensteanbietern geregelt. Ordnungsmaßnahmen gegen diese folgen jedoch weiterhin aus den Ermächtigungen des OBG NRW.

Für eigene Informationen ordnet dies § 7 I TMG ausdrücklich an. Aber auch für fremde Informationen kann der Diensteanbieter in Anspruch genommen werden. Kennt er die Inhalte selber nicht, so ist er Nichtstörer.[9] Daran ändern auch die im TMG getroffene Regelung der Verantwortlichkeit nichts, wie § 7 II S. 2 TMG klarstellt. Mit Kenntnisnahme solcher Inhalte wird er sogar zum Störer.[10]

c) Sonstige Rechtsvorschriften

VwVG

Für die Vollstreckung der Verwaltungsakte von Ordnungsbehörden gilt das VwVG NW, soweit nicht das VwVG des Bundes anzuwenden ist.[11] 25

VwVfG

Soweit besondere Regelungen fehlen, gilt schließlich das VwVfG NRW bzw. das VwVfG des Bundes[12] als *lex generalis*.

IV. Gesetzgebungskompetenzen / MEPolG

1. Gesetzgebungskompetenzen auf dem Gebiet des Polizei- und Ordnungsrechts

a) Grundsatz

Länderkompetenz

Gemäß Art. 30, 70 I GG ist das allgemeine Ordnungs- und Polizeirecht, das der präventiv-polizeilichen Gefahrenabwehr dient, ein Teil der ausschließlichen Gesetzgebungskompetenz der Länder. 26

b) Ausnahmen

Das Grundgesetz sieht abweichend von der grundsätzlichen Länderzuständigkeit zahlreiche spezielle sicherheitsrechtliche Materien vor, die dem Bundesgesetzgeber zugewiesen werden.

Bundeskompetenz

aa) Im Polizeirecht hat der Bund gemäß Art. 73 I Nr. 5 und Nr. 10 GG die ausschließliche Gesetzgebungskompetenz für den Grenzschutz, die Zusammenarbeit des Bundes und der Länder in der Kriminalpolizei, den Bereich des Verfassungsschutzes, die Errichtung eines Bundeskriminalamts sowie die internationale Verbrechensbekämpfung. Zur Bekämpfung der Gefahren des internationalen Terrorismus wurde mit der Föderalismusreform Art. 73 I Nr. 9a GG aufgenommen. 27

---

9 Vgl. zur Inanspruchnahme Nichtverantworlicher OVG Münster, MMR 2003, 353 (354).

10 Vgl. zur Sperrverfügung allgemein: Erdemir, Vom Schutz der Menschenwürde vor Gewaltdarstellung in Rundfunk und Telemedien, in FS Frotscher 2007, 317; Sieber/Nolde, Sperrverfügung im Internet, 2008, 91 ff.; zur Sperrung rechtsradikaler Internetseiten mit strafbarem Inhalt: Dietlein/Heinemann, Ordnungsrecht und Internetkriminalität, Kommunikation und Recht 2004, 418 ff.

11 Vgl. zur Anwendbarkeit des VwVG NW vgl. § 1 VwVG NW.

12 Siehe zum Verhältnis der beiden Gesetze § 1 III VwVfG i.V.m. § 1 I VwVfG NRW.

bb) Für den Bereich des Ordnungsrechts steht dem Bund gem. Art. 73 I Nr. 3 GG die ausschließliche Gesetzgebungskompetenz für die Freizügigkeit, das Melderecht und das Passwesen zu. Zu beachten ist auch das im Zuge der Föderalismusreform in Art. 73 I Nr. 12 GG aufgenommene Waffen- und Sprengstoffrecht (= Art. 74 I Nr. 4a a.F.). Weitere Materien der Konkurrierenden Gesetzgebungskompetenzen findet man in Art. 74 I Nr. 3, 4, 19, 20, 22 und 24 GG.

hemmer-Methode: Die Zuständigkeit des Bundesgesetzgebers für das Versammlungsrecht folgte aus Art. 74 I Nr. 3 GG a.F. Recht, welches auf Grund dieser alten Gesetzgebungskompetenz erlassen worden ist, gilt gem. Art. 125a I S. 1 GG als Bundesrecht fort. Das Land NRW hat von der Ermächtigung des Art. 125a I S. 2 GG bislang keinen Gebrauch gemacht, womit das Versammlungsgesetz des Bundes weiterhin maßgeblich ist.

cc) Darüber hinaus bestehen für den Bund auch ungeschriebene Gesetzgebungskompetenzen kraft Annex.[13]

Bsp.: Bahnpolizei als Annex zu Art. 73 I Nr. 6a GG. Gemäß § 3 BPolG nimmt nun die Bundespolizei die Aufgaben der früheren Bahnpolizei war. Zu nennen ist auch die Befugnis zum Erlass von Regelungen, die sich zur Gefahrenabwehr aus dem Luftraum beziehen, welche aufgrund Art. 73 I Nr. 6 GG in die Zuständigkeit des Bundesgesetzgebers fällt.

2. MEPolG - Musterentwurf eines einheitlichen Polizeigesetzes der Länder

Zweck des MEPolG: Vereinheitlichung der Polizeisysteme

Auf der Sitzung der Innenministerkonferenz der Länder vom 25. November 1977 wurde der Musterentwurf für ein einheitliches Polizeigesetz verabschiedet. Dieser sollte die Grundlage für entsprechende Gesetze des Bundes und der Länder sein. Mit gewissen Abweichungen wurde er zuerst in Bayern durch das PAG vom 24.08.1978 umgesetzt. Grund für das MEPolG war, dass sich infolge der historischen Entwicklung in den Ländern, wie bereits oben aufgezeigt, verschiedene Polizeisysteme entwickelt hatten.[14] 28

Dies erschwerte die „grenzüberschreitende Zusammenarbeit" der Polizeikräfte der verschiedenen Länder. Zur Harmonisierung wurde schließlich der MEPolG verabschiedet.

hemmer-Methode: Einige Lehrbücher sind auf dem MEPolG aufgebaut und wollen hierdurch den examensrelevanten Stoff vermitteln. Gerade der Einsteiger ins Polizeirecht wird durch das ständige zeitraubende Nachschlagen der in seinem Bundesland dem MEPolG korrespondierenden Normen oftmals frustriert und abgeschreckt. Zur motivierenderen und erfolgreicheren Erarbeitung des Grundsystemverständnisses wurde dieses Skript bewusst nur auf das nordrhein-westfälische Recht zugeschnitten.

D. Verhältnis von Ordnungsbehörden und Polizei

Aufgabe zur Gefahrenabwehr

Sowohl die Polizei als auch die Ordnungsbehörden haben gem. § 1 PolG NRW bzw. § 1 OBG NRW die Aufgabe zur Gefahrenabwehr tätig zu werden. 29

13 BVerfG, NJW 2004, 750; BVerfGE 3, 407 ff. (433); BVerfGE 8, 143 (150): **alle Entscheidungen** = **juris**byhemmer (Wenn dieses Logo hinter einer Fundstelle abgedruckt wird, finden Sie die Entscheidung online unter „juris by hemmer": www.hemmer.de.).

14 Siehe oben, Rn. 11, 12.

Polizei handelt nur in Eilfällen

Gemäß der Subsidiaritätsklausel des § 1 I S. 3 PolG NRW wird die Polizei aber nur dann tätig, soweit ihr die Abwehr der Gefahr durch eine andere Behörde nicht oder nicht rechtzeitig möglich erscheint. Die Polizei wird somit nur in *Eilfällen* tätig; ansonsten ist ihr Aufgabenbereich gar nicht eröffnet. Daraus folgt auch, dass die Polizei nicht durch Verordnung handeln kann. Es besteht insoweit kein Eilfall, als einer Gefahr bereits mittels einer generell-abstrakten Regelung wie einer Verordnung begegnet werden kann.

Subsidiarität polizeilichen Handelns

Im Ergebnis ergibt sich eine grundsätzliche Subsidiarität der polizeilichen Tätigkeit gegenüber dem Handeln der Ordnungsbehörden.

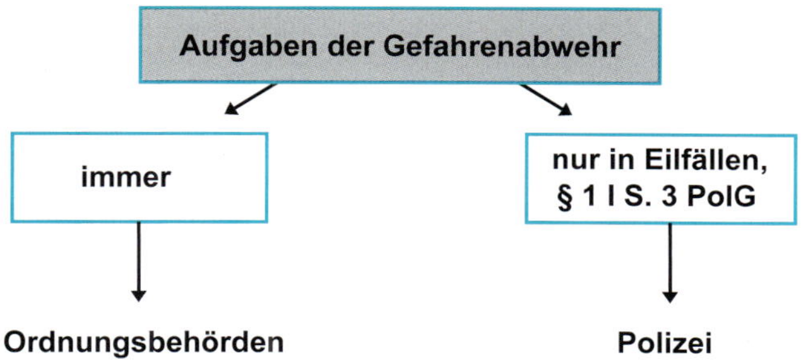

E. Organisation der Polizei

I. Nordrhein-westfälische staatliche Polizei

innere Organisation

Die Organisation der nordrhein-westfälischen staatlichen Polizei ist 30
im POG NRW geregelt. Träger ist gem. § 1 POG NRW das Land Nordrhein-Westfalen. Oberste Dienstbehörde und Führungsstelle ist das Innenministerium, vgl. § 5 POG NRW.

hemmer-Methode: Die Regelungen der §§ 7 ff., 10. ff. POG NRW haben rein innerorganisatorische Relevanz. Sie betreffen den inneren Dienstbereich und nicht die äußere Zuständigkeit. Eine Nichtbeachtung hat, sofern die Voraussetzungen des § 7 III POG NRW i.V.m. § 1 PolG NRW hinsichtlich der örtlichen und sachlichen Allzuständigkeit gewahrt sind, keine Rechtswidrigkeit der Maßnahme wegen fehlender Zuständigkeit zur Folge.

1. Polizei des Landes, §§ 2, 3 POG NRW

Polizei des Landes

Diese wird grundsätzlich im gesamten Staatsgebiet für alle der Poli- 31
zei obliegenden Aufgaben des Vollzugsdienstes tätig, vgl. § 7 III POG NRW.

Gemäß §§ 2, 3 POG NRW ist sie unterteilt in:

⇨ Kreispolizeibehörden (dies sind die in § 1 Kreispolizeibehördenverordnung NRW [Hippel-Rehborn 50c] aufgelisteten Polizeipräsidien für die kreisfreien Städte, und Landräte für ihre Kreise),

⇨ das Landeskriminalamt

⇨ das Landesamt für Zentrale Polizeiliche Dienste

⇨ Und das Landesamt Ausbildung, Förderung und Personalangelegenheiten der Polizei

innerorganisatorische Trennung

Innerhalb der Landespolizei besteht zudem eine *organisatorische Trennung* zwischen 32

- ⇨ dem allgemeinen Polizeivollzugsdienst (uniformierte Schutzpolizei ⇨ zuständig für die allgemeine Gefahrenabwehr in Eilfällen und die spezial-gesetzlich zugewiesene Gefahrenabwehr),
- ⇨ der Kriminalpolizei (⇨ Aufklärung und Verfolgung von strafbaren Handlungen)
- ⇨ und der Wasserschutzpolizei (⇨ sie nimmt polizeiliche Aufgaben auf schiffbaren Wasserstraßen und sonstigen Gewässern wahr).

2. Kreispolizeibehörden

Kreispolizeibehörden

Die Kreispolizeibehörden haben ein weites Feld an Aufgaben. Wie sich aus § 11 I POG NRW ergibt, sind sie zuständig für:

- ⇨ Die Gefahrenabwehr insbesondere nach dem PolG NRW,
- ⇨ Die Erforschung und Verfolgung von Straftaten und Ordnungswidrigkeiten und
- ⇨ Die Überwachung des Straßenverkehrs.

Damit ist sie die Polizeibehörde, von welcher nahezu jede Polizeirechtsklausur handelt.

3. Bereitschaftspolizei

Bereitschaftspolizei

Die Bereitschaftspolizei ist in NRW seit 1. April 1996 keine eigenständige Polizeieinrichtung[15] mehr. So sind 18 „Einsatzhundertschaften“, sowie 3 „Technische Einsatzeinheiten“ und 3 „Führungsgruppen Bereitschaftspolizei“ als Unterabteilungen „Bereitschaftspolizei/Polizeisonderdienste“ in Kreispolizeibehörden (genauer auf 14 der 18 Polizeipräsidien verteilt) eingegliedert worden.[16] 33

4. Landeskriminalamt, § 13 POG NRW

Landeskriminalamt

Wie bereits dargestellt, wird die Aufgabe der Erforschung und Verfolgung von Straftaten primär von den Kreispolizeibehörden wahrgenommen. Das Landeskriminalamt (LKA) hat im wesentlichen Unterstützungsfunktion, geregelt in § 13 II POG NRW. Es unterstützt eben jene Kreispolizeibehörden bei der repressiven Tätigkeit (Nr. 2), aber auch das Innenministerium bei der Kriminalitätsbekämpfung (Nr. 1). Hierzu unterhält es zentrale Einrichtungen für Untersuchungen in Strafsachen (Nr. 3), der kriminalistischen und kriminologischen Forschung (Nr. 4), sowie der Informationssammlung und -auswertung (Nr. 5). Daneben erfüllte es Aufgaben im Bereich Waffen- (Nr. 6) und Vereinsrecht (Nr. 7). 34

Dass das LKA hingegen selber Straftaten erforscht und verfolgt, ist auf die Fälle des § 13 III POG NRW beschränkt. Wird es selber tätig, so ist es auch neben der Kreispolizeibehörde zur Gefahrensabwehr zuständig, § 13 III S. 2 POG NRW.

15 Wie früher in § 4 POG NRW a.F. geregelt.

16 Runderlass des Innenministeriums vom 08.01.1996 IV C2/A I-06/0304 – (MBl. NRW. S. 413).

Das LKA ist gem. § 1 II BKAG zentrale Dienststelle der Kriminalpolizei und somit das Bindeglied zwischen den Kreispolizeibehörden und dem Bundeskriminalamt.

II. Polizei des Bundes

Polizei des Bundes nur begrenzt durch GG gestattet

Neben der Polizei des Landes ist nur begrenzt Raum für bundeseigene Polizeitätigkeit. Die Verfassung geht von dem Grundsatz aus, dass staatliche Aufgaben von den Ländern erfüllt werden, und beschränkt die Erfüllung durch den Bund auf die ausdrücklich genannten Felder, Art. 30 GG. Ausdrücklich ermächtigt zur Schaffung eigener Polizei wird der Bund in Art. 87 I S. 2 GG. Dort genannt sind u.a. Grenzschutz und Kriminalamt. 35

1. Bundespolizei

BGS jetzt Bundespolizei

Der Bundesgrenzschutz wurde bereits am 16.03.1951 eingeführt, sein Aufgabenfeld aber im Laufe der Zeit immer wieder erweitert. In Konzquenz dazu wurde der Bundesgrenzschutz 2005 in Bundespolizei umbenannt.[17]

Aufgaben

Die Aufgaben der Bundespolizei sind in §§ 2 – 13 BPolG geregelt. Hierzu zählen neben dem Grenzschutz (§ 2) zum Beispiel auch die Gefahrenabwehr im Bahn- (§ 3)[18] und Luftverkehr (§ 4 und 4a) sowie auf hoher See (§ 6). Ferner schützt sie Bundesorgane (§ 5) und unterstützt den Verfassungsschutz auf dem Gebiet der Funktechnik (§ 10) und das Bundeskriminalamt (§ 9 I).

Befugnisse

Die zur Erfüllung dieser Aufgaben eingeräumten Befugnisse finden sich in den §§ 14 ff. BPolG.

2. Bundeskriminalamt

Bundeskriminalamt

Das Bundeskriminalamt dient, wie § 1 I BKAG zu entnehmen ist, der Zusammenarbeit des Bundes und der Länder in kriminalpolizeilichen Angelegenheiten. Die Länder wiederum unterhalten zu diesem Zweck zentrale Dienststellen der Kriminalpolizei; eben oben erwähnte Landeskriminalämter, § 1 II BKAG.

Aufgaben

Seine genauen Aufgaben sind in §§ 1 - 6 BKAG geregelt. Hierunter fallen etwa die Terrorismusabwehr (§ 4a) oder auch die Strafverfolgung in Fällen nationaler oder internationaler Bedeutung (§ 4 I).

Befugnisse

Die dazu erforderlichen Eingriffsbefugnisse sind in §§ 7 ff. BKAG detailiert geregelt und umfassen im Rahmen des Schutzes von Verfassungsorganen auch teilweise solche des BPolG.[19]

3. Sonstige Polizeien des Bundes

Daneben nehmen auch andere Bundesbehörden vereinzelt polizeiliche Aufgaben wahr. Hier zu nennen sind etwa die Strom- und Schifffahrtspolizei, aber auch das Kraftfahrt-Bundesamt, das Bundesamt für Güterverkehr oder das Eisenbahn-Bundesamt. Letztlich ebenfalls der Gefahrenabwehr dienend sind die Nachrichtendienste der Bundesrepublik (Bundesamt für Verfassungsschutz, Bundesnachrichtendienst und Militärischer Abschirmdienst).

17 Durch G. v. 21.06.2005 (BGBl. I S. 1818).

18 Die Zuständigkeit der Bundespolizei erstreckt dabei nicht auf die Bahnhofsvorplätze; so das BVerwG DÖV 2014, 1024 (entgegen OVG Koblenz DÖV 2013, 441). Streitig war die Identitätsfeststellung durch die Bundespolizei wegen des Verdachts von Drogenhandel auf dem Bahnhofsvorplatz.

19 Vgl. §§ 21 ff. BKAG mit Verweisen.

III. Privatpolizei

Bewachungsgewerbe

Hier ist lediglich zu beachten, dass gem. § 34a GewO Privatpolizeien (Bewachungsgewerbe) durch die zuständige Behörde genehmigt werden können. Ihnen stehen gem. § 34a V GewO aber lediglich die vom Auftraggeber vertraglich übertragenen Selbsthilferechte und die sog. Jedermannrechte zu (§ 227 BGB; § 32 StGB; §§ 228, 904 BGB; §§ 34, 35 StGB; §§ 229, 859 BGB). Sie besitzen aber keine polizeilichen Eingriffsbefugnisse zur Aufrechterhaltung der öffentlichen Sicherheit oder Ordnung. 36

Zudem hat das BVerwG[20] entschieden, dass ein bewaffneter privater Sicherheitsdienst nicht an die Stelle der Polizei treten könne. Die Übertragung von hoheitlichen Aufgaben müsse die Ausnahme darstellen.

hemmer-Methode: Die Organisation der Polizei sollten Sie kennen, falls Ihr Prüfer im mündlichen Examen für Fragen auf dem Gebiet des Polizeirechts bekannt ist.
Allerdings lässt sich das Wesentliche durch die Arbeit mit dem Gesetzestext, v.a. mit dem POG NRW, ermitteln.
Sie sollten die einschlägigen Gesetze aber zuvor bereits einmal studiert haben.

F. Zugang zur Polizei

Die staatliche Polizei unterliegt dem Beamtenrecht. Der Zugang zum öffentlichen Dienst ist in Art. 33 II GG geregelt. Dabei handelt es sich um einen speziellen Gleichheitssatz in Form einer Positivliste. Differenziert werden darf nur in den Bereichen „Eignung“ und „Leistung“. Besonders bei der Eignung sind Spannungen zu Grundrechten denkbar.

Ein indischer Sikh dürfte während seiner Dienstzeit nicht seinen religiös vorgeschriebenen Turban tragen. Die Anforderungen an Mindestgröße für Polizei wurden durch verwaltungsgerichtliche Entscheidungen aufgehoben.[21] Eine Mindestgrößenregelung ist zwar grundsätzlich denkbar, muss aber von aktuellen und nachprüfbaren Sachgründen getragen sein. Sonst ist sie wilkürlich.

Für Tätowierungen ist zu unterscheiden: Sind großflächige Tätowierungen beim Tragen der vorgeschriebenen Dienstkleidung sichtbar, berechtigen sie den Dienstherrn ungeachtet ihres Inhalts zu einem Ausschluss wegen fehlender persönlichen Eignung des Bewerbers. Solche Tätowierungen, welche durch die Dienstkleidung verdeckt werden, können nur wegen ihres Inhalts als Versagungsgrund herangezogen werden.[22]

Beachten Sie noch, dass die grundrechtlich verankerte Förderung der Gleichberechtigung (Art. 3 II S. 2 GG) nicht darauf gerichtet ist, die Geltung des Leistungsgrundsatzes in Art. 33 II GG einzuschränken. Die Bevorzugung von Frauen kommt nur bei gleicher Qualifikation in Betracht.[23]

20 BVerwG, NVwZ 1989, 864 = **juris**byhemmer.

21 VG Gelsenkirchen, Urteil vom 14.03.2016 – Az. 1 K 3788/14 – zur Mindestgröße für Männer von 168 cm; VG Aachen, Beschluss vom 06.02.2017 – Az. 1 L 6/17 – zur Mindestgröße für Frauen von 163 cm.

22 VGH Kassel, NVwZ-RR 2015, 54.

23 OVG Münster, NVwZ 2017, 807.

2. KAPITEL: DIE POLIZEIRECHTSKLAUSUR

A. Grundproblematik

die typische Polizeirechtsklausur

Polizeirechtsklausuren weisen regelmäßig die Besonderheit auf, dass typische prozessuale Probleme immer wieder mit denselben materiellen Problemen verknüpft werden. 37

Besonders häufig ist im prozessualen Teil die Fortsetzungsfeststellungsklage gem. § 113 I S. 4 VwGO analog einschlägig. Dies liegt daran, dass sich die Gefahrenabwehrmaßnahmen regelmäßig durch die zeitnahe Vollstreckung vor Klageerhebung erledigen. Daneben ist mittlerweile auch die allgemeine Feststellungsklage gem. § 43 I VwGO häufig anwendbar, nämlich wenn es sich um erledigte Realakte handelt.

Grundsätzlich ist es in Polizeirechtsklausuren Aufgabe des Bearbeiters, *mehrere Klagen gegen eine Vielzahl verschiedenster polizeilicher Maßnahmen* hinsichtlich ihrer Erfolgsaussichten zu prüfen.

In den meisten Fällen ist daher ein prozessuales Gutachten aus Sicht des Richters zu erstellen. Eine Fallfrage, die zunächst nur auf die Erörterung der materiellen Rechtslage abzielt, so z.B. bei Klausuren aus Sicht des Rechtsanwaltes, ist die Ausnahme.

die Methode des Skripts:

Das vorliegende Skript berücksichtigt in seinem Aufbau daher das Vorgehen zur Erstellung der Lösung einer typischen Polizeirechtsklausur: 38

Erörterung der Grundsystematik

Das Kapitel "DIE POLIZEIRECHTSKLAUSUR" erörtert im Rahmen der verschiedenen Klagearten in der Reihenfolge ihrer Klausurhäufigkeit zunächst die *Grundsystematik* der Klausur im Polizeirecht.

Varianten zur Stoffvertiefung

Anschließend an die jeweilige Grundsystematik werden in den *Varianten* vertiefende examensrelevante Sonderprobleme mit ihrer jeweiligen Einpassung in den Klausurkontext dargestellt.

B. Klausurbearbeitungsvorgang

Vorgehen bei der Klausurbearbeitung:

Für die Bearbeitung der Klausur im Polizeirecht sollte zunächst in etwa folgender Arbeitsablauf eingehalten werden: 39

Fallfrage lesen / danach Sachverhaltsanalyse

1. Nach dem Lesen der Fallfrage wird der Sachverhalt unter deren Berücksichtigung studiert und analysiert.

2. Im darauf folgenden Gedankenablauf ist zu klären:

Polizeirechtsklausur - bei Handeln der Vollzugspolizei

a) Handelt es sich um eine Polizeirechtsklausur? Ja, wenn die Polizei im *eingeschränkt-institutionellen Sinne* gehandelt hat.

prozessuales oder materielles Gutachten?

b) Wird ein prozessuales Gutachten verlangt? Ist dies nicht der Fall, so wird die Prüfung der materiellen Rechtslage einfach vorgezogen und der prozessuale Teil je nach Fallfrage ggf. angehängt.

Herausarbeitung aller Einzelmaßnahmen

c) Welche polizeilichen Maßnahmen sollen überprüft werden? Aus dem Sachverhalt sind die einzelnen polizeilichen Handlungen herauszufiltern. Aufgabe des Bearbeiters ist es, alle Polizeimaßnahmen zu ermitteln und voneinander zu differenzieren. Dieser Arbeitsschritt ist entscheidend für die Qualität der Klausur.

hemmer-Methode: Diese Differenzierung ist im Einzelfall äußerst anspruchsvoll und deshalb nicht zu unterschätzen.

Beispielsfall

Bsp.: Jurastudent A befindet sich auf der Heimfahrt von einer feuchtfröhlichen Geburtstagsparty seines Studienkollegen B. Da er ehrenhalber mehrere „Tequilarunden" absolvieren musste, fällt es seinem „Käfer" recht schwer, sich allein mit dem rechten Fahrbahnstreifen zufrieden zu geben. 40

Plötzlich glaubt A, eine ihn herauswinkende Verkehrskelle erkannt zu haben. Vorsichtshalber hält er am rechten Fahrbahnrand an.

Ein freundlicher Herr in grüner Uniform mit nordrhein-westfälischem Staatswappen klopft an die Seitenscheibe und fordert ihn auf, seinen Führerschein vorzuzeigen. Die aus dem Wagen dringende Alkoholwolke animiert den Herrn, sich eingehender mit A zu befassen. Er soll aussteigen und in ein kleines Tütchen blasen. Völlig entsetzt darüber, dass A, anstatt in das Tütchen zu blasen, eifrig am Kugelschreiber des Polizeihauptwachtmeisters nuckelt, den er diesem aus der Tasche zog, verlangt dieser von ihm, das Fahrzeug zu verschließen und mit ihm auf die Polizeiinspektion zu fahren. Dort wird durch einen herbeigerufenen Arzt eine Blutentnahme durchgeführt.

Anschließend fahren zwei nette Damen den einsichtigen A nach Hause.

Aufgabe: Sie müssen nun für den Fall, dass von Ihnen die Feststellung der Rechtmäßigkeit aller polizeilichen Maßnahmen verlangt wird, diese detailliert im Einzelnen herausarbeiten:

Einzelmaßnahmen

⇨ Herauswinken mit Verkehrskelle = Aufforderung anzuhalten;

⇨ Anordnung den Führerschein vorzuzeigen;

⇨ Verlangen auszusteigen;

⇨ Aufforderung zur Atemalkoholanalyse;

⇨ Anweisung den PKW zu verschließen;

⇨ Anordnung auf das Revier mitzukommen;

⇨ Durchführung der Blutentnahme;

⇨ Heimfahrt.

Oftmals verlangt man von Ihnen in einer Zusatzaufgabe auch noch eine gutachtliche Stellungnahme zu der Frage, was ggf. von der Polizei bzw. deren Rechtsträger verlangt werden kann (z.B. Vornahme einer Maßnahme, häufig Schadensersatz etc.).

Einordnung in die richtigen Klagearten

3. Danach muss jeweils hinsichtlich jedes einzelnen Begehrens die richtige Klageart festgelegt werden. Dementsprechend sind im Folgenden die Zulässigkeit und die Begründetheit der verschiedenen Klagearten schriftlich zu skizzieren. Bei mehreren Klagen liegt i.d.R. objektive Klagehäufung gem. § 44 VwGO vor. 41

schriftliche Ausarbeitung

4. Zuletzt erfolgt die Reinschrift, bei der die Klausurprobleme je nach Gewichtung im Einzelnen ausgearbeitet werden.

hemmer-Methode: Die Polizeirechtsklausur ist der verwaltungsrechtliche Belastungstest. Der Bearbeiter muss eine Vielzahl von Problemen innerhalb von 5 Stunden bewältigen können.
Zum einen handelt es sich hierbei um einige Standardfragen, zum anderen um einen Test, ob die Gesetzessubsumtion beherrscht wird. Wichtig ist grundsätzlich nicht das Auswendiglernen von Gerichtsentscheidungen, sondern die Fähigkeit, dem Korrektor in der Klausur durch gute *Polizeirechtssystemkenntnis* einen selbständig durchdachten und logischen Aufbau zu präsentieren.

§ 1 FORTSETZUNGSFESTSTELLUNGSKLAGE, § 113 I S. 4 VWGO ANALOG / DIREKT[24]

ÜBERSICHT

Fortsetzungsfeststellungsklage

I. Eröffnung des Verwaltungsrechtswegs 42

II. Zulässigkeit der FFK

1. Statthaftigkeit der Fortsetzungsfeststellungsklage
2. Klagebefugnis, § 42 II VwGO analog
3. Entbehrlichkeit des Widerspruchsverfahrens, jedenfalls nach § 110 I S. 1 JustG NRW
4. Einhaltung einer Klagefrist (str.)
5. Fortsetzungsfeststellungsinteresse
6. Klagegegner, § 78 I Nr.1 VwGO
7. Weitere allgemeine Sachentscheidungsvoraussetzungen

III. Begründetheit, § 113 I S. 1 i.V.m. 113 I S. 4 VwGO (direkt/analog)

hemmer-Methode: Innerhalb dieses Skriptes wird konsequent der dreigliederige Aufbau (Verwaltungsrechtsweg – Zulässigkeit – Begründetheit) verfolgt. Ebenso gut lässt sich freilich der klassiche zweigliedrige Aufbau (Zulässigkeit – Begründeheit) wählen. Eher abzuraten ist von der dritten Unterteilung (Verwaltungsrechtsweg – Sachurteilsvoraussetzungen – Begründetheit), da sich dieser dogmatisch sicher korrekte Aufbau noch nicht durchgesetzt hat. (vgl auch Hemmer/Wüst, Verwaltungsrecht I, Rn. 16)

A. Eröffnung des Verwaltungsrechtswegs

Eröffnung des Verwaltungsrechtswegs

Aufdrängende Sonderzuweisungen bestehen im Polizeirecht nicht, womit sich die Eröffnung des Verwaltungsrechtswegs nur aus § 40 I S. 1 VwGO ergeben kann. 43

hemmer-Methode: Anders als die abdrängenden Sonderzuweisungen (Wortlaut § 40 I S. 1 VwGO: „...einem anderen Gericht ausdrücklich zugewiesen sind“) sind die aufdrängenden Sonderzuweisungen nicht innerhalb des § 40 I S. 1 VwGO zu püfen. Sie gehen der allemeinen Rechtswegeröffnung nach § 40 I S. 1 VwGO als lex specialis vor. Sie verdrängen dessen Anwendbarkeit.
Daher sauber trennen:
- **Aufdrängende Sonderzuweisungen vor § 40 I VwGO prüfen oder ganz weglassen.**
- **Abdrängende Sonderzuweisungen sind letzter Prüfungspunkt des § 40 I VwGO.**

24 Zur Fortsetzungsfeststellungsklage: Hemmer/Wüst, Verwaltungsrecht II, Rn. 99 ff.

ÜBERSICHT:

> **I.** Regelfall: Verwaltungsrechtsweg eröffnet (grds. auch bei Handeln nach StPO oder OWiG)
>
> **II.** Ausnahmen (abdrängende Sonderzuweisungen):
>
> **1.** § 23 EGGVG bzw. § 98 II S. 2 StPO analog:
> *Problem*: Unterscheidung zwischen präventiver und repressiver Aufgabeneröffnung
>
> **2.** § 36 II S. 1 PolG NRW

I. Öffentlich-rechtliche Streitigkeit nicht-verfassungsrechtlicher Art

An diesen beiden Punkten ergeben sich keine besonderen Probleme. 44

hemmer-Methode: Achten Sie auf den Dreischritt:
1) Streitgegenstand
2) Regierende Norm
3) Qualifikation der Norm

Streitigkeiten wurzeln in öffentlich-rechtlichen Normen

1. Sofern die Vollzugspolizei handelte, geschah dies entweder aufgrund der Regelungen des PolG NRW oder sonstiger spezialgesetzlicher Gefahrenabwehrvorschriften. Gegebenenfalls handelte die Polizei im Repressivbereich aufgrund der Vorschriften der StPO oder des OWiG.

Diese Normen sind, für den Fall, dass sie Streit entscheidend sind, allesamt öffentlich-rechtlicher Natur, sodass sich hier nähere Ausführungen erübrigen.[25]

grds. fehlt doppelte Verfassungsunmittelbarkeit

2. Auch eine Streitigkeit nicht-verfassungsrechtlicher Art liegt regelmäßig vor, da es grundsätzlich an einer doppelten Verfassungsunmittelbarkeit fehlt.[26] Schon der Bürger als Kläger ist kein Verfassungsorgan mit sich unmittelbar aus der Verfassung ergebenden Rechten und Pflichten.

II. Anderweitige gerichtliche Zuweisung

normalerweise § 40 I VwGO

Der Verwaltungsrechtsweg ergibt sich aus § 40 I S. 1 VwGO, soweit keine Zuständigkeit nach § 23 I EGGVG / § 98 II StPO oder § 36 II S. 1 PolG NRW gegeben ist[27]. 45

1. § 23 I EGGVG oder § 98 II S. 2 StPO direkt / analog

In neuerer Zeit wird § 23 I S. 1 EGGVG zunehmend von § 98 II S. 2 StPO verdrängt. Dies ändert aber nichts an den Sachproblemen. In beiden Fällen entscheiden die *ordentlichen Gerichte* über die Rechtmäßigkeit von polizeilichen Maßnahmen, die ihre Rechtsgrundlage in der StPO finden. 46

25 Zur Vertiefung Hemmer/Wüst, Verwaltungsrecht I, Rn. 16 ff. sowie 22 ff.

26 Hemmer/Wüst, Verwaltungsrecht I, Rn. 44 ff.

27 Für Referendare: Im Falle einer Klageerhebung zum Gericht des falschen Rechtswegs ist je nach Fallfrage die Anfertigung eines Verweisungsbeschlusses gemäß § 17a II 1 GVG erforderlich.

§ 98 II S. 2 StPO direkt / analog

Wird die Polizei im Rahmen der Strafverfolgung in Eil- und Notfällen anstelle des eigentlich zuständigen Richters oder im Vorgriff auf dessen Entscheidung tätig, so ist gem. § 98 II S. 2 StPO der ordentliche Rechtsweg eröffnet. Die Norm wird analog auf repressive Maßnahmen angewendet, welche keine Beschlagnahme darstellen.[28] § 98 II S. 2 StPO gilt auch analog bei erledigten Maßnahmen.

Bsp.: Beschlagnahme nach § 98 StPO oder die vorläufige Festnahme gem. § 127 StPO.

§ 23 I EGGVG bei Justizverwaltungsakten

Handelt die Polizei in eigener Zuständigkeit im Rahmen der Strafverfolgung durch einen sog. Justizverwaltungsakt, dann ist gem. § 23 EGGVG der ordentliche Rechtsweg eröffnet. Instanziell zuständig ist gem. § 25 I EGGVG ein Strafsenat des Oberlandesgerichtes, in dessen Bezirk die jeweilige Justiz- oder Verwaltungsbehörde (Polizeibehörde) ihren Sitz hat.[29] Justizverwaltungsakte sind alle Maßnahmen, die von Justizbehörden im funktionellen Sinne zur Wahrnehmung einer Aufgabe aus den in § 23 I S. 1 EGGVG genannten Gebieten getroffen werden.

Bsp.: Identitätsfeststellung nach § 163 b StPO

Doppelfunktion der Polizei:

Es stellt sich somit die Frage, wann die Polizei funktionell als Justizbehörde handelt: Die Polizei hat eine Doppelfunktion, da sie sowohl zur Gefahrenabwehr und -beseitigung als auch gem. § 163 StPO strafverfolgend tätig wird.[30] Für die Abgrenzung, ob eine Maßnahme repressiver oder präventiver Natur ist, ist auf den Zweck abzustellen, den die Polizei mit der konkreten Maßnahme verfolgt. 47

Gefahrenabwehr = Präventivhandeln

a) Handelt die Polizei zur *Gefahrenabwehr und -beseitigung* aufgrund einer Ermächtigungsgrundlage im PolG NRW, also *präventivpolizeilich*, so ist grundsätzlich der Verwaltungsrechtsweg gemäß § 40 I S. 1 VwGO eröffnet, soweit nicht weitere abdrängende Sonderzuweisungen eingreifen.

Bsp.: Die Polizisten A und B verbringen den bei minus 10 Grad auf einer Parkbank liegenden, sinnlos betrunkenen C zum Ausnüchtern mit dem Dienstwagen auf die Polizeistation.

Die Ermächtigungsgrundlage ergibt sich aus § 35 I Nr. 1PolG NRW.

Strafverfolgung = Repressivhandeln

b) Wird die Polizei dagegen im *repressiven Bereich*, d.h. *strafverfolgend* tätig, so ist der ordentliche Rechtsweg über § 23 I EGGVG oder § 98 II S. 2 StPO direkt / analog einschlägig. Die Eröffnung des polizeilichen Aufgabenkreises folgt in diesen Fällen i.d.R. aus § 163 StPO i.V.m. § 1 IV PolG NRW.

Bsp.: Polizeikommissar K ordnet zur Feststellung der genauen Blutalkoholwerte eine sofortige ärztliche Blutentnahme an, um Beweismaterial für eine Verurteilung nach § 316 StGB zu sichern.

Die Ermächtigungsgrundlage ergibt sich aus § 81a StPO.

28 BGH, NJW 1998, 3653 = **juris**byhemmer.

29 Vgl. Rn. 397 ff.

30 Der Begriff der „Strafverfolgung" im weiteren Sinne erfasst die Ermittlung, die Verfolgung im engeren Sinne und die Ahndung.
Ermittlung ist die Erforschung der Tat und des Täters und die Vorlage der Ergebnisse an die Verfolgungsbehörde.
Verfolgung im engeren Sinne ist die Entscheidung über die Eröffnung, die Führung und die Beendigung eines Straf- oder Bußgeldverfahrens.
Ahndung ist die Verhängung der Strafe oder einer Geldbuße.
Davon zu unterscheiden ist die Verwarnung im Ordnungswidrigkeitenrecht (§§ 56, 57 II OWiG, § 27 StVG).
Nach § 163 StPO hat die Polizei alle keinen Aufschub gestattenden Anordnungen zu treffen, um die Verdunklung der Sache zu verhüten. Danach ist die Polizei, sofern sie strafverfolgend tätig wird, nur zur Ermittlung zuständig.

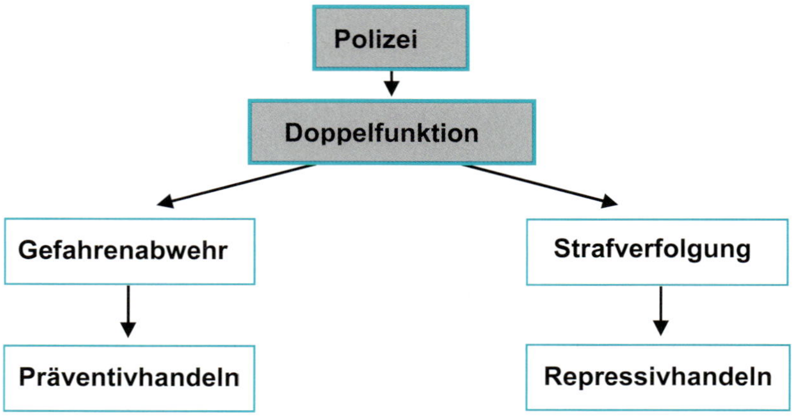

Ermittlungspersonen der Staatsanwaltschaft

Innerhalb der StPO finden sich drei Gruppen von Befugnissen, welche für die Polizei relevant sind. Es wird unterschieden zwischen den Befugnissen die jedermann zustehen (vgl. z.B. Wortlaut: § 127 I S. 1 StPO), jedem Polizeibeamten zustehen (vgl. z.B. Wortlaut: § 127 II oder 163b I StPO) und solchen, die nur die *Ermittlungspersonen der Staatsanwaltschaft* (früher: Hilfsbeamte der Staatsanwaltschaft) zum Handeln ermächtigen (vgl. z.B. Wortlaut: § 98 I oder 105 I StPO). Diese bundesrechtliche Besonderheit liefert in NRW keine weiteren Probleme. Schließlich wird gem. § 152 GVG[31] i.V.m. der Verordnung über die Ermittlungspersonen der Staatsanwaltschaft[32] bestimmt, wer in NRW als Ermittlungspersonen der Staatsanwaltschaft zählt, was praktisch wieder nahezu die gesammte Polizei ist.

Problem: Maßnahme(n) mit repressiven und präventiven Zwecken

c) Einordnungsprobleme entstehen, wenn die Polizei mit einer Maßnahme bzw. mit mehreren Maßnahmen sowohl präventive als auch repressive Zwecke verfolgen könnte, sog. Doppelfunktionelle Maßnahmen. 48

Bsp.: *Polizist A hat Insider-Information erhalten, dass bei der Brauerei B vor einigen Stunden mehrere tote Ratten aus dem Biersud gefischt wurden. Trotzdem habe der Geschäftsführer die Weiterverarbeitung des Suds angeordnet. Daraufhin begibt sich A zur Brauerei. Er verlangt Zutritt zu dem Gebäude und findet nach kurzer Suche das fragliche Bier vor. A stellt das mit dem Boden fest verbundene Fass durch Versiegelung sicher.*

Problematik: A könnte hier einerseits zur Gefahrenabwehr tätig geworden sein, um Konsumenten vor dem verunreinigten Bier zu schützen. Er könnte aber genauso strafverfolgend gehandelt haben, da das Herstellen und der Versuch des Inverkehrbringens von verunreinigten Lebensmitteln eine Straftat darstellt (§ 58 I Nr. 1 und 2, IV LFGB[33]).

hemmer-Methode: Für die Klausur empfiehlt sich folgende Vorgehensweise:

1. **Zunächst ist der Sachverhalt nach Indizien auszuwerten. Gibt es eine Begründung der Behörde oder entscheidet sich die Einordnung über die Systematik der getroffenen Maßnahmen. Wenn am Ende eine Strafklage erhoben wird, dann waren die Maßnahmen davor im Zweifel repressiv.**
2. **Für jeden Handlungsabschnitt ist der Schwerpunkt des polizeilichen Tätigwerdens gesondert festzustellen.**
3. **Lässt sich bei einheitlichen Sachverhalten kein Schwerpunkt ermitteln, dann ist ebenfalls jede Einzelmaßnahme gesondert zu beurteilen.**

31 Schönfelder 95.

32 HR. 173.

33 Sartorius Ergänzungsband Nr. 862.

4. In Zweifelsfällen ist mit der Erwägung, dass die Gefahrenabwehr grundsätzlich wichtiger ist als die Strafverfolgung, der präventive Charakter anzunehmen und der Verwaltungsrechtsweg zu eröffnen.[34]

Da häufig eine Vielzahl polizeilicher Einzelmaßnahmen zu prüfen ist, brauchen Sie sich nicht zu scheuen, für einzelne Maßnahmen die Eröffnung des Verwaltungsrechtswegs abzulehnen, soweit hierdurch die Klausur nicht problementleert wird.

kein Wahlrecht bzgl. Rechtsweg

Ein Wahlrecht des Betroffenen hinsichtlich des Rechtswegs scheidet wegen der Gefahr widersprüchlicher Entscheidungen aus.[35]

Voraussetzung für die kumulative Aufgabeneröffnung ist allerdings, dass 49

- ⇨ die rechtswidrige Tat noch nicht beendet ist,
- ⇨ eine neue Tat droht oder
- ⇨ es um die Beseitigung der durch die Handlung verursachten Zustände geht.

beide Aufgabenbereiche eröffnet

Es sind dann *beide Aufgabenbereiche eröffnet*. In welchem die Polizei tatsächlich gehandelt hat, lässt sich erst bei den einzelnen Maßnahmen feststellen.

"EXKURS FÜR FORTGESCHRITTENE":

§ 81b Alt. 2 StPO ist Befugnis für präventives Handeln

Eine Sonderstellung nimmt jedoch der Spezialfall des § 81b Alt. 2 StPO ein. Er stellt eine Befugnisnorm für präventives polizeiliches Handeln in der StPO dar. 50

Nimmt die Polizei Lichtbilder oder Fingerabdrücke eines Beschuldigten für die Zwecke des Erkennungsdienstes auf, so ergeht kein Justizverwaltungsakt, da diese Tätigkeit der vorbeugenden Verbrechensbekämpfung zuzuordnen ist. Hier ist über § 40 I VwGO der Verwaltungsrechtsweg eröffnet.

§ 81b, 2.Alt. StPO ist Befugnis zur Aufbewahrung von Strafverfahrensakten

Anders ist dies bei § 81b Alt. 1 StPO. Die Rechtsprechung stützt auf die Regelung des § 81b Alt. 2 StPO auch die Befugnis der Polizei zur Aufbewahrung von den zum Zwecke der Durchführung eines Strafverfahrens gewonnenen Unterlagen. Da die Aufbewahrung ebenfalls präventiver Natur ist, ist zu deren Überprüfung der Verwaltungsrechtsweg eröffnet, auch wenn die Anfertigung nach § 81b Alt. 1 StPO erfolgt ist.[36]

EXKURS ENDE

hemmer-Methode: § 23 I EGGVG (bzw. § 98 II S. 2 StPO) sind im Rahmen einer Polizeirechtsklausur immer zu erwähnen! Ergibt sich an dieser Stelle jedoch offensichtlich kein Problem, so kann mit einem Satz dargelegt werden, dass mangels strafverfolgenden Handelns die abdrängende Sonderzuweisung des § 23 I EGGVG nicht eingreift. Merken Sie sich also den Zusammenhang zwischen § 40 I S. 1 VwGO und § 23 I EGGVG!

34 Pieroth/Schlink/Kniesel, Polizei- und Ordnungsrecht, § 2, Rn 15.

35 Pietzner/Ronellenfitsch, § 5 Rn. 16; a.A. Schenke, Rn. 422: Beide Rechtswege seien zu beschreiten.

36 Vgl. Kleinknecht/Meyer, § 81b StPO, Rn. 16 und 22.

2. § 36 II 1 PolG NRW

Eine abdrängende Sonderzuweisung findet sich auch in § 36 II S. 1 PolG NRW. Die Zulässigkeit einer landesrechtlichen Sonderzuweisung ergibt sich aus § 40 I S. 2 VwGO. 51

§ 36 II S. 1 PolG NRW bei Freiheitsentziehungen

a) § 36 II S. 1 PolG NRW weist die Feststellung der Rechtmäßigkeit einer Freiheitsentziehung gem. §§ 10 III, 12 II S. 3 oder § 35 PolG NRW dem Amtsgericht zu, in dessen Bezirk die Person von der Polizei festgehalten wurde.

auch für Begleitmaßnahmen

b) Die abdrängende Sonderzuweisung des § 36 II S. 1 PolG NRW gilt auch für andere Maßnahmen, die eine Ingewahrsamnahme begleiten.[37] Dies sind i.d.R. Polizeiakte, die die Freiheit noch weiter beschränken und die der Zweck oder die Ordnung der Freiheitsentziehung im Gewahrsam erfordert.

Bsp.: *Leibesvisitationen, Sicherstellung von Gegenständen etc.*

Abgrenzung Freiheitsentziehung / -beschränkung

c) Wie aus § 36 I PolG NRW hervorgeht, bezieht dieser sich auf ein Festhalten i.S.e. Freiheits*entziehung.* Diese ist von der bloßen Freiheits*beschränkung* zu differenzieren.[38] Abzugrenzen sind beide nach der *Intensität* des Eingriffs unter zusätzlicher Beachtung der *Eingriffsdauer.*

Bei geringer Intensität und nur kurzfristigem Festhalten liegt daher lediglich eine Freiheitsbeschränkung vor.

Bsp.: *Vorführungen, z.B. zur Durchführung erkennungsdienstlicher Maßnahmen gem. § 10 I Nr. 2 PolG NRW, sind nach der Rechtsprechung bloße Freiheitsbeschränkungen.*[39]

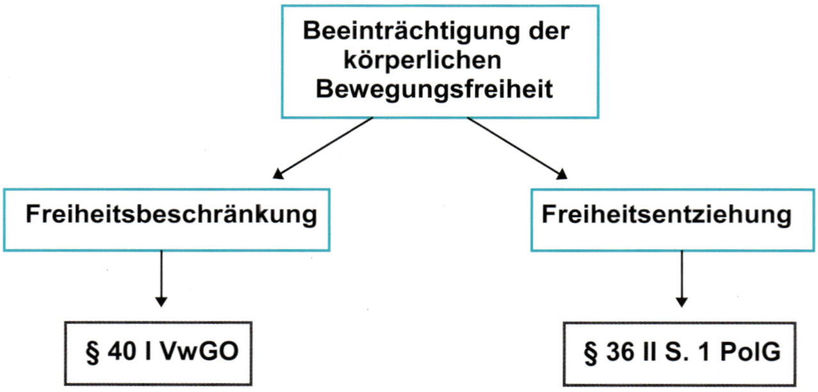

hemmer-Methode: § 36 II S. 1 PolG NRW ist nur dann anzusprechen, soweit sich aus dem Sachverhalt das Klagebegehren auf Feststellung der Rechtswidrigkeit von Freiheitsentziehungen ergibt.
Legen Sie dann die Differenzierung zwischen Freiheits*entziehung* und Freiheits*beschränkung* dar.
Nur dann, wenn eine Freiheitsentziehung in Betracht kommt, ist die abdrängende Sonderzuweisung des § 36 II S. 1 PolG NRW einschlägig. Ansonsten ist für die gerichtliche Kontrolle von Freiheitsbeschränkungen im Präventivbereich grundsätzlich der Verwaltungsrechtsweg eröffnet.
Merken Sie sich also § 36 II S. 1 PolG NRW im Zusammenhang mit § 40 I S. 1 VwGO.

37 BayVGH, BayVBl. 1989, 245 = jurisbyhemmer.

38 In den Fällen der Freiheitsbeschränkung ist eine richterliche Entscheidung nicht geboten. Äußerste zeitliche Grenze für ein Festhalten allein aufgrund des Polizeirechts ohne richterliche Entscheidung ist nach Art. 104 II 3 GG das Ende des Tages nach Ergreifen der Person (24.00 Uhr des auf die Festnahme folgenden Tages).

39 BVerwG, JR 1958, 153 (154); BGHZ 82, 261 = jurisbyhemmer.

Zulässigkeit der FFK

B. Zulässigkeit der Fortsetzungsfeststellungsklage

I. Statthaftigkeit der FFK, § 113 I S. 4 VwGO analog / direkt

ÜBERSICHT:

Statthaftigkeit der FFK

1. Prüfung der VA-Eigenschaft der Maßnahme 52
   Problem: Datenerhebung und Vollstreckungsmaßnahmen
2. Erledigung des VA: i.d.R. durch Vollziehung
3. Zeitpunkt der Erledigung
   a) Erledigung **nach** Klageerhebung
      ⇨ § 113 I S. 4 VwGO (direkt)
   b) Erledigung **vor** Klageerhebung (Regelfall)
      ⇨ § 113 I S. 4 VwGO **analog**

Ausgangspunkt: Klagebegehren, § 88 VwGO

Der Ausgangspunkt zur Festlegung der richtigen Klageart ist immer das *Klagebegehren, § 88 VwGO*. 53

Die Fortsetzungsfeststellungsklage (FFK) ist dann die richtige Klageart, wenn sich das Klagebegehren auf die Feststellung der Rechtswidrigkeit von Polizeimaßnahmen mit VA-Qualität richtet, die sich bereits erledigt haben.

hemmer-Methode: In Polizeirechtsklausuren sind regelmäßig *mehrere Klagebegehren* auf die Feststellung der Rechtswidrigkeit polizeilicher Handlungen mit VA-Qualität gerichtet. Die Fortsetzungsfeststellungsklage dominiert insoweit die Prüfungsaufgaben dieses Rechtsgebietes. Dies folgt daraus, dass sich polizeiliche VAe naturgemäß unmittelbar mit der Durchführung der Maßnahme erledigen.

Voraussetzungen der Statthaftigkeit

Statthaftigkeitsvoraussetzungen der FFK sind somit: 54

⇨ Gegenstand des Klagebegehrens muss die Feststellung der Rechtswidrigkeit eines VA sein;

⇨ Dieser muss sich bereits *erledigt* haben.

Ferner ist festzustellen, ob die Erledigung vor oder nach Klageerhebung eintrat.

Prüfungsaufbau im Gutachten:

Beim Prüfungspunkt „statthafte Klageart“ sollte bei einer FFK im Gutachten nachfolgende Aufbaureihenfolge eingehalten werden:

1. Als Klageart kommt eine Anfechtungsklage gem. § 42 I, Alt. 1 VwGO in Betracht, falls das Klagebegehren auf *Aufhebung eines VA* gerichtet ist (hier Prüfung der VA-Qualität).
2. Sofern die angegriffene Maßnahme ein VA ist, folgt die Prüfung der *Erledigung*.
3. Bei Erledigung des VA kommt eine FFK § 113 I S. 4 VwGO (*direkt*) in Betracht, sofern der VA sich *nach* Erhebung einer Anfechtungsklage erledigt hat.
4. Hat sich der VA hingegen bereits *vor* Klageerhebung erledigt, so könnte die FFK nach § 113 I S. 4 VwGO *analog* die richtige Klageart sein.

1. VA als Gegenstand des Klagebegehrens

VA-Qualität

Bei polizeilichen Maßnahmen ist jeweils im Einzelfall zu prüfen, ob sie VA-Qualität i.S.d. § 35 VwVfG haben. 55

Es müssen alle fünf Merkmale des § 35 VwVfG vorliegen. Problematisch ist meistens die Regelung. Aus historischen Gründen hat man bei vielen Realakten eine konkludente Regelung angenommen, weil davon schon der Zugang zu den Verwaltungsgerichten abhing. Heute ist dies nicht mehr erforderlich.[40] Die allgemeine Leistungsklage ist anerkannt; die allgemeine Feststellungsklage gesetzlich geregelt. Damit haben wir als Oberbegriff die „hoheitliche Maßnahme", die man dann spezifizieren kann nach Verwaltungsakt, Realakt, Zusicherung usw. Der Verwaltungsaktbegriff verliert damit seine zentrale strategische Stellung, bleibt aber für die vorliegende Klageart entscheidend.

Eine Regelung ist die verbindliche Setzung einer Rechtsfolge. Für ihr Vorliegen ist nicht die Absicht der Behörde entscheidend, sondern der Erklärungswert gegenüber einem verständigen Bürger. Virulent wird dies etwa beim sogenannten Gefährderanschreiben. Dabei geht es um die Frage, ob die Behörde lediglich eine Mittteilung macht oder schon eine Rechtsfolge setzt.

Beispiel 1[41]: *Die Polizei richtet sich auf Grund von Vorfällen in der Vergangenheit an potenzielle Störer und legt ihnen nahe, sich an einer geplanten Veranstaltung von Globalisierungsgegnern nicht zu beteiligen (sog. Gefährderanschreiben).*

Eine Regelung ist dann anzunehmen, wenn die Maßnahme der Behörde ihrem objektiven Gehalt nach darauf gerichtet ist, eine verbindliche Rechtsfolge zu setzen. Daran fehlt es in einem Gefährderanschreiben.

Rechtsschutz in Form der Anfechtungsklage kommt somit nicht in Betracht. Das OVG Lüneburg erkennt jedoch den Weg über die Feststellungsklage an.

Mit dem Anschreiben sind allerdings zwischen dem Kläger und dem Beklagten Rechtsbeziehungen entstanden, die ein konkretes und streitiges feststellungsfähiges Rechtsverhältnis bilden. Das Anschreiben betrifft einen hinreichend bestimmten überschaubaren Sachverhalt und ist daher der Feststellung zugänglich, ob mit ihm in Grundrechte des Antragstellers eingegriffen worden ist. Es handelt sich auch nicht nur um einen unverbindlichen Ratschlag, welcher kein feststellungsfähiges Rechtsverhältnis begründen würde. Durch das Anschreiben, um die Teilnahme an einer Veranstaltung zu verhindern, kann der Spielraum der Willensentschließung im Hinblick auf die Ausübung der Grundrechte aus Art. 5 I 1 GG und Art. 8 I GG etwa aus Furcht vor polizeilichen Maßnahmen und Nachteilen stark beeinflusst werden. Somit ist dem Gefährderanschreiben eine Eingriffsqualität nicht abzusprechen.

Das berechtigte Feststellungsinteresse folgt aus einer Wiederholungsgefahr und aus dem Rehabilitierungsbedürfnis.

Das Gefährderanschreiben ist rechtswidrig, weil es an einer Ermächtigungsgrundlage fehlt. Es kommt allein die polizeirechtliche Generalklausel in Betracht. Es fehlt jedoch eine gerade vom Adressaten ausgehende konkrete Gefahr.

Beispiel 2[42]: *Eine kriminalpolizeiliche Gefährderansprache, mit der der Geschäftsführer eines Inkassounternehmens unter Hinweis auf mögliche Ermittlungsmaßnahmen darüber „bösgläubig" gemacht wird, dass das Einziehen erkennbar unberechtigter Forderungen – etwa aus verbotenen und strafbaren Internet-Glücksspielen – Beihilfe zum Betrug darstellen kann, stellt keine Regelung dar.*

---

40 Vgl. zu eben dieser Problematik die Darstellung zur Verwaltungsaktsqualität von Zwangsvollstreckungsmaßnahmen, unten Rn. 62.

41 OVG Lüneburg, NJW 2006, 391.

42 VGH Kassel, NVwZ-RR 2012, 344.

Dieser Realakt greift zwar in die Freiheit der Unternehmensbetätigung ein, ist aber zur Verhütung drohender Straftaten geeignet und auch im Übrigen verhältnismäßig. Es handelt sich also um eine rechtmäßige Maßnahme aufgrund der polizeilichen Generalklausel.

***Beispiel 3*[43]*:** Beschränkt sich eine so genannte Gefährderansprache nicht auf warnende Hinweise, sondern werden darüber hinaus Ge- und/oder Verbote ausgesprochen, so handelt es sich um einen mit der Anfechtungsklage anfechtbaren Verwaltungsakt.*

a) Polizeimaßnahmen aufgrund der Eingriffsbefugnisse aus §§ 8, 34 - 46 PolG NRW

Maßnahmen aufgrund der §§ 8, 34 - 46 PolG NRW regelmäßig VAe

Handelt die Polizei bei Grundrechtseingriffen auf der Grundlage der Befugnisse aus §§ 8, 34 - 46 PolG NRW, dann stellen all diese Maßnahmen in der Regel VAe i.S.d. § 35 S. 1 VwVfG, dar. Nur vereinzelt werden hier in der Literatur, teilweise wegen fehlenden Regelungscharakters, Realakte angenommen. 56

hemmer-Methode: Hat die Polizei aufgrund dieser Befugnisse gehandelt, so können Sie ohne weiteres die VA-Qualität einfach feststellen. Die Maßnahme ist, mit besonders eingehender Prüfung des Regelungscharakters, unter § 35 VwVfG zu subsumieren.
Die Regelung ist dann zu bejahen, wenn durch die polizeiliche Handlung ein Lebenssachverhalt einseitig verbindlich für den Betroffenen geordnet wird.

b) Polizeimaßnahmen zur Datenerhebung und -verarbeitung, §§ 9 – 33 PolG NRW

Die VA-Qualität bei Maßnahmen der Polizei im Rahmen der §§ 9 – 33 PolG NRW ist umstritten. 57

aa) Datenerhebungsmaßnahmen, §§ 9 – 21 PolG NRW

Datenerhebung ohne Regelungscharakter?

Die Erhebung personenbezogener Daten stellt sich eigentlich als rein tatsächliches Handeln ohne Regelungscharakter dar. 58

***Bsp.:** Die Polizei legt eine Akte an, in die Namen, Vornamen, akademische Grade, Anschriften, Telefonnummern und Informationen über die Erreichbarkeit sämtlicher verantwortlicher Personen einer Chemiefabrik aufgenommen werden. Die Akte wird für den Fall der schnellen Erreichbarkeit der Verantwortlichen bei einem Störfall benötigt (vgl. § 11 Nr. 2 PolG NRW).*

Sie ist daher nicht ohne weiteres unter die Legaldefinition des VA in § 35 VwVfG subsumierbar.

Teil der Lit.: VwGO beinhaltet eigenen VA-Begriff

(1) In der Literatur wird z.T. angenommen, dass die VA-Definition des § 35 S. 1 VwVfG nicht dem VA-Begriff der VwGO entspricht.

Man ermittelt den der VwGO zugrunde liegenden *VA-Begriff aus der VwGO selbst*. VA-Qualität ist demnach gegeben, sofern eine öffentlich-rechtliche Streitigkeit nichtverfassungsrechtlicher Art vorliegt und darüber hinaus in ein Recht des Betroffenen (z.B. in ein Grundrecht wie das Recht auf informationelle Selbstbestimmung) eingegriffen wurde. Eine Rechtsverletzung durch behördliches Handeln erfüllt demnach den Begriff des VA i.S.d. VwGO.

43 OVG Magdeburg, NVwZ-RR 2012, 720.

Folglich ist die Erhebung personenbezogener Daten wegen des Eingriffes in das Recht auf informationelle Selbstbestimmung ein VA i.S.d. VwGO. Diese Auffassung kann die Maßnahme nicht gegen den Realakt abgrenzen und ist deshalb unhaltbar.

a.A.: Datenerhebung ist VA i.S.d. § 35 VwVfG

(2) Aber auch diejenigen, die eine Identität der VA-Legaldefinition aus § 35 S. 1 VwVfG mit dem VA-Begriff der VwGO annehmen, kommen zum gleichen Ergebnis.

Umstritten ist in diesem Zusammenhang, ob auf das VwVfG des Bundes oder auf das des betroffenen Landes abzustellen ist.

Nach einer Ansicht[44] folgt der prozessuale Begriff des VA ausschließlich dem Bundes-VwVfG, nach anderer Ansicht[45] den entsprechenden Regelungen des Landesrechts.

Für die erste Ansicht spricht insbesondere, dass im Falle des Abstellens auf den landesrechtlichen Begriff der Landesgesetzgeber über die Reichweite der prozessualen Rechte des Klägers disponieren kann. Diese Kompetenz kommt ihm aber gerade nicht zu.

Im Ergebnis kann die Streitigkeit aber offen bleiben, da die landesrechtlichen Regelungen mit der bundesrechtlichen wörtlich übereinstimmen. Gerade im Hinblick auf das letztgenannte Argument empfiehlt sich aber, im Rahmen der statthaften Klageart auf den Zusatz NRW zu verzichten.

(3) Letztlich wird bei Maßnahmen der Datenerhebung nach den §§ 9 – 21 PolG NRW, wenn auch mit unterschiedlicher Begründung, allgemein die Verwaltungsaktqualität bejaht.

bb) Datenverarbeitungsmaßnahmen, §§ 22 – 33 PolG NRW

auch Datenverarbeitungsmaß- nahmen haben VA-Qualität

Problematisch ist auch das Vorliegen eines VA bei den Datenverarbeitungsmaßnahmen, §§ 22 – 33 PolG NRW. 59

> **Bsp.:** *Von der im Beispiel zur Datenerhebung (Rn. 58) angelegten Akte wird durch die Polizei eine Kopie an die kreisfreie Stadt K übersandt (§ 28 I PolG NRW).*

Hier besteht ebenso die bereits oben unter Rn. 58 zur Datenerhebung erörterte Problematik. Bei den §§ 22 – 33 PolG NRW ist daher im Ergebnis ebenfalls nach beiden Ansichten die VA-Qualität zu bejahen.

c) Zwangsmaßnahmen, §§ 50 ff. PolG NRW

VA-Qualität von Zwangsmaßnahmen

Auch bei Zwangsmaßnahmen ist die VA-Qualität fraglich. Hierbei ist insbesondere die *Androhung* von Zwangsmitteln von der *Anwendung* der Zwangsmittel zu differenzieren. 60

aa) Androhung von Zwangsmitteln

> **Bsp.:** *Polizist A fordert den auf offener Straße zwischen zahlreichen Passanten mit einem Butterfly-Messer herumwirbelnden B auf, ihm dieses auszuhändigen.* 61

44 Kopp/Schenke, Anh. zu § 42 VwGO, Rn. 1 f.

45 Eyermann/Happ, § 42 VwGO, Rn. 4.

B macht sich hierüber nur lustig und ignoriert die Aufforderung. Daraufhin droht A ihm an, dass er ihm das Messer mit Gewalt abnehmen werde, falls B es nicht freiwillig herausgibt.

Androhung legt Zwangsmittel verbindlich fest → ist ebenfalls VA

Zwangsmittel sind gem. §§ 56, 61 PolG NRW vor ihrer Anwendung grundsätzlich anzudrohen. Die Androhung von Zwangsmitteln hat nach h.M. VA-Qualität. Die regelnde Wirkung ergibt sich nach h.M. aus der durch die Androhung erfolgenden verbindlichen Festlegung des jeweiligen bestimmenden Zwangsmittels. Hieraus ergibt sich der VA-Charakter der Androhung. Sie ist als VA auch selbständig gerichtlich nachprüfbar. Das gilt auch, wenn die Androhung nach § 56 III PolG NRW mit dem Grundverwaltungsakt verbunden wird.

weiteres Arg.: § 112 JustG NRW (str.)

Ein weiteres Argument für die Bejahung der VA-Qualität der Androhung soll sich aus § 112 JustG NRW herleiten lassen: Gemäß § 112 JustG NRW haben Rechtsbehelfe, die sich gegen Maßnahmen der Verwaltungsvollstreckung richten, keine aufschiebende Wirkung. Da als Rechtsbehelf mit aufschiebender Wirkung nur der Widerspruch und die Anfechtungsklage in Frage kommen und diese wiederum nur gegen Verwaltungsakte statthaft sind, lasse sich aus § 112 S. 1 JustG NRW im Umkehrschluss entnehmen, dass Maßnahmen der Verwaltungsvollstreckung als Verwaltungsakte einzuordnen sind.

Diese Verallgemeinerung ist jedoch nicht zwingend, da zumindest die Zwangsgeldfestsetzung (wie auch die für alle Vollstreckungsmaßnahmen nach dem VwVG NW erforderliche Festsetzung) zweifelsfrei regelnden Charakter hat und folglich VA ist (ausführlicher unten Rn. 62).

Dennoch kommt auch der Androhung der Vollstreckung VA-Qualität zu.

bb) Die Anwendung von Zwangsmitteln

Hier ist zwischen den einzelnen möglichen Zwangsmitteln, Ersatzvornahme, Zwangsgeld und unmittelbarem Zwang (vgl. § 51 I PolG NRW) zu differenzieren. 62

Festsetzung von Zwangsgeld ist VA

(1) Die Festsetzung eines Zwangsgeldes hat ohne weiteres VA-Charakter. Ihr kommt jedoch im Polizeirecht kaum eine Bedeutung zu.

Ersatzvornahme und unmittelbarer Zwang

(2) Problematisch ist die VA-Qualität bei der Ersatzvornahme und dem unmittelbaren Zwang.

Bsp.: *Polizist A entreißt im obigen Beispiel (Rn. 61) dem B, nachdem dieser weiterhin der Anordnung nicht Folge leistet, das Messer (= unmittelbarer Zwang).*

Die Anwendung von unmittelbarem Zwang oder die Durchführung einer Ersatzvornahme stellt sich grundsätzlich als rein tatsächliches Handeln dar.

unmittelbarer Zwang und Ersatzvornahme = VAe

(a) Von der Rechtsprechung[46] wird hier aber weiterhin die VA-Qualität konstruiert, was jedoch nur noch wenige Anhänger in der Literatur[47] findet.

46 BVerwGE 26, 162 (164 f.) (Schlag mit dem Polizeiknüpel); BVerwG, DVBl. 1974, 846; VGH Mannheim, NJW 1962, 883 (884); BayVGH, BayVBl. 1988, 562 (563) (Tränengas); VG Bremen, NVwZ 1989, 895 (Videoaufnahmen): **alle Entscheidungen = juris**byhemmer.

47 Drews/Wacke/Vogel/Martens, Gefahrenabwehr, 9. Auflage (1986), S. 439, 530; Habermehl, Polizei- und Ordnungsrecht, 2. Aufl. (1993), Rn. 528; Regelmäßig zitiert wird auch in Ule/Rasch Allgemeines Polizei- und Ordnungsrecht, § 5a MEPolG, Rn. 4 S. 69, wobei Rasch die Ansicht in DVBl. 1992, 207 (209 f.) aufgegeben hat;
Nur im Sofortvollzug dieser Ansicht folgend: Knemeyer, Polizei- und Ordnungsrecht, Rn. 364;
sofern nicht der h.L. (dazu unten) gefolgt wird, wird in der Regel nur der Meinungsstand dargestellt, z.B. Götz JuS 1985, 869.

Die Begründungen zur Konstruktion der VA-Qualität differenzieren.

VwGO-eigener VA-Begriff: VA aufgrund Grundrechtseingriffs

Keine Probleme bereitet die Subsumtion, wenn man der Ansicht folgen will, der *VA-Begriff* ergebe sich *aus der VwGO selbst* (vgl. oben Rn. 58). Nach dieser Ansicht ist ein VA anzunehmen, wenn eine öffentlich-rechtliche Streitigkeit nichtverfassungsrechtlicher Art vorliegt und in ein Recht des Betroffenen (z.B. in ein Grundrecht) eingegriffen wurde. Dies ist auch bei unmittelbarem Zwang oder der Durchführung einer Ersatzvornahme anzunehmen.

implizite Duldungsverfügung

Folgt man der Ansicht, der VA-Begriff der VwGO decke sich mit dem des § 35 VwVfG oder § 35 VwVfG NRW, so ergibt sich das Problem, dass es einem tatsächlichen Handeln grundsätzlich am Merkmal der „Regelung" fehlt. Es wird keine Rechtsfolge gesetzt. Dies überwindet der BayVGH, indem er annimmt, dass in der Anwendung von Zwangsmitteln zugleich eine *konkludente Duldungsverfügung* enthalten sei (= „Dulde dieses Zwangsmittel!").[48] Diese Konstruktion ist aber nur möglich, wenn der Betroffene anwesend ist. Sonst scheitert der Zugang.

Umkehrschluss zu § 112 JustG NRW

Als dritte Stütze wird auch hier der § 112 JustG NRW (der frühere § 8 S. 1 AG VwGO NRW) angeführt. Da er bestimmt, dass Rechtsbehelfe gegen Vollstreckungsmaßnahmen keine aufschiebende Wirkung haben, sollen Zwangsmaßnahmen im Umkehrschluss Verwaltungsakte sein müssen, denn nur die Rechtsmittel gegen solche haben aufschiebende Wirkung (vgl. schon oben Rn. 61).

unmittelbarer Zwang und Ersatzvornahme = Realakte

(b) Hiergegen wendet sich die herrschende Lehre.[49] Sie sieht die Anwendung unmittelbaren Zwangs und die Ersatzvornahme zu Recht als Realakte an. Schließlich vermag von den oben angeführten Begründungen für einen VA-Charakter des tatsächlichen Handelns keine zu überzeugen. In der Rechtsprechung hat dies aber nur vereinzelt[50] Anklang gefunden.

... gegen VwGO-eigenen VA-Begriff

Die Überlegung, der Begriff des VA sei innerhalb der VwGO selber zu entwickeln, ist insgesamt abzulehnen. Die VwGO verzichtet gerade deshalb auf eine Definition, weil der Begriff des Verwaltungsaktes kein prozessrechtlicher, sondern ein verwaltungsverfahrens- und materiellrechtlicher ist.

... gegen implizite Duldungsverfügung

Die Annahme, in jeder Vollstreckungsmaßnahme eine Duldungsverfügung zu sehen, hat neben der Zugangsproblematik weitere Schwächen. Sie ist nicht nur eine Fiktion, sondern führt auch zu absurden Ergebnissen. Gerade in dem Fall, für welchen die Konstruktion vom BayVGH herangezogen wurde, hätte dies auffallen sollen. Der Anwendung unmittelbaren Zwangs soll die Verfügung innewohnen: „Bleibe und dulde diesen Zwang". Der damit zu vollstreckende Grund-VA fordert aber genau das Gegenteil, denn dies war ein Platzverweis.[51] Auch wäre konsequenterweise der tödlich wirkende Schuss ein Duldungsbefehl, den Tod zu erleiden, jedoch endet die Gehorsamspflicht bei Gefährdung seines Lebensrechts.[52]

48 Z.B. BayVGH, BayVBl. 1988, 562 (563).

49 Rachor in: Lisken/Denninger, Handbuch des Polizeirechts, Kap. L, Rn. 47 ff.; Pieroth/Schlink/Kniesel, Polizei- und Ordnungsrecht, § 27, Rn 40; Finger JuS 2005, S. 116 (117 f.); Maurer VerwR AT, § 20, Rn. 26; Schoch in Schmidt-Aßmann/Schoch Bes. Verwaltungsrecht, 2. Kap., Rn. 286; ders. JuS 1995, 215 (218); Ruffert in Erichsen/Ehlers, Allg. VerwR, § 27, Rn. 23; Erichsen/Rauschenberg Jura 1998, 31 (40); Gusy, Polizei- und Ordnungsrecht, Rn. 453; Möller/Wilhelm, Rn. 220; Würtenberger in Achterberg/Püttner Bes. VerwR II, § 21, Rn. 334; Brühl JuS 1997, 1021 (1023); Wehr, Polizeirecht, Rn. 498 f.; Pietzner VerwArch 84 (1993), 261 (271 ff.); Schenke Polizei- und Ordnungsrecht, Rn. 553 bzw. 558; Kopp/Schenke Anh § 42, Rn. 33; Stelkens in: Stelkens/Bonk/Sachs VwVfG, § 35, Rn. 93 ff.; Lemke in: HK-VerwR, § 18 VwVG, Rn. 20.

50 VG Weimar NVwZ-RR 2000, 478 = **juris**byhemmer.

51 Vgl. hierzu auch Lisken/Denninger, Handbuch des Polizeirechts, Kap. L, Rn. 48.

52 Rachor in: Lisken/Denninger, Handbuch des Polizeirechts, Kap. L, Rn. 49.

... gegen Umkehrschluss zu § 112 JustG NRW

Der Umkehrschluss zu § 112 JustG NRW wäre nur zulässig, wenn er anderenfalls leer liefe. Die Androhung von Zwangsmitteln, jedenfalls aber die Festsetzung eines Zwangsgeldes sind VAe. Damit sind also sehr wohl Vollstreckungsmaßnahmen denkbar, für welche § 112 JustG NRW einen Anwendungsbereich hat. Die Auslegung der Norm, dass nur diese Fälle gemeint sind, ist nicht nur möglich, sondern vielmehr nahe liegend. Der Erklärungsgehalt, alle Verwaltungsvollstreckungsmaßnahme seien VAe, ist der Norm also nicht zu entnehmen.

historische Gesichtspunkte

Nicht zuletzt sollte man die historischen Hintergründe beachten.[53] Bis zum erstmaligen Inkrafttreten der VwGO am 1. April 1960 war der verwaltungsgerichtliche Rechtsschutz nur gegen Verwaltungsakte möglich. Für andere staatliche Handlungsformen war schon der Rechtsweg garnicht eröffnet.[54] So wurde aufgrund des praktischen Bedürfnisses, den von Vollstreckungsmaßnahmen betroffenen Bürgern Rechtsschutz zu ermöglichen, die Konstruktion der Duldungspflicht geschaffen.

heute: § 40 I VwGO

Dem Konflikt mit Art. 19 IV GG wurde bei der Einführung der VwGO aber dadurch abgeholfen, dass der Rechtsweg nun für alle öffentlich-rechtlichen Streitigkeiten nichtverfassungsrechtlicher Art eröffnet wurde (§ 40 I VwGO). Mithin bedarf es im Rahmen der VwGO der Konstruktion der Duldungspflicht nicht mehr.

Mit der allgemeinen Leistungsklage (nicht ausdrücklich geregelt, aber in §§ 43 II, 111 113 IV VwGO vorausgesetzt) in Form der Unterlassungsklage oder nach Erledigung mit der allgemeinen Feststellungsklage (§ 43 I VwGO) hat die VwGO Verfahren eingeführt, mit welchen auch Realakte gerichtlich überprüft werden können. Die künstliche Konstruktion eines Verwaltungsaktes ist dabei nicht nur überflüssig, sondern verkürzt den Rechtsschutz des Bürgers eher. Schließlich sind die Klagen gegen Realakte - anders als die gegen Verwaltungsakte - nicht fristgebunden.[55]

(3) Auch wenn erstere Ansicht dogmatisch schwerlich haltbar ist, kann man ihr im ersten Staatsexamen noch folgen, da die Rechtsprechung bis jetzt an ihr festhält. Im zweiten Staatsexamen sollte ihr sogar aus eben diesem Grund gefolgt werden.

Die Darstellung im Skript legt aber die Ansicht der Literatur zugrunde. Demnach ist zwischen der Festsetzung eines Zwangsgeldes (VA) auf der einen Seite und unmittelbarem Zwang und Ersatzvornahme (beides Realakte) auf der anderen Seite zu unterscheiden.

2. Erledigung des VA

polizeiliche VAe erledigen sich regelmäßig durch Vollziehung, da Rückgängigmachung dann grds. unmöglich

Die Erledigung des polizeilichen VA, der seine Rechtsgrundlage häufig in den soeben aufgezählten Vorschriften findet, ist in Polizeirechtsklausuren der Regelfall. Dies eröffnet grundsätzlich den Weg für die FFK. 63

Bsp.: Polizist A befragt die im Rotlichtmilieu am Straßenrand stehende B nach ihren Personalien und verlangt die Aushändigung des Personalausweises (vgl. § 12 I Nr. 2 lit. a, II S. 2 PolG NRW). B kommt den Anordnungen zwangsnotwendig nach.

---

53 Vgl. hierzu Ruffert in Erichsen/Ehlers, Allg. VerwR, § 21, Rn. 3 m.w.N.

54 Hufen § 2 Rn. 12: Es galt das Enumerationsprinzip (vergleichbar der heutigen Regelung beim BVerfG), d.h. der Rechtschutz war auf belastende Verwaltungsakte beschränkt. Damit war der Begriff des Verwaltungsaktes schon beim Rechtsweg zu prüfen und nicht wie heute erst bei der Statthaftigkeit.

55 Wobei anzumerken ist, dass die Klagefrist gegen die mit Duldungsverfügung versehenen Vollstreckungshandlungen wegen fehlender Rechtsbehelfsbelehrung ein Jahr beträgt (§ 58 II VwGO) und das Fristerfordernis bei der Fortsetzungsfeststellungsklage strittig ist (vgl. Rn. 70).

Wegfall der rechtlichen oder tatsächlichen Beschwer

Erledigung[56] tritt ein, wenn die mit dem VA verbundene rechtliche oder sachliche Beschwer nachträglich, d.h. nachdem der angefochtene VA ergangen ist, wegfällt, von dem VA also keine Rechtswirkungen mehr ausgehen. Anhaltspunkt ist hier § 43 II VwVfG NRW.

Die Beschwer darf jedenfalls im Zeitpunkt der Entscheidung des Gerichts nicht mehr bestehen oder sonst aktuell sein. Erledigung liegt auch dann vor, wenn aus anderen Gründen eine Aufhebung des VA nicht mehr begehrt werden kann oder dem Kläger mit der Aufhebung nicht mehr gedient wäre.

Im obigen Beispiel haben sich die VAe „Personalienbefragung" und „Personalausweisaushändigung" mit der Auskunft sowie der Aushändigung durch Vollziehung erledigt, da eine Rückgängigmachung nicht mehr möglich ist.

3. Erledigung vor/nach Klageerhebung

a) Erledigung des VA nach Klageerhebung

§ 113 I S. 4 VwGO geht von Erledigung nach Klageerhebung aus

Die VwGO geht in § 113 I S. 4 grundsätzlich davon aus, dass die Erledigung des VA *nach Klageerhebung*, aber vor dem Urteil im Verwaltungsprozess eintritt. 64

In diesem Fall muss der *Klageantrag*, der ursprünglich eine Anfechtung des VA zum Gegenstand hatte, auf die „Feststellung der Rechtswidrigkeit" des nun erledigten VA *umgestellt* werden.

umgestellte Anfechtungsklage → Sachentscheidungsvoraussetzungen der AK müssen vorliegen

Da es sich bei der FFK gem. § 113 I S. 4 VwGO (direkt) um eine „umgestellte Anfechtungsklage" handelt,[57] hat deren Zulässigkeit das Vorliegen der besonderen Sachentscheidungsvoraussetzungen der Anfechtungsklage zur Voraussetzung. Sie ist lediglich materiell, nicht aber prozessual eine Feststellungsklage. Die Klagebefugnis, die erfolglose Durchführung eines Vorverfahrens und die fristgerechte Erhebung der Anfechtungsklage müssen zum Zeitpunkt der Erledigung des VA vorliegen.

b) Erledigung des VA vor Klageerhebung

bei Erledigung vor Klageerhebung § 113 I S. 4 VwGO analog

Bei Polizeiverwaltungsakten tritt die Erledigung jedoch in den meisten Fällen mit deren Vollziehung (vgl. Rn. 63) sofort ein. Sie erfolgt also regelmäßig vor dem Zeitpunkt der Klageerhebung. 65

56 Vgl. Kopp/Schenke, § 113 VwGO, Rn. 104 f.

(1) Keine Erledigung liegt bei Vollziehung des VA bzw. freiwilliger Befolgung durch den Adressaten dann vor, wenn eine Rückgängigmachung der Vollziehung in Betracht kommt und diese objektiv sinnvoll ist (vgl. § 113 I S. 2, 3 VwGO).

(2) Auch dann, wenn zwar keine Rückgängigmachung mehr möglich ist, aber sonstige unmittelbare Auswirkungen des VA fortwirken und der Kläger insoweit noch beschwert ist, fehlt es an einer Erledigung (Kopp/Schenke, § 113 VwGO, Rn. 105).

(3) Polizeiverwaltungsakte hingegen erledigen sich regelmäßig mit deren Vollzug, da eine Rückgängigmachung grds. unmöglich oder zumindest objektiv sinnlos ist. Es handelt sich hierbei um eine faktische, keine rechtliche Erledigung (wie durch Rücknahme, Widerruf oder anderweitige Aufhebung i.S.d. § 43 II VwVfG NRW); vgl. Hemmer/Wüst, Verwaltungsrecht I, Rn. 112.

57 Schmitt Glaeser/Horn, Rn. 353. Andere Auffassungen betrachten die FFK als Unterfall der Feststellungsklage. Zu den sich daraus ergebenden Besonderheiten im Rahmen der Klagefrist siehe dort.

c) Ist die Analogie überhaupt nötig?

Zum Teil wurde Aufgrund eines obiter dictum des BVerwG[58] angenommen, dass die analoge Anwendung der Fortsetzungsfeststellungsklage nicht mehr nötig sei und stattdessen eine Feststellungsklage nach § 43 VwGO zu erheben wäre. Dies hat sich in der Praxis der Gerichte bisher aber nicht durchgesetzt.

Für diese Fälle gilt nach h.M. weiterhin § 113 I S. 4 VwGO analog.[59] Als maßgebliche Argumente gegen eine Annahme der Feststellungsklage wird vorgebracht: Bei der FFK gem. § 113 I S. 4 VwGO analog handelt es sich quasi um eine „nachträgliche Anfechtungsklage".[60] Sie ist ein Unterfall der Anfechtungsklage[61] und daher nur materiell, nicht aber prozessual eine Feststellungsklage. Dies folge aus der Sachnähe zum (erledigten) Verwaltungsakt sowie aus dem Umstand, dass mit § 43 VwGO gerade kein Verwaltungsakt überprüft werden könne, sondern nur ein ihm zugrunde liegendes Rechtsverhältnis. Außerdem hänge es nur vom Zufall ab, ob sich der Verwaltungsakt kurz vor oder kurz nach Klageerhebung erledige. Dieser Ansicht ist damit zu folgen.

hemmer-Methode: Die Erledigung des VAs vor Klageerhebung ist der Regelfall in der Polizeirechtsklausur. Daher beschäftigen sich die Prüfungspunkte (Klagebefugnis und Klagefrist) in erster Linie mit der <u>analogen</u> Anwendung des § 113 I S. 4 VwGO. Bei der <u>direkten</u> Anwendung sind die „normalen" Sachentscheidungsvoraussetzungen der Anfechtungsklage und das Fortsetzungsfeststellungsinteresse zu prüfen.

II. Klagebefugnis, § 42 II VwGO analog

Klagebefugnis erforderlich

Nach allgemeiner Meinung ist auch bei der FFK nach § 113 I S. 4 VwGO analog eine Klagebefugnis gemäß § 42 II VwGO erforderlich.[62] 66

III. Widerspruchsverfahren

keine Probleme durch Widerspruchsverfahren mehr

Das Widerspruchsverfahren kann im Rahmen einer Fortsetzungsfeststellungsklage grundsätzlich in zwei Konstellationen problematisch werden. Zum einen ist eine Fortsetzungsfeststellungsklage nach allgemeiner Ansicht unzulässig, wenn sowohl Klageerhebung als auch Erledigung nach Ablauf der Widerspruchsfrist erfolgen.[63] Zum anderen ist bei Erledigung vor Ablauf der Widerspruchsfrist strittig, ob ein Widerspruchsverfahren durchgeführt werden muss[64] oder nicht.[65] Beide Problemfelder stellen sich in der Polizeirechtsklausur in NRW aufgrund der weitgehenden Abschaffung des Vorverfahrens durch § 110 JustG NRW nicht mehr. 67

58 BVerwG NVwZ 2000, 63 = **juris**byhemmer; hierzu auch Wehr, DVBl. 2001, 785.

59 Kopp/Schenke, § 113 VwGO, Rn. 99 f. auch zu den möglichen Gegenargumenten einer Minderansicht, die vor Klageerhebung nur die allgemeine Feststellungsklage zulassen will; die Analogie resultiert aus der verfassungsrechtlichen Garantie des Art. 19 IV GG auf effektiven und umfassenden Rechtsschutz, vgl. Schmitt Glaeser/Horn, Rn. 361.

60 BVerwGE 62, 317 ff. (323) = **juris**byhemmer; Eyermann/Fröhler, § 113 VwGO, Rn. 51.

61 Kopp/Schenke, § 113 VwGO, Rn. 107.

62 Die Klagebefugnis ergibt sich in Polizeirechtsfällen grds. zumindest aus der Adressatenstellung des Betroffenen und somit der Möglichkeit in seiner allgemeinen Handlungsfreiheit aus Art. 2 I GG verletzt zu sein (Hemmer/Wüst, Verwaltungsrecht I, Rn. 115).

63 In diesen Fällen ist der Verwaltungsakt bestandskräftig geworden. Die ursprünglich unzulässige Anfechtungsklage kann nicht durch die Tatsache der Erledigung plötzlich als Fortsetzungsfeststellungsklage zulässig werden.

64 Kopp/Schenke, § 113 VwGO, Rn. 47 und § 68 VwGO, Rn. 34: die FFK ist verlängerte Anfechtungsklage; Zwecke des Vorverfahrens (Selbstkontrolle der Verwaltung, Entlastung der Gerichte, verbesserter Rechtsschutz für den Bürger) noch erreichbar.

65 BVerwGE 26, 161 (165 ff.) = **juris**byhemmer; Redeker/von Oertzen, § 113 VwGO, Rn. 47: FFK sei mehr der Feststellungsklage angenähert als der Anfechtungsklage; Zweck des Vorverfahrens (Aufhebung rechtswidrigen VAs) nicht mehr erreichbar; Verwaltungserklärung fehlt Bindungswirkung der gerichtlichen Feststellung.

Sofern man an das Erfordernis der Durchführung eines Widerspruchsverfahrens denken würde, so würde man dies aus der Verbindung zur Anfechtungsklage herleiten. Da aber für diese gem. § 110 I S. 1 JustG NRW das Widerspruchsverfahren entbehrlich ist, wäre diese Regel für die Fortsetzungsfeststellungsklage zumindest entsprechend heranzuziehen. 68

Formulierungs-Bsp.: *Ob die Fortsetzungsfeststellungsklage im Allgemeinen der Durchführung eines Widerspruchsverfahrens bedarf, kann hier dahinstehen, da es hier jedenfalls gem. § 110 I S. 1 JustG NRW entbehrlich wäre.*

IV. Klagefrist

bei Erledigung nach Ablauf der Klagefrist war diese einzuhalten

Die FFK ist unstreitig unzulässig, wenn die *Erledigung nach Ablauf der Klagefrist* eintritt. Auch hier kann die bereits wegen Verfristung unzulässige Anfechtungsklage nicht durch das Ereignis der Erledigung zulässig werden. 69

str.: Klagefrist, wenn Erledigung vor Ablauf der Klagefrist eintritt

Dagegen ist die Frage nach dem Erfordernis der Einhaltung einer Klagefrist bei *Erledigung vor Ablauf der Klagefrist* sehr umstritten. 70

Klagefrist nach § 74 I S. 2 VwGO analog

1. Eine weit verbreitete Auffassung geht dahin, dass die FFK ihrem Wesen nach eine verlängerte Anfechtungsklage bzw. Verpflichtungsklage sei und daher aufgrund der Ähnlichkeit auch bei der FFK die Einhaltung einer Klagefrist notwendig sei.[66]

Man wendet hier § 74 I S. 2 VwGO analog an und stellt für den Beginn der Monatsfrist überwiegend auf den Zeitpunkt der Erledigung ab. Nach anderer Auffassung orientiert sich der Fristbeginn dagegen am Erlass des VA. Als weitere Begründung wird angeführt, dass eine Klagefrist im Interesse des Rechtsfriedens geboten sei.[67]

BayVGH: Klagefrist entbehrlich, da diese keine Bestandskraft mehr herbeiführen kann

2. Eine andere Auffassung stellt demgegenüber auf die Ähnlichkeit zur Feststellungsklage ab und verneint dementsprechend das Erfordernis der Klagefrist.[68]

Darüber hinaus wird darauf hingewiesen, dass es gerade Sinn und Zweck einer Frist sei, die Bestandskraft eines VA und somit Rechtssicherheit herbeizuführen. Bei Erledigung eines VA könne eine Bestandskraft aber gar nicht mehr eintreten. Der Gesichtspunkt der materiellen Gerechtigkeit könne daher voll zum Tragen kommen.

Gegen eine Analogie zu § 74 I S. 2 VwGO spräche zudem die unzulässige Verkürzung des Rechtsschutzes im grundrechtsrelevanten Bereich. Auch die Verwaltung sei durch das immer noch bestehende Erfordernis eines berechtigten Interesses und das Institut der Verwirkung ausreichend geschützt.

Daher sind nach dieser Ansicht die §§ 74, 58 II VwGO nur bis zur Erledigung des VA beachtlich. Danach greifen keine Klagefristen mehr ein.

66 BVerwG, DVBl. 1967, 379 = **juris**byhemmer; Kopp/Schenke, § 74 VwGO, Rn. 2.

67 BVerwGE 26, 161 (165) = **juris**byhemmer.

68 BayVGH, BayVBl. 1992, 51 ff.; BVerwG, NVwZ 2000, 63: **alle Entscheidungen** = **juris**byhemmer.

hemmer-Methode: Beachten Sie an dieser Stelle aber, dass der Streit über die Klagefrist im Ergebnis oftmals keine Rolle spielt. Bei Polizeiverwaltungsakten fehlt es regelmäßig an einer Rechtsmittelbelehrung, sodass die eventuelle Klagefrist aus § 58 II VwGO analog ein Jahr ab Erledigung beträgt. Berücksichtigen Sie ferner, dass auch für den Fall, dass man eine Klagefrist nicht für erforderlich erachtet, nicht zeitlich unbegrenzt geklagt werden kann. Es gelten dann insoweit die Grundsätze der Verwirkung.

V. Fortsetzungsfeststellungsinteresse

berechtigtes Interesse ist substantiiert darzulegen

71 Die FFK fordert sowohl für die direkte als auch für die analoge Form als besonderes Rechtsschutzinteresse gemäß § 113 I S. 4 VwGO ein berechtigtes Interesse an der Feststellung der Rechtswidrigkeit. Dieses ist vom Kläger substantiiert darzulegen.[69]

Man unterscheidet im Wesentlichen *vier Fallgruppen*:

1. Konkrete Wiederholungsgefahr
2. Rehabilitationsinteresse
3. schwerer Grundrechtseingriff
4. Vorbereitung eines Amtshaftungsprozesses

1. Konkrete Wiederholungsgefahr

konkrete Wiederholungsgefahr

72 Für ein berechtigtes Interesse genügt eine Wiederholungsgefahr, sofern diese hinreichend konkret ist und sich auf einen vergleichbaren Sachverhalt bezieht, d.h. es muss zu erwarten sein, dass in absehbarer Zeit im Kern dasselbe Problem erneut auftreten wird.

> ***Bsp.:** A, ein engagierter Gegner der Umweltverschmutzung, wird durch Anhalten und Weiterfahrverbot gehindert, rechtzeitig bei einer Versammlung einzutreffen.*
>
> Die konkrete Wiederholungsgefahr für solche Maßnahmen ist zu bejahen, wenn A plant, auch in nächster Zeit an anderweitigen Versammlungen teilzunehmen. Eine Wiederholung erscheint in absehbarer Zeit als möglich.[70]

Das OVG Münster lehnt Wiederholungsgefahr bei der Anwendung von unmittelbarem Zwang häufig mit dem Argument ab, dass die Bürger den Anordnungen des Staates in der Regel nachkommen.

---

69 Kopp/Schenke, § 113 VwGO, Rn. 129 ff.: Es handelt sich hierbei um eine Sachentscheidungsvoraussetzung, die im Zeitpunkt der Entscheidung des Gerichtes vorliegen muss (Kopp/Schenke, § § 43 VwGO, Rn. 23). Durch das Erfordernis des berechtigten Interesses soll verhindert werden, dass die Verwaltungsgerichte auch dann noch über die Rechtswidrigkeit erledigter VAe entscheiden müssen, wenn diese für den Rechtsschutz der Beteiligten unerheblich geworden sind. Allein das beeinträchtigte Rechtsgefühl bildet daher kein ausreichendes Interesse i.S.d. § 113 I S. 4 VwGO. Nicht erforderlich ist aber, im Gegensatz zu § 43 I VwGO, ein berechtigtes Interesse an baldiger Feststellung (Schmitt Glaeser/Horn, Rn. 356).

70 An einer solchen fehlt es, wenn es ungewiss ist, ob in Zukunft nochmals ähnliche Verhältnisse eintreten könnten.
Sehr strenge Voraussetzungen stellt hier der BayVGH auf, indem er verlangt, dass die Wiederholung tatsächlich bevorstehen, in absehbarer Zeit möglich erscheinen oder sich konkret abzeichnen müsse (BayVGH, BayVBl. 1973, 383).
Als Faustregel gilt: Wiederholungsgefahr besteht, wenn in naher Zukunft ein Sachverhalt entscheidungsbedürftig wird, der durch die Entscheidung des vorliegenden Rechtsstreites größtenteils vorweg geklärt werden kann, indem die Prozessergebnisse im Wesentlichen übertragbar sind.

2. Rehabilitationsinteresse

diskriminierende Wirkung der Maßnahme

Ein Rehabilitationsinteresse kommt in Betracht, wenn die Feststellung der Rechtswidrigkeit als Genugtuung und/oder Rehabilitierung erforderlich ist, insbesondere, weil andere Möglichkeiten effektiven Rechtsschutzes, v.a. des Grundrechtsschutzes, nicht zur Verfügung stehen. 73

Dies ist in erster Linie bei einer noch andauernden diskriminierenden Wirkung der Maßnahme der Fall.[71]

> ***Bsp.:*** *Der Gemeindepfarrer wird (zu Unrecht) von der Polizei in Gewahrsam genommen. Er will sich von der Negativbeurteilung, etwas „verbrochen" zu haben, befreien.*

hemmer-Methode: Eine diskriminierende Wirkung und demzufolge ein Rehabilitationsinteresse wird immer bei Öffentlichkeitsbezug relevant. Ein Solcher ist zu bejahen, wenn z.B. Polizeimaßnahmen unter den Augen von Passanten sowie Schaulustigen ergehen.

3. Schwerer Grundrechtseingriff

Eine weitere Fallgruppe des besonderen Feststellungsinteresses liegt dann vor, wenn durch die Maßnahme ein besonders tiefgreifender Grundrechtseingriff bewirkt wurde. Das Grundrecht auf effektiven Rechtsschutz gebietet, dass der Betroffene Gelegenheit erhält, in Fällen tiefgreifender, tatsächlich jedoch nicht mehr fortwirkender, Grundrechtseingriffe auch dann die Rechtmäßigkeit des Eingriffs gerichtlich klären zu lassen, wenn die direkte Belastung durch den angegriffenen Hoheitsakt sich nach dem typischen Verfahrensablauf auf eine Zeitspanne beschränkt, in welcher der Betroffene gerichtliche Hilfe kaum erlangen kann. In diesen Fällen ist es im Gegensatz zur vorherigen Konstellation nicht erforderlich, dass der Eingriff diskriminierend ist, weil an dem Einzelnen ein Exempel statuiert oder sein Ansehen in der Öffentlichkeit herabgesetzt wurde.

4. Vorbereitung eines Amtshaftungsprozesses

Bei dieser Fallgruppe ist zwischen der FFK (direkt) und der FFK analog zu differenzieren. 74

unstr. bei FFK direkt

a) Bei der FFK nach § 113 I S. 4 VwGO (direkt) besteht unstreitig ein berechtigtes Interesse, wenn die Feststellung der Rechtswidrigkeit für die Geltendmachung von Ansprüchen aus Amtshaftung nach § 839 BGB, Art. 34 GG oder aus sonstigen Entschädigungsansprüchen erheblich ist.[72]

---

71 Eine solche diskriminierende Wirkung ist wegen Art. 2 I GG nicht schon bei jedem Grundrechtseingriff anzunehmen, wohl aber bei schweren Grundrechtsbeeinträchtigungen.
Die diskriminierende Wirkung kann sich außer aus der Art des ergangenen VA auch aus dessen Begründung ergeben oder aus den damit im Zusammenhang stehenden Umständen (Kopp/Schenke, § 113 VwGO, Rn. 143).
Sie kann sich auch aus der Art und Weise des Erlasses oder des Vollzuges eines VA ergeben.

72 Voraussetzung ist, dass ein Prozess mit hinreichender Sicherheit zu erwarten ist, welcher nicht offenbar aussichtslos erscheinen darf. Offenbare Aussichtslosigkeit besteht, wenn ohne eine ins Einzelne gehende Prüfung erkennbar ist, dass der behauptete Anspruch unter keinem rechtlichen Gesichtspunkt bestehen kann.
Für den Fall des Zweckes der Vorbereitung eines Amtshaftungsprozesses ist somit grds. ein berechtigtes Interesse zu bejahen. Die Begründung liegt v.a. in der damit verbundenen Prozessökonomie, da bei der FFK (direkt!) das Verwaltungsgericht bereits mit der Sache befasst ist.

Bsp.[73]: Hebt die beklagte Behörde im Verwaltungsprozess den angefochtenen Verwaltungsakt auf, genügt ein etwa damit verbundenes Anerkenntnis seiner Rechtswidrigkeit jedenfalls dann nicht, das Präjudizinteresse für die Umstellung auf eine Fortsetzungsfeststellungsklage auszuschließen, wenn das Anerkenntnis nicht unmissverständlich und vorbehaltlos auch bezüglich des Staatshaftungsprozesses erklärt wird.

str. bei FFK analog

b) Ob dies ebenso auf die FFK gem. § 113 I S. 4 VwGO analog übertragen werden kann, ist umstritten.

e.A.: berechtigtes Interesse besteht, da Verwaltungsgericht sachnäher

Während nach einer Auffassung auch hier ein berechtigtes Interesse mit einem Anspruch des Klägers auf Entscheidung durch das Verwaltungsgericht als das *sachnähere Gericht* bejaht wird,[74] lehnt die Rechtsprechung ein berechtigtes Interesse hier ab.[75]

a.A.: kein berechtigtes Interesse, Prozessökonomie

Begründet wird diese Ablehnung damit, dass zum einen gerade kein Recht auf Klärung verwaltungsrechtlicher Vorfragen für den Amtshaftungsanspruch durch den sachnäheren Verwaltungsrichter besteht. Das Zivilgericht kann grundsätzlich gemäß § 17 II S. 1 GVG im Rahmen seiner *Vorfragenkompetenz* verwaltungsrechtliche Probleme klären.

Darüber hinaus wäre es nicht gerade im Sinne der *Prozessökonomie*, erst einmal Klage zum Verwaltungsgericht zu erheben und daraufhin einen Amtshaftungsprozess vor dem Landgericht (vgl. Art. 34 S. 3 GG, § 71 II S. 2 GVG) einzuleiten. Bei der FFK nach § 113 I S. 4 VwGO ist bei Erledigung des VA ja gerade noch keine Klage erhoben worden.

hemmer-Methode: Im Rahmen einer typischen Polizeirechtsklausur, die in der Regel (u.a.) prozessual auf einer FFK gemäß § 113 I S. 4 VwGO analog aufbaut, ist daher regelmäßig ein berechtigtes Interesse wegen der Vorbereitung eines Amtshaftungsprozesses abzulehnen.

VI. Übrige allgemeine Sachentscheidungsvoraussetzungen

1. Klagegegner, § 78 I Nr. 1 VwGO

Klagegegner ist (i.d.R.) das Land NRW

Gemäß § 78 I Nr. 1 VwGO ist die Klage gegen den Rechtsträger der Behörde zu richten, die den VA erlassen hat. Dabei ist zwischen eigenständigem polizeilichen Handeln und fremdveranlasstem Handeln zu differenzieren. 75

a) Eigenständiges polizeiliches Handeln

eigenständiges Handeln ⇨ Klagegegner = Land NRW

Der absolute Regelfall ist, dass die Polizei aus eigener Veranlassung im eigenen Aufgabenbereich aufgrund eigener Befugnisse handelt. In diesem Fall ist ihr Rechtsträger zu verklagen. Träger der Polizei ist gem. § 1 POG NRW das Land NRW. 76

Kreispolizeibehörden sind keine (!) Kreisbehörden

Insofern irreführend ist die Bezeichnung „Kreispolizeibehörde“. Unter diese regelmäßig handelnde Behörde fallen gem. § 2 I POG NRW Polizeipräsidien (in Polizeibezirken mit mindestens einer kreisfreien Stadt) und Landräte (in Polizeibezirken ohne kreisfreie Stadt). Gerade letztere Gruppe legt neben dem Begriff „Kreispolizeibehörde“ nahe, eine Rechtsträgerschaft des Kreises anzunehmen.

---

73 BVerwG, NVwZ 2015, 600.

74 Kopp, JZ 1992, 1079.

75 BVerwGE 81, 226; BayVGH, BayVBl. 1983, 473 und 1984, 559: **alle Entscheidungen = juris**byhemmer.

Landräte als Kreispolizeibehörden sind jedoch staatliche Polizeibehörden, also im Wege der Organleihe mit der Leitung beauftragt.[76]

hemmer-Methode: In anderen Fällen gibt eine solche Behördenbezeichnung Auskunft über die Zugehörigkeit zu einer Gebietskörperschaft und damit einem Rechtsträger. Erst aus der Zugehörigkeit folgt dann die Zuständigkeit für das Gebiet dieser Körperschaft. Da aber § 1 POG NRW eine solche Auslegung für den Begriff der „Kreispolizeibehörde" ausschließt, ist die Norm als Regelung der Gebietszuständigkeit zu verstehen. (kurz: Die Kreispolizeibehörde ist Behörde im Kreis, aber nicht Behörde des Kreises)

nicht die konkrete Behörde entscheidend

Wer die konkrete Polizeibehörde ist, spielt für die Frage des Klagegegners daher (grds.) keine Rolle, sei es nun das Landeskriminalamt, das Landesamt für Zentrale Polizeiliche Dienste, das Landesamt für Ausbildung, Fortbildung und Personalangelegenheiten der Polizei oder eine Kreispolizeibehörde. Alle gehören zum Rechtsträger „Land NRW", der daher Klagegegner ist.

jedoch die konkrete Tätigkeit

Eine Abweichung ergibt sich allenfalls aus dem konkreten Handeln der Polizeibehörde (vgl. dazu Rn. 77 ff.).

Bundespolizei

Auch ist zu beachten, dass insoweit immer nur von der kraft Landesrecht eingerichteten Polizei die Rede ist. Will sich der Kläger gegen Handeln der Bundespolizei wehren, so ist natürlich der Bund Klagegegner, § 1 I BPolG.

"EXKURS FÜR FORTGESCHRITTENE":

b) Amtshilfe, §§ 4 ff. VwVfG NRW

Amtshilfe, §§ 4 ff. VwVfG NRW

Problematisch ist die Festlegung des richtigen Klagegegners insbesondere bei der Amtshilfe.

aa) Die Polizei hat, wie jede Behörde, anderen Behörden auf Ersuchen ergänzende Hilfe (Amtshilfe) zu leisten, § 4 I VwVfG NRW. 77

keine Amtshilfe bei Handeln auf Weisung oder Handeln im eigenen Aufgabenbereich

Amtshilfe liegt nicht vor, wenn die Polizei anderen Behörden innerhalb eines bestehenden Weisungsverhältnisses Hilfe leistet (§ 4 II Nr. 1 VwVfG NRW) oder wenn die Hilfeleistung in Handlungen besteht, die der ersuchten Polizei als eigene Aufgaben obliegen (§ 4 II Nr. 2 VwVfG NRW).

Amtshilfe scheidet daher aus, wenn sich die Pflicht zur Hilfeleistung aus einem gegenüber den §§ 4 ff. VwVfG NRW bestehenden Spezialgesetz als eigene Aufgabe der Polizei und nicht aus dem Ersuchen einer auf ergänzende Hilfe angewiesenen Behörde ergibt. Um *eigene Aufgaben* i.d.S. handelt es sich, wenn die in Frage stehende Handlung nicht nur in den Zuständigkeitsbereich der Behörde fällt, sondern dieser das entsprechende Handeln insbesondere durch Gesetz zur unbedingten oder jedenfalls nach pflichtgemäßem Ermessen zur erfüllenden Pflicht gemacht ist.

> ***Bsp.:*** *Die Datenübermittlung durch die Polizei gem. §§ 27 ff. PolG NRW. Diese Normen stellen eine vorrangige Spezialregelung der Informationshilfe - Übermittlung auf Ersuchen - dar,[77] vgl. insbesondere § 28 III PolG NRW.*

76 Dietlein/Burgi/Hellermann, ÖR NRW, § 3 Rn. 18; Tegtmeyer, POG NRW, § 2, Rn. 8.

77 Kopp/Ramsauer, § 4 VwVfG, Rn. 11; Obermayer, § 4 VwVfG, Rn. 38 ff.

Amtshilfe als ergänzende Hilfe kommt damit in Betracht, wenn zwar der Aufgabenbereich der Polizei eröffnet ist und für Grundrechtseingriffe Befugnisse bestehen, es aber an der unbedingten Pflicht zum entsprechenden Handeln fehlt.[78]

> **Bsp.:** *Ersuchen der Gemeinde an Polizei, die jugendlichen Besetzer der städtischen Turnhalle des Gebäudes zu verweisen.*

> **Bsp.:** *Die Diskothek „Airport" steht im Verruf, Umschlagplatz für synthetische Drogen zu sein. Der Oberbürgermeister ersucht die Polizeidirektion, in den nächsten drei Wochen jeweils freitags und samstags bei sämtlichen Besuchern der Diskothek bereits am Eingang eine Personalienkontrolle und ggf. eine Personendurchsuchung durchzuführen, um den Drogenhandel künftig zu unterbinden.*

bei Amtshilfe Klagegegner str.

bb) Liegt eine Amtshilfemaßnahme der Polizei vor und ist eine Klage dagegen zulässig, so stellt sich die Frage, gegen wen die Klage zu richten ist: gegen den Rechtsträger der ersuchenden Behörde oder gegen den Rechtsträger der ersuchten Behörde? 78

e.A.: arg. § 7 II S. 1 VwVfG NRW → ersuchende Behörde verantwortlich

Stellt man auf § 7 II S. 1 VwVfG NRW ab, so könnte man daraus schließen, dass der Rechtsträger der ersuchenden Behörde zu verklagen ist, da letztere nach dieser Norm die Verantwortung für die Rechtmäßigkeit der zu treffenden Maßnahme trägt.

a.A.: ersuchte Behörde verantwortlich, da § 7 II VwVfG NRW nur im Innenverhältnis gilt

Andererseits sprechen gewichtige Gründe dafür, dass der Rechtsträger der ersuchten Behörde zu verklagen ist. § 7 II VwVfG NRW enthält nur eine Zuweisung der Verantwortung im Verhältnis der Behörden untereinander und nicht für die Verantwortung gegenüber dem Bürger.[79]

Es ergibt sich gerade aus den §§ 7 II S. 2, 5 II VwVfG NRW, dass die ersuchte Behörde eine Prüfungspflicht hinsichtlich der Durchführung der Amtshilfe trifft. Übersieht sie entgegenstehende Rechte Dritter, so kann sie die materielle Verantwortlichkeit treffen.

→ Rechtsträger der ersuchten Polizeibehörde zu verklagen

Im Ergebnis ist daher davon auszugehen, dass der Rechtsträger der ersuchten Behörde zu verklagen ist.

Dieses Ergebnis rechtfertigt v.a. der Aspekt des Art. 19 IV GG, welcher dem Bürger effektiven Rechtsschutz garantiert. Der Betroffene hat in einer Amthilfeangelegenheit schließlich keinen Einblick in den innerbehördlichen Vorgang. Ihm gegenüber tritt nur die ersuchte Behörde, also die Polizei, auf.

c) Vollzugshilfe, §§ 47 ff. PolG NRW

Vollzugshilfe, §§ 47 ff. PolG NRW

Auch bei der Vollzugshilfe ist die Frage nach dem richtigen Beklagten umstritten. 79

aa) Vollzugshilfe stellt als solche eine *besondere Form der Amtshilfe* dar.

Vollzugshilfe bezogen auf Anwendung unmittelbaren Zwanges

Inhaltlich ist die Vollzugshilfe gegenüber anderen Behörden bezogen auf die Anwendung unmittelbaren Zwanges, § 47 I PolG NRW.

Die Vollzugshilfe ist eine Aufgabe der Polizei, § 1 III PolG NRW.

---

78 Kopp/Ramsauer, § 5 VwVfG, Rn. 14.

79 Kopp/Ramsauer, § 4 VwVfG, Rn. 5.

Klagegegner str.

bb) Auch bei der Vollzugshilfe ist umstritten, ob der Rechtsträger der ersuchenden oder der ersuchten Behörde richtiger Beklagter ist.

e.A.: geteilte gerichtliche Überprüfung

Zum Teil wird angenommen, dass der Rechtsträger der ersuchenden Behörde nur hinsichtlich der Zulässigkeit und der generellen Rechtmäßigkeit der Vollzugshilfe zu verklagen ist. Der Rechtsträger der ersuchten Behörde dagegen solle bezüglich der Art und Weise der in Vollzugshilfe durchgeführten Maßnahme des unmittelbaren Zwanges richtiger Klagegegner sein.[80]

Begründet wird diese Ansicht damit, dass § 47 II PolG NRW i.V.m. § 7 VwVfG NRW diese entsprechende Verantwortlichkeit regelt.

a.A.: kein Unterschied zur Amtshilfe

Dagegen spricht wiederum, dass § 7 II VwVfG NRW nur die Verantwortung der Behörden im Innenverhältnis festlegt (vgl. bereits oben zur Amtshilfe).

→ Rechtsträger der ersuchten Polizeibehörde zu verklagen

Mit dem gleichen Begründungsansatz wie auch schon bei der Amtshilfe ist daher der Rechtsträger der ersuchten, dem Betroffenen gegenüber auftretenden Behörde zu verklagen.

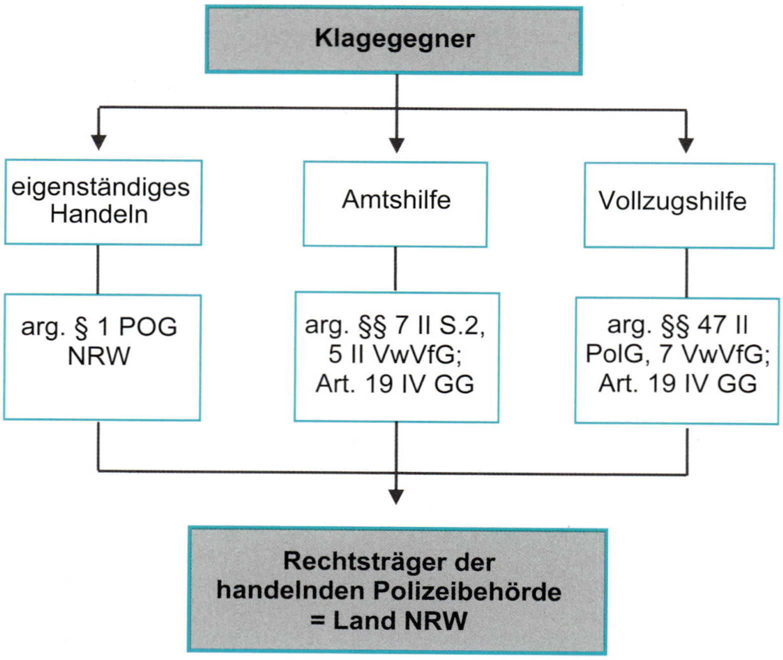

EXKURS ENDE

2. Beteiligtenfähigkeit, § 61 VwGO

Beteiligtenfähigkeit

Die Beteiligtenfähigkeit ist sowohl auf Kläger- als auch auf Beklag- 80
tenseite erforderlich.

Kläger i.d.R. gem. § 61 Nr. 1 VwGO

Der Kläger wird in der Regel als natürliche Person gem. § 61 Nr. 1 Alt. 1 VwGO beteiligungsfähig sein. Handelt es sich ausnahmsweise um eine juristische Person, ist auch die die Rechtsfähigkeit begründende Norm zu zitieren.

> **Bsp.:** *Eine GmbH ist gem. § 61 Nr. 1 Alt. 1 VwGO i.V.m. § 13 I GmbHG beteiligungsfähig. Die Beteiligungsfähigkeit der OHG folgt aus § 61 Nr. 1 Alt. 1 VwGO i.V.m. § 124 I HGB.*

---

80 Knemeyer, Rn. 114.

beklagter Rechtsträger gem. § 61 Nr. 1 Alt. 2 VwGO

Die Beteiligtenfähigkeit des beklagten Rechtsträgers (in der Regel des Landes NRW) folgt aus § 61 Nr. 1 Alt. 2 VwGO, denn bei dem Rechtsträger handelt es sich um eine juristische Person des öffentlichen Rechts.

hemmer-Methode: Hier werden sich keine Probleme stellen, daher ist die Beteiligtenfähigkeit allenfalls kurz unter Nennung der Norm festzustellen. Je nach Gewichtung kann man in der Klausur auch darauf verzichten.

Beachten Sie die Verknüpfung zum Verfassungsrecht: Auch Personenvereinigungen, die keine juristischen Personen sind, sind hinsichtlich der in Art. 8 GG gewährleisteten Versammlungsfreiheit beschwerdefähig, sofern sie eine festgefügte Struktur haben und auf gewisse Dauer angelegt sind.[81]

3. Prozessfähigkeit, § 62 VwGO

Prozessfähigkeit

Die Prozessfähigkeit ist nur auf Klägerseite ein Zulässigkeitserfordernis. Fehlende Prozessfähigkeit des Beklagten betrifft lediglich die Wirksamkeit dessen Prozesshandlungen. 81

Klägervertretung i.d.R. nach § 62 I VwGO

Der Kläger wird i.d.R. eine volljährige, natürliche Person und damit selber gem. § 62 I Nr. 1 VwGO prozessfähig sein. Handelt es sich um eine juristische Person, sind der gesetzliche Vertreter, § 62 III VwGO, und die Norm, aus welcher sich die Vertretungsmacht ergibt, zu nennen.

Bsp.: Gem. § 62 III VwGO i.V.m. § 35 I S. 1 GmbHG wird eine GmbH im Prozess durch ihre Geschäftsführer vertreten. Eine OHG kann gem. § 62 III VwGO i.V.m. § 125 HGB von jedem Gesellschafter vertreten werden (der nicht im Gesellschaftsvertrag davon ausgenommen wurde).

hemmer-Methode: Der Begriff der Vereinigung in § 62 III VwGO ist weiter als der des § 61 Nr. 2 VwGO. Erstere erfasst auch juristische Personen (des privaten und öffenlichen Rechts), welche in § 61 Nr. 2 VwGO gerade ausgenommen sind, denn in § 61 VwGO fallen sie bereits unter Nr. 1.

Beklagtenvertretung nach § 62 III VwGO: i.d.R. Polizeipräsidium oder Landrat

Auf Beklagtenseite wird sich die Prozessfähigkeit ebenfalls nach § 62 III VwGO ergeben. Ist das Land NRW der Beklagte (also im Regelfall), sollte man sich darauf beschränken, festzustellen, dass das Land NRW durch die (im Sachverhalt genannte) Kreispolizeibehörde, also das Polizeipräsidium oder den Landrat vertreten wird. Einer die Vertretungsmacht begründenden Norm bedarf es nicht.

hemmer-Methode: Die Vertretungsmacht des Polizeipräsidiums bzw. des Landrats zu begründen, würde den Rahmen sprengen, denn sie ist nicht allgemein ausdrücklich normiert.
Abgeleitet wird sie letztlich aus der dem POG NRW zu entnehmenden Behördenhierarchie. Die dort vorgenommene Aufgabenübertragung ist so auszulegen, dass sie sich auch auf die Vertretung vor Gericht erstreckt. Da es sich insofern um eine nur das Innenverhältnis betreffende Regelung handelt, greift hier der Gesetzesvorbehalt nicht. Somit kann auch von der Aufgabenübertragung auf die Befugnis geschlossen werden.
Diese Hintergründe dienen allein dem Verständnis und sind auf gar keinen Fall (!) in der Klausur auszuführen.

---
81 BVerfG, NVwZ 2009, 441 ff. = jurisbyhemmer.

4. Sonstige Sachentscheidungsvoraussetzungen

sonstige Sachentscheidungsvoraussetzungen

Hinsichtlich der übrigen allgemeinen Sachentscheidungsvoraussetzungen gibt es in der Polizeirechtsklausur keine Besonderheiten. Arbeiten Sie hierzu nochmals Hemmer/Wüst, Verwaltungsrecht I, Rn. 211 ff. nach. 82

C. Begründetheit der Fortsetzungsfeststellungsklage

Obersatzbildung (!)

Die Begründetheitsprüfung ist mit nachfolgendem Obersatz einzuleiten: 83

Die Fortsetzungsfeststellungsklage ist begründet, wenn der VA rechtswidrig war und der Kläger hierdurch in seinen subjektiv-öffentlichen Rechten verletzt wurde, §§ 113 I S. 4 (direkt oder analog), 113 I S. 1 VwGO.

hemmer-Methode: Allgemeiner Hinweis: Formulieren Sie immer einen den Prüfungsaufbau vorgebenden eindeutigen Obersatz!
Bei der FFK ist im Unterschied zur Anfechtungsklage aufgrund der Erledigung des VA in der einfachen Vergangenheit zu formulieren.

welche Art von Maßnahme soll geprüft werden?

Bei der Rechtmäßigkeitsprüfung eines jeden einzelnen polizeilichen Verwaltungsaktes ist zunächst einmal festzustellen, ob es sich um einen *Grundverwaltungsakt* oder eine *Zwangsmaßnahme* handelt. Dies ist deshalb vorab zu klären, da hieran jeweils verschiedene Voraussetzungen für die Rechtmäßigkeit anknüpfen. 84

Das Polizeirecht basiert auf folgender **Grundsystematik**:

3 polizeiliche Handlungsebenen

<u>Man unterscheidet drei polizeiliche Handlungsebenen:</u>

- ⇨ Auf der ersten Ebene ergehen die Grundmaßnahmen (*Primärmaßnahmen*).
- ⇨ Die zweite Ebene betrifft den polizeilichen Zwang (*Sekundärmaßnahmen*).
- ⇨ Auf der dritten Ebene sind die Folgen polizeilichen Handelns wie *Entschädigungs-, Erstattungs- und Ersatzansprüche* zu beachten.

hemmer-Methode: Diese Unterteilung erfolgt nicht durchgängig. Andere unterscheiden in Primärebene (Verfügung + Vollstreckung) und Sekundärebene (Entschädigungs-, Erstattungs- und Ersatzansprüche).

Primärmaßnahmen

Polizeiliche Grundverwaltungsakte ergehen aufgrund der Eingriffsbefugnisse der §§ 8, 9 – 46 PolG NRW. Man bezeichnet sie auch als Primärmaßnahmen.

Sekundärmaßnahmen

Zwangsmaßnahmen der Polizei sind in den §§ 50 ff. PolG NRW normiert. Diese Sekundärmaßnahmen dienen der Durchsetzung von Grundverwaltungsakten.

Tertiärebene

Die dritte Ebene polizeilichen Handelns fließt grundsätzlich in andere prozessuale Fallkonstellationen ein. Sie wird daher erst im Rahmen anderer Klagearten behandelt.

hemmer-Methode: Im Folgenden beschäftigt sich dieses Skript mit der Rechtmäßigkeit von Primärmaßnahmen. Polizeiliche Sekundärmaßnahmen werden im Anschluss besprochen (Rn. 262 ff.), Tertiärmaßnahmen erst weiter hinten im Rahmen anderer Klagearten.

I. Rechtmäßigkeit einer polizeilichen Primärmaßnahme

allgemeines Aufbauschema

Die Polizeiverfügung 85

I. Rechtsgrundlage

1. Liegt eine spezialgesetzliche Norm zur Gefahrenabwehr vor (§ 8 II S. 1 PolG NRW i.V.m. spezieller Eingriffsbefugnis)?
2. Wenn nicht, so stellt sich die Frage, ob eine Standardbefugnisnorm nach dem PolG NRW eingreift (§ 8 I HS. 2 i.V.m. §§ 9 - 46 PolG NRW).
3. Ist auch eine solche nicht einschlägig, so kommt die Generalklausel des § 8 I HS. 1 PolG NRW in Betracht.

II. Formelle Rechtmäßigkeit

1. Zuständigkeit der Polizei
   a) Sachlich: Die Polizei ist gem. § 10 POG NRW i.V.m. § 1 I PolG NRW zur Gefahrenabwehr im Eilfall zuständig (Hier ist zu prüfen, ob die Polizei *Gefahren abwehrend handeln wollte*. Ferner muss ein *Eilfall* nach § 1 I S. 3 PolG NRW vorliegen).
   b) Örtlich: §§ 7 - 9 POG NRW
2. Bei den übrigen formellen Rechtmäßigkeitsvoraussetzungen ergeben sich grundsätzlich keine Besonderheiten.

III. Materielle Rechtmäßigkeit der Primärmaßnahme

Subsumtion der einschlägigen Befugnisnorm

IV. Richtige Ermessensausübung, § 3 PolG NRW

1. Entschließungsermessen, *„ob“* eingeschritten wird
2. Gestaltungsermessen, *„wie“* eingeschritten wird, insbesondere: Verhältnismäßigkeit (§ 2 PolG NRW) und Bestimmtheit (§ 37 I VwVfG NRW)
3. Auswahlermessen, *„gegen wen“* vorgegangen wird - Adressat §§ 4, 5, 6 PolG NRW.

Es gibt ein abweichendes Aufbauschema des Polizeirechtlers Knemeyer. Seine Verwendung in den Klausuren ist nicht zu empfehlen.

1. Ermächtigungsgrundlage

a) Systematik der Befugnisse

ÜBERSICHT 86

⇨ Spezialgesetzliche Befugnisse
§ 8 II S. 1 PolG NRW i.V.m. spezieller Befugnisnorm

⇨ Standardbefugnisnormen
§ 8 I HS. 2 i.V.m. §§ 9 - 46 PolG NRW

⇨ Generalbefugnisnorm
§ 8 I HS. 1 PolG NRW

Maßnahmen bedürfen einer Befugnis

Die Polizei benötigt für Maßnahmen, also Handeln, das in Grundrechte des Betroffenen eingreift, eine entsprechende Befugnisnorm.

Systematik

Der 2. Abschnitt des PolG NRW regelt die polizeilichen Befugnisse in den §§ 8 - 46 PolG NRW.

§ 8 PolG NRW legt die Systematik der polizeilichen Befugnisse fest.

Befugnisse außerhalb des PolG NRW leges speciales

Soweit der Polizei Befugnisse außerhalb des PolG NRW zustehen, gehen diese als leges speciales den im PolG NRW geregelten Befugnisnormen vor. Insoweit ergibt sich die Rechtsgrundlage für eine polizeiliche Maßnahme über § 8 II S. 1 PolG NRW i.V.m. der außerhalb des PolG NRW stehenden Befugnisnorm.

Standardbefugnisse

Ist außerhalb des PolG NRW keine Regelung einschlägig, so ist zunächst nach § 8 I HS. 2 PolG NRW auf die Standardbefugnisse der §§ 9 - 46 PolG NRW abzustellen.

Generalklausel

Nur dann, wenn sich auch hier keine passende Regelung finden lässt, darf eine Maßnahme auf die Generalklausel des § 8 I HS. 1 PolG NRW gestützt werden.

hemmer-Methode: Für die Klausurprüfung bedeutet dies:
Sie müssen sich zunächst die Frage stellen, ob spezielle Befugnisse außerhalb des PolG NRW geregelt sind. Ist dies nicht der Fall, so sind die Standardbefugnisse der §§ 9 ff. PolG NRW zu überprüfen. Nur wenn auch bei diesen keine Befugnisnorm einschlägig ist, dürfen Sie die Generalklausel heranziehen.
Beachten Sie aber: Sie dürfen nur dann, wenn keine spezielle Befugnisnorm *einschlägig* ist, auf die allgemeine abstellen.
Ist eine spezielle Befugnisnorm einschlägig, scheitert sie aber an der Subsumtion, so wäre es ein grober Fehler, die entsprechende Maßnahme auf die Generalklausel zu stützen.
Die Generalklausel kann nur dann als Befugnisnorm in Betracht kommen, wenn eine spezielle Norm gar nicht passend ist, nicht jedoch, wenn sie an ihren Voraussetzungen scheitert.
Die Maßnahme ist dann rechtswidrig.

b) Spezialgesetzliche Befugnisse außerhalb des PolG NRW, § 8 II S. 1 PolG NRW

§ 8 II S. 1 PolG NRW ist „Brückennorm“

Im Falle des § 8 II S. 1 PolG NRW hat die Polizei die im entspre- 87
chenden Sondergesetz normierten Befugnisse. § 8 II S. 1 PolG NRW stellt lediglich eine *Brückennorm* vom PolG NRW ins Sondergesetz dar, welche nur bei einer Aufgabeneröffnung über die Verweisungsnorm des § 1 IV PolG NRW in Betracht kommt.

hemmer-Methode: Als klausurrelevante außerhalb des PolG NRW liegende Befugnisse kommen insbesondere die §§ 13, 18 III, 19 IV VersammlG in Betracht.

falls Sondergesetz nicht abschließend, Rückgriff auf PolG NRW möglich

Enthält das Sondergesetz keine entsprechenden einschlägigen Befugnisse, so ist im Einzelfall zu prüfen, inwieweit dessen Regelungen *abschließend* sind. Nur wenn *keine* abschließende Regelung besteht, kommt ein Rückgriff auf die Befugnisse des PolG NRW in Betracht.

> ***Bsp.:** § 1 IV PolG NRW i.V.m. § 163 StPO, § 8 II S. 1 PolG NRW i.V.m. Befugnissen der StPO. Ein Rückgriff ist wegen des abschließenden Charakters der StPO, vgl. Art. 6 EGStPO, nicht möglich.*

c) Standardbefugnisse nach § 8 I HS. 2 i.V.m. §§ 9 - 46 PolG NRW

Standardmaßnahmen

Für häufig vorkommende, insbesondere schwerwiegende Eingriffe in 88
die Freiheitsrechte des Bürgers enthält das PolG NRW Spezialvorschriften für die sog. polizeilichen Standardmaßnahmen.

Soweit außerhalb des PolG NRW keine Spezialbefugnisnormen bestehen, ist zunächst der Katalog der Standardmaßnahmen[82] des PolG NRW zu untersuchen.

1. **Gruppe : Datenerhebung und Datenverarbeitung**, §§ 9 - 33 PolG NRW, insbesondere:
   - **a)** *Offene* Datenerhebung, §§ 9 - 15a PolG NRW: Identitätsfeststellungen, § 12 PolG NRW; erkennungsdienstliche Maßnahmen, § 14 PolG NRW; Vorladung, § 10 PolG NRW.
   - **b)** *Verdeckte* Datenerhebung, §§ 16 - 21 PolG NRW
   - **c)** Datenverarbeitung, §§ 22 - 33 PolG NRW
2. **Gruppe: Platzverweisung**, §§ 34, 34a PolG NRW
3. **Gruppe: Gewahrsam**, §§ 35 - 38 PolG NRW
4. **Gruppe: Durchsuchung, Sicherstellung**, Verwertung, Herausgabe, §§ 39 - 46 PolG NRW

d) Generalklausel, § 8 I HS. 1 PolG NRW

Generalklausel subsidiär

Soweit keine Spezialbefugnisse außerhalb des PolG NRW bestehen und auch keine der Standardbefugnisse des PolG NRW einschlägig sind, können in Grundrechte eingreifende Maßnahmen der Polizei auf die Generalklausel gestützt werden. 89

Generalklausel für atypische Maßnahmen

Die Polizei kann danach sog. *atypische Maßnahmen* treffen, um eine im einzelnen Fall bestehende Gefahr für die öffentliche Sicherheit oder Ordnung abzuwehren.[83] In Grundrechte eingreifende Maßnahmen nach § 8 I HS. 1 PolG NRW verlangen immer eine *im einzelnen Fall bestehende Gefahr*, also eine konkrete Gefahr.

Der polizeiliche Aufgabenbereich nach § 1 I PolG NRW ist hingegen auch schon bei einer abstrakten Gefahr eröffnet.[84]

2. Formelle Rechtmäßigkeit

a) Zuständigkeit

Zuständigkeit

Für die formelle Rechtmäßigkeit muss zunächst die im konkreten Fall zuständige Behörde gehandelt haben. Die Zuständigkeit unterteilt sich in sachliche, örtliche und instanzielle Zuständigkeit. Letztere ist im Polizeirecht unproblematisch, da die höheren Instanzen in der Polizeihierarchie bereits andere Aufgaben wahrnehmen, folglich sachlich nicht zuständig wären. 90

Handeln der Polizei im eingeschränkt-institutionellen Sinn

Vorneweg lässt sich aber auch bereits fragen, ob überhaupt die Polizei im eingeschränkt-institutionellen Sinn gem. § 1 PolG NRW (vgl. hierzu oben, Rn. 16) gehandelt hat.

---

82 Grds. zu Standardmaßnahmen Götz/Geis, Allg. Polizei- und Ordnungsrecht, § 8, Rn. 11.

83 Vgl. zu den Begriffsdefinitionen unten, Rn. 193 ff.

84 Vgl. unten, Rn. 200.

"EXKURS FÜR FORTGESCHRITTENE":

„Münchner Modell":

„Münchner Modell"

Probleme bei der Frage, ob ein Handeln der Polizei im institutionellen Sinn vorliegt, ergeben sich im Rahmen von Abschleppfällen, bei denen nach dem „Münchner Modell" verfahren wird. 91

= Abschleppen mit Hilfe eines kommunalen Parküberwachers

Es handelt sich dabei um die Fallkonstellation des Abschleppens mit Hilfe des Einsatzes eines kommunalen Parküberwachers.

In solchen Varianten besteht eine Vereinbarung zwischen der Kommune (damals der Stadt München) und der zuständigen Polizeidienststelle, nach welcher die Bediensteten der kommunalen Parküberwachung (= Bedienstete der Stadt) ihre Feststellungen bei der Kontrolle des ruhenden Verkehrs der Polizei fernmündlich mitteilen. Sie schildern der Polizei den Standort sowie die näheren Umstände.

Die Anordnung zum Abschleppen eines verkehrswidrig geparkten Kfz trifft dann der informierte Polizeibeamte. Diese Anordnung führt der städtische Bedienstete aus, indem er einen Abschleppunternehmer beauftragt. Eine eigene Augenscheinnahme durch die Polizei vor Ort erfolgt nicht.

Handeln der Polizei oder des städtischen Bediensteten?

In solchen Fällen stellt sich insbesondere die Frage, ob mit der Veranlassung des Abschleppens überhaupt ein Handeln der Polizei im institutionellen Sinn vorliegt oder ob vielmehr ein Handeln des städtischen Bediensteten gegeben ist.

städtische Bedienstete werden nicht zu Polizeibeamten

Die kommunalen Parküberwacher werden durch ihre Tätigkeit grds. nicht zu Polizeibeamten i.S.d. § 1 PolG NRW. Ihnen stehen daher auch keine Befugnisse nach dem PolG NRW zu. Entscheidend ist daher die Frage, ob die fernmündliche Absprache bewirkt, dass die Anordnung der Maßnahme als polizeiliche Maßnahme anzusehen ist.

Anordnungskompetenz formal bei der Polizei

Grundsätzlich bleibt bei der Vorgehensweise nach diesem Modell die Anordungskompetenz formal bei der Polizei. Dies ergibt sich daraus, dass zunächst eine Mitteilung an die Polizei erfolgt und diese dann über die notwendigen Maßnahmen entscheidet, welche letztlich vom kommunalen Parküberwacher nur ausgeführt werden.

Muss Polizei die Lage vor Ort selbst beurteilen, um korrekte Ermessensentscheidung treffen zu können?

Es ist aber problematisch, ob nicht die Polizei vor Ort selbst beurteilen muss, ob eine konkrete Störung der öffentlichen Sicherheit vorliegt. Erst die Kenntnisse der konkreten Verkehrssituation verschaffen der Polizei nämlich die Möglichkeit, von ihrem Ermessen, „ob" und ggf. „wie" eingeschritten werden soll, Gebrauch zu machen (§ 3 I PolG NRW Opportunitätsprinzip).

Eine Übertragung des Ermessens sieht das Gesetz nicht vor; es geht vielmehr stillschweigend davon aus, dass die Polizei vor Ort ihre Ermittlungen vornimmt und dann ihre Entscheidung über die erforderliche Maßnahme trifft.

BayVGH: Polizei kann aus eigener Kenntnis der örtlichen Verhältnisse mit Hilfe der Informationen rechtlich korrekte Ermessensentscheidung treffen

Trotz vieler Bedenken billigte der BayVGH das „Münchner Modell“.[85] Einerseits verwies er in der Begründung darauf, dass der betreffende Polizeibeamte aus eigener Kenntnis der örtlichen Verhältnisse und der ihm vermittelten Informationen über alle wesentlichen Umstände selbst eine rechtlich nicht zu beanstandende Ermessensentscheidung treffen kann. Ferner soll aufgrund der praktischen Erwägungen eine Entlastung der Polizei im Bereich der Verkehrsüberwachung herbeigeführt werden.

EXKURS ENDE

aa) Sachliche Zuständigkeit, §§ 10 – 14 POG NRW

Sachliche Zuständigkeit

Die sachliche Zuständigkeit richtet sich nach dem Inhalt der wahrzunehmenden Aufgabe und der dabei in Anspruch genommenen Befugnisse. Zu unterscheiden ist die allgemeine sachliche Zuständigkeit (§ 10 POG NRW) und die besondere sachliche Zuständigkeit (§§ 11 – 13b POG NRW). 92

(1) Allgemeine sachliche Zuständigkeit, § 10 S. 1 POG NRW i.V.m. § 1 PolG NRW

allgemeine sachliche Zuständigkeit

Gemäß der allgemeinen sachlichen Zuständigkeit nach § 10 S. 1 POG NRW haben die Polizeibehörden die ihnen gesetzlich oder durch RVO übertragenen Aufgaben zu erfüllen. Es ist daher zu prüfen, welche Aufgaben der Polizei übertragen sind, insbesondere ob der Aufgabenbereich des § 1 PolG NRW eröffnet ist.

Polizei NRW ⇔ andere Behörden

Über § 10 S. 1 POG NRW erfolgt also die Zuständigkeitsübertragung an die nordrhein-westfälische Landespolizei als Ganzes. Die Norm grenzt also die Zuständigkeit der Polizei etwa von der des Ordnungsamtes oder anderer Sonderordnungsbehörden, wie z.B. der Bauaufsichtsbehörde, ab.

Welche von den in § 2 POG NRW aufgeführten Behörden der Polizei im konkreten Fall sachlich zuständig ist, wird den Regelungen der besonderen sachlichen Zuständigkeit zu entnehmen sein.

Anwendungsbereich von Satz 2

Insbesondere ist zu beachten, dass die Regelung des § 10 S. 2 POG NRW eine Auffangnorm ist. Die Zuständigkeit der nach dem PolG NRW handelnden Behörden ist abschließend in den §§ 11 – 13b POG NRW geregelt. Satz 2 bezieht sich also nur auf Bundesnormen, welche die Landespolizei für zuständig erklären, z.B. § 71 IV, V AufenthG[86] (Aufenthaltsgesetz).[87]

Somit ist zu fragen, inwiefern der Aufgabenbereich des § 1 PolG NRW eröffnet ist. Diese Norm ist wie folgt aufgebaut:

§ 1 PolG NRW

<u>Aufgabeneröffnung nach § 1 PolG NRW</u>

⇨ § 1 IV PolG NRW: Aufgabeneröffnung i.V.m. Spezialgesetz

⇨ § 1 I PolG NRW: **Generalnorm** zur Aufgabeneröffnung

- **a)** Vorliegen einer Gefahr (Gefahrenbegriff)
- **b)** für die öffentliche Sicherheit oder Ordnung

---

85 BayVGH, NVwZ 1990, 180; da diese Entscheidung sehr umstritten ist, kann hier auch eine andere Ansicht vertreten werden.

86 SA. 565.

87 Tegtmeyer, POG NRW, § 10, Rn. 5; dort noch auf die Vorgängernorm § 63 AuslG verweisend.

- ⇨ § 1 II PolG NRW: Aufgabeneröffnung zum Schutz privater Rechte
- ⇨ § 1 III PolG NRW: Aufgabeneröffnung bei Vollzugshilfe
- ⇨ § 1 I S. 3 PolG NRW: Subsidiarität polizeilichen Handelns

(a) Systematik innerhalb des § 1 PolG NRW

§ 1 PolG NRW bestimmt Aufgabenkreis der Polizei

(1) § 1 PolG NRW enthält eine allgemeine Umschreibung der polizeilichen Aufgaben. Diese umfassen den Tätigkeitsbereich der Polizei. 93

hemmer-Methode: Halten Sie die Begriffe *Aufgabe* und *Befugnis* klar auseinander! Die Aufgabe entspricht der sachlichen Zuständigkeit, während die Befugnis (das Recht zum Eingriff in die Rechte des von der Maßnahme Betroffenen) sich nach dem Vorhandensein einer entsprechenden Ermächtigungsgrundlage richtet.

Grundrechtseingriffe bedürfen zusätzlich einer Befugnis

§ 1 PolG NRW bestimmt nur den Aufgabenkreis der Polizei. Soll hingegen durch eine polizeiliche Maßnahme in Grundrechte des Betroffenen eingegriffen werden, so ist aufgrund des Vorbehalts des Gesetzes, Art. 1 III, 20 III GG, eine gesetzliche *Eingriffsbefugnisnorm* erforderlich. Aufgrund der Aufgabeneröffnung darf die Polizei nicht in Grundrechte eingreifen.

Hierauf lassen sich lediglich polizeiliche Tätigkeiten wie Belehrungen ohne Bindungswirkung, Streifenfahrten etc. stützen. Umstritten ist das Erfordernis einer Eingriffsbefugnis für die sog. polizeilichen Gefährderanschreiben.

> ***Bsp.:*** *Die Polizei richtet sich auf Grund von Vorfällen in der Vergangenheit schriftlich an den K als potentiellen Hooligan und legt ihnen nahe, sich an einem bestimmten Tag nicht in der Nähe des Fußballstadions aufzuhalten.*
>
> *Das polizeiliche Handeln bedarf einer Ermächtigungsgrundlage in Form einer Befugnisnorm, wenn es einen Eingriff in die Rechte des K darstellt. Weist das Gefährderanschreiben dagegen keinen Eingriffscharakter auf, so reicht bereits die Aufgabenzuweisungsnorm des § 1 PolG NRW für die polizeiliche Maßnahme aus.*
>
> *Teilweise wird die Aufgabeneröffnung aus § 1 I S. 2 PolG NRW als ausreichende Grundlage für solche Maßnahmen angesehen:[88] Die Polizei kann die mit einem Gefährderanschreiben eingeschlagene Deeskalationstaktik allein auf Grund ihrer Zuständigkeit für die Gefahrenabwehr aus § 1 I S. 2 PolG NRW umsetzen. Als bloße Information über die Rechtslage begründet sie grundsätzlich keinen Grundrechtseingriff, der eine gesetzliche Grundlage erfordern würde. Dagegen müssen die Voraussetzungen der Generalklausel vorliegen, wenn z.B. durch die Art der Ansprache (beispielsweise vor Kollegen am Arbeitsplatz) die persönliche Ehre getroffen ist oder die Polizei gezielt Informationen erfragt, z.B. geplante Aktivitäten des potenziellen Störers. Im letzteren Fall handelt es sich dann um eine Befragung, welche nur unter den Voraussetzungen des § 9 PolG NRW zulässig ist.*

88 Franz/Günther, NWVBl. 2006, 201 (206).

Eine andere Betrachtungsweise verlangt eine gesetzl. Ermächtigungsgrundlage:[89] Das Gefährderanschreiben enthält keine Regelung zu Lasten des K, sodass kein Eingriff im klassischen Sinne vorliegt.[90] Nach h.M. kann aber auch ein Realakt über den sog. modernen Eingriffsbegriff in Grundrechte eingreifen[91] und zu seiner Rechtfertigung einer Befugnisnorm bedürfen.[92] Wann bei einer faktischen oder mittelbaren Beeinträchtigung von einem Grundrechtseingriff ausgegangen werden kann, ist äußerst umstritten. Als maßgebliche Kriterien werden hier insbesondere Finalität der behördlichen Maßnahme, Intensität oder Unmittelbarkeit der Einwirkung genannt.[93] Zwar stellt nicht jede Einflussnahme auf die Willensentscheidung eines Grundrechtsträgers einen Grundrechtseingriff dar. Aber insbesondere Bezugnahme auf eine konkret anstehende Veranstaltung wird Ks Spielraum für eine eigene Willensentschließung so stark beeinflusst, dass er keine Entscheidungsfreiheit mehr für sich sieht. Die polizeiliche Maßnahme zielte gerade darauf ab, den K von einer Teilnahme abzuhalten. Er musste das Schreiben so verstehen, dass er sich für den Fall einer Teilnahme konkreten polizeilichen Maßnahmen ausgesetzt hätte.

hemmer-Methode: Das Gefährderanschreiben beinhaltet eine Reihe von Klausurproblemen. Mangels Regelungswirkung ist hier ein VA abzulehnen und damit die FK nach § 43 VwGO statthaft: Das Anschreiben betrifft einen hinreichend bestimmten überschaubaren Sachverhalt und ist daher der Feststellung zugänglich, ob mit ihm in Grundrechte des Antragstellers eingegriffen worden ist. Das für ein vergangenes Rechtsverhältnis erforderliche berechtigte Feststellungsinteresse folgt aus einer Wiederholungsgefahr und einem Rehabilitierungsbedürfnis. Als Eingriffsbefugnis kommt allein die polizeirechtliche Generalklausel in Betracht; es fehlt jedoch oftmals eine gerade vom Adressaten ausgehende konkrete Gefahr.

Befugnis bei Bitte um Polizeihandeln entbehrlich

Eine Befugnisnorm ist weiterhin nicht erforderlich, wenn der Betroffene um polizeiliches Handeln bittet. 94

Ein Handeln auf Verlangen stellt keine grundrechtseingreifende Maßnahme dar.

Bsp.: Schiedsrichter S bittet die Polizei, ihn zum Schutz vor den wütenden Fußballfans in Gewahrsam zu nehmen.

Aufgabeneröffnung Grundvoraussetzung für Rechtmäßigkeit

Allerdings müssen, auch wenn nicht in Grundrechte eingegriffen wird, die Voraussetzungen des § 1 PolG NRW vorliegen. Ist dies nicht der Fall, so sind polizeiliche Handlungen rechtswidrig.

hemmer-Methode: Wegen des Grundsatzes, dass die speziellere Norm die allgemeine Norm verdrängt, ergibt sich i.R.d. § 1 PolG NRW folgende Prüfungsreihenfolge:
⇨ § 1 IV
⇨ § 1 I
⇨ § 1 II
⇨ § 1 III PolG NRW

Eilfallerfordernis, § 1 I S. 3 PolG NRW

(2) § 1 I S. 3 PolG NRW enthält eine weitere Voraussetzung für das polizeiliche Tätigwerden. Danach wird die Polizei nur dann tätig, wenn eine andere Behörde nicht oder nicht rechtzeitig handlungsfähig erscheint. § 1 I S. 3 PolG NRW betrifft somit hauptsächlich das Verhältnis der Polizei zu anderen Gefahrenabwehrbehörden. 95

89 OVG Lüneburg, NJW 2006, 391 = Life&Law 2006, 480 = **juris**byhemmer.

90 Hier fehlt es an einem imperativen Rechtsakt der Behörde. Vgl. dazu Pieroth/Schlink, Rn. 238 ff.; Götz/Geis, Allg. Polizei- und Ordnungsrecht, § 23, Rn. 23.

91 Jarass/Pieroth, vor Art. 1 GG, Rn. 26.

92 OVG Lüneburg, NJW 2006, 391..

93 Vgl. Heintzen, VerwArch 1990, 532 (537); Discher, JuS 1993, 463 (464 ff.); Manssen, Staatsrecht II, Rn. 140. Die Problematik zeigt sich auch bei staatlichen Warnungen oder Hinweisen, vgl. BVerfGE 71, 183 (193 f) = **juris**byhemmer; 82, 76 (79) = **juris**byhemmer.

Er bezieht sich aber nicht auf die Verfolgung von Straftaten, sondern gilt nur bei präventiv-polizeilichem Handeln, um den Tätigkeitsbereich der Polizei von dem der Ordnungsbehörden abzugrenzen.

(b) Eröffnung des Aufgabenbereiches über § 1 IV PolG NRW

Bei § 1 IV PolG NRW ist zu berücksichtigen, dass er eine Aufgabeneröffnung sowohl im präventiven als auch im repressiven Bereich beinhaltet. 96

Aufgabeneröffnung für Repressivbereich

(a) Einerseits enthält § 1 IV PolG NRW i.V.m. § 163 StPO bzw. § 53 OWiG eine Aufgabeneröffnung für Strafverfolgungsmaßnahmen sowie für die Ordnungswidrigkeitenverfolgung.

hemmer-Methode: Vergleichen Sie zur Überprüfung von Repressivhandeln der Polizei den späteren Exkurs.

Aufgabeneröffnung für Präventivbereich

(b) § 1 IV PolG NRW verweist darüber hinaus auch auf spezialgesetzliche Aufgabeneröffnungsnormen für Präventivmaßnahmen der Polizei. § 1 IV PolG NRW stellt selbst keine Aufgaben-, sondern lediglich eine Brückennorm zu sondergesetzlichen Regelungen dar. Die Norm des § 1 I PolG NRW wird insoweit als lex generalis für die Aufgabeneröffnung verdrängt, da die außerhalb des PolG NRW der Polizei zugewiesenen Aufgaben leges speciales sind.

spezielle Aufgabenzuweisung

Als außerhalb des PolG NRW liegende Aufgabenzuweisungsnorm im präventiven Bereich kommt z.B. § 42 II LFGB[94] in Betracht. Auch ist an § 16 I S. 1 IfSG zu denken, sofern Maßnahmen zur Abwehr übertragbarer Krankheiten erforderlich sind. 97

(c) Eröffnung des Aufgabenbereiches gemäß § 1 I PolG NRW

Gefahrenabwehr

Nach § 1 I S. 1 PolG NRW hat die Polizei die Aufgabe, allgemein oder im Einzelfall bestehende Gefahren für die öffentliche Sicherheit oder Ordnung abzuwehren (Gefahrenabwehr). 98

hemmer-Methode: Sehr häufig ist § 1 I S. 1 PolG NRW die einschlägige Norm für die polizeiliche Aufgabeneröffnung.
I.R.d. sachlichen Zuständigkeit prüfen Sie nur, ob die Polizei *Gefahren abwehrend tätig werden wollte*, d.h., es muss zumindest denkbar sein, dass eine Gefahr für die öffentliche Sicherheit oder Ordnung besteht.
Ob eine *Gefahr wirklich vorliegt*, ist dann eine Frage der materiellen Rechtmäßigkeit (Prüfungspunkt: Subsumtion unter die Ermächtigungsgrundlage).

(d) Eröffnung des Aufgabenbereiches gemäß § 1 II PolG NRW

§ 1 II PolG NRW bestimmt als Aufgabe der Polizei auch den Schutz privater Rechte von natürlichen oder juristischen Personen. 99

grds. gerichtlicher Rechtsschutz vorrangig

Grundsätzlich ist es Sache der Inhaber solcher Rechte, selbst alles Erforderliche für deren Schutz zu tun. In erster Linie müssen die Inhaber privater Rechte den *gerichtlichen Rechtsschutz* herbeiführen. Dies kann in eiligen Fällen auch durch einen Antrag auf einstweilige Verfügung (vgl. §§ 935 f., 940, 916 ff. ZPO) erlangen. Eine derartige Verfügung ist innerhalb kürzester Zeit zu erreichen. Zu beachten sind auch die Vorschriften über die *Selbsthilfe*, wie z.B. nach den §§ 229, 230 BGB.[95]

94 Sartorius Ergänzungsband, Nr. 862.

95 Weitere Selbsthilferechte enthalten im BGB z.B. § 561 für Vermieter, §§ 581 II, 561 für Verpächter, § 704 (Gastwirt), § 859 (Besitzer), § 910 (Überhang) und ähnliche privaten Rechtsträgern zustehende Befugnisse.

doppelte Voraussetzung

Aufgabe der Polizei ist der Schutz privater Rechte nur unter einer doppelten Voraussetzung: 100

⇨ gerichtlicher Schutz ist nicht rechtzeitig zu erlangen und

⇨ ohne polizeiliche Hilfe würde die Verwirklichung des Rechts vereitelt oder wesentlich erschwert.

keine Klärung strittiger Rechtsverhältnisse

Die Polizei ist nicht berufen, strittige Rechtsverhältnisse zu klären.[96] Sie hat nach pflichtgemäßem Ermessen (§ 3 I PolG NRW) zu entscheiden, ob sie die Voraussetzungen des § 1 II PolG NRW für gegeben, insbesondere den befürchteten Rechtsverlust für glaubhaft hält. Häufig wird es sich um die *Sicherung von Ersatzansprüchen* bei Sach- und Körperschäden handeln.

meist Aufgabenbereich bereits über § 1 I PolG NRW eröffnet

Oftmals wird dann die Polizei in den gleichen Fällen Ermittlungen oder Verfolgungsmaßnahmen wegen begangener Straftaten oder Ordnungswidrigkeiten einleiten können oder müssen.[97]

In der Regel ist dann schon der polizeiliche Aufgabenbereich über § 1 I PolG NRW eröffnet.

> ***Bsp.:*** *Die Polizei lässt den vor der Garageneinfahrt des Eigentümers geparkten fremden Porsche abschleppen, damit der Eigentümer seinen in der Garage stehenden Wagen für wichtige Termine nutzen kann.*

hemmer-Methode: Der Anwendungsbereich von § 1 II PolG NRW ist in Klausuren schon deshalb äußerst selten einschlägig, da der Schutz von Individualrechtsgütern bereits unter § 1 I PolG NRW fällt und in den meisten Fallgestaltungen auch ein öffentliches Interesse an der Sicherung besteht. Zusätzlich werden Individualrechtsgüter häufig auch über die Unversehrtheit der Rechtsordnung in § 1 I PolG NRW mit einbezogen.

(e) Eröffnung des Aufgabenbereiches über § 1 III PolG NRW

§ 1 III PolG NRW weist der Polizei die Aufgabe zu, gegenüber anderen Behörden Vollzugshilfe nach den §§ 47 - 49 PolG NRW zu leisten. 102

Behörde: § 1 II VwVfG NRW

Eine Behörde ist laut § 1 II VwVfG NRW jede Stelle, die Aufgaben der öffentlichen Verwaltung wahrnimmt.

besondere Form der Amtshilfe

Die Vollzugshilfe ist eine besondere Form der Amtshilfe, vgl. § 47 III PolG NRW. Zur Amtshilfe sind alle Behörden des Bundes und der Länder nach Art. 35 I GG untereinander verpflichtet. § 47 I, II PolG NRW regelt den Inhalt der Vollzugshilfe.

Vollzugshilfe lässt Amtshilfe unberührt

Unabhängig von den besonderen Vorschriften der §§ 47 - 49 PolG NRW bleibt die auf Art. 35 I GG beruhende Verpflichtung auch der Polizei zur Amtshilfe unberührt (vgl. § 47 III PolG NRW). Für die Amtshilfe gelten die §§ 4 - 8 VwVfG NRW. Eine Legaldefinition der Amtshilfe befindet sich in § 4 I VwVfG NRW.

(f) Subsidiaritätsgrundsatz des § 1 I S. 3 PolG NRW

zusätzliche Voraussetzung neben Aufgabenzuweisung

§ 1 I S. 3 PolG NRW enthält, wie bereits oben erwähnt, eine weitere Voraussetzung für das polizeiliche Tätigwerden, die neben dem Erfordernis der Aufgabenzuweisung vorliegen muss. 103

---

96 Vgl. hierzu OVG Münster, DVBl. 1968, 759.

97 Vgl. zum Ganzen Kowalzki, Der Schutz von privaten und individuellen Rechten im allgemeinen Polizeirecht, 1987.

(aa) Systematische Stellung des § 1 I S. 3 PolG NRW

Grundsatz der Unaufschiebbarkeit

§ 1 I 3 PolG NRW enthält den Grundsatz der Unaufschiebbarkeit. Er betrifft das Verhältnis der Polizei zu anderen Gefahrenabwehrbehörden. 104

§ 1 I S. 3 PolG NRW gilt nicht für Strafverfolgung

§ 1 I S. 3 PolG NRW gilt jedoch nicht für die strafverfolgende Tätigkeit der Polizei. Er regelt folglich nicht das Verhältnis der Polizei zur Staatsanwaltschaft. Insoweit sind nur die *Regelungen der StPO einschlägig*. Das gleiche gilt für Maßnahmen nach dem OWiG.

Subsidiarität polizeilichen Handelns

Die Polizei darf im Rahmen der Gefahrenabwehr nicht schlechthin anstelle der allgemeinen Ordnungsbehörden und der in den verschiedenen Bereichen tätigen Fachbehörden handeln.

Das Handeln der Polizei unterliegt grundsätzlich der Subsidiaritätsregelung des § 1 I S. 3 PolG NRW.

(bb) Voraussetzungen des § 1 I S. 3 PolG NRW

„andere Behörde nicht oder nicht rechtzeitig handlungsfähig"

Die Subsidiaritätsklausel des § 1 I S. 3 PolG NRW fordert, dass eine andere Behörde nicht oder nicht rechtzeitig handlungsfähig erscheint. 105

Voraussetzung ist somit, dass allein die Polizei in der Lage ist, entweder *überhaupt* oder *im entscheidungserheblichen Zeitpunkt* die einem Schutzgut drohende Gefahr abzuwehren. Dies ist der Fall, wenn ein *Abwarten* der Polizei bis zum Eingreifen der an sich zuständigen und von der Polizei zu unterrichtenden Behörde den Erfolg der zur *Verhinderung eines drohenden Schadens* notwendigen Maßnahmen *erschweren* oder *vereiteln* würde.[98]

Verhinderung aus tatsächlichen oder rechtlichen Gründen

(aaa) Eine andere Behörde kann aus rechtlichen oder tatsächlichen Gründen zur Gefahrenabwehr nicht oder nicht rechtzeitig in der Lage sein. *Rechtliche Gründe* sind insbesondere das Fehlen der Zuständigkeit oder das Fehlen sachgerechter Befugnisse.

Tatsächliche Gründe können z.B. die fehlende Sachkenntnis oder fehlende Hilfsmittel sein. Sie können auch darin liegen, dass die Behörde außerhalb der Dienststunden nicht besetzt und ein Bereitschaftsdienst nicht eingerichtet ist.

Eilfall aus Sicht der Polizei zu bestimmen

(bbb) Es ist nicht erforderlich, dass die zuständige Behörde objektiv nicht oder nicht rechtzeitig handeln könnte. 106

verständige Beurteilung der Situation

Die Voraussetzungen des § 1 I S. 3 PolG NRW sind erfüllt, wenn *aus der Sicht der Polizei* das Tätigwerden der zuständigen Behörde nicht oder nicht rechtzeitig erreichbar erscheint.[99] Das Handeln der Polizei muss im Zeitpunkt der Maßnahme *subjektiv* nach ihrer verständigen Beurteilung notwendig und insoweit unaufschiebbar sein.

Unaufschiebbar ist eine Maßnahme nach dem PolG NRW daher ausschließlich in solchen Fällen, in denen ein sofortiges Eingreifen aus Sicht der Vollzugspolizei erforderlich ist oder der mit einem (ordnungsbehördlichen) VA beabsichtigte Zweck mit hoher Wahrscheinlichkeit nur bei sofortiger Durchsetzung erreichbar sein wird.

> ***Bsp.:** Polizist sieht, wie ein extrem betrunkener Mann gerade in seinen Wagen steigen will. Er fordert ihn auf, die Fahrt zu unterlassen.*

98 VGH Mannheim, NJW 1990, 1618 f = **juris**byhemmer.

99 Vgl. VGH Mannheim, NJW 1990, 1618 f.; BVerwGE 45, 51: **alle Entscheidungen** = **juris**byhemmer.

Verletzung des § 1 I S. 3 PolG NRW macht VA rechtswidrig

(ccc) Sollten die Voraussetzungen des § 1 I S. 3 PolG NRW im Zeitpunkt des Beginns einer polizeilichen Verfügung nach den gegebenen Erkenntnismöglichkeiten und ihrer verständigen Beurteilung nicht vorliegen, so handelt die Polizei rechtswidrig. 107

§ 1 I S. 3 PolG NRW gilt auch bei Handeln, das nicht in Rechte eingreift

§ 1 I S. 3 PolG NRW gilt als allgemeiner Grundsatz für jedes Handeln der Polizei, also auch solches, das nicht in Rechte anderer eingreift und damit keine Maßnahme darstellt, wie z.B. Streifenfahrten.

hemmer-Methode: Unter *Maßnahmen* versteht man nur in Rechte des Betroffenen eingreifendes polizeiliches Handeln.

Die früher strittige Frage, ob die Polizei auch dann, wenn sie nicht in Rechte anderer eingreift, nur in unaufschiebbaren Fällen tätig werden darf, stellt sich für das PolG NRW nicht mehr.

Entscheidend ist nach der Systematik des PolG NRW, ob das Tätigwerden der Polizei

- ⇨ im Rahmen ihrer Aufgaben liegt, insbesondere eine Gefahr im Sinne des § 1 I S. 1 PolG NRW anzunehmen ist,
- ⇨ und im Übrigen die Einschränkungen des § 1 I S. 3 PolG NRW beachtet werden.

(2) Besondere sachliche Zuständigkeit, §§ 11 – 13b POG NRW

besondere sachliche Zuständigkeit

Während die allgemeine sachliche Zuständigkeit die Frage klärt, ob die nordrhein-westfälische Landespolizei zuständig ist, fragt die besondere sachliche Zuständigkeit danach, welche Behörde innerhalb der Polizei der Sache nach zuständig ist. 108

allgemeine Gefahrenabwehr = Kreispolizeibehörde

Von den besonderen sachlichen Zuständigkeitsregelungen tritt nahezu in allen Polizeirechtsklausuren der § 11 POG NRW auf. Dieser regelt die sachliche Zuständigkeit der Kreispolizeibehörden, welche wie bereits erwähnt die regelmäßig auftretende Polizeibehörde sein wird. So sind sie für die Gefahrenabwehr nach § 11 I Nr. 1 POG NRW i.V.m. der Ermächtigungsgrundlage des PolG NRW sachlich zuständig.

repressiver Bereich = Kreispolizeibehörde

Auch für die Verfolgung von Straftaten und Ordnungswidrigkeiten ist die Kreispolizeibehörde sachlich zuständig, § 11 I Nr. 2 POG NRW.

Straßenverkehrsüberwachung = Kreispolizeibehörde

Ebenso verhält es sich gem. § 11 I Nr. 3 POG NRW für den klausurrelevanten Bereich der Straßenverkehrsüberwachung. Zu beachten ist dabei aber, dass die Bundesautobahnen einschließlich ihrer Zu- und Abfahrten davon ausgenommen sind. Dort ist nach § 12 POG NRW grundsätzlich die Autobahnpolizei zuständig.

Auf eine handelnde Behörde, welche nach den §§ 13 – 13b POG NRW zuständig ist, wird man in der Klausur kaum treffen.

(3) Außerordentliche sachliche Zuständigkeit, § 14 POG NRW

sachliche Allzuständigkeit bei Gefahr im Verzug

Sollte einmal ein Fall eintreten, in dem die sachliche Zuständigkeit eigentlich nicht gegeben ist, so ist an die außerordentliche sachliche Zuständigkeit nach § 14 POG NRW zu denken. Danach ist bei Gefahr im Verzug jeder Polizist auch außerhalb seiner Aufgaben sachlich zuständig.

bb) Örtliche Zuständigkeit, §§ 7 - 9 POG NRW

örtlich zuständig in Polizeibezirk

Anders als etwa in Bayern, wo ohnehin schon jeder Polizist für das gesamte Landesterritorium örtlich zuständig ist (vgl. Art. 3 I Bay-POG), ist in NRW jeder Polizist grundsätzlich einmal nur für den Bezirk seiner Polizeibehörde örtlich zuständig, § 7 I POG NRW. 109

örtliche Allzuständigkeit, wenn erforderlich

Wie bei der sachlichen Zuständigkeit besteht mit § 7 III POG NRW auch im Rahmen der örtlichen Zuständigkeit eine Allzuständigkeitsregelung.

hemmer-Methode: Ihrem Wortlaut nach klingt die Norm, als wäre sie eine örtliche und sachliche Allzuständigkeitregelung. Der systematische Zusammenhang zeigt aber, dass nur eine örtliche Unzuständigkeit überwunden werden sollte.[100] Die sachliche Unzuständigkeit lässt sich ausschließlich nach § 14 POG NRW überwinden.

Danach ist jeder im Vollzugsdienst tätige Beamte der Polizei zur Wahrnehmung der Aufgaben der Polizei im ganzen Land Nordrhein-Westfalen befugt, wenn dies erforderlich ist, zur:

- ⇨ Abwehr einer gegenwärtigen Gefahr,
- ⇨ Erforschung und Verfolgung von Straftaten und Ordnungswidrigkeiten auf frischer Tat oder
- ⇨ Verfolgung und Wiederergreifung Entwichener.

grenzübergreifende Tätigkeiten

Die anderen Regelungen zur örtlichen Zuständigkeit betreffen das Tätigwerden nordrhein-westfälischer Polizisten außerhalb NRWs (§ 8 POG NRW) und das Tätigwerden von Polizisten anderer Bundesländer und des Bundes innerhalb NRWs (§ 9 POG NRW).

cc) Beispielsfall

Beispiel

***Bsp.:** Ein Beamter der Autobahnpolizei Münster verweist einen Störer von der Kölner Domplatte.*

Der Beamte wäre zuständig:

- ⇨ *Sachlich gem. § 12 I POG NRW allein für die Überwachung von Straßenverkehr, Einrichtungen und Anlagen auf Bundesautobahnen und deren Zu- und Abfahrten.*
- ⇨ *Örtlich für den Regierungsbezirk Münster gem. § 7 I S. 1 POG NRW i.V.m. § 12 I Nr. 2 POG NRW.*

Im Fall wäre aber grundsätzlich zuständig gewesen:

- ⇨ *Sachlich die Polizei, da es um Gefahrenabwehr geht, § 10 S. 1 POG NRW i.V.m. § 1 I PolG NRW, und innerhalb dieser gem. § 11 I Nr. 1 POG NRW i.V.m. § 34 PolG NRW die Kreispolizeibehörde.*
- ⇨ *Örtlich das Polizeipräsidium Köln (= Kreispolizeibehörde) gem. § 7 I S. 1 POG NRW i.V.m. § 1 lit. a Nr. 12 KreisPolBVO.[101]*

Jedoch ergibt sich die außerordentliche Zuständigkeit des Beamten:

- ⇨ *Sachlich gem. § 14 POG NRW, sofern Gefahr im Verzug vorlag.*
- ⇨ *Örtlich gem. § 7 III POG NRW, sofern sein Eingreifen zur Abwehr einer gegenwärtigen Gefahr erforderlich war, also kein Beamter des Polizeipräsidiums vor Ort war.*

100 Im Ergebnis auch Tegtmeyer POG NRW, § 7, Rn. 6.

101 HR. 50c.

b) Verfahren

Anhörung nach § 28 II Nr. 1 Alt. 1 oder Nr. 4 VwVfG NRW entbehrlich

Soweit Verfahrensvorschriften überhaupt relevant werden sollten, so wäre an die Anhörung gem. § 28 VwVfG NRW zu denken. Eine solche ist jedoch im Polizeirecht grundsätzlich nach § 28 II Nr. 1 Alt. 1 VwVfG NRW (Gefahr im Verzug) entbehrlich, gegebenenfalls ist auch § 28 II Nr. 4 VwVfG NRW (Allgemeinverfügung) einschlägig. 110

c) Sonstige formelle Voraussetzungen

Formfreiheit

Die übrigen formellen Rechtmäßigkeitsvoraussetzungen spielen regelmäßig keine Rolle, insbesondere gilt für polizeiliche VAe (anders als im Ordnungsrecht) gemäß § 37 II S. 1 VwVfG NRW der Grundsatz der Formfreiheit. 111

hemmer-Methode: Achten Sie darauf, unproblematische Punkte möglichst knapp abzuhaken!

3. Materielle Rechtmäßigkeit

hemmer-Methode: Achtung! Im Rahmen der materiellen Rechtmäßigkeit von polizeilichen Verwaltungsakten liegt in der Regel der *Schwerpunkt einer Polizeirechtsklausur*.
Hier ist Ihre Aufgabe, jeweils die Rechtmäßigkeit aller einzelnen angegriffenen Maßnahmen zu prüfen.

Voraussetzungen der Ermächtigungsgrundlage

Sofern die Befugnis in einem Spezialgesetz normiert ist, sind dessen Voraussetzungen zu prüfen. Die außerhalb des PolG NRW geregelten Befugnisse können hier im Einzelnen nicht näher dargestellt werden. 112

In einer Klausur werden von Ihnen an dieser Stelle gewöhnlicherweise keine Sonderkenntnisse erwartet. Es kommt allein auf eine saubere Subsumtionsarbeit an.

Näher eingegangen werden soll dagegen im Rahmen dieses Skriptes auf die Standardbefugnisse.

a) Subsumtion unter die Standardbefugnisse

Unterteilung in 4 Gruppen

Die Standardbefugnisse können in *vier Gruppen* unterteilt werden. Nachfolgend soll ein Überblick mit einer Erörterung der wichtigsten Standardbefugnisnormen gegeben werden. 113

hemmer-Methode: Im Rahmen der Standardbefugnisse des PolG NRW sollten Ihnen einige immer wieder in Klausuren auftauchende Sonderprobleme bekannt sein. Diese werden anschließend im Einzelnen erörtert.
Ansonsten muss Ihnen die Systematik vertraut sein. Darauf aufbauend wird im Übrigen allein eine juristisch exakte Subsumtion unter die einschlägige Befugnisnorm erwartet.

(1) 1. Gruppe: Datenerhebung und Datenverarbeitung, §§ 9 - 33 PolG NRW

Datenerhebung / -verarbeitung

Die Regelungen der §§ 9 - 33 PolG NRW haben die Datenerhebung (§§ 9 - 21 PolG NRW) und Datenverarbeitung (§§ 22 - 33 PolG NRW) zum Inhalt. Daher kann man sie als eine Gruppe zusammenfassen. Aufgrund ihrer Aktualität werden sie auch für die Examensklausur immer bedeutsamer. 114

Auch hier wird vom Bearbeiter lediglich eine fundierte Systemkenntnis erwartet, die Ihnen im Anschluss vermittelt werden soll. Ansonsten soll der Examenskandidat durch eine gekonnte Subsumtion glänzen.

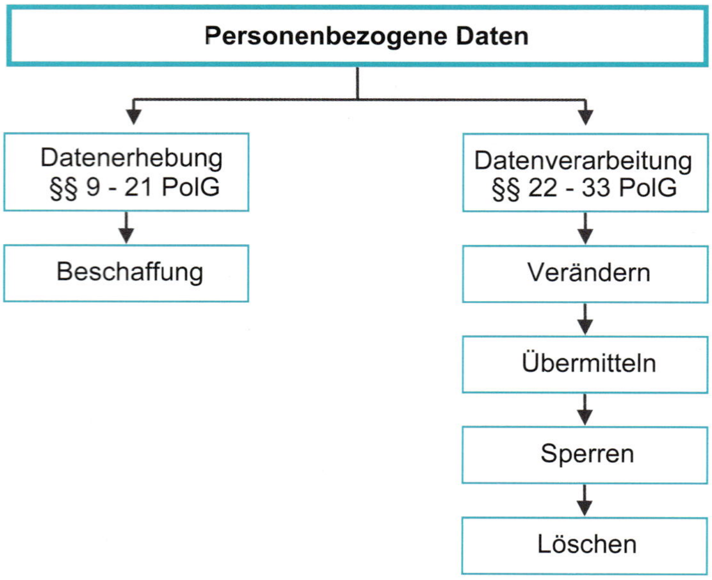

(a) Datenerhebung, §§ 9 - 21 PolG NRW

Begriff

Datenerhebung bedeutet die Beschaffung von Daten in beliebiger Form. Dies kann *direkt*, etwa durch Befragen des Betroffenen oder durch Bild- oder Tonaufnahmen, die die Anwesenheit einer Person zu einer bestimmten Zeit an einem bestimmten Ort dokumentieren, erfolgen. Datenerhebung ist auch *indirekt*, z.B. durch Einholung von Auskünften Dritter, möglich. 115

Bsp.: *Die Polizei beschafft sich Daten zur Anlegung einer Akte mit Personalien sämtlicher verantwortlicher Personen eines Atommüllzwischenlagers. Die Akte wird zwecks schneller Erreichbarkeit der Verantwortlichen bei einem Störfall benötigt.*

oberster Grundsatz, § 1 V PolG NRW

Als oberster Grundsatz der Datenerhebung ist § 1 V PolG NRW zu berücksichtigen, der besagt, dass Maßnahmen, die in Rechte einer Person eingreifen, nur getroffen werden dürfen, soweit dies durch das PolG NRW oder andere Rechtsvorschriften zugelassen ist. Da die Erhebung personenbezogener Daten grundsätzlich in das Recht auf informationelle Selbstbestimmung aus Art. 2 I i.V.m. 1 I GG eingreift, muss sie demnach ausdrücklich zugelassen sein. 116

personenbezogene Daten

Der *Begriff der personenbezogenen Daten* ist in § 3 I DSG NRW legal definiert. Es handelt sich um Einzelangaben über persönliche oder sachliche Verhältnisse bestimmter oder bestimmbarer natürlicher Personen. 117

grundsätzlich offen zu erheben

Personenbezogene Daten sind grundsätzlich *offen*, d.h. erkennbar, beim Betroffenen selbst zu erheben. Ausnahmen hierzu regeln die §§ 16 ff. PolG NRW. Eine teilweise Legaldefinition der in diesen Regelungen häufig auftauchenden Formulierung „Straftaten von erheblicher Bedeutung“ enthält § 8 III PolG NRW.

(aa) Offene Datenerhebung, §§ 9 - 15b PolG NRW

Betroffener weiß, dass Daten erhoben werden

Bei der in den §§ 9 - 15b PolG NRW geregelten offenen Datenerhe- 118
bung ist der Polizeipflichtige im Gegensatz zur verdeckten Datenerhebung (§§ 16 - 21 PolG NRW) über die Erhebung der Daten informiert.

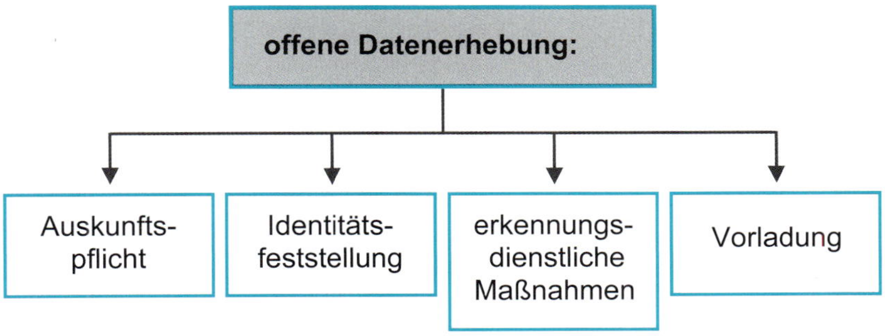

(aaa) Befragung und Auskunftspflicht, § 9 PolG NRW

Fragebefugnis

§ 9 PolG NRW gibt der Polizei eine Fragebefugnis, die beim Befrag- 119
ten eine Pflicht zur Beantwortung auslöst.

Pflicht zur Personalienangabe

Auf Befragen der Polizei ist eine Person gemäß § 9 II S. 1, I S. 1 PolG NRW verpflichtet, zumindest ihre Personalien anzugeben, wenn anzunehmen ist, dass sie *sachdienliche Angaben* machen kann, die zur Erfüllung einer bestimmten polizeilichen Aufgabe nach § 1 PolG NRW erforderlich sind.

> **Bsp.**[102]**:** *Es gibt keine allgemeine Verpflichtung, sich ohne Grund auf amtliche Aufforderung auszuweisen oder sonstige Angaben zu Personalien zu machen.*
>
> *Fertigen Versammlungsteilnehmer, die von der Polizei gefilmt oder videografiert werden, ihrerseits Ton- und Bildaufnahmen von den eingesetzten Beamten an, kann nicht ohne nähere Begründung von einem zu erwartenden, eine Identitätsfeststellung (hier: gem. § 13 I Nr. 1 NdsSOG) rechtfertigenden Verstoß gegen §§ 22 S. 1, 33 I KUG und damit von einer konkreten Gefahr für ein polizeiliches Schutzgut ausgegangen werden. Aufnahmen von Polizeibeamten könnten etwa auch zur Beweissicherung im Hinblick auf etwaige Rechtsstreitigkeiten angefertigt werden.*

grds. keine weitergehende Auskunftspflicht zur Sache

Eine Auskunftspflicht zur Sache gegenüber der Polizei besteht nach § 9 II S. 2 PolG NRW aber nur im Rahmen der für die Person geltenden gesetzlichen Handlungspflichten, z.B. Nichtanzeige geplanter Straftaten, § 138 StGB, oder unterlassener Hilfeleistung, § 323c StGB.

Befugnis zur Anhaltung

§ 9 I S. 2 PolG NRW sieht auch die Möglichkeit der Anhaltung des Betroffenen vor. Eine *Mitnahme zur Dienststelle* ist nur unter den Voraussetzungen des § 12 II S. 3 PolG NRW zulässig, also wenn die Feststellung der Identität nach § 12 PolG NRW zulässig ist und die Identität ansonsten zumindest nur unter erheblichen Schwierigkeiten festgestellt werden kann (vgl. dazu nachfolgend die Ausführungen zu § 12 PolG NRW).

> **Bsp.:** *Polizist A trifft bei Einbruchsserienermittlungen auf den Passanten B. Da von diesem sachdienliche Angaben zu erwarten sind, hält er B an und fragt ihn nach seinen Personalien.*

102 BVerfG, NJW 2016, 1230 = NVwZ 2016, 53.

Folterfall

Anlässlich einer Kindesentführung wurde diskutiert, ob bei der Befragung eines Bürgers auch das Foltern legal sein kann, um durch die Aussage das Leben eines anderen zu retten.

> **Bsp.:** *X hat ein Kind entführt. Die Polizei nimmt X fest und möchte wissen, wo sich das Kind befindet, das schon vor zehn Tagen entführt worden war. Das Kind wird aufgrund einer Asthmaerkrankung sterben, wenn es nicht alsbald aufgefunden wird, da es seine Medikamente nicht dabei hat. Der Polizist P entschließt sich daher, X unter Schmerzzufügung zur Aussage zu bewegen.*

§ 136 StPO

Der Schmerzzufügung mit dem Ziel, von dem Opfer eine bestimmte Willensäußerung zu erlangen, steht im Bereich der StPO bereits einfachgesetzlich § 136a (bzw. für den Zeugen § 163a V i.V.m. § 136a) entgegen. Hinzu kommt, dass eine Vernehmung aufgrund der StPO nur für den Regelungsbereich der StPO zulässig sein kann. Im vorliegenden Fall soll X jedoch nicht vernommen werden, um ihn einer Straftat überführen zu können. Ziel der Befragung ist die bloße Gefahrenabwehr. Die StPO kann damit keine Handlungsgrundlage für die Maßnahme gegen B bilden.

Eine Aussagepflicht des X könnte sich aus § 9 II PolG NRW ergeben. Dieser betrifft aber nur einige personenbezogene Daten wie Name, Vorname, Geburtsort usw., um die es hier gerade nicht geht. Eine weitergehende Aussagepflicht müsste sich aus einem Spezialgesetz ergeben, welches hier gerade nicht ersichtlich ist. Außerdem stünde einer entsprechenden Verpflichtung § 55 StPO entgegen, weil sich B der Gefahr aussetzen würde, wegen einer Straftat verfolgt zu werden. Bei einer Befragung sind jedoch wie bei der StPO Zwangsmittel nicht erlaubt, vgl. § 10 IV PolG NRW. Gleichzeitig versperrt die grundsätzliche Anwendbarkeit von § 9 PolG NRW einen Rückgriff auf die allgemeine Eingriffsermächtigung des § 8 PolG NRW (lex specialis).

Grundrechtliche Schutzpflichten

Zwar hat man aus Art. 65 GG eine Ermächtigung der Bundesregierung zur Warnung vor der Mitgliedschaft in gefährlichen Sekten abgeleitet, aber eben nur zur Warnung und nicht zur Folterung. Eine andere Ansicht vertritt, dass die Polizei, wenn sie den Bürger zur Aussage zwingt, durch die Pflicht zum Schutz des Lebens des Dritten gerechtfertigt sein kann[103]. Eine solche Argumentation ist nicht haltbar, weil man den Schutzzweck der Grundrechte damit ins Gegenteil verkehren würde.

Die Grundrechte fordern eine gesetzliche Grundlage für schwere Freiheitseingriffe, aber sie bieten natürlich keine solche. Dieses Ergebnis der teleologischen Auslegung bestätigt auch die Systematik. Der Grundsatz funktioneller Gewaltenteilung verlangt, dass die Verfassung zunächst vom Gesetzgeber konkretisiert wird, bevor die Exekutive eine Eingriffsgrundlage verwenden kann. Sonst könnte man nach Einführung der Folter auch gleich auf das Parlament verzichten.

§§ 32, 34 StGB

Es ist streitig, ob die strafrechtliche Rechtfertigungsgründe §§ 32, 34 StGB als Ermächtigungsgrundlage für die Polizei fungieren können[104]. Dass das StGB selber Ermächtigungsgrundlage ist, wird nur selten vertreten. Meistens wird nur dann eine Ausnahme gemacht, wenn der handelnde Polizist selbst bedroht ist. Manchmal wird auch gesagt, der Polizist handle zwar rechtswidrig, aber könne nicht bestraft werden.

103 Brugger, VBlBW 1995, 447 (449).

104 Vgl. hierzu Schenke, Polizei- und Ordnungsrecht, in: Steiner (Hg.), Besonderes Verwaltungsrecht, 1992, Kap. II, Rn. 17, 199.

Begründet wird die Anwendung des § 34 StGB mit der Einheit des Rechtswidrigkeitsurteils. Was im Strafrecht rechtmäßig sei, könne in anderen Gebieten nicht rechtswidrig sein. Gegen diese Thesen ist anzuführen, dass zunächst einmal deutlich zwischen Rechtfertigung und Handlungsermächtigung differenziert werden muss. Eine Rechtfertigung staatlicher Eingriffe, die aufgrund fehlender Eingriffsermächtigung rechtswidrig sind, ist nicht möglich. Dies ergibt sich bereits aus dem Vorbehalt des Gesetzes, lässt sich aber auch aus Systemunterschieden zwischen Strafrecht und Verwaltungsrecht begründen.

Die strafrechtliche Konstruktion des dreistufigen Deliktsaufbaus mit dem besonderen Rechtswidrigkeitsurteil reduziert den staatlichen Sanktionsanspruch bei einer individuellen Interessenkollision. Die Notwehr- und Notstandsnormen führen zu einer Begrenzung staatlicher Macht und nicht zu deren Erweiterung.[105]

Das Foltern scheitert also schon am Fehlen einer Ermächtigungsgrundlage. Außerdem könnten auch noch Grundrechte verletzt sein.

(bbb) Vereinbarkeiten der Handlungen des Polizisten mit den Grundrechten

Art. 104 I S. 2 GG

Das Grundrecht des in Gewahrsam befindlichen aus Art. 104 I S. 2 GG hat zwar keine geschriebene Schranke, doch kann das Grundrecht im Wege der *praktischen Konkordanz* eingeschränkt werden. Das Misshandlungsverbot des Art. 104 I S. 2 GG steht in einem Spannungsverhältnis zum verfassungsrechtlich gewährleisteten Recht auf Leben der von dem Anschlag Betroffenen. Bei der Kollision sollen die Grundrechte im Wege der praktischen Konkordanz zu einem schonenden und möglichst optimalen Ausgleich gebracht werden. Diese verhältnismäßige Zuordnung von Grundrechten soll beide betroffenen Positionen zur optimalen Wirksamkeit gelangen lassen. Der Ausgleich im Wege der praktischen Konkordanz kann als Verhältnismäßigkeitsbestimmung niemals zu einer übermäßigen Eingrenzung bzw. völligen Aufhebung einer Grundrechtsposition führen.[106] Eine Kollisionslage im Bereich von Art. 104 I S. 2 entwickelt nun die Schwierigkeit, dass bei jedem Verstoß gegen Art. 104 I S. 2 GG dessen Gewährleistung vollständig aufgehoben wird. Nach Erlangung der gewünschten Auskunft, die durch unzulässige Vernehmungsmethoden erzwungen wurde, verliert Art. 104 I S. 2 GG seine zentrale Bedeutung. Dies hätte allerdings zur Konsequenz, dass im Bereich von Art. 104 I S. 2 GG keine praktisch konkordante Zuordnung zu anderen Grundrechten möglich wäre.

Art. 2 II GG

Art. 2 II GG ist nicht zu prüfen, da bei Misshandlungen von Festgehaltenen Art. 104 I S. 2 GG spezieller ist.

Art. 1 I GG

Nach allgemeiner Ansicht ist die Menschenwürde aus Art 1 I GG verletzt, wenn der konkrete Mensch zum Objekt, zu einem bloßen Mittel, zur vertretbaren Größe herabgewürdigt wird.[107] Mit der systematischen Brechung eines menschlichen Willens wird dessen Fähigkeit, sich selbst zu bestimmen, beseitigt und der Gefangene zum bloßen Objekt der staatlichen Schutzverpflichtungen gemacht. Die Folter stellt damit eine eklatante Verletzung der Menschenwürde dar.[108]

105 Böckenförde, NJW 1978, 1882; Kirchhof, NJW 1978, 969; Sydow, JuS 1978, 224.

106 Müller, Positivität der Grundrechte, S. 41 ff.; ders., Juristische Methodik, 5. Aufl., 1993, S. 221.

107 Maunz/Dürig, Art. 1 I GG, Rn. 28.

108 Maunz/Dürig, Art. 1 I GG, Rn. 30; AK, Art. 1 I GG, Rn. 45.

Bezüglich der Einschränkbarkeit von Art. 1 I GG ergibt sich grundsätzlich das Problem, ob Art. 1 I GG im Kollisionsfalle durch eine Güterabwägung bzw. im Wege der praktischen Konkordanz begrenzt werden kann. Unabhängig davon betrifft die Folterung zentral die Gewährleistung des Art. 1 I GG, sodass eine Zufügung von Schmerzen in sich steigerndem Ausmaß auf jeden Fall gegen den Kernbereich des Art. 1 I GG verstößt.

Eine Schrankendiskussion bzw. eine Wesensgehaltsbestimmung ist damit im Bereich von Art. 1 I GG nicht erforderlich.

Folter unrechtmäßig

Das Foltern von Gefangenen bzw. in Gewahrsam befindlichen Personen ist daher nicht rechtmäßig. Zu diesem Ergebnis kommt auch das BVerfG: Die Anwendung von Folter macht die Vernehmungsperson zum bloßen Objekt der Verbrechensbekämpfung unter Verletzung ihres verfassungsrechtlich geschützten sozialen Wert- und Achtungsanspruchs und zerstört grundlegende Voraussetzungen der individuellen und sozialen Existenz des Menschen.[109]

(ccc) Identitätsfeststellung, § 12 PolG NRW

⇨ Begriff

Begriff: § 111 I OWiG

Identitätsfeststellung bedeutet die Vergewisserung, welche Persona- 120
lien eine bestimmte Person hat.

Der Begriff der Personalien ergibt sich aus § 111 I OWiG. Unter Personalien versteht man:

Vor- und Familienname (ggf. der Geburtsname), Ort und Tag der Geburt, Familienstand, Beruf, Wohnanschrift (Ort und Straße) sowie die Staatsangehörigkeit. Zu den Personalien gehört nicht die Konfessionszugehörigkeit.

hemmer-Methode: Von der Identitätsfeststellung im präventiv-polizeilichen Rahmen ist die Identitätsfeststellung nach §§ 163b, 163c StPO, die im Rahmen der Strafverfolgung (Repressivhandeln) gilt, zu unterscheiden.

⇨ Regelungsinhalt

Differenzierung zw. Regelung der Voraussetzungen und der Mittel

Bei Standardbefugnisnormen ist grundsätzlich zwischen der Rege- 121
lung der Voraussetzung und der Regelung der zulässigen Mittel zu differenzieren.

So enthält z.B. § 12 I PolG NRW die *Voraussetzungen* der Identitätsfeststellung, § 12 II PolG NRW die zulässigen *Mittel*, nämlich anhalten, festhalten und durchsuchen. § 13 PolG NRW regelt den *Sonderfall* der Prüfung von Berechtigungsscheinen.

⇨ < Sonderproblem: Mitnahme zur Dienststelle >

§ 12 II S. 3 PolG NRW lässt auch Mitnahme zur Dienststelle zu

Obwohl dies nicht ausdrücklich geregelt ist, ist die Polizei auch be- 122
rechtigt, die angehaltene Person zur Dienststelle mitzunehmen, wenn sich die Personalien *an Ort und Stelle nicht ermitteln lassen* oder aber, wenn der *Verdacht* besteht, dass die Angaben *unrichtig* sind.

109 BVerfG, NJW 2005, 656 = jurisbyhemmer.

⇨ < Sonderproblem: Razzia >

besonderer Fall der Identitätsfeststellung

Eine Razzia ist eine *planmäßig durchgeführte Aktion zur Identitätsprüfung eines größeren Personenkreises*, der sich an einem von der Polizei abgesperrten Ort aufhält. 123

Sowohl nach Sinn und Zweck, als auch nach der weiten Fassung der einzelnen Voraussetzungen ist § 12 PolG NRW die Befugnisnorm sowohl für *Einzel- wie für Sammelkontrollen*, worunter auch Razzien fallen.

Befugnis aus § 12 I Nr. 2 PolG NRW

Die Befugnis zu derartigen Razzien ergibt sich aus § 12 I Nr. 2 PolG NRW, da sich eine Razzia vom Normalfall der Festhaltung zum Zweck der Identitätsfeststellung nur durch die Zahl der betroffenen Personen unterscheidet.

Sammelkontrolle an bestimmten Orten

Der *besondere Charakter* von Razzien ergibt sich daraus, dass sie nur an bestimmten Orten vorgenommen werden dürfen. Razzien liegen begrifflich nur dann vor, wenn Sammelkontrollen an Orten stattfinden, bei denen Tatsachen die Annahme rechtfertigen, dass etwa Personen Straftaten verabreden, vorbereiten oder verüben, sich Personen ohne erforderliche Aufenthaltserlaubnis treffen bzw. sich Straftäter dort verbergen.

⇨ Prüfung von Berechtigungsscheinen, § 13 PolG NRW

Befugnis zur Aushändigungsanordnung

§ 13 PolG NRW räumt der Polizei die Befugnis ein, sich Berechtigungsscheine zur Prüfung aushändigen zu lassen, wenn der Betroffene aufgrund einer Rechtsvorschrift verpflichtet ist, diesen Berechtigungsschein mitzuführen. 124

durch Rechtsvorschrift zur Mitführung verpflichtet

Eine solche Pflicht ergibt sich aus Rechtsvorschriften außerhalb des PolG NRW. Die wichtigsten Normen sind:

⇨ § 4 II S. 2 StVZO

⇨ § 60c I GewO

⇨ § 37 I LFischG NRW

⇨ § 15 I BJagdG

differenziere: Berechtigungsscheine/ Ausweispapiere

Hierbei ist zu beachten, dass diese Berechtigungsscheine von Ausweispapieren, die der Identitätsfeststellung dienen, zu unterscheiden sind, welche bereits unter § 12 II S. 2 PolG NRW fallen.

Ansonsten bedürfte es nicht der Sonderregelung in § 13 PolG NRW.

⇨ Systematische Stellung des § 12 PolG NRW

§ 12 PolG NRW steht im Gesamtkontext zu §§ 14, 10 PolG NRW

Der Bereich der Identitätsfeststellung des § 12 PolG NRW wäre unvollständig, wenn die Polizei nicht auch erkennungsdienstliche Maßnahmen durchführen könnte. Für solche Maßnahmen gibt daher § 14 PolG NRW eine Befugnis. Diese wiederum könnten in vielen Fällen nicht durchgeführt werden, wenn die Polizei nicht auch die Befugnis zur Vorladung aus § 10 PolG NRW hätte. 125

(ddd) Erkennungsdienstliche Maßnahmen, § 14 PolG NRW

⇨ Begriff

Beispiele

§ 14 IV PolG NRW nennt einige Beispiele für erkennungsdienstliche Maßnahmen: 126

- ⇨ Abnahme von Finger- und Handflächenabdrücken,
- ⇨ Aufnahme von Lichtbildern,
- ⇨ Feststellung äußerer körperlicher Merkmale,
- ⇨ Messungen.

⇨ Regelungsinhalt

alternativ § 14 I Nr. 1 oder Nr. 2 PolG NRW

§ 14 I PolG NRW enthält zwei alternative Voraussetzungen: 127

Abs. 1 Nr. 1 knüpft an § 12 PolG NRW an. Abs. 1 Nr. 2 erfasst vorbeugende Maßnahmen bei strafbaren Handlungen. Er stellt daher eine ergänzende Vorschrift zu § 81b Alt. 2 StPO dar.

hemmer-Methode: Beachten Sie insbesondere den systematischen Zusammenhang zwischen § 14 I Nr. 1 PolG NRW und § 12 PolG NRW. Dies bedeutet für die Prüfung der Rechtmäßigkeit der erkennungsdienstlichen Maßnahme, dass die Rechtmäßigkeit einer Identitätsfeststellung nach § 12 PolG NRW *inzident* zu prüfen ist.
Solche Verweisungen, die eine inkorporierte Überprüfung einer anderen Befugnisnorm zum Inhalt haben, sind in den §§ 9 ff. PolG NRW sehr häufig anzutreffen.

Vorladung nach § 10 I Nr. 2 PolG NRW möglich

Da erkennungsdienstliche Maßnahmen im Regelfall in einer Polizeidienststelle vorgenommen werden, ist die Vorladung zur Vornahme erkennungsdienstlicher Maßnahmen unter den besonderen Voraussetzungen des § 10 I Nr. 2 PolG NRW zulässig.

§ 14 IV PolG NRW nicht abschließend

Die Mittel oder Arten erkennungsdienstlicher Maßnahmen sind in § 14 IV PolG NRW angegeben. Aufgrund der Aufzählung unter „insbesondere" sind diese jedoch nicht abschließend.

⇨ Individueller Anspruch auf Vernichtung erkennungsdienstlicher Unterlagen

§ 14 II PolG NRW normiert einen Anspruch auf Vernichtung erkennungsdienstlicher Unterlagen. 128

§ 14 II PolG NRW ist besondere Ausprägung des § 2 III PolG NRW

Die Polizei ist aber bereits aufgrund des Übermaßverbotes, das in § 2 III PolG NRW niedergelegt ist, verpflichtet, von sich aus entsprechende Unterlagen auszusondern und zu vernichten.

Sobald der Zweck polizeilichen Handelns erreicht ist, müssen weiter wirkende Beeinträchtigungen beendet werden. Schon das bloße Vorhandensein erkennungsdienstlicher Unterlagen bei den Polizeiakten stellt eine Beeinträchtigung des Individuums dar.

Voraussetzung: keine Anhaltspunkte mehr für zukünftige Straftaten

Die Pflicht zur Vernichtung und damit auch ein entsprechender Anspruch setzen voraus, dass keine Anhaltspunkte mehr dafür bestehen, dass die erkennungsdienstlich behandelte Person zukünftig strafrechtlich in Erscheinung treten werde und die Unterlagen hierbei die Ermittlungen der Polizei fördern könnten.

⇨ Zur Wiederholung:

Verhältnis § 14 I Nr. 2 PolG NRW zu § 81b StPO

Die gerichtliche Überprüfung der Voraussetzungen für eine Anfertigung erkennungsdienstlicher Unterlagen nach § 81b Alt. 1 StPO (Repressivmaßnahme) erfolgt gem. § 23 EGGVG durch die ordentlichen Gerichte. 129

Hingegen werden Rechtsmittel gegen

⇨ die Anfertigung nach § 14 I Nr. 2 PolG NRW,

⇨ die Anfertigung nach § 81b Alt. 2 StPO,

⇨ die Aufbewahrung nach § 81b Alt. 2 StPO (hier auch, wenn ursprünglich nach § 81b Alt. 1 StPO angefertigt wurde!)

von den Verwaltungsgerichten geprüft.[110]

(eee) Vorladung, § 10 PolG NRW

⇨ Begriff

Nach § 10 I PolG NRW kann die Polizei unter zwei alternativen Voraussetzungen eine Person schriftlich oder mündlich vorladen. 130

zur Erzielung von Angaben für Aufgabenerfüllung

Nach Abs.1 Nr.1 ist die Vorladung möglich, wenn *Tatsachen* die Annahme rechtfertigen, dass die Person sachdienliche Angaben machen kann, die für die Erfüllung einer bestimmten polizeilichen Aufgabe erforderlich sind.

zur Durchführung erkennungsdienstlicher Maßnahmen

Nach Abs.1 Nr.2 ist Voraussetzung, dass die Vorladung zur Durchführung erkennungsdienstlicher Maßnahmen erforderlich ist.

hemmer-Methode: Beachten Sie wiederum, dass durch § 10 I Nr. 2 PolG NRW die Überprüfung der Rechtmäßigkeit einer erkennungsdienstlichen Maßnahme nach § 14 PolG NRW inkorporiert wird.

⇨ Regelungsinhalt

mündliche oder schriftliche Aufforderung

Die Mittel der Vorladung sind entweder eine mündliche oder eine schriftliche Aufforderung, auf der Polizeidienststelle zu erscheinen. 131

Die Wahl der Form richtet sich nach der Zweckmäßigkeit und der Eilbedürftigkeit.

kein absoluter Verwaltungsaktbegründungszwang

Dabei *soll* nach § 10 II S. 1 PolG NRW der Grund der Vorladung angegeben werden.

Entgegen dem allgemeinen Verwaltungsrecht besteht daher kein absoluter Verwaltungsaktbegründungszwang bei schriftlichen Aufforderungen (vgl. § 39 I S. 1 VwVfG NRW).

Nichtbeachtung des § 10 II S. 2 PolG NRW führt zur Rechtswidrigkeit

§ 10 II S. 2 PolG NRW enthält eine spezielle Ausgestaltung des Verhältnismäßigkeitsgrundsatzes, welcher seine Normierung in § 2 PolG NRW findet. Danach soll bei der Festsetzung des Zeitpunkts der Vorladung auf den Beruf und die sonstigen Lebensverhältnisse des Betroffenen Rücksicht genommen werden. Die Nichtbeachtung des Verhältnismäßigkeitsgrundsatzes führt zur Rechtswidrigkeit der polizeilichen Maßnahme.

110 Kleinknecht/Meyer, § 81 StPO, Rn. 16 und 22; vgl. auch bereits oben, Rn. 50.

hinreichender Grund i.S.d. § 10 III PolG NRW

In einem solchen Fall ist der Betroffene auch berechtigt, die Vorladung zu missachten, da dann ein „hinreichender Grund“ i.S.v. § 10 III PolG NRW vorliegt.

⇨ Zwangsweise Durchsetzung der Vorladung

Vorführung

Die zwangsweise Durchsetzung der Vorladung nennt man Vorführung. 132

Zwangsmaßnahme

Dabei handelt es sich um eine Maßnahme auf der zweiten polizeilichen Handlungsebene, der Ebene polizeilichen Zwanges, die in den §§ 50 ff. PolG NRW geregelt ist.

§ 10 III PolG NRW enthält Besonderheit

Die Regelung des § 10 III PolG NRW enthält jedoch eine Besonderheit:

Hier sind ausnahmsweise Primär- und Sekundärmaßnahmen in einer Vorschrift geregelt. Daraus folgt für die Vorführung:

regelt besondere materielle Voraussetzungen für Zwang

§ 10 III PolG NRW regelt besondere materielle Voraussetzungen der zwangsweisen Durchsetzung einer Vorladung. Nur wenn auch diese Voraussetzungen erfüllt sind, kann die Vorladung nach den Vorschriften der §§ 50 ff. PolG NRW zwangsweise erfolgen.

“EXKURS FÜR FORTGESCHRITTENE“:

VA, der auf Handlung gerichtet ist

Die Vorladung ist ein VA i.S.v. § 35 S. 1 VwVfG NRW, der auf die Vornahme einer Handlung gerichtet ist (§ 50 I PolG NRW). 133

unanfechtbar oder Rechtsmittel ohne aufschiebende Wirkung

Sie kann daher mit Zwangsmitteln durchgesetzt werden, wenn die Vorladung *unanfechtbar* ist oder wenn ein *Rechtsmittel keine aufschiebende Wirkung* hat.

Bei polizeilichem Handeln ist zu beachten, dass das Abwarten der Unanfechtbarkeit - Anfechtungsklagefrist von einem Monat gemäß § 74 I S. 2 VwGO - kaum in Frage kommen wird. Die Vorladung kann jedoch u.U. eine polizeiliche Maßnahme i.S.v. § 80 II S. 1 Nr. 2 VwGO sein, wenn es sich um einen unaufschiebbaren Fall handelt.

Zwangsgeld oder unmittelbarer Zwang

Als Zwangsmittel kommen hier nur Zwangsgeld sowie die Anwendung unmittelbaren Zwangs in Betracht. 134

Aufgrund des Aspekts, dass auch bei der Wahl des Zwangsmittels der *Grundsatz der Verhältnismäßigkeit* zu berücksichtigen ist, ergibt sich jedoch, dass das Zwangsgeld das grundsätzlich vorrangige Zwangsmittel ist.

Dies wird insbesondere bei der Vorladung zur Durchführung erkennungsdienstlicher Maßnahmen der Fall sein.

§ 136a StPO gilt entsprechend

Nach § 10 IV PolG NRW gilt die Regelung des § 136a StPO (Unzulässigkeit bestimmter Verhörmethoden) im Rahmen des § 10 PolG NRW entsprechend. 135

schließt aber unmittelbaren Zwang zur Durchsetzung der Vorladung nicht aus

Das durch entsprechende Anwendung von § 136a StPO geltende Verbot, jemanden durch die Beeinträchtigung der Freiheit der Willensentscheidung, durch Misshandlung, Ermüdung, körperliche Eingriffe, durch Drohung mit einer rechtlich unzulässigen Maßnahme oder durch das Versprechen eines gesetzlich nicht vorgesehenen Vorteils etc. zu einer Aussage zu zwingen, hat nichts mit der Befugnis zu tun, die Vorladung im Wege der Vorführung, also unter Anwendung von Zwang, durchzusetzen. § 10 III PolG NRW trifft gerade keine Einschränkung in Bezug auf bestimmte Zwangsmittel zur Durchsetzung der Vorladung.

lediglich Angaben dürfen nicht entgegen § 136a StPO erzwungen werden

Seine entsprechende Anwendung erstreckt sich darauf, dass Angaben von dem Betroffenen nicht entgegen der Regelung des § 136a StPO erzwungen werden dürfen.

Rspr.: Vorführung bloße Freiheitsbeschränkung

Fraglich ist auch, ob für die Vorführung zur zwangsweisen Durchsetzung der Vorladung eine richterliche Entscheidung notwendig ist. 136

Die obergerichtliche Rechtsprechung geht davon aus, dass behördlich angeordnete und durchgeführte Vorführungen durch Anwendung einfachen, unmittelbaren Zwangs keine Freiheitsentziehungen, sondern lediglich Freiheits*beschränkungen* gem. Art. 104 I GG sind.

Abgrenzung zur Freiheitsentziehung

Abgrenzungskriterien zwischen Freiheitsbeschränkung und Freiheitsentziehung stellen dabei die Intensität des Eingriffs sowie dessen Dauer dar.

EXKURS ENDE

(fff) Datenerhebung bei öffentlichen Veranstaltungen und Ansammlungen, § 15 PolG NRW

Abgrenzung des § 15 PolG NRW zu §§ 12a, 19a VersammlG

§ 15 PolG NRW gilt für die Erhebung personenbezogener Daten bei oder im Zusammenhang mit öffentlichen Veranstaltungen und Ansammlungen. Für Versammlungen i.S.d. VersammlG gelten hingegen die §§ 12a und 19a VersammlG als *leges speciales*. 137

Versammlung

Eine *Versammlung* liegt vor, sofern eine Zusammenkunft von mehreren Menschen mit innerer Verbundenheit zur gemeinsamen Willenskundgabe erfolgt.

Ansammlung

Hingegen handelt es sich um eine *Ansammlung*, soweit eine zustande gekommene Zusammenkunft mehrerer Menschen ohne innere Verbundenheit und ohne Absicht zur gemeinsamen Willenskundgabe vorliegt, etwa von Neugierigen bei Unfällen etc.

öffentliche Veranstaltung

Öffentliche Veranstaltungen sind solche, zu denen der Zutritt nicht auf einen namentlich oder sonst individuell bezeichneten Personenkreis beschränkt, sondern grundsätzlich jedem gestattet ist, wie z.B. Volksfeste etc.

(ggg) Datenerhebung durch den offenen Einsatz optisch-technischer Mittel, § 15a PolG NRW

Durch die Änderung des PolG NRW ist u.a. die Ermächtigungsgrundlage des § 15a zur offenen Videoüberwachung geändert worden, sodass nun die Polizei das Geschehen nicht nur per Kamera beobachten kann, sondern die übertragenen Bilder auch unmittelbar aufzeichnen darf. Im Gegensatz zur Altfassung, bedarf es zur Aufzeichnung keinen Verdacht einer begonnenen oder unmittelbar bevorstehenden Straftat.

hemmer-Methode: Handelt es sich um eine Versammlung i.S.d. § 1 VersammlG handeln, liegt die Ermächtigungsgrundlage spezialgesetzlich in § 12a bzw. § 19a VersammlG.

Die Rechtmäßigkeit dieser Maßnahme ist nicht unumstritten, denn es gelten die Grundrechte.

Bsp.: Auch die bloße Videobeobachtung einer Versammlung ohne Aufzeichnung (sog. Kamera-Monitor-Prinzip) greift in die Versammlungsfreiheit (Art. 8 I GG) sowie das Recht auf informationelle Selbstbestimmung (Art. 2 I i.V.m. Art. 1 I GG) ein und bedarf daher einer gesetzlichen Grundlage.[111]

Zu unterscheiden ist zunächst einmal die *Videoüberwachung* von der *Aufzeichnung* der Bilder. Die Videoüberwachung in der Form der Bildaufzeichnung von Personen greift ohne Zweifel in den Schutzbereich des Grundrechts ein. Hier sind die technische Fixierung und jederzeitige Abrufbarkeit der beobachteten Lebensvorgänge am Bildschirm sowie die Möglichkeit der nachträglichen Aufbereitung und Auswertung der Bilddaten entscheidend.

Fraglich ist, ob schon die reine Beobachtung einen Eingriff in das Recht auf informelle Selbstbestimmung (Art. 2 I i.V.m. Art. 1 I GG) darstellt. Zum Teil wird vertreten, die reine Überwachung stelle keine personenbezogene Datenerhebung dar, da die Personen nicht identifizierbar seien. Somit sei auch ein Eingriff in ihre Grundrechte zu verneinen.[112]

Die ganz h.M. hält dem entgegen, die Videoüberwachung stelle eine ganz neue Dimension des Überwachens dar und sei daher mit der Tätigkeit eines Streifenpolizisten nicht zu vergleichen. Die Überwachung durch Kameras könne durch Vergrößern und Heranzoomen intensiviert werden. Zudem kann und soll zugleich abschreckend wirken und insofern das Verhalten der Betroffenen lenken. Daher sei ein Eingriff in das Recht auf informelle Selbstbestimmung unabhängig davon gegeben, ob nur eine Beobachtung mittels Kamera erfolge, oder die Bilder auch aufgezeichnet würden.[113]

Da ein Eingriff in das Grundrecht zu bejahen ist, ist dieser Eingriff rechtfertigungsbedürftig.

Art. 2 I GG i.V.m. Art. 1 GG

Der Schutzbereich des Rechts auf informationelle Selbstbestimmung als Teil des allgemeinen Persönlichkeitsrecht aus Art. 2 I GG i.V.m. Art. 1 GG umfasst die Befugnis des Bürgers, grundsätzlich selbst zu entscheiden, wann und innerhalb welcher Grenzen persönliche Lebenssachverhalte offenbart werden.[114]

Eine flächendeckende Videoüberwachung (z.B. auf dem gesamten Gemeindegebiet) ist daher grundsätzlich unzulässig.[115] Darüber hinaus ist jedoch eine Verfassungswidrigkeit nicht ohne weiteres zu bejahen.

Da die Videoüberwachung einen Eingriff gegenüber jedermann darstellt, ist eine enge Auslegung der Ermächtigungsgrundlage notwendig. Es muss belegt sein, dass am Ort der Überwachung *erhöhte Gefahren* bestehen. Demnach reichen also allgemeine polizeiliche Lageeinschätzungen nicht aus.[116]

Ein weiteres Problem des § 15a PolG NRW besteht darin, ob die Verbandskompetenz des Landes zum Erlass der Regelung gegeben ist. Das hängt davon ab, ob der Zweck der Maßnahme die *Strafverfolgung* ist, oder vielmehr der der *Gefahrenabwehr.*

---

111 VG Münster, NWVBl. 2009, 487 = **juris**byhemmer.

112 Maske, NVwZ 2001, 1248 (1249); VG Karlsruhe, NVwZ 2002, 117.

113 BVerfG, Beschluss vom 23.02.2007 - 1 BvR 2368/06 = **juris**byhemmer; VGH Mannheim, NVwZ 2004, 498 (499) = **juris**byhemmer; Fischer, VBlBW 2002, 89 (92); Roggan, NVwZ 2001, 134 (136).

114 BVerfGE 65, 1 (42) = **juris**byhemmer.

115 Pieroth/Schlink/Kniesel, § 14 Rn. 96; Wolffgang/Hendricks/Merz, Rn 143.

116 Gusy, NWVBl 2004, 1 (4).

Soweit man hierin eine rein repressive Regelung sehen will, stellt § 15a PolG NRW einen unzulässigen Eingriff in das Strafverfolgungsrecht dar (Art. 74 I Nr. 1 GG - konkurrierende Gesetzgebungskompetenz). Die Herstellung von Lichtbildern und Bildaufzeichnungen ist nämlich bereits in § 100c I Nr. 1 lit. a StPO normiert. Für eine parallele Landesregelung wäre dann kein Platz.[117]

Es würde jedoch verkannt, dass die Maßnahme des § 15a vorrangig der Abschreckung von potentiellen Störer dient. Dies wird daraus deutlich, dass die Vorschrift die *offene Videoüberwachung* regelt, während die Regelung aus der StPO die *verdeckte Videoüberwachung* normiert. Das heißt, durch die Erkennbarkeit der Maßnahme (vgl. § 15a I S. 2 PolG NRW), soll der potentielle Straftäter davor abgeschreckt werden, eine Straftat zu begehen. Genau genommen handelt es sich also bei § 15a PolG NRW um eine Vorfeldmaßnahme, da sie weder an einen Anfangsverdacht i.S.d. § 152 II StPO, noch an eine konkrete Gefahrensituation i.S.d. Polizeigesetzes anknüpft.[118] Somit konnte sich der nordrhein-westfälische Gesetzgeber auf die Gesetzgebungskompetenz des Art. 70 I GG stützen.

Verknüpfung mit Verfassungsrecht

Die Verfassungsbeschwerden mehrerer Kraftfahrzeughalter gegen polizeiliche Vorschriften in Hessen und Schleswig-Holstein, die zur automatisierten Erfassung der amtlichen Kfz-Kennzeichen ermächtigen, waren erfolgreich. Der Erste Senat des Bundesverfassungsgerichts hat die angegriffenen Vorschriften für nichtig erklärt, da sie das allgemeine Persönlichkeitsrecht der Beschwerdeführer in seiner Ausprägung als Grundrecht auf informationelle Selbstbestimmung verletzen. Die beanstandeten Regelungen genügen nicht dem Gebot der Normenbestimmtheit und Normklarkeit, da sie weder den Anlass noch den Ermittlungszweck benennen, dem die Erhebung und der Abgleich der Daten dienen sollen. Darüber hinaus genügen die angegriffenen Vorschriften in ihrer unbestimmten Weite auch dem verfassungsrechtlichen Gebot der Verhältnismäßigkeit nicht. Sie ermöglichen schwerwiegende Eingriffe in das informationelle Selbstbestimmungsrecht der Betroffenen, ohne die für derart eingriffsintensive Maßnahmen grundrechtlich geforderten gesetzlichen Eingriffsschwellen hinreichend zu normieren.[119]

(bb) Verdeckte Datenerhebung, §§ 16 - 21 PolG NRW

Befugnisse für die verdeckte Datenerhebung

Zusätzlich zu den bereits aufgeführten drei Standardbefugnissen für die offene Datenerhebung (Identitätsfeststellung, erkennungsdienstliche Maßnahmen und Vorladung), enthält das PolG NRW in den §§ 16 - 21 PolG NRW Befugnisnormen für die verdeckte Erhebung von Daten. Bei dieser werden Daten gesammelt, ohne dass der Betroffene hiervon in Kenntnis gesetzt wird. 138

Mittel der verdeckten Datenerhebung

Die §§ 16 ff. PolG NRW normieren die Mittel der verdeckten Datenerhebung. 139

Als Mittel kommen im Einzelnen in Betracht:

- ⇨ die längerfristige Observation, § 16 PolG NRW;
- ⇨ der verdeckte Einsatz technischer Mittel, §§ 17, 18 PolG NRW;
- ⇨ der Einsatz von Vertrauenspersonen, § 19 PolG NRW;
- ⇨ der Einsatz verdeckter Ermittler, § 20 PolG NRW.

---

117 So Vahle, NVwZ 2001, 165 (166 f.).

118 Büllesfeld, Polizeiliche Überwachung öffentlicher Straßen und Plätze zur Kriminalitätsvorsorge, S. 254.

119 BVerfG, Urteil vom 11.03.2008 – 1 BvR 20/74/05 und 1 BvR 12/54/07, BeckRS 2008, 33081.

Die §§ 16 - 20 PolG NRW regeln die Voraussetzungen für die Anwendung der Mittel der verdeckten Datenerhebung.

Online-Durchsuchung

Ein Sonderfall der verdeckten Ermittlung war die Online-Durchsuchung durch den Verfassungsschutz. Diese Regelung (§ 7 Landesverfassungsschutzgesetz) wurde vom BVerfG aufgehoben.[120]

Das allgemeine Persönlichkeitsrecht (Art. 2 I i.V.m. Art. 1 I GG) umfasst das Grundrecht auf Gewährleistung der Vertraulichkeit und Integrität informationstechnischer Systeme.

Die heimliche Infiltration eines informationstechnischen Systems, mittels derer die Nutzung des Systems überwacht und seine Speichermedien ausgelesen werden können, ist verfassungsrechtlich nur zulässig, wenn tatsächliche Anhaltspunkte einer konkreten Gefahr für ein überragend wichtiges Rechtsgut bestehen.

Überragend wichtig sind Leib, Leben und Freiheit der Person oder solche Güter der Allgemeinheit, deren Bedrohung die Grundlagen oder den Bestand des Staates oder die Grundlagen der Existenz der Menschen berührt. Die Maßnahme kann schon dann gerechtfertigt sein, wenn sich noch nicht mit hinreichender Wahrscheinlichkeit feststellen lässt, dass die Gefahr in näherer Zukunft eintritt, sofern bestimmte Tatsachen auf eine im Einzelfall durch bestimmte Personen drohende Gefahr für das überragend wichtige Rechtsgut hinweisen.

Die heimliche Infiltration eines informationstechnischen Systems ist grundsätzlich unter den Vorbehalt richterlicher Anordnung zu stellen. Das Gesetz, das zu einem solchen Eingriff ermächtigt, muss Vorkehrungen enthalten, um den Kernbereich privater Lebensgestaltung zu schützen.

Soweit eine Ermächtigung sich auf eine staatliche Maßnahme beschränkt, durch welche die Inhalte und Umstände der laufenden Telekommunikation im Rechnernetz erhoben oder darauf bezogene Daten ausgewertet werden, ist der Eingriff an Art. 10 I GG zu messen.

Verschafft der Staat sich Kenntnis von Inhalten der Internetkommunikation auf dem dafür technisch vorgesehenen Weg, so liegt darin nur dann ein Eingriff in Art. 10 I GG, wenn die staatliche Stelle nicht durch Kommunikationsbeteiligte zur Kenntnisnahme autorisiert ist. Nimmt der Staat im Internet öffentlich zugängliche Kommunikationsinhalte wahr oder beteiligt er sich an öffentlich zugänglichen Kommunikationsvorgängen, greift er grundsätzlich nicht in Grundrechte ein.

Exkurs zum vorstehenden Urteil des BVerfG zur Nichtigkeit der Vorschriften zur Online-Durchsuchung im Verfassungsschutzgesetz Nordrhein-Westfalen[121]:

Das BVerfG hat sich anlässlich mehrerer Verfassungsbeschwerden gegen das nordrhein-westfälische Verfassungsschutzgesetz in einer Grundlagenentscheidung zur Frage der Zulässigkeit von sogenannten Online-Durchsuchungen geäußert, bei denen ohne Wissen des Betroffenen dessen Datenverarbeitungssysteme überwacht und Daten ausgelesen werden können.

120 Vgl. BVerfG, NJW 2008, 822 = **juris**byhemmer.

121 Vgl. NJW-Spezial 2008, 184 = **juris**byhemmer.

Die Karlsruher Richter haben dabei verfassungsdogmatische Grundlagenarbeit geleistet, indem sie aus dem allgemeinen Persönlichkeitsrecht auch ein neues Grundrecht auf die Gewährleistung der Vertraulichkeit und Integrität informationstechnischer Systeme ableiteten. Dieses Grundrecht schützt insbesondere vor einem heimlichen Zugriff, durch den die auf dem System vorhandenen Daten ganz oder teilweise ausgespäht werden können. Für die Zulässigkeit eines solchen Eingriffs, wie er etwa im Wege der Online-Durchsuchung erfolgt, stellt das BVerfG hohe Hürden auf: Die heimliche Infiltration eines informationstechnischen Systems ist nur zulässig, wenn tatsächliche Anhaltspunkte für eine konkrete Gefahr im Hinblick auf ein überragend wichtiges Rechtsgut bestehen. Zu diesen Rechtsgütern zählt das BVerfG neben Leib und Leben auch solche Güter der Allgemeinheit, deren Bedrohung die Grundlagen oder den Bestand der Existenz des Staates berührt.

Anknüpfend an seine Rechtsprechung zum Schutz des Kernbereichs der privaten Lebensgestaltung vor staatlichen Überwachungsmaßnahmen[122] fordert das BVerfG auch für die Online-Durchsuchung, dass jede diesbezügliche gesetzliche Ermächtigungsgrundlage dem Schutz dieses Kernbereichs ausreichend Rechnung tragen muss.

Außerdem ist es zwingend erforderlich, derartige Maßnahmen unter den Vorbehalt richterlicher Anordnung zu stellen. Die Regelungen zur Online-Durchsuchung im nordrhein-westfälischen Verfassungsschutzgesetz genügten diesen strengen Anforderungen nicht und wurden daher vom BVerfG für nichtig erklärt.

Außerdem äußerte sich das BVerfG in der Entscheidung auch zu der Frage, inwieweit ein heimliches Aufklären des Internet zulässig ist. So kann eine Maßnahme, welche auf Daten aus der laufenden Telekommunikation im Rechnernetz zugreift, als Eingriff in den Schutzbereich des Art. 10 GG zu qualifizieren sein, wenn die staatliche Stelle nicht durch Kommunikationsbeteiligte zur Kenntnisnahme autorisiert ist. Ein Grundrechtseingriff liegt laut BVerfG jedoch dann nicht vor, wenn der Staat lediglich im Internet öffentlich zugängliche Kommunikationsinhalte wahrnimmt, etwa wenn die Behörde nicht zugangsgesicherte Webseiten oder Blogs einsieht.

Abgrenzung: verdeckter Ermittler / V-Mann

Der verdeckte Ermittler ist begrifflich vom V-Mann zu unterscheiden: 140
Der *verdeckte Ermittler* ist ein Polizeibeamter, der unter einer Legende (fiktive Identität) operiert.

Ein *V-Mann* ist hingegen eine Kontaktperson aus dem zu beobachtenden Personenkreis. Er stammt aus der „Szene“. Der V-Mann ist kein Amtsträger.[123]

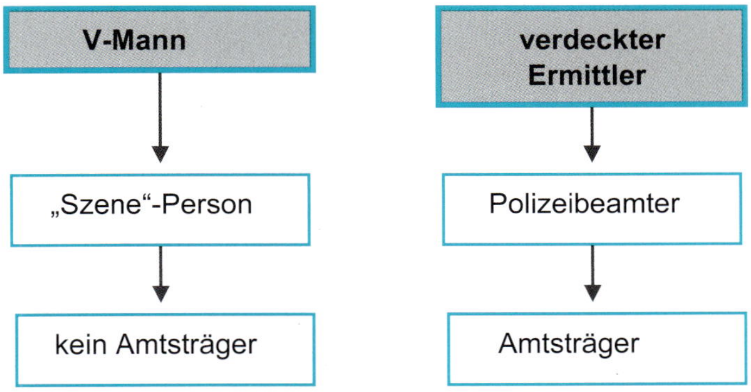

122 BVerfG, NJW 2004, 999; NJW 2005, 2603: **alle Entscheidungen** = **juris**byhemmer.

123 Eine Legaldefinition des verdeckten Ermittlers finden Sie in § 110a II StPO.

Einsatz technischer Mittel in Wohnungen

Die §§ 17, 18 PolG NRW gelten unter bestimmten Voraussetzungen auch für den Einsatz technischer Mittel in Wohnungen, vgl. §§ 17 II, 18 II PolG NRW. 141

Bsp.: *Nach entsprechender richterlicher Anordnung installiert die Polizei in der Wohnung des D eine Abhöreinrichtung, da aufgrund zahlreicher Informationen ein Kokaindeal über 5 kg seitens des D bevorsteht.*

PolG NRW gibt keine Befugnis für Eingriffe in Brief-, Post- und Fernmeldegeheimnis

Eingriffe in das Brief-, Post- und Fernmeldegeheimnis sind wegen der ausschließlichen Gesetzgebungskompetenz des Bundes in Art. 73 I Nr. 7 GG nur aufgrund bundesrechtlicher Vorschriften zulässig. Daher können Telefonüberwachung und Postbeschlagnahme nicht auf das PolG NRW gestützt werden. Es gelten insoweit die Regelungen der StPO.

Aufbau von „Legenden"

§ 20 II PolG NRW gibt der Polizei die erforderlichen Befugnisse, um eine Legende für den verdeckten Ermittler aufzubauen und aufrechtzuerhalten. 142

Bsp.: *Der verdeckte Ermittler erhält einen neuen Namen, eine neue Wohnung und eine fiktive Vergangenheit, indem zahlreiche Urkunden und Zeugnisse etc. auf diesen neuen Namen hergestellt werden. Hierdurch wird ihm ermöglicht, sich als Gärtner bei X anstellen zu lassen, von dem zahlreiche illegale Waffengeschäfte zu erwarten sind.*

Befugnisse nach PolG NRW und StPO

Die Regelung legt insbesondere in § 20 III S. 3 PolG NRW fest, dass sich für den verdeckten Ermittler die Befugnisse nach dem PolG NRW sowie der StPO richten. § 20 PolG NRW gilt nicht für den Einsatz von V-Männern. Die Befugnis zum Einsatz von V-Männern ergibt sich aus § 19 PolG NRW.

Ausschreibung zu polizeilicher Beobachtung

§ 21 PolG NRW gibt der Polizei eine Befugnis, personenbezogene Daten, insbesondere die Personalien einer Person sowie das amtliche Kennzeichen des von ihr benutzten Kfz zur polizeilichen Beobachtung auszuschreiben. 143

hemmer-Methode: Bei der Prüfung der Rechtmäßigkeit einer polizeilichen Datenerhebungsmaßnahme empfiehlt sich folgende Vorgehensweise:
1. **Welche der Befugnisnormen der §§ 9 ff. PolG NRW ist einschlägig?**
2. **Sind die Voraussetzungen der einschlägigen Befugnisnorm erfüllt?**
3. **Wurden darüber hinaus auch die allgemeinen Grundsätze der Datenerhebung gewahrt?**

(b) Datenverarbeitung, §§ 22 - 33 PolG NRW

Begriff

Der *Begriff der Datenverarbeitung* ergibt aus § 3 II DSG NRW. Danach versteht man unter der Verarbeitung von Daten das Speichern, Verändern, Übermitteln, Sperren und Löschen personenbezogener Daten. 144

Bsp.: *Im Bsp. Rn. 115 werden Störfallakten bei der Polizei angelegt, die Daten anschließend im PC gespeichert und später dem Landratsamt auf Diskette übermittelt.*

oberster Grundsatz

Der oberste Grundsatz der Datenverarbeitung, dass eine solche nur insoweit zulässig ist, als dies durch das PolG NRW oder andere Rechtsvorschriften zugelassen ist, ergibt sich ebenfalls aus § 1 V PolG NRW. Auf diese Weise wird wiederum dem Recht auf informationelle Selbstbestimmung aus Art. 2 I i.V.m. 1 I GG Rechnung getragen. 145

§§ 22, 23 PolG NRW normieren Grundsätze der Datenverarbeitung

Die § 22, 23 PolG NRW stellen weitere allgemeine Grundsätze der Datenverarbeitung auf. Sie regeln nur das „Wie“ der Datenverarbeitung und sind daher keine eigentlichen Befugnisnormen.

Gebot der Zweckbindung, Dauer

§ 23 I S. 1 PolG NRW enthält das Gebot der Zweckbindung. Danach darf die Datenverarbeitung grundsätzlich nur zu dem Zweck erfolgen, zu dem die Daten auch erhoben wurden. Die Regelung des § 22 S. 1 PolG NRW, nach der die Dauer der Speicherung auf das erforderliche Maß zu beschränken ist, stellt eine besondere Konkretisierung des Grundsatzes der Verhältnismäßigkeit aus § 2 PolG NRW dar.

> ***Bsp.:*** *Die Störfallakten und Störfalldateien dürfen nur zu dem Zweck angelegt und übermittelt werden, dass in Störfällen die richtigen Personen herangezogen werden können.*

Befugnisnorm: § 24 I PolG NRW

§ 24 I PolG NRW gibt der Polizei die Befugnis, personenbezogene Daten in Akten oder Dateien zu speichern, zu verändern und zu nutzen. Er regelt hierfür die entsprechenden Voraussetzungen. 146

allgemeine Regeln der Datenübermittlung

§ 26 PolG NRW stellt die allgemeinen Regelungen für die Datenübermittlung auf. Die Vorschrift fasst wesentliche allgemein geltende datenschutzrechtliche Grundsätze der Datenübermittlung zusammen und führt sie in das materielle Polizeirecht ein. Sie stellt folglich keine eigentliche Befugnisnorm dar. Der Begriff der Datenübermittlung ergibt sich aus § 3 II S. 2 Nr. 4 DSG NRW. 147

Datenübermittlung innerhalb des öffentlichen Bereiches

§ 28 PolG NRW betrifft die Befugnis zur Datenübermittlung seitens der Polizei innerhalb des öffentlichen Bereiches, also an andere Behörden oder sonstige öffentliche Stellen, z.B. an das Landratsamt. 148

Datenübermittlung an Stellen außerhalb des öffentlichen Bereiches

§ 29 PolG NRW normiert dagegen die Datenübermittlung von der Polizei an andere Stellen außerhalb des öffentlichen Bereiches, z.B. an private Sicherheitsdienste. 149

Beide Vorschriften haben also gemeinsam, dass die Polizei jeweils Absender der Daten ist.

Datenübermittlung an die Polizei

§ 30 PolG NRW gilt letztlich für die Datenübermittlung *an die Polizei* als deren Empfänger. 150

Datenabgleich

§ 25 PolG NRW gibt der Polizei eine Befugnis, personenbezogene Daten mit dem Inhalt polizeilicher Dateien abzugleichen. Insoweit gibt § 25 II PolG NRW der Polizei die Befugnis, den Betroffenen außer in den Fällen des § 9 I S. 2 PolG NRW für die Dauer des Datenabgleichs anzuhalten. 151

Rasterfahndung

§ 31 PolG NRW ist Befugnisnorm zur Durchführung einer Rasterfahndung. Verfahrensrechtliche Voraussetzung ist gem. § 31 IV PolG NRW eine richterliche Anordnung. Zuständig ist das Amtsgericht, in dessen Bezirk die Polizeibehörde ihren Sitz hat. 152

Unter Rasterfahndung versteht man die Anforderung der Übermittlung von Daten von *anderen Stellen* zum Zweck des Datenabgleichs. Die Rasterfahndung ist an strenge Voraussetzungen gebunden, vgl. § 31 I PolG NRW.[124] Problematisch bei der Überprüfung einer Rasterfahndung ist regelmäßig, dass diese mit einem Eingriff in das Recht der informationellen Selbstbestimmung verbunden ist. An die Rechtfertigung eines solchen Eingriffs sind dementsprechend hohe Anforderungen zu stellen.[125]

124 Gegen die Anordnung der Rasterfahndung ist nach § 30 IV PolG, §§ 20, 27 FGG Beschwerde möglich. Zum Rechtsschutz nach Abschluss der Maßnahme vgl. auch OLG Düsseldorf, NWVBl. 2002, 204 = **juris**byhemmer.

125 Hierzu NWVBl. 2002, 203 (204) = **juris**byhemmer; NVwZ 2002, 1528 (1538) = **juris**byhemmer; zu den Fahndungs- und Verfahrensvoraussetzungen Lisken, NVwZ 2002, 513.

Das BVerfG[126] sieht in neuerer Rechtsprechung eine präventive polizeiliche Rasterfahndung als mit Art. 2 I i.V.m. 1 I GG nur vereinbar an, wenn zumindest eine konkrete Gefahr für hochrangige Rechtsgüter wie den Bestand oder die Sicherheit des Bundes oder eines Landes oder für Leib, Leben oder Freiheit einer Person gegeben ist.

hemmer-Methode: Auch für die Datenverarbeitungsregelungen empfiehlt es sich, die oben bereits zur Datenerhebung aufgezeigte Prüfungsreihenfolge entsprechend heranzuziehen.

Vorratsdatenspeicherung

Einen grundlegenden verfassungsrechtlichen Rahmen für die Speicherung von Daten über Bürger hat das BVerfG definiert.

Eine sechsmonatige, vorsorglich anlasslose Speicherung von Telekommunikationsverkehrsdaten durch private Diensteanbieter, wie sie die Richtlinie 2006/24/EG des Europäischen Parlaments und des Rates vom 15.3.2006 (ABlEU Nr. L 105 vom 13.4.2006, S. 54; im Folgenden: Richtlinie 2006/24/EG) vorsieht, ist mit Art. 10 GG nicht schlechthin unvereinbar; auf einen etwaigen Vorrang dieser Richtlinie kommt es daher nicht an.

Beachten Sie hier die Verknüpfung zum Europarecht:

> ***EuGH[127]:*** *Im Nachgang zu seinem Digital-Rights-Urteil von 2014, mit dem der EuGH die Vorratsdatenspeicherungs-Richtlinie für ungültig erklärt hatte, hat der EuGH sich zu nationalen Vorratsdatenspeicherungsregelungen geäußert. Das Unionsrecht untersage eine allgemeine und unterschiedslose Vorratsdatenspeicherung von Verkehrs- und Standortdaten. Es stehe den Mitgliedstaaten aber frei, vorbeugend eine gezielte Vorratsspeicherung dieser Daten zum alleinigen Zweck der Bekämpfung schwerer Straftaten vorzusehen, sofern eine solche Speicherung hinsichtlich der Kategorien von zu speichernden Daten, der erfassten Kommunikationsmittel, der betroffenen Personen und der vorgesehenen Dauer der Speicherung auf das absolut Notwendige beschränkt ist. Der Zugang der nationalen Behörden zu den auf Vorrat gespeicherten Daten müsse zudem von Voraussetzungen abhängig gemacht werden, zu denen insbesondere eine vorherige Kontrolle durch eine unabhängige Stelle und die Vorratsdatenspeicherung der Daten im Gebiet der Union gehören. Der EuGH entschied im Einzelnen:*
>
> *Art. 15 Abs. 1 der Richtlinie 2002/58/EG des Europäischen Parlaments und des Rates vom 12. Juli 2002 über die Verarbeitung personenbezogener Daten und den Schutz der Privatsphäre in der elektronischen Kommunikation (Datenschutzrichtlinie für elektronische Kommunikation) in der durch die Richtlinie 2009/136/EG des Europäischen Parlaments und des Rates vom 25. November 2009 geänderten Fassung ist im Licht der Art. 7, 8 und 11 sowie des Art. 52 Abs. 1 der Charta der Grundrechte der Europäischen Union dahin auszulegen, dass er einer nationalen Regelung entgegensteht, die für Zwecke der Bekämpfung von Straftaten eine allgemeine und unterschiedslose Vorratsspeicherung sämtlicher Verkehrs- und Standortdaten aller Teilnehmer und registrierten Nutzer in Bezug auf alle elektronischen Kommunikationsmittel vorsieht.*
>
> *Art. 15 Abs. 1 der Richtlinie 2002/58 in der durch die Richtlinie 2009/136 geänderten Fassung ist im Licht der Art. 7, 8 und 11 sowie des Art. 52 Abs. 1 der Charta der Grundrechte dahin auszulegen, dass er einer nationalen Regelung entgegensteht, die den Schutz und die Sicherheit der Verkehrs- und Standortdaten, insbesondere den Zugang der zuständigen nationalen Behörden zu den auf Vorrat gespeicherten Daten zum Gegenstand hat, ohne im Rahmen der Bekämpfung von Straftaten diesen Zugang ausschließlich auf die Zwecke einer Bekämpfung schwerer Straftaten zu beschränken, ohne den Zugang einer vorherigen Kontrolle durch ein Gericht oder eine unabhängige Verwaltungsbehörde zu unterwerfen und ohne vorzusehen, dass die betreffenden Daten im Gebiet der Union auf Vorrat zu speichern sind.*

126 BVerfG, NJW 2006, 1939 = Life&Law 2006, 564 = **juris**byhemmer.

127 EuGH-Urteil, NJW 2017, 717 = EuZW 2017, 153.

Der Grundsatz der Verhältnismäßigkeit verlangt, dass die gesetzliche Ausgestaltung einer solchen Datenspeicherung dem besonderen Gewicht des mit der Speicherung verbundenen Grundrechtseingriffs angemessen Rechnung trägt. Erforderlich sind hinreichend anspruchsvolle und normenklare Regelungen hinsichtlich der Datensicherheit, der Datenverwendung, der Transparenz und des Rechtsschutzes.

Die Gewährleistung der Datensicherheit sowie die normenklare Begrenzung der Zwecke der möglichen Datenverwendung obliegen als untrennbare Bestandteile der Anordnung der Speicherungsverpflichtung dem Bundesgesetzgeber gem. Art. 73 I Nr. 7 GG. Demgegenüber richtet sich die Zuständigkeit für die Schaffung der Abrufregelungen selbst sowie für die Ausgestaltung der Transparenz- und Rechtsschutzbestimmungen nach den jeweiligen Sachkompetenzen.

Hinsichtlich der Datensicherheit bedarf es Regelungen, die einen besonders hohen Sicherheitsstandard normenklar und verbindlich vorgeben. Es ist jedenfalls dem Grunde nach gesetzlich sicherzustellen, dass sich dieser an dem Entwicklungsstand der Fachdiskussion orientiert, neue Erkenntnisse und Einsichten fortlaufend aufnimmt und nicht unter dem Vorbehalt einer freien Abwägung mit allgemeinen wirtschaftlichen Gesichtspunkten steht.

Der Abruf und die unmittelbare Nutzung der Daten sind nur verhältnismäßig, wenn sie überragend wichtigen Aufgaben des Rechtsgüterschutzes dienen. Im Bereich der Strafverfolgung setzt dies einen durch bestimmte Tatsachen begründeten Verdacht einer schweren Straftat voraus. Für die Gefahrenabwehr und die Erfüllung der Aufgaben der Nachrichtendienste dürfen sie nur bei Vorliegen tatsächlicher Anhaltspunkte für eine konkrete Gefahr für Leib, Leben oder Freiheit einer Person, für den Bestand oder die Sicherheit des Bundes oder eines Landes oder für eine gemeine Gefahr zugelassen werden.

Eine nur mittelbare Nutzung der Daten zur Erteilung von Auskünften durch die Telekommunikationsdiensteanbieter über die Inhaber von Internetprotokolladressen ist auch unabhängig von begrenzenden Straftaten- oder Rechtsgüterkatalogen für die Strafverfolgung, Gefahrenabwehr und die Wahrnehmung nachrichtendienstlicher Aufgaben zulässig. Für die Verfolgung von Ordnungswidrigkeiten können solche Auskünfte nur in gesetzlich ausdrücklich benannten Fällen von besonderem Gewicht erlaubt werden.

Der Erste Senat des BVerfG hat am 02. März 2010 entschieden, dass die konkreten Regelungen des TKG und der StPO zur Vorratsdatenspeicherung nicht mit Art. 10 I GG vereinbar sind.

Eine sechsmonatige anlasslose Speicherung von Daten für die qualifizierte Verwendung im Rahmen der Strafverfolgung, Gefahrenabwehr und der Aufgaben der Nachrichtendienste ist zwar nicht von vornherein mit dem GG unvereinbar. Die konkrete gesetzliche Ausgestaltung muss jedoch der Schwere des Eingriffs in Art. 10 I GG Rechnung tragen. Voraussetzung dafür sind hinreichend anspruchsvolle und normenklare Regelungen hinsichtlich der Datensicherheit, der Datenverwendung, der Transparenz und des Rechtsschutzes.

Diese Anforderungen werden von den jetzigen Vorschriften nicht erfüllt. Die §§ 113a, 113b TKG und 100g StPO genügen nicht dem Verhältnismäßigkeitsgrundsatz. Sie gewährleisten nicht die erforderliche Datensicherheit, da sie den jeweiligen Telekommunikationsdienstleistern keine verbindlichen und durchsetzbaren Sicherheitsstandards auferlegen. Außerdem fehlt eine hinreichende Begrenzung der Verwendungszwecke der Daten. Ein Datenabruf und die unmittelbare Datennutzung sind im Rahmen der Strafverfolgung nur bei einem auf konkreten Tatsachen beruhenden Verdacht einer schwerwiegenden Straftat zulässig; im Rahmen der Gefahrenabwehr nur bei dem Verdacht einer konkreten Gefahr für Leib, Leben, Freiheit einer Person oder bei einer Gefahr für den Bestand oder die Sicherheit des Bundes oder eines Landes oder zur Abwehr einer gemeinen Gefahr.

Weiterhin genügen die Vorschriften nicht den Transparenz- und Rechtsschutzanforderungen. Die für den Bürger nicht spürbare Speicherung und Verwendung seiner Daten kann eine Atmosphäre diffuser Bedrohlichkeit schaffen. Dieser muss der Gesetzgeber durch wirksame Transparenzregeln entgegenwirken. Eine heimliche Verwendung von Daten kann zwar grundsätzlich erforderlich und auch zulässig sein, aber muss unter richterlicher Kontrolle stehen und dem Betroffenen nachträglich mitgeteilt werden. Eine Übermittlung und Nutzung der Daten ist grundsätzlich unter Richtervorbehalt zu stellen. Außerdem müssen Rechtsverletzungen wirksam sanktioniert werden können.

(2) 2. Gruppe: Platzverweis und Aufenthaltsverbot, § 34 PolG NRW, und die Wohnungsverweisung, § 34a PolG NRW

(a) Begriff

nur vorübergehende Platzverweisungen

§ 34 PolG NRW enthält eine Spezialregelung über den Platzverweis und das Aufenthaltsverbot. Hierbei ist zu beachten, dass § 34 I PolG NRW nur für *kurzfristige* (höchstens einzelne Tage) und vergleichsweise räumlich begrenzte (ein Straßenzug oder ein Gebäude) Verweisungen gilt, während das Aufenthaltsverbot des § 34 II PolG NRW grundsätzlich längerfristig (bis drei Monate) und großräumig (ganze Stadtteile bzw. ganze Städte) ist.[128] 153

Der Platzverweis des § 34 I PolG NRW und das Aufenthaltsverbot des § 34 II PolG NRW sind also strikt voneinander zu trennen.

(b) Regelungsinhalt des § 34 I PolG NRW

verlangt konkrete Gefahr

§ 34 I PolG NRW bezeichnet sowohl die Voraussetzungen als auch die Mittel einer Platzverweisung. 154

§ 34 S. 1 PolG NRW verlangt das Vorliegen einer konkreten Gefahr (vgl. Rn. 199 zum Begriff der konkreten Gefahr).

hemmer-Methode: Beachten Sie insbesondere die Konkurrenz von § 34 PolG NRW zu anderen Vorschriften, v.a. denen des VersammlG. Die Platzverweisung und die Aufforderung, sich nach einer aufgelösten Versammlung zu entfernen (§§ 13 II, 18 I VersammlG), sind verschiedene Maßnahmen.

128 Gusy, NWVBl. 2004, 1 (5).

Sonderregelung bzgl. Feuerwehreinsätzen etc.

Darüber hinaus enthält die Bestimmung des § 34 S. 2 PolG NRW eine Sonderregelung bzgl. des Einsatzes der Feuerwehr oder von Hilfs- oder Rettungsdiensten. Diese Vorschrift erscheint letztlich überflüssig, da die dort geregelten Fälle auch von den Voraussetzungen des Satzes 1 erfasst sind.

(c) Regelungsinhalt des § 34 II PolG NRW

Für die Verfügung eines Aufenthaltsverbotes müssen tatsächliche Anhaltspunkte für das Bevorstehen einer Straftat vorliegen, sowie ein örtlicher Bezug zu der Tat. Zu beachten ist, dass aufgrund der Längerfristigkeit dieser Maßnahme regelmäßig die Ordnungsbehörden sachlich zuständig sein werden, da in den seltensten Fällen die Eilfallkompetenz der Polizei aus § 1 I S. 3 PolG NRW gegeben sein wird.[129]

Bedenken betreffend die Verfassungsmäßigkeit der Regelung bestehen angesichts des Art. 73 I Nr. 3 GG, wonach der Bund die ausschließliche Gesetzgebungskompetenz betreffend die Freizügigkeit besitzt.

hemmer-Methode: Selbst wenn man dieser Argumentation nicht folgt, ist nach h.M. im Kriminalvorbehalt des Art. 11 II GG („um strafbaren Handlungen vorzubeugen") eine ausreichende Ermächtigung zugunsten der Landesgesetzgeber zu sehen.[130] Nach der Systematik des Grundgesetzes ist Gefahrenabwehr primär Aufgabe der Länder.

(d) Die Wohnungsverweisung, § 34a PolG NRW

Eine spezielle Form des Platzverweises stellt die Wohnungsverweisung nach § 34a PolG NRW dar. Sie gibt eine Möglichkeit, auf Gewalt in Beziehungen (häusliche Gewalt) spezifisch reagieren zu können.[131]

Nach dieser Regelung kann eine Person, von der eine Gefahr für Leib, Leben oder Freiheit einer anderen Person ausgeht, aus einer (ggf. seiner eigenen) Wohnung, in der (auch) die gefährdete Person wohnt verwiesen und die Rückkehr in diese verboten werden. § 34a PolG NRW ermöglicht eine vorübergehende Gefahrenabwehr im Falle häuslicher Gewalt, bis der in diesem Fall mögliche zivilgerichtliche Rechtsschutz erreicht worden ist. Im Normalfall enden Maßnahmen dieser Art nach 10 Tagen, soweit nicht im Einzelfall anderes angeordnet wurde. Die Anwendung der Maßnahme ist unabhängig von dem evtl. entgegenstehenden Willen des Gewaltopfers.[132]

Häusliche Gewalt wird angenommen, wenn es in einer häuslichen Gemeinschaft ehelicher oder nichtehelicher bzw. sonstiger Art (z.B. Mutter/Kind) zur Gewaltanwendung kommt.[133]

Die Verfassungsmäßigkeit dieser Norm wird nicht bestritten.[134] Auch das BVerfG hat in einem Eilverfahren keine verfassungsrechtlichen Bedenken geäußert.[135]

---

129 Cremer, NVwZ 2001, 1219f

130 VGH Mannheim, NJW 2005, 88 = **juris**byhemmer; Cremer, NVwZ 2001, 1218 (1223); Lang, NWVBl. 2005, 154 (157).

131 Fallbesprechungen zu dieser Thematik finden Sie bei Lang, NWVBl. 2005, 154 und Traulsen, JuS 2004, 414.

132 Möller/Wilhelm, Rn. 359.

133 Wolffgang/Hendricks/Merz, Rn 153.

134 OVG NW, NWVBl. 2002, 437 = **juris**byhemmer; VG Gelsenkirchen, NWVBl. 2002, 361 = **juris**byhemmer; Ruder, VBlBW. 2002, 11.

135 BVerfG, NJW 2002, 2225 f = **juris**byhemmer.

Die Regelung greift zwar in die Grundrechte aus Art. 11 GG und Art. 13 GG des Störers ein, doch ist dieser Eingriff gerechtfertigt, um den Opfern häuslicher Gewalt einen Schutz vor Gewalttätigkeiten zu bieten. Gleiches gilt für das Grundrecht aus Art. 6 I GG, ein Eingriff wird hier durch kollidierende Grundrechte des Opfers gerechtfertigt.

hemmer-Methode: Beachten Sie auch den systematischen Zusammenhang des § 34 mit § 35 PolG NRW: Nach § 35 I Nr. 3, Nr. 4 PolG NRW kann die Polizei eine Person in Gewahrsam nehmen, wenn dies unerlässlich ist, um eine Platzverweisung nach §§ 34, 34a PolG NRW durchzusetzen.

(3) 3. Gruppe: Gewahrsam, §§ 35 - 38 PolG NRW

(a) Begriff

präventive Ingewahrsamnahme

§ 35 PolG NRW regelt die *präventive* Ingewahrsamnahme.[136] Die Befugnisnorm korrespondiert mit der für die *repressive* Strafverfolgung geltenden Festnahmemöglichkeit nach § 127 StPO. Beide Vorschriften sind daher voneinander abzugrenzen. 155

„EXKURS FÜR FORTGESCHRITTENE“:

Es besteht allerdings die Möglichkeit des Übergangs von der Ingewahrsamnahme nach § 35 PolG NRW zur Festnahme nach § 127 StPO. 156

Beispielsfall

> **Bsp.:** *Polizist A sieht, wie ein aggressiver Mann in einer Menschenmenge auf einem Volksfest wahllos um sich schlägt und vorübergehende Personen mit einem Messer verletzt. Um Verletzungen weiterer Passanten zu vermeiden, nimmt er den sichtlich angetrunkenen Mann in den Schwitzkasten und befördert den Unbezähmbaren auf die Polizeidienststelle.*
>
> *Dort schläft dieser erst einmal drei Stunden lang seinen Rausch aus. Da der Mann keine Papiere mit sich führt und auch keine Angaben zu seiner Person machen will, hält ihn die Polizei, nachdem er bereits ausgenüchtert ist, noch eine weitere Stunde fest, bis die Personalien durch Recherchen ermittelt werden können.*
>
> *Der Unbekannte wurde zunächst nach § 35 I Nr. 2 PolG NRW in Gewahrsam genommen, um die Fortsetzung von Straftaten nach § 224 StGB, ggf. § 323a StGB zu verhindern (Schwerpunkt Präventivhandeln). Nach § 38 I Nr.1 PolG NRW war der Festgehaltene, nachdem er ausgenüchtert war, grundsätzlich zu entlassen. Da er jedoch auf frischer Tat betroffen wurde und seine Identität bisher nicht festgestellt werden konnte (nun Übergang zur Strafverfolgung), durfte er nach § 127 I StPO i.V.m. § 163b I StPO bis zur Ermittlung seiner Personalien weiter festgehalten werden.*

EXKURS ENDE

(b) Regelungsinhalt

Schutzgewahrsam

§ 35 I Nr. 1 PolG NRW regelt den *Schutzgewahrsam*. Die Ingewahrsamnahme dient dem Schutz der in Gewahrsam genommenen Person gegen eine Gefahr für deren Leib oder Leben. 157

136 Vgl. dazu Guckelberger, Der präventivpolizeiliche Gewahrsam, JA 2015, 926; Götz/Geis, Allg. Polizei- und Ordnungsrecht, § 8, Rn. 36; vgl. zu verfassungsrechtlichen Problemen in diesem Bereich BVerfG, NVwZ 2011, 743 – Zur mehrstündigen Unterbringung in einem Haftraum zum Zweck der Identitätsfeststellung; dazu auch Wagner, Die Metamophose präventiver Freiheitseingriffe, DP (= Die Polizei) 2014, 93.

Bsp.: Ingewahrsamnahme eines betrunkenen Landstreichers, der im Winter bei -15°C auf einer Parkbank liegt.

Unterbindungsgewahrsam

§ 35 I Nr. 2 PolG NRW normiert den sog. *Unterbindungs-* bzw. *Sicherungsgewahrsam.* Hierdurch soll die Begehung oder Fortsetzung einer Straftat oder einer Ordnungswidrigkeit von erheblicher Bedeutung für die Allgemeinheit verhindert werden.[137] 158

Bsp.: Ingewahrsamnahme eines unter Drogeneinfluss stehenden Mannes, der Passanten in der Fußgängerzone mit dem Messer bedroht.

Durchsetzungsgewahrsam

In § 35 I Nr. 3 PolG NRW ist der *Durchsetzungsgewahrsam* normiert. Er dient der Durchsetzung einer rechtmäßigen Platzverweisung nach § 34 PolG NRW. Diese Norm erfasst das Verbringen einer Person von dem Ort, dessen er verwiesen ist, an einen anderen Ort (Gewahrsamsort). 159

Bsp.: Ingewahrsamnahme einer Frau, die einer Platzverweisung, welche der Ermöglichung eines mehrstündigen Staatsempfangs dient, vehement nicht Folge leisten will.

Nicht in § 35 PolG NRW geregelt ist der sog. *Verbringungsgewahrsam,* dessen Rechtmäßigkeit abzulehnen ist. Hier werden bestimmte Personen an einen weit entfernten (eventuell sogar entlegenen Ort) verbracht und ausgesetzt. Die Rückkehr zum Ort, von dem verwiesen wird, wird in diesen Fällen nicht durch ein Festhalten am Gewahrsamsort, sondern durch die Entfernung zu diesem Ort verhindert.

Bsp.: Die Polizei fährt die den Staatsempfang störende, ärmlich aussehende Frau (siehe obiges Beispiel) in einen entlegenen Wald, der 10 km vom Veranstaltungsort entfernt ist.

Nach h.M. ist der Verbringungsgewahrsam rechtswidrig.[138] Es fehlt eine Ermächtigungsgrundlage für den Abtransport über den Gewahrsamsort hinaus sowie für ein Aussetzen des Betroffenen. Die fehlende Erwähnung des Verbringungsgewahrsams in § 35 PolG NRW kann insoweit nicht durch die Generalklausel ersetzt werden.

Ingewahrsamnahme Minderjähriger bzw. Entwichener

Daneben enthält die Vorschrift in Abs. 2 noch als besondere Gewahrsamsformen die Ingewahrsamnahme Minderjähriger, die sich der Obhut der Sorgeberechtigten entzogen haben, sowie in Abs. 3 die Ingewahrsamnahme der aus amtlichem Gewahrsam Entwichenen. Diese Regelungen gehen als *leges speciales* der allgemeinen Normierung von Schutz- und Sicherungsgewahrsam vor. 160

§ 35 PolG NRW regelt Voraussetzungen und Mittel

Die Voraussetzungen und Mittel der Ingewahrsamnahme sind allein in der Norm des § 35 PolG NRW zusammengefasst. Dabei ist das Mittel als solches - die Art der Ingewahrsamnahme - nicht näher beschrieben, ebenso wie dies bei der vorläufigen Festnahme nach § 127 StPO der Fall ist. Die Voraussetzungen sind dagegen ausführlich geregelt. 161

(c) Besondere Verfahrensvoraussetzungen

Verfahrensvoraussetzungen in §§ 36 – 38 PolG NRW

Neben den materiellen Voraussetzungen des § 35 PolG NRW sind zusätzlich auch gesondert geregelte *Verfahrensvoraussetzungen* einzuhalten. 162

---

137 Vgl. zur Ingewahrsamnahme bei diffusen Gemengelagen (Chaostage) OVG Bremen, NVwZ 2001, 121.

138 BVerwG, NVwZ 1988, 250 = **juris**byhemmer; Gusy, NWVBl. 2004, 1, 8; für die Zulässigkeit des Verbringungsgewahrsams auf Grund der polizeilichen Generalklausel hingegen BayObLG, NVwZ 1990, 194 (196) = **juris**byhemmer; Franz/Günther, NWVBl. 2006, 201 (209).

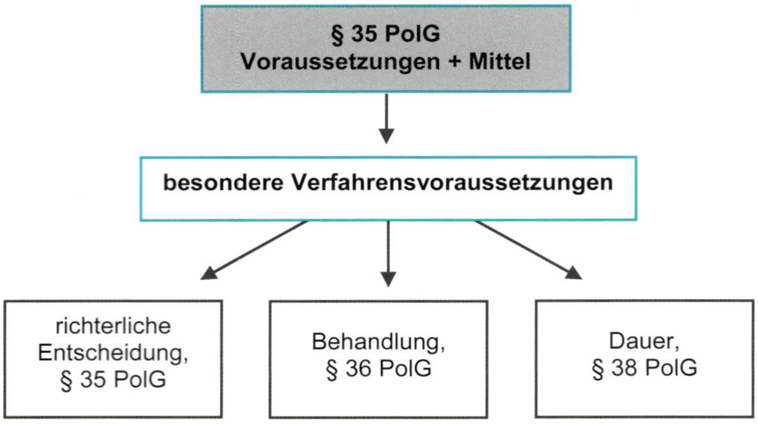

richterliche Entscheidung

§ 36 PolG NRW regelt das Erfordernis einer richterlichen Entscheidung über die Zulässigkeit und die Fortdauer einer *Freiheitsentziehung* nach § 35 PolG NRW. Eine solche richterliche Entscheidung muss dem Grunde nach vor der Begründung des Gewahrsams herbeigeführt werden. Nach § 36 II S. 1 PolG NRW ist für die richterliche Entscheidung über die Fortdauer der Freiheitsentziehung gem. § 36 I PolG NRW dasjenige AG örtlich zuständig, in dessen Bezirk der Betroffene festgehalten wird.[139] 163

Da die Polizei jedoch grundsätzlich nur in Eilfällen handeln darf und eine vorherige Einholung der richterlichen Entscheidung praktisch ausscheidet, ist sie *unverzüglich* nachträglich einzuholen.

hemmer-Methode: Beachten Sie (wie bereits unter Rn. 51 erwähnt), dass dies nur für Freiheits*entziehungen*, nicht bloße *-beschränkungen* gilt.
Vergessen Sie nicht, dass eine Klage auf Feststellung der Rechtswidrigkeit einer Freiheitsentziehungsmaßnahme nach §§ 35 ff. PolG NRW wegen der abdrängenden Sonderzuweisung des § 36 II S. 1 PolG NRW nicht von den Verwaltungsgerichten, sondern von den ordentlichen Gerichten zu entscheiden ist (vgl. Rn. 51).
§ 36 PolG NRW gilt auch für Freiheitsentziehungen auf Grundlage der §§ 10 III und 12 II S. 3 PolG NRW.

Behandlung festgehaltener Personen

§ 37 PolG NRW enthält detaillierte Voraussetzungen für die Behandlung festgehaltener Personen. Der Grund dieser Regelung ergibt sich daraus, dass es sich bei der Ingewahrsamnahme um eine *Dauermaßnahme* handelt. Folglich muss das Polizeirecht auch das Verhalten der Polizei während der Ingewahrsamnahme regeln. 164

§ 37 PolG NRW begründet Amtspflichten der Polizei. Ihre Verletzung macht die Ingewahrsamnahme nicht unrechtmäßig, weil sie nur formelle Begleitvorschriften betrifft, den Rechtsgrund der Ingewahrsamnahme aber nicht berührt. Eine Nichtbeachtung des § 37 PolG NRW kann aber eine Amtspflichtverletzung nach § 839 BGB sein.

kein Handeln auf Zwangsebene

Dieses Verfahren bei der Ingewahrsamnahme hat nichts mit dem Handeln der Polizei auf der zweiten polizeilichen Handlungsebene, der Zwangsebene, zu tun. 165

Die Vorschriften der §§ 35 ff. PolG NRW geben der Polizei noch keine Befugnis zur Zwangsanwendung, obwohl dies vom Wortlaut her, etwa des § 35 PolG NRW, den Anschein haben mag.

139 OLG Hamm, NJW 2006, 2707 (2708) = jurisbyhemmer.

Muss die Polizei die Ingewahrsamnahme zwangsweise durchsetzen, so sind die Voraussetzungen der §§ 50 ff. PolG NRW, insbesondere die des unmittelbaren Zwangs, heranzuziehen.

> **Bsp.:** *X leistet der Anordnung, auf die Polizeidienststelle mitzukommen, nicht Folge. Nach entsprechender Androhung wird er im Polizeigriff in den Dienstwagen und damit zur Wache gebracht.*

Dauer der Freiheitsentziehung

§ 38 PolG NRW regelt als besondere Konkretisierung des § 2 PolG NRW das zeitliche Übermaßverbot für den Bereich der Ingewahrsamnahme. Da die Ingewahrsamnahme einen *besonders schweren Eingriff* in die Rechte des Betroffenen darstellt, kommt der Einhaltung des Grundsatzes der Verhältnismäßigkeit eine besondere Bedeutung zu. 166

Konkretisierung des § 2 PolG NRW

§ 38 PolG NRW bestimmt zur Dauer der Freiheitsentziehung, dass eine festgehaltene Person zu entlassen ist, gem.

- ⇨ **Nr. 1**, sobald der Grund für die Maßnahme der Polizei weggefallen ist,
- ⇨ **Nr. 2**, wenn die Fortdauer der Freiheitsentziehung durch richterliche Entscheidung für unzulässig erklärt wird,
- ⇨ **Nr. 3**, in jedem Falle spätestens bis zum Ende des Tages nach dem Ergreifen,[140] wenn nicht vorher die Fortdauer der Freiheitsentziehung durch richterliche Entscheidung angeordnet ist.

(4) 4. Gruppe: Durchsuchung, Sicherstellung, Verwertung, Herausgabe, §§ 39 - 46 PolG NRW

zusammenhängender Normkomplex

Diese Gruppe stellt einen in sich zusammenhängenden Komplex von Normen dar. Die Regelungen der §§ 39 ff. PolG NRW beinhalten aufeinander aufbauende Befugnisnormen der Polizei auf der ersten polizeilichen Handlungsebene. 167

> **Bsp.:** *Polizist A betritt die Wohnung des B, sucht einen bestimmten Gegenstand, findet ihn und stellt ihn sicher. Nach zwei Wochen wird der Gegenstand an B zurückgegeben.*

3 Durchsuchungsbereiche

Im Rahmen der Durchsuchung, §§ 39 - 42 PolG NRW, sind drei Durchsuchungsbereiche zu unterscheiden: 168

a) die Durchsuchung von Personen, § 39 PolG NRW

b) die Durchsuchung von Sachen, § 40 PolG NRW

c) die Durchsuchung von Wohnungen, §§ 41, 42 PolG NRW.

Betretungsbefugnis

Bei der Durchsuchung von Wohnungen ist auch die Befugnis zum Betreten als Voraussetzung für die Durchsuchung mitgeregelt. 169

Sicherstellung

Da die Durchsuchung gerade den Zweck hat, etwas zu finden, gehört zu dieser Gruppe auch die Sicherstellung des Gefundenen, § 43 PolG NRW. Daran knüpft zwangsnotwendig auch die Verwahrung der sichergestellten Sachen an, § 44 PolG NRW.

Verwertung/Vernichtung

In den §§ 45 und 46 PolG NRW ist schließlich auch die Verwertung oder Vernichtung von sichergestellten Sachen bzw. die Herausgabe der sichergestellten Sachen oder des Erlöses normiert. In § 46 III PolG NRW ist zudem die Kostenfrage geregelt.

140 24.00 Uhr des auf die Festnahme folgenden Tages.

mehrgliedriges Verfahren

Das Handeln der Polizei aufgrund der Befugnisse der 4. Gruppe führt daher regelmäßig zu einem mehrgliedrigen Verfahren.

Zum zweiten Schritt der Sicherstellung kommt es z.B. dann nicht, wenn die Durchsuchung erfolglos bleibt. Ist sie aber erfolgreich, und wird eine Sache sichergestellt, so ist diese in Verwahrung zu nehmen, § 44 I S. 1 PolG NRW.

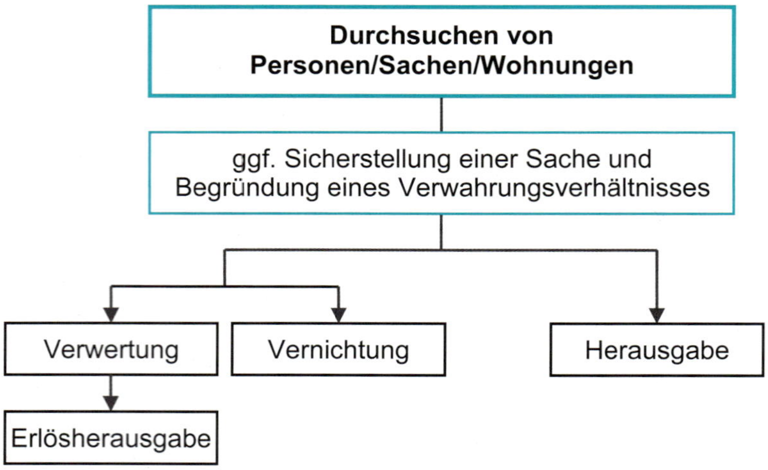

hemmer-Methode: Das öffentlich-rechtliche Verwahrungsverhältnis beginnt daher bereits mit der Sicherstellung. Sicherstellung und Verwahrung stellen einen Akt dar.
Die Verwahrung wurde, obwohl der Gesetzgeber sie in einer eigenen Norm geregelt hat, nicht als eigener Verfahrensteil bezeichnet.

besondere Verfahrensvorschrift für das Betreten und Durchsuchen von Wohnungen

Die Durchsuchung von Personen und die Durchsuchung von Sachen sind jeweils in einer Vorschrift abschließend geregelt. Hingegen kommt zur Befugnisnorm für die Durchsuchung und das Betreten von Wohnungen, § 41 PolG NRW, eine eigene Verfahrensvorschrift, § 42 PolG NRW, hinzu. Diese Verfahrensvorschrift ist Ausfluss der in Art. 13 GG geschützten Unverletzlichkeit der Wohnung. 170

hemmer-Methode: Im Rahmen der 4. Gruppe ist zu beachten, dass hier zumeist mehrere Normen nacheinander, aber auch ineinander geschachtelt zu prüfen sind.
Sehr häufig werden auch hier wieder Voraussetzungen aus anderen Befugnisnormen in die zu prüfende Befugnisnorm inkorporiert (vgl. z.B. § 39 I Nr. 4 und 5 i.V.m. § 12 I Nr. 2 und 3 PolG NRW oder § 40 I Nr. 4 und 5 i.V.m. § 12 I Nr. 2 und 3 PolG NRW).
Durchsuchungsregelungen in anderen Normen, z.B. § 12 II S. 4 PolG NRW gehen grundsätzlich als *leges speciales* vor.

(a) Durchsuchung von Personen, § 39 PolG NRW

(aa) Begriff

Durchsuchung von Personen

Durchsuchung von Personen ist die ziel- und zweckgerichtete Suche nach Sachen in den am Körper befindlichen Kleidungsstücken oder am Körper selbst. Die Durchsuchung erfolgt z.B. durch Abtasten des bekleideten Körpers. 171

Abgrenzung zur Untersuchung

Von der Durchsuchung von Personen, die auch bei der Strafverfolgung nach der StPO eine große Rolle spielt, ist die *Untersuchung* zu unterscheiden (vgl. auch §§ 81a, 81c StPO). § 39 PolG NRW erfasst nur Durchsuchungen, nicht aber Untersuchungen. Die Differenzierung richtet sich danach, wo nach Gegenständen gesucht wird. Bei einem „Suchen" im Körperinneren liegt eine Untersuchung vor.

(bb) Regelungsinhalt

Spezialtatbestände

Die Standardbefugnisnorm des § 39 PolG NRW zur Personendurchsuchung ist so aufgebaut, dass sie die Durchsuchung aufgrund einer Reihe von Spezialtatbeständen, §§ 39 I Nr.1 - 5 und 39 II PolG NRW normiert, die ihrerseits auf die Voraussetzungen anderer Befugnisnormen zurückgreifen. 172

Abs.3 enthält besondere Verfahrensvorschrift

§ 39 III PolG NRW beinhaltet eine besondere Verfahrensvorschrift. Danach ist die Durchsuchung von Personen grundsätzlich durch Personen gleichen Geschlechts oder durch Ärzte vorzunehmen. Diese Norm gilt als Ausfluss des Grundrechts der Menschenwürde. Ein Verstoß gegen diese Verfahrensvorschrift führt zur Rechtswidrigkeit der Maßnahme.

(b) Durchsuchung von Sachen, § 40 PolG NRW

(aa) Begriff

Abgrenzung zum Betreten von Wohnungen

Hier kann im Einzelfall die Abgrenzung gegenüber der Vorschrift über das Betreten von Wohnungen schwierig werden. 173

und zur Durchsuchung von Personen

Der Sachbegriff des § 40 PolG NRW ist weit zu fassen. Sachen i.S.d. § 40 PolG NRW sind zunächst *alle körperlichen Gegenstände.* Am Körper befindliche Kleidungsstücke und deren Inhalt unterfallen jedoch der Durchsuchung von Personen nach § 39 PolG NRW.

Befriedetes Besitztum ist vom Wohnungsbegriff des § 41 I S. 2 PolG NRW umfasst. Jedes tatsächlich bewohnte befriedete Besitztum, so auch zu diesem Zweck genutzte Wohnwagen, Zelte etc. sind Wohnungen i.S.d. § 41 PolG NRW.

hemmer-Methode: Auch der Wohnungsbegriff des § 41 PolG NRW ist im Hinblick auf Art. 13 GG weit zu fassen.

(bb) Regelungsinhalt

§ 40 PolG NRW

§ 40 PolG NRW enthält wie § 39 PolG NRW Voraussetzungen und Rechtsfolgen in einer Bestimmung. Die verschiedenen Voraussetzungen beziehen ebenfalls wieder andere Vorschriften mit ein. 174

§ 12 II S. 4 PolG NRW lex specialis

Auch im Rahmen des § 40 PolG NRW geht bei einer Durchsuchung zum Zwecke der Identitätsfeststellung die Regelung des § 12 II S. 4 PolG NRW als *lex specialis* vor.

zusätzliche Verfahrens- und Teilnahmerechte

In § 40 II PolG NRW werden neben den Voraussetzungen und Folgen zusätzliche Verfahrens- und Teilnahmerechte geregelt. Dieser Regelung liegt der Gedanke zugrunde, dass nur das absolut Zweckerforderliche verlangt werden darf und darüber hinausgehende Eingriffsmaßnahmen auch bzgl. der Art der Durchführung für denjenigen überprüfbar sein müssen, in dessen Rechte eingegriffen wird.

Zweck: Nachprüfbarkeit für Betroffenen

Die Regelung, dass der Inhaber der tatsächlichen Gewalt das Recht hat, bei einer Durchsuchung anwesend zu sein, ist zum einen ein *Ausfluss des Übermaßverbots*. Darüber hinaus steht dahinter der allgemeine Gedanke, dass behördliches Verhalten für denjenigen, in dessen Rechte eingegriffen wird, *überprüfbar* sein muss.

(c) Betreten und Durchsuchen von Wohnungen, §§ 41, 42 PolG NRW

(aa) Begriff

Wohnung: Legaldefinition in § 41 I S. 2 PolG NRW

Unter dem Gesichtspunkt der Rechtssicherheit und -klarheit hat das PolG NRW in die Befugnisnorm zum Betreten und Durchsuchen von Wohnungen auch eine Legaldefinition zum Begriff der Wohnung aufgenommen. 175

Nach § 41 I S. 2 PolG NRW umfasst die *Wohnung* die Wohn- und Nebenräume, Arbeits-, Betriebs- und Geschäftsräume sowie anderes befriedetes Besitztum. Dieser Wohnungsbegriff ist zudem im Hinblick auf seine verfassungsrechtliche Bedeutung, vgl. Art. 13 GG, weit auszulegen (vgl. Rn. 173).

(bb) Regelungsinhalt

getrennte Regelung von Voraussetzungen und Verfahren

Die Vorschriften über die Durchsuchung von Personen und Sachen regeln Voraussetzungen, Folgen und Verfahren jeweils in einer Bestimmung. 176

Für das Betreten und die Durchsuchung von Wohnungen ist allein den Voraussetzungen und den Folgen mit § 41 PolG NRW ein eigener Paragraph gewidmet. Das Verfahren ist separat in § 42 PolG NRW normiert. Der Grund hierfür sind die besonders einschneidenden Maßnahmen, die mit der Durchsuchung von Wohnungen verbunden sind. Die Trennung führt außerdem zu einer besseren Überschaubarkeit der Vorschriften.

Voraussetzungen

§ 41 PolG NRW regelt die Voraussetzungen, unter denen die Polizei eine Wohnung ohne Einwilligung des Inhabers betreten und durchsuchen darf. Auch hier sind die Tatbestandsmerkmale anderer Befugnisnormen in die Voraussetzungen mit einbezogen. Allein die Voraussetzungen des § 41 I S. 1 Nr. 3 und 4 PolG NRW stellen eine in sich geschlossene Regelung dar. 177

Verdachtsmomente vor der Durchsuchung

Das BVerfG hat in einer Leitentscheidung Folgendes festgestellt[141]: Prüfungsmaßstab bei der Kontrolle eines Durchsuchungsbeschlusses durch das Beschwerdegericht bleibt die Sach- und Rechtslage zur Zeit des Erlasses des Durchsuchungsbeschlusses. Das Beschwerdegericht darf zur Begründung seiner Entscheidung daher keine Erkenntnisse heranziehen, die dem Ermittlungsrichter nicht bekannt waren, etwa weil sie erst durch die Durchsuchung gewonnen wurden.

Allein daraus, dass eine Privatperson innerhalb von sechs Wochen über die Internetplattform eBay eine große Anzahl von Mobiltelefonen (hier: 182 Stück, davon 46 Neuware) verkauft hat, kann nicht ohne weitere Anhaltspunkte ein hinreichender Tatverdacht der Hehlerei für eine Wohnungsdurchsuchung hergeleitet werden.

141 BVerfG, NJW 2011, 291 = jurisbyhemmer.

zeitliche Begrenzungen

Die auf die Voraussetzungen folgenden Absätze begrenzen die Befugnis in zeitlicher Hinsicht. Abs. 2 enthält eine Einschränkung für die *Nachtzeit* (§ 104 III StPO). Abs. 3 erweitert jedoch bei Vorliegen besonderer Voraussetzungen wiederum die durch Abs. 2 vorgegebene zeitliche Begrenzung.

Abs. 4 stellt gegenüber den Abs. 2 und 3 eine zeitliche Sonderbestimmung für bestimmte Arten und/oder Teile von „Wohnungen" dar. Er geht den Abs. 2 und 3 vor.

richterliche Anordnung

Besonderes Gewicht ist darüber hinaus nach § 42 PolG NRW auf die Einhaltung des richtigen Verfahrens zu legen. Dabei kommt der richterlichen Anordnung nach § 42 PolG NRW besondere Bedeutung für die Rechtmäßigkeit der Maßnahme zu. 178

Eine Ausnahme vom Erfordernis einer richterlichen Anordnung gibt es nur bei *Gefahr im Verzug*.[142] Ein Verstoß gegen die Verfahrensvorschrift der richterlichen Anordnung macht die Durchsuchung (!), nicht aber das Betreten, rechtswidrig.

Rechtmäßigkeit einer Wohnungsdurchsuchung

hemmer-Methode: Für die Überprüfung der Rechtmäßigkeit einer Wohnungsdurchsuchung gilt somit folgende Aufbaureihenfolge: 179

1. **Unterfällt das durchsuchte Besitztum überhaupt dem weiten Begriff der Wohnung (§ 41 I S. 2 PolG NRW)?**
2. **Danach sind die einzelnen Voraussetzungen zu prüfen (§ 41 I S. 1 PolG NRW).**
3. **Schließlich ist die Einhaltung des zeitlichen Rahmens zu kontrollieren (§ 41 II - IV PolG NRW).**
4. **Wurden die Verfahrensvoraussetzungen eingehalten (§ 42 PolG NRW)?**

(d) Sicherstellung, Verwahrung, §§ 43, 44 PolG NRW

Sofern z.B. bei einer Durchsuchung Sachen gefunden werden, können diese unter den Voraussetzungen der §§ 43 und 44 PolG NRW sichergestellt und verwahrt werden. 180

(aa) Begriff

Sicherstellung

Sicherstellung i.S.d. § 43 PolG NRW bedeutet die Beendigung des Gewahrsams des Eigentümers oder sonstigen Berechtigten einer Sache unter Begründung neuen Gewahrsams durch die Polizei oder eine Verwaltungsbehörde oder die von ihr beauftragten Personen zum Zwecke der Gefahrenabwehr. Sie erfolgt durch Anordnung der Sicherstellung und deren Vollzug durch Realakt. Die Anordnung selbst ist im Regelfall VA. Es gibt aber Ausnahmesituationen, in denen die Sicherstellung adressatenneutral vorgenommen werden kann. Sie ist dann kein VA, sondern Realakt. 181

> ***Bsp. für den Sonderfall des doppelt adressatenlosen Vorgehens:*** *Die zuständige Behörde ordnet nach § 22 S. 2 StrWG NRW die Beseitigung eines Containers an, die Sicherstellung (§ 43 PolG NRW) wird daraufhin adressatenneutral angeordnet, weil der Verantwortliche nicht ermittelt werden kann*[143].

Die Zulässigkeit eines solchen Vorgehens bestimmt sich in diesen Fällen nach den Regelungen über den sofortigen Vollzug.

---

142 Vgl. zur Definition Rn. 214.

143 OVG Münster, NVwZ-RR 2000, 429 (430) = **juris**byhemmer.

Besitzwille und Wille zum Ausschluss anderer von der Einwirkungsmöglichkeit auf die Sache erforderlich?

Eine Sicherstellung i.S.d. § 43 PolG NRW liegt nach einer Auffassung nur dann vor, wenn es der Polizei vom Zweck der Maßnahme her darauf ankommt, die Sache in Verwahrung zu haben und andere von jeder Einwirkungsmöglichkeit auszuschließen.[144]

Nach dem BayVGH ist für eine Sicherstellung unerheblich, ob die Polizei Besitz an der Sache begründen will, oder ob dieser als Nebenfolge eintritt, weil die Polizei primär eine Sache von einem Ort entfernen will, um eine dort bestehende Gefahr zu beseitigen. Die §§ 43 ff. PolG NRW dienen der Gefahrenabwehr und lassen zu diesem Zweck eine Gewahrsamsbegründung zu.[145]

Nach der Regelung des PolG NRW gibt es im Gefahrenabwehrbereich die Beschlagnahme als zwangsweise Durchsetzung der Sicherstellung bei Herausgabeverweigerung durch den Eigentümer oder Besitzer nicht mehr. Die Sicherstellungsanordnung kann schließlich auf der zweiten Handlungsebene nach den §§ 50 ff. PolG NRW mit polizeilichen Zwangsmitteln vollzogen werden. 182

Verhältnismäßigkeit

Die Verhältnismäßigkeit kann als Grenze relevant werden, wenn ein sehr altes Auto wegen offenstehender Scheibe durch die Polizei sichergestellt wird und dabei Kosten entstehen, die den Wert des Autos weit überschreiten.

> **Bsp.**[146]**:** *Bei der Sicherstellung zum Schutz des Eigentums wird die Polizei für den Eigentümer oder den rechtmäßigen Inhaber der tatsächlichen Gewalt tätig. Die Sicherstellung zur Eigentumssicherung ist folglich zulässig, wenn sie dem objektivierten mutmaßlichen Willen des Berechtigten entspricht.*
>
> *Ob die im Interesse des Eigentümers vorgenommene Sicherungsmaßnahme verhältnismäßig ist, hängt davon ab, wie hoch im Einzelfall die Wahrscheinlichkeit eines Diebstahls des Fahrzeugs, eines Diebstahls von Gegenständen aus dem Fahrzeug oder einer Beschädigung des Fahrzeugs ist, wenn die Sicherstellung unterbleibt. Die dabei zu treffende Prognoseentscheidung ist auf der Grundlage der der Polizei zum Zeitpunkt ihres Handelns zur Verfügung stehenden Erkenntnismöglichkeiten zu beurteilen, wobei unter anderem die voraussichtliche Dauer der die Möglichkeiten eines Schadenseintritts erhöhenden Umstände, der Abstellort sowie der Wert des Fahrzeugs zu berücksichtigen sind.*

Verknüpfung zum Verfassungsrecht

Die Sicherstellung und Beschlagnahme von E-Mails auf dem Mailserver des Providers sind am Grundrecht auf Gewährleistung des Fernmeldegeheimnisses aus Art. 10 I GG zu messen. §§ 94 ff. StPO genügen den verfassungsrechtlichen Anforderungen, die an eine gesetzliche Ermächtigung für solche Eingriffe in das Fernmeldegeheimnis zu stellen sind.[147]

"EXKURS FÜR FORTGESCHRITTENE":

Beschlagnahmeregelung, §§ 94 ff. StPO

Die Beschlagnahme ist aber im Strafverfolgungsbereich geregelt. 183
Eine Normierung findet sich für die Verfolgung von Straftaten in den §§ 94 ff. StPO (vgl. insbesondere § 94 II StPO). Hinsichtlich der Ahndung von Ordnungswidrigkeiten gelten über die §§ 53 I S. 2, 46 OWiG ebenfalls die Regelungen der StPO.

144 Knemeyer, Rn. 174.

145 BayVGH, BayVBl. 1989, 437 = jurisbyhemmer; vgl. Fall Rn. 329 ff.

146 OVG Bautzen, NJW 2016, 181.

147 BVerfG, NJW 2009, 2431 = JuS 2009, 1131 = jurisbyhemmer.

Die Befugnisse der §§ 43 ff. PolG NRW stehen selbständig neben diesen Regelungen für den Repressivbereich.

EXKURS ENDE

Verwahrung

Die Sicherstellung stellt also die Inbesitznahme durch die Polizei dar. Dies führt zur Verwahrung. Durch die Sicherstellung wird automatisch ein öffentlich-rechtliches Verwahrungsverhältnis begründet, denn § 44 I S. 1 PolG NRW bestimmt, dass sichergestellte Sachen in Verwahrung zu nehmen sind. 184

hemmer-Methode: Bei der Sicherstellungsanordnung, die zur Verwahrung führt, handelt es sich um einen Dauerverwaltungsakt.
Damit ist in Klausuren gegen eine Sicherstellung mangels Erledigung regelmäßig keine Fortsetzungsfeststellungsklage, sondern eine Anfechtungsklage statthaft. Vergleichen Sie zu dieser examensrelevanten Konstellation Rn. 314, 315 und 329 ff.

(bb) Regelungsinhalt

3 getrennte Voraussetzungsgruppen

§ 43 PolG NRW enthält drei unabhängig nebeneinanderstehende Voraussetzungsgruppen für die Sicherstellung. 185

Die größte Bedeutung kommt § 43 Nr. 3 PolG NRW zu. Hier richtet sich die Sicherstellung gegen die von einer Person mitgeführten Sachen.

Bsp.: Gegenüber dem lebensmüden L, der ein Messer bei sich führt, ergeht eine Sicherstellungsanordnung.

Nr. 2 dient ausschließlich dem Individualschutz. Es ist umstritten, ob das polizeiliche Einschreiten nach dieser Ermächtigungsgrundlage eine Gefahr voraussetzt. Der Wortlaut der Nr. 2 lässt dies offen. Bzgl. der gleichlautenden Normierung in Hessen bedarf es nach dem HessVGH[148] einer konkreten Gefahr, da das Merkmal „gegenwärtige Gefahr“ in Nr. 1 nicht auch für die Nr. 2 gilt. Die a.A.[149] sieht komplett vom Gefahrerfordernis ab, da die Norm private Rechte i.S.d. § 1 II PolG NRW schützen will. Maßgebend sei deshalb allein, ob die Sicherstellung mit diesem Motiv erfolge. Erst in der Verhältnismäßigkeit stelle sich die Frage, ob die Sicherstellung deshalb unzulässig sei, weil aus tatsächlichen Gründen der Verlust oder die Beschädigung der Sache nicht zu befürchten gewesen sei.

Nr. 1 stellt quasi eine auffangende Generalklausel für die Sicherstellung dar.

Verwahrung grds. bei der Polizei

Die Verwahrung erfolgt grundsätzlich bei der Polizei. Unter den Voraussetzungen von § 44 I S. 2 oder 3 PolG NRW kann sie auf andere geeignete Weise auch bei Dritten erfolgen. § 44 II - IV PolG NRW enthalten Verfahrensvorschriften für die Verwahrung. Sie regeln u.a. die Pflicht zur Ausstellung einer Bescheinigung sowie zur Unterrichtung des Eigentümers oder des Inhabers der tatsächlichen Gewalt. 186

zwangsweise Durchsetzung

Sollte der Adressat eine Sicherstellungsanordnung nach § 43 PolG NRW nicht befolgen und der Polizei die Verwahrung nicht „gestatten“, so besteht die Möglichkeit, auf der zweiten Handlungsebene gem. §§ 50 ff. PolG NRW Zwangsmittel anzuwenden. 187

148 VGH Kassel, DÖV 1999, 916 = jurisbyhemmer.

149 OVG Koblenz, DÖV 1989, 173; BayVGH, BayVBl. 2001, 310 = jurisbyhemmer.

(e) Verwertung, Vernichtung, Herausgabe, §§ 45, 46 PolG NRW

(aa) Verwertung, Vernichtung

Verwertung = Surrogation

Verwertung einer sichergestellten und verwahrten Sache bedeutet die Umsetzung der Sache in einen Geldbetrag, der dann als Surrogat an die Stelle der Sache tritt (vgl. § 45 III S. 3 PolG NRW). Hingegen führen die *Unbrauchbarmachung bzw. die Vernichtung* zur Beseitigung jeglichen Wertes ohne Hervorbringen eines Surrogates. 188

§ 45 I PolG NRW enthält fünf verschiedene Fallgruppen, in denen die Verwertung zulässig ist.

§ 45 II PolG NRW normiert Verfahrensvoraussetzungen, die vor der Verwertung zu beachten sind. Abs. 3 regelt die Voraussetzungen des Verfahrens der Verwertung selbst.

Vernichtung

Unter den Voraussetzungen des § 45 IV PolG NRW können sichergestellte Sachen auch unbrauchbar gemacht oder vernichtet werden. Für das Verfahren vor der Vernichtung wird auf die Verfahrensregelung bei der Verwertung in Abs. 2 Bezug genommen. 189

Bsp.: *Die sichergestellten 3,5 kg Kokain werden verbrannt.*

(bb) Herausgabe sichergestellter Sachen oder des Erlöses, Kosten

Herausgabeanspruch für sichergestellte Sachen

§ 46 I S. 1 PolG NRW normiert eine Herausgabepflicht für sichergestellte Sachen, sobald die Voraussetzungen der Sicherstellung weggefallen sind (vgl. Beispiel in Rn. 203). 190

Der sich hieraus e contrario ergebende Herausgabeanspruch ist Ausfluss des zeitlichen Übermaßverbots, § 2 III PolG NRW. Bei Verwertung tritt der Erlös an die Stelle der Sache, §§ 46 II S. 1, 45 III S. 3 PolG NRW. Anspruchsberechtigter i.R.d. § 46 I PolG NRW ist der Besitzberechtigte nach bürgerlichem Recht. Dabei braucht es sich nicht um die Person zu handeln, bei der der Gegenstand sichergestellt worden ist.

Für den Fall, dass ein Berechtigter i.S.d. § 46 I PolG NRW nicht zu ermitteln ist, kommt nach Abs. 4 schließlich eine Verwertung über die Vorschrift des § 983 BGB in Betracht.

hemmer-Methode: Die Geltendmachung der Herausgabe ist i.R. einer FFK irrelevant. Sie erfolgt im Wege der Leistungsklage zum Verwaltungsgericht.

Kostentragung

§ 46 III PolG NRW enthält eine Regelung über die Kostentragung. Hier werden die Bestimmungen über die Handlungs- und Zustandsverantwortlichen nach §§ 4, 5 PolG NRW herangezogen, um sicherzustellen, dass der Berechtigte nicht in jedem Fall auch die Kosten (den Aufwand) tragen muss. 191

Bsp.: *A hat den bissigen Hund des B aus dem Zwinger freigelassen. Die Polizei fängt ihn ein und bringt ihn ins Tierheim.*

Die Kosten sind nach pflichtgemäßem Ermessen dem nach § 4 PolG NRW Handlungsverantwortlichen (A) aufzuerlegen.

hemmer-Methode: Die Kostentragungsproblematik spielt sich in der Klausur ebenfalls nicht im Rahmen einer FFK ab. Hier ist meistens mangels Erledigung eine Anfechtungsklage gegen einen Kostenbescheid zu prüfen. Daher wird die Kostenproblematik i.R. dieser Rechtsmittel erörtert.

b) Subsumtion unter die Generalklausel

Generalklausel des § 8 I PolG NRW

Sofern die polizeiliche Maßnahme weder auf Spezialvorschriften noch auf die Standardbefugnisse gestützt werden kann, muss das Vorliegen der Voraussetzungen der Generalklausel des § 8 I PolG NRW geprüft werden. 192

Nach § 8 I PolG NRW kann die Polizei die notwendigen Maßnahmen treffen, um eine im Einzelfall bestehende Gefahr für die öffentliche Sicherheit oder Ordnung abzuwehren.

tatsächliches Bestehen einer Gefahr

Während es bei der sachlichen Zuständigkeit der Polizei nach § 1 I S. 1 PolG NRW nur darauf ankam, dass das Vorliegen einer Gefahr zumindest denkbar war, muss jetzt im Rahmen der materiellen Rechtmäßigkeit geklärt werden, ob *tatsächlich eine Gefahr* für die öffentliche Sicherheit oder Ordnung *besteht.*

hemmer-methode: An dieser Stelle wird von Ihnen erwartet, dass Sie die maßgeblichen Begriffe „Gefahr", „öffentliche Sicherheit" bzw. „öffentliche Ordnung" definieren und exakt subsumieren.

aa) Öffentliche Sicherheit

öffentliche Sicherheit

Unter *öffentlicher Sicherheit* versteht man die Unversehrtheit von Individualrechtsgütern sowie der Rechtsordnung als auch der grundlegenden Einrichtungen des Staates. 193

bei Individualrechtsgütern öffentliches Interesse an Sicherung nötig

Bei Individualrechtsgütern ist Voraussetzung für einen polizeilichen Eingriff, dass ein öffentliches Interesse an deren Sicherung besteht.

Also muss die Polizei nicht bei jeder Beeinträchtigung eines individuellen Rechtsgutes einschreiten.

> ***Bsp.[150]:*** *Der bloße Wunsch eines Frauenarztes, von der Belästigung freigehalten zu werden, öffentlich mit der eigenen freien Entscheidung für die Durchführung von legalen Schwangerschaftsabbrüchen konfrontiert und hierfür auch kritisiert zu werden, verdient angesichts des Grundrechts aus Art. 5 I GG keine Anerkennung.*
>
> *Vor dem Hintergrund, dass Art. 5 I GG zwar das Äußern von Meinungen schützt, nicht aber Tätigkeiten, mit denen anderen eine Meinung – mit nötigenden Mitteln – aufgedrängt werden soll, erscheint es nicht ausgeschlossen, bei einer Einmischung in die rechtlich besonders geschützte Vertrauensbeziehung zwischen Arzt und Patientin im Einzelfall ein verfassungsrechtlich tragfähiges Verbot von bestimmten Formen von Protestaktionen gegen einen Abtreibungen vornehmenden Arzt auszusprechen. Das könnte der Fall sein, wenn sich Patientinnen, deren Weg in die Arztpraxis am Standort des gegen die Abtreibungen Protestierenden vorbeiführt, durch dessen Aktionen Belästigungen („einem Spießrutenlauf") ausgesetzt sehen könnten.*

Ein Solches besteht z.B. nicht, wenn eine selbstverantwortungsfähige Person freiwillig ausschließlich eigene, allein ihrer Dispositionsbefugnis unterliegende Rechtsgüter gefährdet.

150 BVerfG, NJW 2011, 47 = jurisbyhemmer.

Rechtsordnung umfasst alle Normen des öffentlichen Rechts

Besondere Bedeutung gewinnt die *Unversehrtheit der Rechtsordnung*. Die Rechtsordnung umfasst alle Normen des öffentlichen Rechts, insbesondere des StGB und des OWiG. Sehr häufig wird die polizeiliche Eingriffsbefugnis für Präventivmaßnahmen durch eine (gegebenenfalls wiederholt) bevorstehende oder bereits erfolgte Straftat bzw. Ordnungswidrigkeit eröffnet.

Die Polizei kann in solchen Fällen nicht nur strafverfolgend, sondern auch gefahrenabwehrend tätig werden. Sie handelt dann, um eine (noch) bestehende Gefahr für die objektive Rechtsordnung (in Form der Verletzung von Normen des StGB) abzuwehren, indem eine erneute Straftat verhindert bzw. eine gerade stattfindende beendet wird oder durch eine Straftat verursachte Zustände beseitigt werden.[151]

Sonderrecht im Strafrecht

Die verletzte Rechtsnorm muss natürlich wirksam sein. Gegebenenfalls ist dies zu überprüfen. Vergleiche dazu die Entscheidung des BVerfG zum umstrittenen § 130 IV StGB.

> ***BVerfG[152]:*** *§ 130 IV StGB ist als nichtallgemeines Gesetz mit Art. 5 I und II GG vereinbar. Angesichts des sich allgemeinen Kategorien entziehenden Unrechts und des Schreckens, den die nationalsozialistische Herrschaft über Europa und weite Teile der Welt gebracht hat, und der als Gegenentwurf hierzu verstandenen Entstehung der Bundesrepublik Deutschland ist Art. 5 I und II GG für Bestimmungen, die der propagandistischen Gutheißung der nationalsozialistischen Gewalt- und Willkürherrschaft Grenzen setzen, eine Ausnahme vom Verbot des Sonderrechts für meinungsbezogene Gesetze immanent.*
>
> *Die Offenheit des Art. 5 I und II GG für derartige Sonderbestimmungen nimmt den materiellen Gehalt der Meinungsfreiheit nicht zurück. Das Grundgesetz rechtfertigt kein allgemeines Verbot der Verbreitung rechtsradikalen oder auch nationalsozialistischen Gedankenguts schon in Bezug auf die geistige Wirkung seines Inhalts.*

Die als Schutzgut der öffentlichen Sicherheit herangezogenen Gesetze müssen gegebenenfalls im Lichte der Verfassung ausgelegt werden.

> ***Bsp. 1[153]:*** *Es begegnet keinen verfassungsrechtlichen Bedenken, dass die Fachgerichte bei der Subsumtion der Parole „Ausländer raus" unter den Volksverhetzungstatbestand grundsätzlich eine restriktive Auslegung dieses Tatbestands vornehmen, indem sie nur unter Hinzutreten weiterer Begleitumstände von einem Angriff auf die Menschenwürde ausgehen.*
>
> *Auf eine im Zusammenspiel der offenen Aussagen verdeckt enthaltene zusätzliche Aussage darf die Verurteilung zu einer Sanktion oder vergleichbar einschüchternd wirkende Rechtsfolgen nur gestützt werden, wenn sich die verdeckte Aussage dem angesprochenen Publikum als unabweisbare Schlussfolgerung aufdrängt. Hierfür müssen die Gerichte die Umstände benennen, aus denen sich ein solches am Wortlaut der Äußerung nicht erkennbares abweichendes Verständnis ergibt. Fehlt es daran, so liegt ein Verstoß gegen Art. 5 I S. 1 GG vor.[154]*
>
> *Zur verfassungsgerichtlichen Überprüfung einer strafrechtlichen Verurteilung wegen Volksverhetzung gem. § 130 II Nr. 1 lit. b StGB durch das Anschlagen eines Plakats mit der Aufschrift „Ausländerrückführung – Für ein lebenswertes deutsches Augsburg".*

---

151 Vgl. zur Frage, in welchem Aufgabenbereich die Polizei in solchen Fällen jeweils gehandelt hat, bereits oben, Rn. 48 ff.

152 BVerfG, NJW 2010, 47 = JuS 2010, 558 = **juris**byhemmer.

153 BVerfG, NJW 2010, 2193 = JuS 2011, 88 = **juris**byhemmer.

154 Im Anschluss an BVerfGE 93, 266 [302f.] = NJW 1995, 3303; BVerfG [1. Kammer des Ersten Senats], NJW 2008, 1654).

Bsp. 2[155]: Die Verurteilung wegen Verunglimpfung staatlicher Symbole gem. § 90a I Nr. 2 StGB auf Grund einer in den Schutzbereich des Grundrechts auf Meinungsfreiheit (Art. 5 I S. 1 GG) fallenden Äußerung (hier: Bezeichnung der Bundesflagge als „Schwarz-Rot-Senf") erfordert von Verfassungs wegen im Rahmen der fallbezogenen Abwägung zwischen dem Grundrecht und dem geschützten Rechtsgut eine besonders sorgfältige Unterscheidung zwischen einer – wie verfehlt auch immer erscheinenden – Polemik oder Systemkritik und einer Beschimpfung oder böswilligen Verächtlichmachung. Insbesondere ist zu berücksichtigen, dass staatliche Symbole nur insoweit verfassungsrechtlichen Schutz genießen, als sie im jeweiligen Kontext versinnbildlichen, was die Bundesrepublik Deutschland grundlegend prägt.[156]

grundlegende Einrichtungen des Staates

Die *Unversehrtheit der grundlegenden Einrichtungen des Staates*, genauer der Sicherheit des Staates, seiner Einrichtungen und deren Funktionsfähigkeit, hat in Klausuren kaum Bedeutung. Hintergrund dürfte nicht zuletzt sein, dass vielfach zugleich die Unversehrtheit der objektiven Rechtsordnung tangiert ist.

Bsp.: M postiert sich in 200 m Entfernung vor einer Radarkontrolle und warnt mittels eines Schildes die heranfahrenden Verkehrsteilnehmer. Nach der Rspr. behindert er damit die Durchführung einer staatlichen Veranstaltung, womit ein Platzverweis ausgesprochen werden darf. Er kann dem nicht entgegenhalten, die Verkehrsteilnehmer zu rechtmäßigem Verhalten auffordern zu wollen, da er de facto rechtswidriges Verhalten vor einer staatlichen Sanktionierung schützt.[157]

194

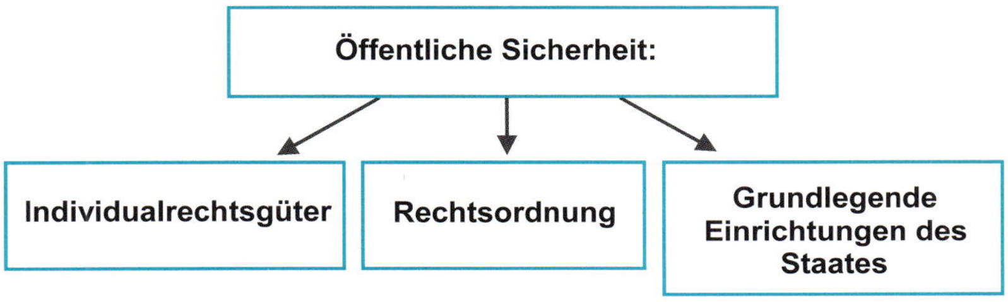

hemmer-Methode: Teilweise wird die Definition um das vierte Merkmal des Schutzes *kollektiver* Rechtsgüter erweitert, beispielsweise bei öffentlicher Wasserversorgung[158] sowie bei Natur und Landschaft.[159]

bb) Öffentliche Ordnung

öffentliche Ordnung

Das zweite von § 8 I PolG NRW erfasste polizeiliche Schutzgut ist das der am 23.02.2010[160] wieder eingeführten *“öffentlichen Ordnung“*. 195

Unter *öffentlicher Ordnung* versteht man die Gesamtheit der ungeschriebenen Regeln für das Verhalten des Einzelnen in der Öffentlichkeit, deren Beachtung nach den jeweils herrschenden und mit dem Wertgehalt des Grundgesetzes zu vereinbarenden, sozialen und ethischen Anschauungen als unerlässliche Voraussetzung eines geordneten staatsbürgerlichen Zusammenlebens innerhalb eines bestimmten Gebiets betrachtet wird.[161]

155 BVerfG, NJW 2009, 908 = JuS 2009, 950 = **juris**byhemmer.

156 Im Anschluss an BVerfGE 81, 278, 294 = NJW 1990, 1982 = **juris**byhemmer.

157 OVG NRW, NJW 1997, 1596 = **juris**byhemmer; eine Fallbesprechung zu dieser Thematik finden sie bei Jahndorf, NWVBl. 1999, 317 ff.

158 BVerwG, DVBl. 1974, 297 ff = **juris**byhemmer.

159 VGH Mannheim, NVwZ 1988, 166.

160 Durch Art. 1 Nr. 3 des Gesetzes zur Änderung des Polizeigesetzes des Landes Nordrhein-Westfalen, vom 09.02.2010 GVBl. NRW, S. 132.

161 BVerfG, NVwZ 2004, 90 (91); NJW 2004, 2814 (2815): **alle Entscheidungen** = **juris**byhemmer.

Bsp.: aggressives Betteln; Betrieb eines Laserdrome;[162] Exhibitionismus unterhalb der Schwelle des § 183 StGB; Ausführen eines Kleinkindes im Nietenhalsband mit eiserner Kette,[163] Verrichten menschlicher Notdurft in der Öffentlichkeit, Verspotten alter oder hilfloser Personen, Verspotten von Teilnehmern eines religiösen Umzugs.[164]

Der Begriff der öffentlichen Ordnung ist schwer fassbar und daher sehr umstritten. Die Verfassungsmäßigkeit wird trotz einiger Bedenken, insbesondere wegen möglicher Unvereinbarkeit mit dem Bestimmtheitsgebot als Ausfluss des Rechtsstaatsprinzips, von der h.M. bejaht.[165] In Klausuren spielt der Begriff als polizeiliches Schutzgut i.S.d. § 8 I PolG NRW grundsätzlich keine große Rolle, da regelmäßig auch schon die öffentliche Sicherheit betroffen ist (vgl. zusätzlich auch Rn. 196).

Verstoß gegen die öffentliche Ordnung setzt voraus:

⇨ Verletzung einer ungeschriebenen Regel (Regel in diesem Sinne sind keine Rechtsnormen, auch kein Gewohnheitsrecht)[166],

⇨ deren Befolgung nach den in einem bestimmten Gebiet herrschenden, mit dem Wertgehalt des Grundgesetzes zu vereinbarenden sozialen und ethischen Anschauungen für ein geordnetes menschliches Zusammenleben unerlässlich sind,

⇨ in der Öffentlichkeit (= Handlung wird nicht nur in Intim- oder Privatsphäre vorgenommen).[167]

cc) Sonderfall § 118 OWiG

öffentliche Ordnung → § 118 I OWiG → öffentliche Sicherheit

Kommt man zu dem Schluss, dass die öffentliche Ordnung betroffen ist, sollte man sofort an § 118 I OWiG denken. Diese Norm erklärt Beeinträchtigungen der öffentlichen Ordnung bei Vorliegen zusätzlicher Voraussetzungen zur Ordnungswidrigkeit. Ist § 118 I OWiG einschlägig, so ist die Rechtsordnung verletzt und folglich die öffentliche Sicherheit beeinträchtigt. *196*

hemmer-Methode: Die Norm wird hier deutlich ausführlicher dargestellt, als es in der Klausur erforderlich wäre. Dies dient lediglich dazu, ein besseres Verständnis dafür zu gewinnen, welche Fälle die Norm erfassen soll.

§ 118 I OWiG setzt voraus:

objektiv:

⇨ grob ungehörige Handlung (oder Unterlassen)

⇨ geeignet, die Allgemeinheit

⇨ zu belästigen oder

⇨ zu gefährden

⇨ und geeignet, die öffentliche Ordnung zu beeinträchtigen

162 **BVerwG, NVwZ 2002, 599** = **juris**byhemmer; BayVGH, BayVBl. 2001, 689 (691) = **juris**byhemmer. **Anders hingegen aber das VG Dresden, Urteil vom 31.01.2007 (Az. 14 K 2097/03):** Der bloße Verdacht, dass das angebotene Verhalten (Paintball-Spiel) später einer entwürdigenden Behandlung von Menschen Vorschub leiste, könne noch nicht die von den Behörden angenommene Verletzung der Menschenwürde darstellen. Ein entsprechender Wirkungszusammenhang zwischen dem Spiel und der Ausübung von Gewalt sei nicht belegt.

163 Erbel, DVBl. 2001, 1714 (1716).

164 Knemeyer, Polizei- und Ordnungsrecht, Rn. 102.

165 Instruktiv zum Schutzgut „öffentliche Ordnung“ mit den unterschiedlichen Fallgruppen Fechner, JuS 2003, 734 ff.

166 Götz/Geis, Allg. Polizei- und Ordnungsrecht, § 5, Rn. 3.

167 Gusy, Polizei- und Ordnungsrecht, Rn. 97.

subjektiv:

⇨ vorsätzliche Begehung, § 10 OWiG

grob ungehörige Handlung

Grob ungehörig ist eine *Handlung*, die sich bewusst nicht in die für das gedeihliche Zusammenleben der jeweiligen Rechtsgemeinschaft erforderliche Ordnung einfügt und dadurch deutlich im Widerspruch zur Gemeinschaftsordnung steht.[168] Das Merkmal „grob" soll zum Ausdruck bringen, dass die Handlung geeignet sein muss, die Gemeinschaftsordnung erheblich zu stören. Taktlosigkeit und Unhöflichkeit sind z.B. nicht erfasst.[169] Über § 8 OWiG ist das *Unterlassen* trotz Handlungspflicht dem Handeln gleichgestellt.

Allgemeinheit

Unter *Allgemeinheit* versteht man eine unbestimmte, individuell nicht abgrenzbare Mehrheit von Personen, die untereinander nicht durch persönliche Beziehungen verbunden sind.[170]

Bsp. für Fälle von Allgemeinheit: *vor oder in einem Geschäft versammelte Kunden, Bewohner eines größeren Mietshauses, Gesellschaftsteile (z.B. Arbeitnehmer, Gewerkschafter, Unternehmer, Berufsgruppen).*[171]

Belästigung

Eine *Belästigung* i.S.d. § 118 OWiG ist gegeben, wenn nach dem Werturteil der Allgemeinheit ein nicht nur geringfügiges körperliches oder seelisches Unbehagen hervorgerufen wird.[172]

Bsp.: *Errichten von Barrikaden im öffentlichen Verkehrsraum, laute Störung einer Filmvorführung, Singen nationalsozialistischer Lieder; unbefugtes Bekleben von Stromkästen mit Plakaten; Nichtbeseitigen von Hundekot.*[173]

Gefährdung

Eine *Gefährdung* liegt vor, wenn nach allgemeiner Lebenserfahrung der Eintritt eines Schadens für die Allgemeinheit möglich erscheint.[174] Dies kann auch schon angenommen werden kann, wenn die Gefahrenabwehr geschwächt wird.

Bsp.: *unnötiges Herbeirufen von Rettungskräften (sei es Polizei, Feuerwehr oder Notarzt), Beseitigen von Rettungsringen oder anonyme Bombendrohung (sofern sie der Öffentlichkeit nicht bekannt wird, sonst verdrängt durch § 126 I Nr. 6 StGB).*[175]

Beeinträchtigung der öffentlichen Ordnung

Darüber hinaus muss die Handlung geeignet sein, die öffentliche Ordnung zu beeinträchtigen. Die Voraussetzung soll den Anwendungsbereich des § 118 I OWiG einschränken.[176] Wenn schon diese weite Form der Betroffenheit der öffentlichen Ordnung einschränkend wirkt, so ist es nahe liegend, dass das Vorliegen einer Gefahr für die öffentliche Ordnung regelmäßig auch einen Verstoß gegen § 118 I OWiG mit sich bringt.

wichtig: Eignung reicht aus!

Lediglich die Handlung muss tatsächlich vorliegen (Versuch reicht nicht aus, § 13 OWiG). Hinsichtlich aller anderen obigen Merkmale reicht die Geeignetheit der Handlung, diese hervorzurufen, aus.

168 BGHSt 13 ,241 (244), Karlsruher Kommentar OWiG, § 118 , Rn. 6.

169 Lemke/Mosbacher, OWiG, § 118, Rn. 4.

170 Bohnert, OWiG, §118, Rn. 6.

171 Karlsruher Kommentar, OWiG, § 118, Rn. 9, auch mit weiteren Beispielen.

172 Bohnert, OWiG, §118, Rn. 7.

173 Karlsruher Kommentar, OWiG, § 118, Rn. 13, auch mit weiteren Beispielen.

174 Bohnert, OWiG, §118, Rn. 8.

175 Lemke/Mosbacher, OWiG, § 118, Rn. 7, auch mit weiteren Beispielen.

176 Karlsruher Kommentar, OWiG, § 118, Rn. 17.

unmittelbarer Zusammenhang und Vorsatz erforderlich

Zwischen Handlung und Folge (Belästigung bzw. Gefährdung der Allgemeinheit, sowie Beeinträchtigung der Ordnung) muss ein *unmittelbarer Zusammenhang* bestehen.[177] Darüber hinaus kann nur eine *vorsätzliche* Begehung den Tatbestand erfüllen, § 10 OWiG.

Konkurrenzen

Die Norm tritt hinter anderen Straf- und Ordnungswidrigkeitsvorschriften zurück,[178] ist aber immer noch anzudenken, wenn man ansonsten lediglich eine Gefahr für die öffentliche Ordnung annehmen würde.

dd) Gefahrenbegriff

zentraler Begriff des Gefahrenabwehrrechts

Nun müsste eines der obigen Schutzgüter gefährdet sein. Beim *Gefahrenbegriff*, der einen der zentralen Begriffe des Polizei- und Ordnungsrechts darstellt, sind zunächst die verschiedenen Unterarten zu differenzieren. 197

Im Rahmen der Generalklauselprüfung werden abgegrenzt:

⇨ konkrete Gefahr,

⇨ abstrakte Gefahr;

⇨ latente Gefahr

⇨ Anscheinsgefahr,

⇨ Putativgefahr (= Scheingefahr oder scheinbare Gefahr)

⇨ Gefahrenverdacht

(1) „Gefahr“

Zustand, der Schadenseintritt erwarten lässt

Grundsätzlich liegt eine *Gefahr* i.S.d. Polizei- und Ordnungsrechts vor, wenn eine Sachlage oder ein Verhalten bei ungehindertem Ablauf des zu erwartenden Geschehens mit hinreichender Wahrscheinlichkeit ein polizeilich geschütztes Rechtsgut schädigen wird.[179] 198

> ***Merksatz:*** *Gefahr ist die hinreichende Wahrscheinlichkeit des Schadenseintritts für ein polizeiliches Schutzgut.*[180]

(a) Schaden

Schaden

Schaden ist die Verletzung eines polizeilichen Schutzgutes.[181] Nicht jede Beeinträchtigung der polizeilich geschützten Rechtsgüter ist ein Schaden.

---

177 Bohnert, OWiG, §118, Rn. 10.

178 Bohnert, OWiG, §118, Rn. 12.

179 Allg.A.: Pieroth/Schlink/Kniesel, Polizei- und Ordnungsrecht, § 4, Rn. 2; Götz/Geis, Allg. Polizei- und Ordnungsrecht, § 6, Rn. 3; Schenke Polizei- und Ordnungsrecht, Rn. 69.

180 Kugelmann, Polizei- und Ordnungsrecht, Kap. 4, Rn. 83.

181 Götz/Geis, Allg. Polizei- und Ordnungsrecht, § 6, Rn. 5; Möller/Wilhelm, Rn. 101.

(-) bei fehlender Objektivierbarkeit oder unzureichender Intensität

Die Beeinträchtigung muss objektivierbar und von einer gewissen Intensität sein, um als Verletzung verstanden zu werden.[182] Ist eine Sachlage oder ein Verhalten für eines der polizeilich geschützten Rechtsgüter lediglich nachteilig, abträglich, unangenehm, unerfreulich oder lästig, so ist die Annahme einer Verletzung abzulehnen.[183] Maßstab bei der Abgrenzung ist der eines „normalen" Menschen, nicht der des unmittelbar Betroffenen.[184]

> ***Bsp.:*** *Das Geläut von Kuhglocken treibt einen Weideanwohner mit besonders schwachem Nervenkostüm nachweislich an den Rand des Nervenzusammenbruchs (grds. keine Gefahr, anders bei Störung der Nachtruhe).[185]*

Man spricht in dem Zusammenhang auch davon, dass die Verletzung von der bloßen Belästigung, dem Nachteil bzw. der subjektiven Befindlichkeit abzugrenzen ist.

hemmer-Methode: Sofern man die Beeinträchtigungen in Schaden (bzw. Verletzung) und Belästigung unterteilen will, ist folgendes zu beachten:
Belästigung i.S.d. § 8 I PolG NRW ist nicht gleichzusetzen mit der Belästigung i.S.d. § 118 I OWiG. Letztere ist erst bei objektiv nicht nur geringfügigen Beeinträchtigungen gegeben. Im Rahmen des polizeilichen Gefahrenbegriffs wird Belästigung hingegen verwendet, um eine Beeinträchtigung zu beschreiben, welche entweder nicht objektiv oder eben nur geringfügig ist.
Anders ausgedrückt versteht man im Rahmen des § 118 I OWiG gerade den Fall als eine Belästigung, welcher in § 8 I PolG NRW von der Belästigung abzugrenzen ist und dort Schaden (bzw. Verletzung) genannt wird. Und umgekehrt ist Belästigung i.S.d. § 8 I PolG NRW das, was im Rahmen des § 118 OWiG gerade nicht mehr für die Annahme einer Belästigung ausreicht.
Diese Begriffsproblematik ist zu berücksichtigen, wenn man auch im Rahmen einer Gefährdung der öffentlichen Sicherheit die Beeinträchtigung von Individualrechtsgütern prüft. Davon zu unterscheiden ist, dass wenn nun der Tatbestand des § 118 I OWiG durch die Belästigung i.S.d. Norm erfüllt ist, ein Verstoß gegen eine Rechtnorm und damit eine Verletzung der öffentlichen Sicherheit vorliegt. Anders als bei den anderen beiden Schutzgütern der öffentlichen Sicherheit (Individualrechtsgüter und grundlegende Einrichtungen des Staates) ist eine Belästigung der Rechtsordnung nicht denkbar.

(-) bei rechtmäßiger Beeinträchtigung

Ebenfalls ist zwischen rechtswidrigen und rechtmäßigen Beeinträchtigungen zu unterscheiden. Rechtmäßiges Verhalten oder rechtmäßige Sachlagen können keine Verletzung eines geschützten Rechtsgutes darstellen.[186]

> ***Bsp.:*** *Vom Straßenverkehrsamt zugelassene Fahrzeuge dürfen von der Polizei nicht endgültig stillgelegt werden.[187] Eine im Rahmen einer erteilten Baugenehmigung errichtete Werbewand kann die Polizei nicht mehr verbieten.*

(-) bei sozialadäquater Beeinträchtigung

Neben Gesetzen und untergesetzlichen Normen können auch außerrechtliche soziale Normen eine Pflicht zur Hinnahme der Beeinträchtigung begründen, wobei das Merkmal der Ortsüblichkeit maßgebend ist.[188] Auch in diesem Fall kann nicht von einer Verletzung gesprochen werden.

---

182 Dietlein/Burgi/Hellermann, ÖR NRW, § 3, Rn. 60; Pieroth/Schlink/Kniesel, Polizei- und Ordnungsrecht, § 4, Rn. 3.

183 Pieroth/Schlink/Kniesel, Polizei- und Ordnungsrecht, § 4, Rn. 3.

184 Möller/Wilhelm, Rn. 101.

185 Dietlein/Burgi/Hellermann, ÖR NRW, § 3 Rn. 60.

186 Pieroth/Schlink/Kniesel, Polizei- und Ordnungsrecht, § 4, Rn. 3.

187 Gusy, Polizei- und Ordnungsrecht, Rn. 106.

188 Gusy, Polizei- und Ordnungsrecht, Rn. 106, 107.

***Bsp.:** In der Stadt ist ein weit höherer Dauerlärmpegel zu erwarten. Auf dem Land sind Geruchsbelästigung durch Misthaufen und das Krähen von Hähnen hinzunehmen.*[189]

(b) Wahrscheinlichkeit des Schadenseintritts

Wahrscheinlichkeit: „Je-desto-Formel"

Hinsichtlich der Prognoseentscheidung, ob der Schadenseintritt *hinreichend wahrscheinlich* ist, gilt die sog. „je-desto-Formel": Je größer das Ausmaß des potentiellen Schadens ist, desto geringer müssen die Anforderungen an die Eintrittswahrscheinlichkeit sein.[190]

bereits eingetretener Schaden kann noch Gefahr begründen

Der Schadenseintritt muss aber nicht zwingend künftig sein. Auch eine bereits verwirklichte Gefahr, also ein eingetretener Schaden, kann die Gefahr der Schadensperpetuierung in sich tragen, welche wiederum eine Gefahr im Sinne des § 8 I PolG NRW sein kann.[191]

(2) Konkrete und abstrakte Gefahr

Dieser allgemeine Gefahrenbegriff ist weiter zu differenzieren. So lässt sich zunächst einmal hinsichtlich des Grades an gefahrbegründender Sachverhaltsrealisierung unterscheiden.

(a) „Konkrete Gefahr"

in bestimmtem Einzelfall bestehende Gefahr

Eine konkrete Gefahr liegt vor, wenn sich das Bestehen einer Gefahrenlage anhand *konkreter Momente im Einzelsachverhalt* nachweisen lässt. 199

Schaden muss aber nicht unmittelbar bevorstehen

Die konkrete Gefahr erfordert nicht, dass der Schadenseintritt unmittelbar bevorsteht.[192] Erforderlich ist allein die hinreichende Wahrscheinlichkeit des Eintritts eines Schadens im konkreten Einzelfall.

***Bsp.:** Auf der Wiese an einem Baggersee, der wegen seiner gefährlichen Strömungen bekannt ist, tummeln sich mehrere Menschen.*

Gefahr im Sinne des § 8 I PolG NRW ist nur diese konkrete Gefahr. So ergeben sich die Prüfungspunkte:

<u>Elemente der Gefahr i.S.d. § 8 I PolG NRW:</u>

- ⇨ konkrete Tatsachen;
- ⇨ Schaden;
- ⇨ Wahrscheinlichkeit des Schadenseintritts.

(b) „Abstrakte Gefahr"

Situationen, bei denen Gefahren im Einzelfall typischerweise entstehen

Im Unterschied zur konkreten Gefahr ist bei der abstrakten Gefahr nicht auf einen *„konkreten"* Einzelfall, sondern auf einen *„typischen Fall"* abzustellen. 200

---

189 Gusy, Polizei- und Ordnungsrecht, Rn. 107.

190 Götz/Geis, Allg. Polizei- und Ordnungsrecht, § 6, Rn. 7; zur Annahme der gegenwärtigen Gefahr in Bezug auf die Rasterfahndung anlässlich der Anschläge am 11.9.2001 OVG Koblenz, NVwZ 2002, 1528 sowie Lisken, NVwZ 2002, 513.

191 Knemeyer, Polizei- und Ordnungsrecht, Rn. 88; Gusy, Polizei- und Ordnungsrecht, Rn. 106.

192 Knemeyer, Polizei- und Ordnungsrecht, Rn. 88.

Eine abstrakte Gefahr liegt vor, wenn eine abstrakt generelle Betrachtung für bestimmte Arten von Verhaltensweisen oder Zuständen zu dem Ergebnis führt, dass mit hinreichender Wahrscheinlichkeit ein Schaden im Einzelfall eintritt und daher Anlass besteht, diese Gefahr mit generell abstrakten Mitteln, also Rechtssätzen (ordnungsrechtlichen Verordnungen), zu bekämpfen oder - anders gesagt - wenn ein Lebenssachverhalt vorliegt, der nach der allgemeinen Lebenserfahrung geeignet ist, mit hinreichender Wahrscheinlichkeit eine konkrete Gefahr herbeizuführen.

Bsp.: An dem gefährlichen Baggersee befinden sich momentan keine Personen. Allerdings ist bekannt, dass in diesem Baggersee v.a. immer wieder ortsunkundige Feriengäste schwimmen gehen.

(c) „Latente Gefahr"[193]

konkrete Gefahr erst durch Umweltveränderungen

Von einer latenten Gefahr spricht man, wenn eine konkrete Gefahr erst aufgrund des *Hinzutretens weiterer Umstände* entsteht. Es muss sich hierbei um Veränderungen in der Umwelt handeln, ohne dass sich der dann störende Gegenstand in seiner Substanz verändert. 201

Bsp.: Neben ein altes Strohdachhaus wird ein Ziegelhaus mit polizeilich zulässiger Feuerstelle gebaut. Bevor das Ziegelhaus gebaut wurde, stellte das besonders leicht entzündliche Strohdach lediglich eine latente Gefahr dar.

Aufgrund der Veränderung in der Umwelt des Strohdachhauses wird die latente Brandgefahr zur konkreten Brandgefahr.

Bei der latenten Gefahr *fehlt* es somit bis zu dem Zeitpunkt, in dem die Gefahr akut wird, zwar nicht an der entfernten Möglichkeit, wohl aber an den die hinreichende Wahrscheinlichkeit des Schadenseintritts begründenden konkreten Tatsachen.

keine Relevanz für polizeirechtlichen Gefahrenbegriff

Für die Frage, ob eine eingriffsbefugnisbegründende Gefahr vorliegt, ist der Begriff der „latenten Gefahr" unergiebig und irreführend.[194] Ohne das Hinzutreten weiter Umstände liegt noch keine konkrete Gefahr vor. Die Polizei darf nicht eingreifen. Treten die Umstände hinzu, ist eine konkrete Gefahr entstanden, die sich durch nichts von der normalen Voraussetzung „konkrete Gefahr" unterscheidet. Dass diese Gefahr zuvor eine latente war, bringt insofern (also für die Tatbestandseite) keinen Erkenntnisgewinn. 202

erst bei Störerauswahl überhaupt verwendbar

Die latente Gefahr kann dann bei Eintreten einer Gefahr als Kausalitätsproblem bei der Verantwortlichkeit (also im Rahmen der Störerauswahl im Ermessen, mithin auf der Rechtsfolgenseite) herangezogen werden. Aber auch dort reichen die bereits bestehenden Termini vollkommen aus.

(3) Objektiver und Subjektiver Gefahrenbegriff

Ein weiteres Problemfeld des Gefahrenbegriffs ist der Umgang mit Fehleinschätzungen und Unsicherheit der handelnden Beamten.

---

193 Nach der früheren Rechtsprechung spielte diese Problematik eine keineswegs untergeordnete Rolle, vgl. insbes. sog. „Schweinemäster-Fall", OVG Münster, OVGE 11, 250.

194 Pieroth/Schlink/Kniesel, Polizei- und Ordnungsrecht, § 4, Rn. 28; Gusy, Polizei- und Ordnungsrecht, Rn. 132.

Objektiver Gefahrenbegriff

Klassisch wurde der Gefahrenbegriff objektiv verstanden. Das heißt, es muss sowohl der eventuell schadensauslösende Umstand, also der Sachverhalt oder das Verhalten, objektiv vorgelegen haben, als auch die Schadensprognose auf bewährten Erfahrungssätzen beruhen, also objektiv nachvollziehbar sein. Anderenfalls wäre das Vorliegen einer Gefahr zu verneinen.

Subjektiver Gefahrenbegriff

Nach der heute h.M. ist der Gefahrenbegriff subjektiv zu verstehen. Der handelnde Polizist muss in der ex ante-Betrachtung vertretbar von einem Sachverhalt bzw. einem Verhalten ausgegangen sein und daraus einen vertretbaren Schluss auf die Schadenwahrscheinlichkeit getroffen haben. Entscheidend ist daher nicht das objektive Vorliegen der Voraussetzungen, sondern dass ein Beamter typischer Sorgfalt, Klugheit und Besonnenheit von deren Vorliegen ausgegangen wäre.[195] (Ein streng subjektiver Begriff wird nicht vertreten; es geht mehr um die Wahrnehmung eines „objektiven Beobachters“ in der Position des tatsächlich handelnden Beamten[196])

Als Folge der h.M. sind drei Konstellationen zu unterscheiden: Die Anscheinsgefahr, die Putativgefahr und der Gefahrenverdacht.

(a) „Anscheinsgefahr“

obj. keine Gefahr vorhanden

Liegt objektiv keine Gefahr vor, ergibt sich jedoch bei verständiger Würdigung der erkennbaren Umstände der *Anschein einer Gefahr*, so spricht man von einer „Anscheinsgefahr“.[197] Diese stellt eine „echte“ Gefahr i.S.d. § 8 I PolG NRW dar. 203

Bsp.: *Ein Polizist greift ein, als eine Frau einen Mann auf offener Straße niederschlägt und mit Fußtritten malträtiert. Dabei konnte er nicht erkennen, dass es sich lediglich um Filmaufnahmen handelte.*

Beurteilung „ex ante et ex situatione“ aus Sicht eines Durchschnittsbeamten (verobjektivierte Sicht)

Hinsichtlich der Beurteilung des Vorliegens einer Anscheinsgefahr ist auf die *ex ante*-Perspektive eines „fähigen, besonnenen und sachkundigen Polizeibeamten“ in der Situation des handelnden Polizeibeamten abzustellen. Es darf also nicht auf die Sicht des konkret Handelnden selbst abgestellt werden. (Insofern könnte man von einer *„verobjektivierten Sicht“* sprechen[198])

unverschuldete Fehleinschätzung

Die Anscheinsgefahr ist ein Fall *unverschuldeter Fehleinschätzung*, d.h. das Tatsachenbild der Behörde ist zwar subjektiv vollständig, aber objektiv unzutreffend. Es handelt sich um einen Irrtum über die Sachlage, der nicht auf Pflichtwidrigkeit beruht.

getroffene Maßnahmen rechtmäßig

Die Anscheinsgefahr wird *wie* eine *wirklich bestehende Gefahr behandelt*, sodass sie nach h.M. alle bei objektiven Gefahren rechtmäßigen Maßnahmen rechtfertigt. 204

Dauermaßnahmen

Es ist jedoch zu beachten: Wird bei Dauermaßnahmen festgestellt, dass eine Gefahr nicht vorliegt, so sind noch andauernde Gefahreneingriffe einzustellen. 205

---

195 Ausführliche Auseinandersetzung mit der Problematik und weitere Verweise bei Pieroth/Schlink/Kniesel, Polizei- und Ordnungsrecht, § 4, Rn. 31 – 47; vgl. auch Schlink, Jura 1999, 169 ff.

196 Wehr, Polizeirecht, Rn. 96 f.

197 Den Terminus für überflüssig haltend: Schoch in Schmidt-Aßmann/Schoch, Bes. Verwaltungsrecht, 2. Kap., Rn. 93; Götz/Geis, Allg. Polizei- und Ordnungsrecht, § 7, Rn. 39; dieser Position nach kommt es auf einen Vergleich der ex-ante-Betrachtung mit der ex-post-Beurteilung nicht an. Allein erstere entscheide über das Vorliegen oder Nichtvorliegen einer Gefahr. Diese Gefahren in objektive Gefahren und Anscheinsgefahren zu unterteilen bringe keinen Gewinn.

198 Der Begriff „objektiv“ ist aber missverständlich. Durch die vorgenannten Einschränkungen (= ex ante et ex situatione) ist die Betrachtung nicht mehr wirklich objektiv. Perspektivische Wahrnehmung ist gerade das Gegenteil der objektiven Erfassung.

Bsp.: *Polizeibeamte stellen bei einer antifaschistischen Demonstration, an der zahlreiche hochrangige Politiker teilnehmen, ein Plakat sicher, das der Besitzer gerade entrollen will, da sich anhand der Umstände der Anschein abzeichnet, das Plakat enthalte provozierende profaschistische Äußerungen.*

Als sie das sichergestellte Plakat entrollen, stellen die Polizisten fest, dass dieses lediglich Äußerungen im Sinne der Kundgebung enthält.

In diesem Fall ist das Plakat unverzüglich zurückzugeben, da eine Gefahr nicht vorliegt, auch wenn zunächst eine Anscheinsgefahr bestand. Die Herausgabepflicht resultiert auch aus § 2 III PolG NRW.[199]

hemmer-Methode: Beachten Sie im Zusammenhang mit der Anscheinsgefahr auch immer die Frage, ob dem Anscheinsverantwortlichen Entschädigungsansprüche zustehen. Vergleiche dazu unten, Rn. 381 und 386.

(b) „Putativgefahr“

keine Gefahr im Rechtssinne

Hält die Polizei eine Gefahr für gegeben, ohne dass die ihr bekannten Tatsachen aufgrund einer ex-ante-Betrachtung aus der Sicht eines Durchschnittsbeamten (vgl. Hierzu nochmals die Voraussetzungen der Anscheinsgefahr, Rn. 201) diese Annahme ausreichend stützen, so sind die *Maßnahmen* zur Abwehr einer solchen nur vermeintlichen Gefahr, sog. Schein- oder Putativgefahr, *rechtswidrig*. 206

Irrtum verschuldet

Im Gegensatz zur Anscheinsgefahr beruht der Irrtum über die Sachlage bei der Putativgefahr auf Pflichtwidrigkeit.

Bsp.: *Vgl. Bsp. Rn. 201 - eine Putativgefahr liegt vor, wenn der Beamte bei genauerem Hinsehen hätte erkennen können, dass nur wenige Meter entfernt das Kamerateam filmt.*

hemmer-Methode: In der Klausur erkennen Sie dieses Problem daran, dass ein *Ermittlungsdefizit* aus dem Sachverhalt hervorgeht.

erhöhte Sorgfaltspflicht vor bewusster Schadensverursachung

Vor allem im Falle der bewussten Verursachung eines Schadens durch die Polizei besteht eine *erhöhte Sorgfaltspflicht* hinsichtlich der Gefahrenermittlung. Die Verursachung eines Schadens muss immer *ultima ratio* sein und bedarf besonders sorgfältiger Abwägung. 207

i.d.R. mindestens zwei Indizien erforderlich

hemmer-Methode: Vor der Herbeiführung eines Schadens durch die Polizei sollten zur Feststellung der Gefahr grundsätzlich *mindestens zwei Gefahrenindizien* vorliegen.
Ausnahmsweise könnte auch ein Gefahrenindiz genügen, wenn eine dringende Gefahr für ein wichtiges Rechtsgut anzunehmen ist. Aber auch dann ist nach Erkenntnisalternativen zu suchen. Erst wenn solche nicht möglich sind, kann trotzdem die Maßnahme vorgenommen werden.
<u>Beispiel:</u> Ein Wohnungsnachbar hat die Polizei über einen angeblich Suizidgefährdeten informiert. Bevor die Tür zur Wohnung des vermeintlich Suizidgefährdeten aufgebrochen wird, könnten z.B. Befragungen weiterer Nachbarn durchgeführt oder Gasgeruch im Treppenhaus wahrgenommen werden.
Wurden je nach Situation mehr als zwei Anhaltspunkte berücksichtigt oder sind weitere Nachforschungen unmöglich, so führt dies zu einer polizeirechtlich relevanten Anscheinsgefahr.

199 Prozessual gilt es insbesondere für Referendare zu beachten, dass eine gegen die inzwischen erledigte Sicherstellung - die zu spät beendet worden ist - erhobene Fortsetzungsfeststellungsklage aufgrund der ursprünglich rechtmäßigen und erst später rechtswidrig gewordenen Sicherstellung wie folgt zu tenorieren ist: „Es wird festgestellt, dass die Sicherstellung rechtswidrig geworden ist“; hierzu VG Würzburg, Az.: W 5 K 95. 773.

schuldhafte Fehleinschätzung

Die Putativgefahr stellt *keine Gefahr im Rechtssinne* dar. Es handelt sich um einen Fall der schuldhaften Fehleinschätzung. 208

hemmer-Methode: In den Fällen der Putativgefahr müssen Sie insbesondere dann, wenn die Polizei nur oberflächlich die Situation beurteilt oder nach verständiger Beurteilung sogar leichtfertig handelt, an die Möglichkeit von Amtshaftungsansprüchen denken.

(c) „Gefahrenverdacht“[200]

Unsicherheiten bei Sachverhaltsdiagnose oder Kausalverlaufsprognose

Ein *Gefahrenverdacht* ist anzunehmen, wenn der Polizei, anders als bei der Anscheins- und der Putativgefahr, bestimmte *Unsicherheiten* bei der Diagnose des Sachverhaltes oder bei der Prognose des Kausalverlaufes *bewusst* sind und ihr gerade deshalb die Entscheidung über die Wahrscheinlichkeit eines Schadenseintrittes erschwert wird. 209

Das Tatsachenbild ist hier zwar zutreffend, aber unvollständig, und die Polizei ist sich dessen bewusst: „Sie weiß, dass sie nicht alles weiß“.

Abgrenzung zur Anscheins- und Putativgefahr

Bei den Fällen der Anscheinsgefahr, wie auch bei denen der Putativgefahr, ist der handelnde Beamte fälschlicherweise vom Vorliegen einer objektiven Gefahr vollständig überzeugt. Sie unterscheiden sich nur darin, ob ihr Irrtum auf eine objektiv nicht zu beanstandende ex-ante-Beurteilung zurückzuführen ist oder nicht.

Bei den Fällen des Gefahrenverdachts ist sich der Handelnde bewusst, dass sein momentanes Wissen aus seiner Sicht nicht ausreicht, um einen Schaden mit dem erforderlichen Grad an Wahrscheinlichkeit zu prognostizieren.

begründeter Gefahrenverdacht erforderlich

Nur ein durch Tatsachen erhärteter sog. *begründeter Gefahrenverdacht* stellt nach h.M. eine Gefahr im Rechtssinne dar.[201] Der Gefahrenverdacht ist quasi eine Gefahr mit geringerer Wahrscheinlichkeit.

Aufgabenbereich grds. nur für vorläufige Maßnahmen eröffnet

Er *rechtfertigt nur vorläufige Maßnahmen*, also solche Maßnahmen, die ausschließlich der einstweiligen Unterbrechung eines in der Entwicklung begriffenen Geschehens dienen. 210

Gefahrerforschungseingriffe

Zu den vorläufigen Maßnahmen zählen insbesondere die sog. *Gefahrerforschungseingriffe,* die der Sachverhaltsaufklärung dienen. Bei derartigen Eingriffen ist wie folgt zu differenzieren: 211

- ⇨ Unklarheit über *„ob“* der Gefahr:
  die Behörde muss selbst erforschen, Amtsermittlungsgrundsatz des § 24 VwVfG NRW (vgl. im Ordnungsrecht auch § 20 II OBG NRW);
- ⇨ Unklarheit über *Ausmaß und Umfang* der Gefahr:
  der Störer kann zur Gefahrbeseitigung herangezogen werden, vgl. Rn. 445 ff.;
- ⇨ Unklarheit über den *Verursacher*:
  der scheinbare Störer kann nach den Grundsätzen der Anscheinsgefahr herangezogen werden (siehe dazu unten Rn. 258 ff.).

200 Zu den dogmatischen Problemen des Gefahrenverdachts vgl. Poscher, NVwZ 2001, 141.

201 BVerwGE 39, 190 ff., 193 f. = jurisbyhemmer.

Endgültige Maßnahmen sind nur dann gerechtfertigt, wenn sie dem Schutz besonders wichtiger Güter dienen. 212

hemmer-Methode: Die Problematik der Gefahrerforschungseingriffe ist v.a. im Bereich des Ordnungsrechts relevant, dazu Rn. 445 ff. Beachten Sie im Übrigen, dass auch Befugnisnormen des PolG NRW beim Gefahrenbegriff vom Wortlaut her auf den Gefahrenverdacht abstellen (z.B. § 14 I Nr. 2 PolG NRW).

(5) Weitere Gefahrenbegriffe

konkrete Gefahren besonderer Intensität

Die nachfolgenden Gefahrenbegriffe, die in manchen Befugnisnormen verwendet werden, kennzeichnen jeweils *konkrete Gefahren besonderer Intensität.* 213

⇨ Gefahr im Verzug

sofortiges Eingreifen zur Schadensabwendung erforderlich

Gefahr im Verzug liegt vor, wenn die grundsätzlich vorgeschriebene Einschaltung der an sich zuständigen Behörde oder eines Richters nicht rechtzeitig vor Eintritt des zu erwartenden Schadens möglich ist. Sie ist folglich gegeben, wenn *ohne das sofortige Eingreifen* der Polizei der drohende *Schaden* eintreten würde. 214

⇨ Gegenwärtige Gefahr

unmittelbar bevorstehende konkrete Gefahr

Sie ist gekennzeichnet durch eine Steigerung der Schadenswahrscheinlichkeit. Eine gegenwärtige Gefahr besteht, wenn die konkrete Gefahr bereits *gegenwärtig* ist *oder unmittelbar bevorsteht*. 215

⇨ Erhebliche Gefahr

konkrete Gefahr für bedeutsames Rechtsgut

Die erhebliche Gefahr stellt eine weitere Steigerungsform der konkreten Gefahr dar. Sie liegt vor, wenn eine Gefahr für ein *bedeutsames Rechtsgut*, wie Leben, Gesundheit, Freiheit, wesentliche Vermögenswerte sowie Bestand des Staates besteht. 216

⇨ Gefahr für Leib oder Leben

drohende Körperverletzung oder Tod

Sie ist eine Sachlage, bei der eine nicht nur leichte Körperverletzung oder sogar der Tod einzutreten droht. 217

⇨ Dringende Gefahr

str.: Zeitfaktor

Sie ist eine Gefahr für ein wichtiges Rechtsgut. Umstritten ist, ob darüber hinaus eine *besondere zeitliche Nähe* erforderlich ist, d.h. diese Gefahr bereits eingetreten sein oder unmittelbar bevorstehen muss. 218

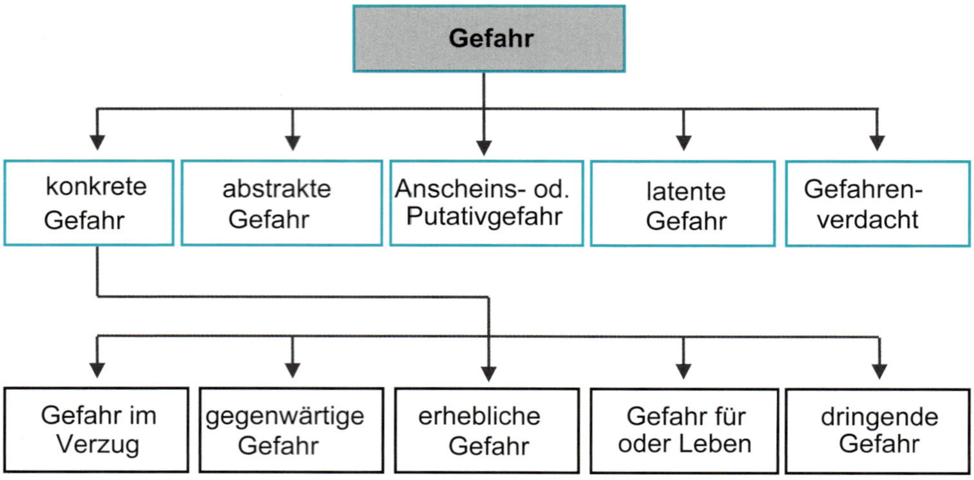

⇨ Gemeine Gefahr (vgl. auch Art. 13 III GG)

Ausmaß der Gefahr ungewiss

Gefahr für eine *unbestimmte Vielfalt von Personen oder Sachen* 219
(Naturkatastrophen-, Seuchengefahren etc.)

c) Verantwortlichkeit

Von der wissenschaftlichen Systematik her würde die Verantwortlichkeit zu den materiellen Voraussetzungen gehören. Hier müsste man subsumieren, ob der Inanspruchgenommene als Handlungsstörer, Zustandsstörer, usw. verantwortlich ist. Dabei ist nur auf den Adressaten einzugehen. Weitere denkbare Störer sind erst im Auswahlermessen zu thematisieren.

Die Gerichte vermeiden es regelmäßig, sich mit dieser Problematik sowohl im Tatbestand als auch in der Rechtsfolge auseinanderzusetzen. Stattdessen verbinden sie beide Fragen im Auswahlermessen. Diesem Aufbau folgend finden sie die Problemkreise in den Randnummern 235 ff. dargestellt.

4. Ermessensausübung, § 3 PolG NRW

Ermessen in dreifacher Hinsicht

Liegen die Voraussetzungen der einschlägigen Ermächtigungs- 220
grundlage vor, hat die Polizei ihre Maßnahmen nach pflichtgemäßem Ermessen zu treffen, § 3 I PolG NRW. Der Polizei wird in drei verschiedene Richtungen ein Ermessen eingeräumt, nämlich

- ⇨ *„ob“* sie einschreitet (Entschließungsermessen)
- ⇨ *„wie“* sie einschreitet (Gestaltungsermessen)
- ⇨ und *„gegen wen“* sie einschreitet (Auswahlermessen)

hemmer-Methode: Die Ermessensausübung ist allerdings nur in den Grenzen des § 114 VwGO gerichtlich nachprüfbar. Das Gericht prüft lediglich, ob ein Ermessensfehlgebrauch oder eine Ermessensüberschreitung vorliegt.
Vergleichen Sie dazu Hemmer/Wüst, Verwaltungsrecht I, Rn. 365 ff.

a) Entschließungsermessen

Opportunitätsprinzip

221 Nach § 3 I PolG NRW gilt grundsätzlich das Opportunitätsprinzip, d.h. die Polizei *kann* bei Vorliegen einer Gefahr einschreiten, *muss* es aber nicht.

Bei der Ausübung des Entschließungsermessens können in der Klausur typischerweise Grundrechtsprobleme auftreten (z.B. Identitätskontrolle vor religiösen Einrichtungen; Grundrecht der Versammlungs- bzw. Meinungsfreiheit). Zur Meinungsfreiheit gibt es eine Entwicklung in der Verfassungsrechtsprechung, die sich über mehrere Jahre erstreckt und deswegen eine hohe Examensrelevanz hat:

> ***Bsp.***[202]***:*** *Die Verurteilung gem. § 185 StGB wegen des Tragens eines Ansteckers mit der Buchstabenkombination „FCK CPS“ (als Abkürzung für „Fuck Cops“) verletzt das Grundrecht auf freie Meinungsäußerung aus Art. 5 I S. 1 GG, wenn hinreichende Feststellungen dazu fehlen, dass sich die Äußerung auf eine hinreichend überschaubare und abgegrenzte Personengruppe (hier: die Kräfte eines örtlichen Polizeikommissariats) bezieht.*
>
> *(Für eine Situationsbewertung im präventiven Bereich müssten diese Maßstäbe ebenso herangezogen werden.)*
>
> ***Bsp.***[203]***:*** *Eine herabsetzende Äußerung, die weder bestimmte Personen benennt noch erkennbar auf bestimmte Personen bezogen ist, sondern ohne individuelle Aufschlüsselung ein Kollektiv erfasst (hier: Aufdruck ACAB im Gesäßbereich einer schwarzen Hose), kann unter bestimmten Umständen ein Angriff auf die persönliche Ehre der Mitglieder des Kollektivs sein.*
>
> *Es ist jedoch verfassungsrechtlich nicht zulässig, eine auf Angehörige einer Gruppe im Allgemeinen bezogene Äußerung allein deswegen als auf eine hinreichend überschaubare Personengruppe bezogen zu behandeln, weil eine solche Gruppe eine Teilgruppe des nach der allgemeineren Gattung bezeichneten Personenkreises bildet.*
>
> ***Bsp.:*** *Das Tragen einer Weste mit den Buchstaben „A.C.A.B.“ (für: „all cops are bastards“, übersetzt: Alle Polizisten sind Bastarde) fällt in den Schutzbereich der Meinungsäußerungsfreiheit, weil die Parole nicht von vornherein offensichtlich inhaltslos ist, sondern eine allgemeine Ablehnung der Polizei und ein Abgrenzungsbedürfnis gegenüber der staatlichen Ordnungsmacht zum Ausdruck bringt. Ob dies auch für die Zahlenfolge „13 12“, die für die Buchstaben A.C.A.B. stehen soll, gilt, bleibt offen.*
>
> *Der bloße Aufenthalt in einem Fußballstadion mit dem Westenaufdruck „A.C.A.B.“ im Bewusstsein, dass die Polizei präsent ist, genügt den verfassungsrechtlichen Vorgaben an eine erkennbare Konkretisierung der Äußerung auf bestimmte Personen nicht. Es muss vielmehr festgestellt werden, dass sich der Betroffene bewusst in die Nähe der Einsatzkräfte der Polizei begeben hat, um diese mit seiner Parole zu konfrontieren.*

nur ausnahmsweise Eingriffspflicht

Eine Eingriffspflicht ergibt sich nur im Falle *einer Ermessensreduzierung auf null*, hier muss die Polizei Maßnahmen zur Gefahrenabwehr ergreifen.

b) Gestaltungsermessen

Gestaltungsermessen

222 Darüber hinaus räumt § 3 I PolG NRW der Polizei auch ein Ermessen ein, „wie“ der polizeiliche Zweck erreicht werden soll (Gestaltungsermessen).

---

202 BVerfG, NJW 2015, 2022.

203 BVerfG, JuS 2016, 751.

aa) Grundsatz der Verhältnismäßigkeit, § 2 PolG NRW

Umfang des Eingriffs und Wahl der Mittel

Insbesondere muss die Polizei bei der Entscheidung über den Umfang des Eingriffs und bei der Wahl des Mittels nach pflichtgemäßem Ermessen handeln, ihre Maßnahmen müssen verhältnismäßig sein. 223

Verhältnismäßigkeit

Der Grundsatz der Verhältnismäßigkeit, welcher verlangt, dass eine Maßnahme

- ⇨ geeignet,
- ⇨ erforderlich und
- ⇨ angemessen

sein muss, hat in § 2 PolG NRW eine ausdrückliche Normierung gefunden.

(1) § 2 I PolG NRW

relativ mildestes Mittel

Nach § 2 I PolG NRW hat die Polizei bei mehreren möglichen und geeigneten Maßnahmen diejenige zu treffen, die den Einzelnen und die Allgemeinheit am wenigsten beeinträchtigt. 224

(a) Möglichkeit mehrerer Maßnahmen

Möglichkeit mehrerer Maßnahmen

Zunächst müssen mehrere Maßnahmen möglich sein. Eine Maßnahme ist als solche unmöglich, wenn sie vom Adressaten ein Verhalten fordert, das dieser aus *tatsächlichen* oder *rechtlichen* Gründen nicht erbringen kann. 225

tatsächliche Unmöglichkeit

Bei tatsächlicher Unmöglichkeit der Befolgung ist die Maßnahme *rechtswidrig*, bei objektiver Unmöglichkeit sogar gemäß § 44 II Nr. 4 VwVfG NRW *nichtig*. 226

rechtliche Unmöglichkeit

Dagegen ist eine Verfügung, die aus rechtlichen Gründen nicht befolgt werden kann, rechtmäßig, stellt aber ein *Vollstreckungshindernis* dar, bis der Grund für die Unmöglichkeit entfällt, z.B. weil eine Duldungsverfügung ergeht. 227

> **Bsp.:** *Auf der Grenze des Grundstücks der Nachbarn A und B steht eine alte Mauer, die im Miteigentum von A und B steht und einsturzgefährdet ist. A gegenüber ergeht eine Abrissverfügung.*
>
> *Aufgrund des Miteigentums des B ist es A allein rechtlich unmöglich, die Mauer abzureißen. Solange keine Duldungsverfügung gegenüber B erlassen wird, den Abriss der Mauer zu dulden, besteht ein Vollstreckungshindernis bezüglich der Anordnung an A, die Verfügung an A ist gleichwohl rechtmäßig.*

Auch lässt sich die ordnungsrechtliche Problematik in der Klausur als Inzidentprüfung für die Rechtmäßigkeit einer solchen Duldungsverfügung einbauen.

> **Bsp.[204]:** *In einem gegen die Duldungsverfügug gerichteten Klageverfahren eines Miteigentümers ist die gegenüber einem anderen Miteigentümer erlassene Beseitigungsverfügung grundsätzlich auf ihre Rechtmäßigkeit zu prüfen, und zwar auch dann, wenn sie gegenüber dem für seine Beseitigung in Anspruch genommenen Miteigentümer in Bestandskraft erwachsen ist.*

204 OVG Münster, NWVBl. 2014, 343.

Dies gilt jedenfalls insoweit, als sich aus einer Rechtswidrigkeit der Beseitigungsverfügung eine Rechtsverletzung des zur Duldung des Vollzugs der Beseitigungsverfügung verpflichteten Miteigentümers ergeben kann.

rechtswidriges Verhalten

Ebenso darf vom Adressaten kein *rechtswidriges* Verhalten verlangt werden. Ein solches ist dem tatsächlich Unmöglichen gleichzustellen. 228

(b) Geeignetheit

geeignet

Eine Maßnahme ist dann *geeignet*, wenn sie den gewünschten Erfolg herbeiführt oder zumindest fördert. 229

(c) Erforderlichkeit

geringste Beeinträchtigung

Bei mehreren möglichen und geeigneten Maßnahmen hat die Polizei nun diejenige auszuwählen, die den Einzelnen *und* die Allgemeinheit am wenigsten beeinträchtigt. 230

§ 2 I PolG NRW enthält den Grundsatz der geringsten Beeinträchtigung.

hemmer-Methode: Der Grundsatz der geringsten Beeinträchtigung entspricht der „Erforderlichkeit" im Rahmen der dreistufigen Prüfung des Verhältnismäßigkeitsgrundsatzes.
Beachten Sie, dass die geringste Beeinträchtigung jeden Nachteil umfasst. Auch bloße Unannehmlichkeiten oder ein möglicher Ansehensverlust fallen darunter.

(d) Austauschmittel, § 3 II S. 2 PolG NRW

Austauschmittel

Welches Mittel den Einzelnen *subjektiv* am wenigsten belastet, kann für die Polizeibehörde im Einzelfall schwierig zu beurteilen sein. Der Betroffene kann durchaus ein anderes als das von der Behörde gewählte Mittel als weniger einschneidend empfinden. In diesem Zusammenhang ist daher an die Möglichkeit des Austauschmittels (vgl. § 3 II S. 2 PolG NRW) zu denken: Dem Betroffenen ist danach auf Antrag zu gestatten, ein anderes, ebenso wirksames Mittel anzuwenden, sofern die Allgemeinheit dadurch nicht stärker beeinträchtigt wird. 231

(2) § 2 II PolG NRW

Angemessenheit

§ 2 II PolG NRW normiert den Grundsatz der Verhältnismäßigkeit im engeren Sinne. Danach muss das gewählte Mittel auch angemessen sein, d.h. es dürfen *keine unverhältnismäßigen Nachteile* entstehen. 232

durch Abwägung zu ermitteln

Hier ist die nach § 2 I PolG NRW mildeste Maßnahme in Relation zum Erfolg zu setzen. Bei Unverhältnismäßigkeit der Zweck-Mittel-Relation kann u.U. auch das einzig geeignete Mittel ausgeschlossen sein. Letztlich ist eine Abwägung zwischen den durch den angestrebten Erfolg geschützten Rechtsgütern und den herbeigeführten Nachteilen für die betroffenen Rechtsgüter vorzunehmen.

Die Abwägung muss zugunsten Ersterer ausfallen. Es dürfen weder unverhältnismäßige Nachteile für den Einzelnen noch für die Allgemeinheit entstehen.

***Bsp*[205]*.: Bietet der Adressat einer Ordnungsverfügung ein Austauschmittel an, das die Behörde akzeptiert, liegt darin eine Modifizierung der Ordnungsverfügung. Sieht sich der Adressat im Nachhinein nicht in der Lage, das Austauschmittel zu realisieren, bleibt es bei der ursprünglich angeordneten Verpflichtung.*

Modifiziert die Ordnungsbehörde ihre Ordnungsverfügung in Hinblick auf ein Austauschmittel, bedarf es keiner Baugenehmigung oder einer Abweichungsentscheidung, wenn eine entsprechende Maßnahme bei Errichtung oder Änderung des Gebäudes durchgeführt werden soll.

Die Wirksamkeit und nicht die Rechtmäßigkeit vorausgegangener Verwaltungsakte ist Bedingung für die Rechtmäßigkeit der folgenden Vollstreckungsakte. Dies gilt auch dann, wenn der Grundverwaltungsakt noch nicht bestandskräftig geworden ist.

(3) § 2 III PolG NRW

zeitliches Übermaßverbot

§ 2 III PolG NRW enthält das *zeitliche Übermaßverbot*. Danach muss die Polizei zum einen eine Maßnahme beenden, wenn die Gefahr abgewehrt ist. Da ab diesem Zeitpunkt keine Gefahr mehr für die öffentliche Sicherheit oder Ordnung besteht, fehlt es bereits an der Aufgabeneröffnung (= sachlichen Zuständigkeit). Weiterhin ist eine Maßnahme einzustellen, wenn sich herausstellt, dass der angestrebte Zweck nicht erreicht werden kann.[206] 233

hemmer-Methode: Im Rahmen der Klausurbearbeitung müssen Sie § 2 PolG NRW lediglich korrekt subsumieren. Sollten im Rahmen des Grundsatzes der Verhältnismäßigkeit erkennbar keine Probleme liegen, so stellen Sie die Einhaltung des § 2 PolG NRW nur mit einem Satz fest.

bb) Bestimmtheit, § 37 I VwVfG NRW

Bestimmtheitsgebot

Außer dem Grundsatz der Verhältnismäßigkeit des § 2 PolG NRW hat die Polizei noch das Bestimmtheitsgebot des § 37 I VwVfG zu beachten. 234

Dieser besagt, dass ein Verwaltungsakt inhaltlich hinreichend bestimmt sein muss.

Die Polizeiverfügung muss daher

- ⇨ ihren Verfügungscharakter
- ⇨ das angestrebte Ziel
- ⇨ das zu dessen Erreichung einzusetzende Mittel
- ⇨ sowie ihren Adressaten

erkennen lassen. Als Merksatz können Sie sich einprägen, dass die Polizeiverfügung *so präzise* sein muss, dass sie *notfalls vollstreckt* werden könnte.

c) Auswahlermessen (Adressat, §§ 4, 5, 6 PolG NRW)

Auswahlermessen

Letztlich muss die Polizei ermessensfehlerfrei auswählen, gegen wen sie vorgeht. 235

205 OVG Greifswald, NVwZ-RR 2014, 141.

206 Vgl. Bsp. Rn 203.

Die Gerichte prüfen regelmäßig hier die Verantwortlichkeit des Adressaten (aa) und danach erst das Auswahlermessen (bb). Dem sind wir hier gefolgt. 235

ÜBERSICHT

> ⇨ Grundsatz: Maßnahme gegen den Verantwortlichen
>
> Begriff der Verantwortlichkeit
>
> Kausalität: Theorie der Unmittelbarkeit der Verursachung (h.M.)
> Ausnahmen: latente Gefahr, Zweckveranlasser
>
> ⇨ Auswahl bei mehreren Störern nach pflichtgemäßem Ermessen;
>
> entscheidend aber: effektive Gefahrenabwehr

aa) Verantwortlichkeit des Adressaten bzw. Maßnahmerichtung

richtiger Adressat

Bei der Frage nach der Maßnahmerichtung ist zu prüfen, ob die Polizei ihre Maßnahme an den richtigen Adressaten gerichtet hat. Hat sie dies nicht getan, so ist das polizeiliche Handeln rechtswidrig. 236

„Verantwortlicher“

Eine polizeiliche Maßnahme muss grundsätzlich gegen den *Verantwortlichen* gerichtet werden, vgl. §§ 4, 5 PolG NRW. Nur in Ausnahmefällen darf sie gegen eine nicht verantwortliche Person gerichtet werden, vgl. § 6 PolG NRW.

Handlungs- oder Zustandsverantwortlicher

Verantwortlicher ist derjenige, der durch sein *Verhalten* eine Gefahr verursacht hat, oder dem ein Gefahr verursachender *Zustand* zuzurechnen ist.

hemmer-Methode: Früher sprach das Gesetz nicht vom „Verantwortlichen“, sondern vom sog. „Störer“. Da der Gesetzgeber des PolG NRW heute jedoch den Begriff des Verantwortlichen gewählt hat, sollten auch Sie diese Bezeichnung verwenden; gleichwohl ist natürlich der Begriff „Störer“ nicht falsch.

Subsidiarität der §§ 4, 5 und 6 PolG NRW

Normalerweise regeln die §§ 4, 5 und 6 PolG NRW, an wen eine polizeiliche Maßnahme zu richten ist. 237

Diese Normen gelten jedoch aufgrund der jeweils in ihnen gesetzlich geregelten *Subsidiaritätsklauseln* (§§ 4 IV, 5 IV und 6 III PolG NRW) nicht, soweit sich die Maßnahmerichtung bereits aus anderen Rechtsvorschriften ergibt. Entgegen einer Mindermeinung enthalten die Standardmaßnahmen keine abweichende Regelung.

Auch Spezialgesetze enthalten oftmals eine abschließende Adressatenregelung, so z.B. das BImSchG.

hemmer-Methode: Beachten Sie, dass die §§ 4 ff. PolG NRW keine Befugnisnormen sind. Sie regeln nur, gegen wen eine Maßnahme zu richten ist. Zu dieser Maßnahme muss die Polizei aufgrund einer anderweitigen Befugnisnorm berechtigt sein.

(1) Begriff der Verantwortlichkeit

Verantwortlichkeitsbegriff

Verantwortlichkeit liegt in zwei Fällen vor: Das *Verhalten* einer Person ist kausal für einen polizeiwidrigen Zustand. Der *Zustand einer Sache*, der einer Person zuzurechnen ist, ist kausal für eine polizeirechtsrelevante Gefahr. 238

zentrales Problem: Kausalität

Das zentrale Problem der Verantwortlichkeit besteht in der Feststellung dieser Kausalität. Insbesondere dann, wenn erst das *Zusammenwirken mehrerer Ursachen* zu einer Störung führt, stellt sich die Frage, welche von ihnen als störende Ursache eine Verantwortlichkeit begründet.

(a) Grundsatz

Äquivalenz-/Adäquanztheorie ungeeignet

Sowohl die im Strafrecht und im Zivilrecht geltende Äquivalenztheorie als auch die Adäquanztheorie ist zur Ermittlung der Kausalität für die Verantwortlichkeit im Polizeirecht nach allgemeiner Meinung ungeeignet. *239*

hemmer-Methode: Nach der Äquivalenztheorie ist jede Handlung ursächlich, die nicht hinweg gedacht werden kann, ohne dass der konkrete Erfolg entfiele; sie ist aber für das Recht der Gefahrenabwehr zu weit. Die *Adäquanztheorie* fragt danach, ob eine Bedingung nach der allgemeinen Lebenserfahrung zur Herbeiführung eines Erfolges, also *generell* geeignet ist; das Recht der Gefahrenabwehr muss hingegen in der Lage sein, auch atypischen Geschehensabläufen zu begegnen.[207]

> ***Bsp.:*** *Die Äquivalenztheorie und die Adäquanztheorie würden dazu führen, dass auch der Hersteller von Farbspraydosen Verantwortlicher wäre, wenn Graffiti-Fans ohne Erlaubnis ein öffentliches Gebäude in ein „Kunstwerk" verwandeln.*

Theorie der Unmittelbarkeit der Verursachung

Die h.M. folgt der Theorie der Unmittelbarkeit der Verursachung.[208] *240*
Verantwortlicher ist danach nur, wer in der Kausalkette die unmittelbare, *letzte steuerbare Ursache setzt*. Ein Verhalten ist demnach dann ursächlich, wenn es für sich gesehen die polizeiliche Gefahrenschwelle überschreitet und die hinreichende Wahrscheinlichkeit eines Schadenseintritts begründet oder erhöht. Lediglich mittelbare oder entferntere Bedingungen werden somit ausgeschieden. Ein Verschulden ist danach nicht erforderlich, es gilt vielmehr das Verursacherprinzip.

> ***Bsp.:*** *Stellt man jedoch darauf ab, wer die unmittelbare, letzte steuerbare Ursache gesetzt hat, so kommen als Verantwortliche nur die „Graffiti-Künstler" in Betracht.*

Keine die Verantwortlichkeit begründende Verursachung liegt zudem dann vor, wenn die Ausübung eines bestehenden Rechts erfolgt.

hemmer-Methode: Von der Frage nach dem Vorliegen der Verantwortlichkeit ist jedoch die Problematik, wer bei *mehreren Verantwortlichen* in Anspruch zu nehmen ist, zu unterscheiden. Die Theorie der unmittelbaren Verursachung schließt die Verantwortlichkeit mehrerer nebeneinander nicht aus.
Beispiel: Von den obigen Graffiti-Künstlern ist jeder einzelne, der sich betätigt hat, verantwortlich. Die Auswahl zwischen den Handlungsverantwortlichen erfolgt nach pflichtgemäßem Ermessen, vgl. Rn. 256, 257.

207 Vgl. Schoch in Schmidt-Aßmann/Schoch, Bes. Verwaltungsrecht, 2. Kap., Rn. 127.

208 Schwerdtfeger, Rn. 121.

(b) Ausnahmen

Ausnahmen bei Problemfällen

241 Da die Theorie der unmittelbaren Verursachung aber sowohl beim Problem der „latenten Gefahr" als auch in den Fällen der sog. „mittelbaren Verursachung" (Zweckveranlasser) Schwierigkeiten nach sich zieht, werden hier Ausnahmen gemacht:

(aa) Latente Gefahr

Verantwortlicher bei latenter Gefahr: derjenige, dem latente Gefahr zuzurechnen ist

242 Die Zustandshaftung trifft ausnahmsweise nicht den letzten Verursacher, wenn bereits vorher eine latente Gefahr vom Zustand einer anderen Sache ausging.[209]

Bsp.: Neben ein altes Strohdachhaus wird ein Ziegelhaus mit polizeilich zulässiger Feuerstelle gebaut.

Bevor das Ziegelhaus gebaut wurde, stellte das besonders leicht entzündliche Strohdach eine latente Gefahr dar. Aufgrund der Veränderung in der Umwelt des Strohdachhauses wird die latente Gefahr zur konkreten Gefahr.

Als Verantwortlicher ist hier nicht der letzte Verursacher, also der, der das Ziegelhaus baute, sondern - aufgrund der latenten Gefahr - der Zustandsverantwortliche (also der Eigentümer des alten Strohdachhauses) und damit *ausnahmsweise der Vorletzte* in der Kausalkette *heranzuziehen*.

(bb) Zweckveranlasser

bei mittelbarer Verursachung: Zweckveranlasser

243 In den Fällen sog. „mittelbarer Verursachung" verwendet man die Konstruktion des Zweckveranlassers.

Da es sich bei der Theorie der unmittelbaren Verursachung um eine wertende Kausalitätsbetrachtung handelt, werden ausnahmsweise über die Figur des Zweckveranlassers[210] auch mittelbare Ursachen mit einbezogen, wenn der Handelnde das hinzutretende Verhalten Dritter bezweckt.[211]

Bsp.:[212] Ein Geschäftsinhaber veranstaltet in seinem Schaufenster aus Werbezwecken eine Modeschau für Dessous. Mehrere attraktive Mannequins präsentieren fortlaufend die neusten Modelle aus Paris, London und Mailand. Schon nach kürzester Zeit bildet sich eine Menschentraube aus überwiegend männlichen Betrachtern. Hierdurch kommt es zu einem Verkehrschaos.

Letzter Verursacher wäre hier eigentlich die Menschenmenge. Auch hier ist jedoch ausnahmsweise der Geschäftsinhaber als Zweckveranlasser Verantwortlicher.

Im Grunde ist er zwar nur der Vorletzte in der Kausalkette. Ausgangspunkt ist dabei aber, dass er gerade das Verhalten anderer Personen herbeiführen will, das dann zu einer Gefahr führt. Im Beispielsfall will der Geschäftsinhaber gerade erreichen, dass Passanten längere Zeit vor dem Schaufenster stehen bleiben.

---

209 Vgl. zur latenten Gefahr Rn. 211 f.

210 Kritisch Erbel, JuS 1985, 257ff.; Gusy, Polizeirecht, Rn. 336; Pieroth/Schlink/Kniesel, Polizei- und Ordnungsrecht, § 9 Rn. 29 f.; Kugelmann, Polizei- und Ordnungsrecht, Kap. 6, Rn. 45 ff.

211 OVG Münster, NVwZ 1985, 355 (356).

212 Vgl. die Leitentscheidung zur Schaufensterwerbung PrOVGE 85, 270 ff.

Streitig ist dabei, ob der Zweckveranlasser über die subjektive oder die objektive Theorie zu bestimmen ist.

Subjektive Theorie

Dabei hat das Preußische OVG die Figur der Zweckveranlassung zunächst in einem subjektiven Sinne verstanden (Borkumlied-Fall).[213] Zweckveranlasser ist danach, wer die Gefahr beabsichtigt oder zumindest billigend in Kauf nimmt.[214]

Objektive Theorie

Vorzugswürdig ist es jedoch für das Polizeirecht, das allgemein nicht vom Verschuldensprinzip ausgeht, auch die Figur der Zweckveranlassung - wie das Preußische OVG seit dem Schaufenster-Fall[215] - in einem objektivierten Sinne zu verstehen.[216] Wer durch sein Verhalten für eine Gefahr mittelbar kausal ist, ist danach Zweckveranlasser, wenn die Gefahr aus Sicht eines unbeteiligten Dritten eine typische Folge des Verhaltens ist.[217]

Subjektiv-objektive Theorie

Andere wiederum wollen subjektive und objektive Theorie miteinander verknüpfen. Danach ist Zweckveranlasser, wer das polizeiwidrige Verhalten Dritter beabsichtigt oder billigend in Kauf nimmt oder weil sich dieses als Folge seines Verhaltens zwangsläufig einstellt.[218]

hemmer-Methode: Aktuell wird der „Zweckveranlasser“ wieder im Rahmen der Facebook-Party-Problematik thematisiert. Wie auch schon bei der Frage, ob die Fußballvereine nicht an den Kosten der Polizeieinsätze zu beteiligen sind,[219] so wird auch hier an eine Kostenverteilung gedacht.
In der Regel hat der „Hintermann“ (Partyinitiator oder Verein) die Gefahr oder Störung aber gerade nicht gewollt, so dass nur die objektiven Gesichtspunkte weiterhelfen würden. Jedoch hilft auch dieser Ansatz nicht, denn die Konstruktion des Zweckveranlassers ist aus ganz anderem Grund ungeeignet zur Lösung des Problems. Die in Frage stehenden Polizeieinsätze sind hoheitliche Maßnahmen und können folglich nicht als Ersatzvornahme gelten. So kann der Fußballverein z.B. weder den Verkehr selber regeln, noch Gewalttätigkeiten bei der An- und Abreise entgegenwirken. Lediglich die Kosten für Polizeikräfte auf dem Stadiongelände ließen sich so einfordern.
Gegenüber den Initiatoren der Facebook-Partys ließen sich aus demselben Grund überhaupt gar keine Kosten geltend machen.[220]

Zweckveranlasser ablehnend

Der Begriff des Zweckveranlassers wir von neueren Auffassungen abgelehnt.[221] Der Begriff des Störers habe als einzigen Zurechnungsfilter die Kausalität und sei deswegen selbst schon viel zu weit. Aus rechtsstaatlichen Gründen sei eine Ausdehnung der Polizeipflichtigkeit auf den Vorletzten in der Kausalkette daher nicht zu begründen.

213 Pr. OVGE 80, 176.

214 Knemeyer, Polizei- und Ordnungsrecht, Rn. 328; Haseloff-Grupp, VBlBW 1999, 79; Zeitler, VBlBW 1996, 44 (47); Huber, BayVBl. 1994, 513 (515).

215 Pr. OVGE 85, 270.

216 Kritisch zu der Betonung subjektiver Elemente, die der Terminus des Zweckveranlassers befördere, Tettinger, Bes. Verwaltungsrecht, Rn. 337.

217 Schoch in Schmidt-Aßmann/Schoch, Bes. Verwaltungsrecht, 2. Kap., Rn. 141; ders. Jura 2009, 360 (363); Götz/Geis, Allg. Polizei- und Ordnungsrecht, § 9, Rn. 21; Möller/Wilhelm, Rn. 133.

218 BVerwG, AbfallR 2006, 143 = **juris**byhemmer; VGH Mannheim, ZUR 2002, 227 (230) = **juris**byhemmer; DÖV 1996, 83 (84) = **juris**byhemmer; Würtenberger in Achterberg/Püttner, Bes. VerwR II, § 21, Rn. 209; nun auch OVG Münster, NVwZ-RR 2008, 12 = **juris**byhemmer.

219 Vgl. dazu Lege, VerwArch. 89 (1998), 71 (81).

220 Vgl. zu dieser Thematik auch Söllner/Wecker, ZRP 2011, 179, und Schmidt, ZRP 2007, 120.

221 Lisken/Denninger, Handbuch des Polizeirechts, Kap. E, Rn. 81; Beaucamp/Seifert, JA 2007, 577 (578ff.); Pieroth/Schlink/Kniesel, Polizei- und Ordnungsrecht, § 9 Rn. 29 f.; Kugelmann, Polizei- und Ordnungsrecht, Kap. 6, Rn. 45 ff.

normativer Zweckveranlasserbegriff

Wenn man den Begriff des Zweckveranlassers weiterverwenden will, bedarf er einer normativen Aufladung. Wenn bei einer Grundrechtskollision im Wege der praktischen Konkordanz eine Seite zurücktreten muss, kann man sie insoweit als Zweckveranlasser ansehen.

> **Bsp.:** *Ein religiöser Orden betreibt eine Niederlassung in einem Villenviertel direkt gegenüber einem Spielplatz. Mittags nimmt er eine Armenspeisung vor. Nach dem Essen gehen die Armen auf den Spielplatz, trinken Bier und werfen die Flaschen in den Sandkasten. Spätnachmittags spielen dort reiche Kinder und schneiden sich an den Scherben. Die Ordnungsbehörde will gegen den religiösen Orden als Zweckveranlasser vorgehen und ihm die Armenspeisung untersagen. Es bedarf dann einer praktischen Konkordanz zwischen Art. 4 GG und Art. 2 II GG. Je nach Abwägung ist der Orden dann Zweckveranlasser oder auch nicht.*

(1) Verhaltensverantwortlicher, § 4 PolG NRW

Gefahren, die unmittelbar von einer Person ausgehen

§ 4 PolG NRW regelt, wer Adressat polizeilicher Maßnahmen ist, wenn eine *Gefahr* unmittelbar *von einer Person ausgeht*. Nach § 4 I PolG NRW sind Maßnahmen gegen die Person zu richten, die die Gefahr verursacht. 244

Verursachung durch Tun oder Unterlassen

Diese Verursachung kann zum einen durch positives Tun erfolgen. Zum anderen kann eine Gefahr auch durch Unterlassen verursacht werden. Dann muss aber eine besondere Pflicht zum Tätigwerden bestehen.

verschuldensunabhängig

Ein Verursachen i.S.d. § 4 I PolG NRW ist *verschuldensunabhängig*. § 4 II PolG NRW eröffnet die Möglichkeit, Maßnahmen auch gegen Aufsichtspflichtige von „zurechnungsunfähigen" Handlungsstörern zu richten. § 4 III PolG NRW räumt die Inanspruchnahme von Personen ein, deren Verrichtungsgehilfen die eigentlichen Verursacher der Gefahr sind.

(2) Zustandsverantwortlicher, § 5 PolG NRW

Gefahren, die unmittelbar von einer Sache ausgehen

§ 5 PolG NRW regelt die Verantwortlichkeit für den Fall, dass die *Gefahr* unmittelbar *von einer Sache ausgeht*. 245

Inhaber der tatsächlichen Gewalt

Nach § 5 I S. 1 PolG NRW sind Maßnahmen in solchen Fällen gegen den Inhaber der tatsächlichen Gewalt zu richten.

Tatsächliche Gewalt bedeutet die unmittelbare Verfügungsmacht über eine Sache, wobei es nicht darauf ankommt, ob sie rechtmäßig oder unrechtmäßig ausgeübt werden kann.

Eigentümer/anderer Berechtigter

Gem. § 5 II PolG NRW können Maßnahmen auch gegen den Eigentümer oder einen anderen Berechtigten gerichtet werden.

Dies gilt aber dann nicht, wenn der Inhaber der tatsächlichen Gewalt diese *ohne* den Willen des Eigentümers oder des Berechtigten ausübt; nicht erforderlich ist, dass dies gegen den Willen des Berechtigten geschieht.

> **Bsp.:** *A ist Eigentümer einer Vespa, die von einem Unbekannten gestohlen und dann in einem Straßengraben „abgelegt" wurde. Die Polizei stellt den Roller sicher und möchte die Kosten von A ersetzt haben. Ist A Verantwortlicher i.S.d. Polizeirechts?*

Lösung: Fraglich ist hier, ob gerade A für die Kosten Sicherstellung in Anspruch genommen werden kann. Weil das Fahrzeug gestohlen wurde, also nicht von A selbst gelenkt wurde, scheidet eine Verhaltensverantwortlichkeit nach § 4 PolG NRW aus. Nach § 46 III PolG NRW sind die Kosten von den nach §§ 4 oder 5 Verantwortlichen zu tragen, also hier möglicherweise nach § 5 II PolG NRW vom Eigentümer.

Wegen des Diebstahls könnte hier jedoch die Ausnahme des § 5 II S. 2 PolG NRW einschlägig sein. Zwischenzeitlich hat nämlich der Dieb die tatsächliche Gewalt über die Vespa ohne den Willen des A ausgeübt. Allerdings stellt der Wortlaut der Vorschrift auf die aktuelle Ausübung der tatsächlichen Gewalt durch einen Dritten ab, während hier zum fraglichen Zeitpunkt der Dieb den Roller bereits im Straßengraben zurückgelassen hatte. Eine solche enge, am Wortlaut der Vorschrift orientierte Auslegung wird auch durch systematische Erwägungen gestützt: Nach § 5 II S. 1 PolG NRW ist der Eigentümer polizeipflichtig, Satz 2 ist demgegenüber nur Ausnahmevorschrift. Verliert der Dritte die Sachherrschaft wieder, so entfällt auch der gesetzliche Ausnahmefall. Auch ein Vergleich mit § 5 III PolG NRW, der selbst bei einer Dereliktion von einer Zustandshaftung des ehemaligen Eigentümers ausgeht, zeigt, dass das Gesetz eine möglichst lückenlosen Zustandshaftung erreichen will.

Schließlich verlangt auch der Sinn und Zweck des § 5 II S. 2 PolG NRW eine enge Auslegung. Der Eigentümer soll vor Polizeiverfügungen bewahrt werden, deren Erfüllung nicht von ihm allein abhängt, sondern verlangt, den gegen ihn gerichteten Sachherrschaftswillen zu brechen. Nur solange das der Fall ist, wird die Gefahrenabwehr als etwas für den Eigentümer unmögliches angesehen. Die Regelung beruht nicht auf Erwägungen der Billigkeit, sondern auf der Einsicht, dass die Inpflichtnahme des Eigentümers in aller Regel kein taugliches Mittel für eine rasche und wirksame Gefahrenabwehr darstellt, wenn und solange ein Dritter willens ist, die Sachherrschaft gegenüber dem Eigentümer zu behaupten.

Dass M zum entscheidenden Zeitpunkt rein faktisch nicht zur Einwirkung auf sein Fahrzeug in der Lage war, weil er von seinem Standort nichts wusste, ist unerheblich, denn die Zustandshaftung ist verschuldensunabhängig. Sie basiert auf der gesetzgeberischen Wertung, dass derjenige, der die Vorteile aus einer Sache zieht, auch die daraus resultierenden Lasten tragen soll. Hier manifestiert sich die Sozialbindung des Eigentums (Art. 14 I S. 2, II S. 1 GG).[222]

Ergebnis: M ist mithin nach § 5 II S. 1 PolG NRW polizeipflichtig.

Verfügungsberechtigung

Die Zustandsverantwortlichkeit trifft den Eigentümer oder die sonstigen Berechtigten jedoch nur insoweit, wie sie auch dinglich oder rechtsgeschäftlich zur Verfügung über die Sache berechtigt sind.

Nach §§ 2 und 3 PolG NRW sind letztlich Maßnahmen gegen die in § 5 II S. 1 PolG NRW Genannten ausgeschlossen, wenn diese weder die tatsächliche Gewalt selbst ausüben, noch auf die Ausübung der tatsächlichen Gewalt durch deren Inhaber aus rechtlichen oder tatsächlichen Gründen hinreichend Einfluss haben.[223]

herrenlose Sachen

Nach § 5 III PolG NRW können Maßnahmen, die von *herrenlosen Sachen* ausgehen, gegen denjenigen gerichtet werden, der das Eigentum an der Sache aufgegeben hat.

Im Rahmen der Zustandshaftung wird zudem die Frage nach einer Haftungsbegrenzung diskutiert, vgl. dazu Rn. 453 ff. 246

222 Vgl. VG Berlin, NJW 2000, 603 (604) = **juris**byhemmer.

223 Dazu Rn. 224 ff.

(3) Rechtsnachfolge in Polizeipflichtigkeit

Rechtsnachfolge in Polizeipflichtigkeit

247 Häufig stellt sich das Problem, ob auch der Gesamt- (z.B. der Erbe, § 1922 BGB) oder Einzelrechtsnachfolger (z.B. der Erwerber eines Grundstücks) eines Verantwortlichen durch die Rechtsnachfolge selbst zum Verantwortlichen wird, indem er in die Polizeipflichtigkeit einrückt.

Differenzierung: Verhaltens-/ Zustandsverantwortlichkeit

Hier ist zunächst zwischen Verhaltens- und Zustandsverantwortlichkeit zu unterscheiden.

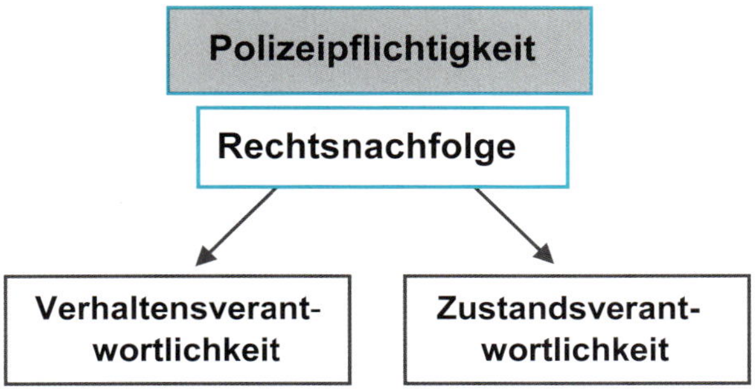

konkrete / abstrakte Polizeipflichten

248 Eine Rechtsnachfolge in *konkrete* Polizeipflichten ist grundsätzlich möglich. Eine Polizeipflicht ist konkret, wenn bereits ein polizeilicher VA vorliegt. Problematisch ist eine Rechtsnachfolge in *abstrakte Polizeipflichten*, d.h. in Fällen, in denen ein VA noch gar nicht erlassen wurde.

(a) Rechtsnachfolge bei Verhaltensverantwortlichkeit

(aa) Rechtsnachfolge in abstrakte Polizeipflicht

Verhaltensverantwortlichkeit: Rechtsnachfolge in abstrakte Polizeipflicht ausgeschlossen

249 Eine Rechtsnachfolge in die abstrakte Polizeipflicht, also wenn noch gar kein VA ergangen ist, ist bei der Handlungsverantwortlichkeit ausgeschlossen.

Diese knüpft von ihrem Grundcharakter her an das eigene, höchstpersönliche Verhalten an und kann deshalb von einem Dritten nicht übernommen werden.[224]

(bb) Rechtsnachfolge in konkrete Polizeipflicht

Verhaltensverantwortlichkeit: Rechtsnachfolge in konkrete Polizeipflicht str.

250 Die Möglichkeit einer Rechtsnachfolge in eine konkrete Polizeipflicht, also wenn gegenüber dem Rechtsvorgänger bereits ein VA erlassen wurde, ist bei Verhaltensverantwortlichkeit umstritten.

e.A.: keine Rechtsnachfolge

Zum Teil wird hier die Auffassung vertreten, dass eine gegen den Rechtsvorgänger wegen Verhaltensverantwortlichkeit erlassene Maßnahme grundsätzlich nicht gegen den Rechtsnachfolger wirkt. Begründet wird dies vor allem damit, dass bei Erlass des VA personenbezogene Gründe in die Ermessensausübung einfließen, die beim Rechtsnachfolger ggf. nicht vorliegen.

224 Unstreitig bzgl. Einzelrechtsnachfolge; teilweise einschränkend bzgl. *Gesamt*rechtsnachfolge: VGH München, ZfW 1989, 147 ff.; Studie, DVBl. 1990, 501 ff.; Schlabach/Simon, NVwZ 1992, 143 ff.; Schoch, JuS 1994, 1030.

a.A.: Differenzierung, ob vertretbar / unvertretbar

Nach anderer, im Vordringen befindlicher Ansicht ist zwischen unvertretbarer und vertretbarer Verhaltensverantwortlichkeit zu unterscheiden.[225]

unvertretbar: keine Rechtsnachfolge

Bei einer unvertretbaren Verhaltensverantwortlichkeit sei ein Übergang der öffentlich-rechtlichen Polizeipflichtigkeit wegen Höchstpersönlichkeit ausgeschlossen.

> ***Bsp.:** Gegenüber dem Rechtsvorgänger erging die Anordnung, eine bestimmte Impfschutzmaßnahme vornehmen zu lassen.*

vertretbar: weitergehende Differenzierung

Dagegen soll eine Rechtsnachfolge in die Polizeipflichtigkeit bei vertretbarer Verhaltensverantwortlichkeit möglich sein. Hier erfolgt eine Differenzierung zwischen Gesamtrechtsnachfolge und Einzelrechtsnachfolge: 251

Gesamtrechtsnachfolge

Im Fall der Gesamtrechtsnachfolge soll die Verpflichtung auf den Rechtsnachfolger, z.B. den Erben nach § 1922 BGB, übergehen.

Einzelrechtsnachfolge

Bei Einzelrechtsnachfolge soll hingegen die Maßnahme nur dann gegen den Rechtsnachfolger wirken, wenn dies gesetzlich besonders angeordnet ist.

(b) Rechtsnachfolge bei Zustandsverantwortlichkeit

(aa) Rechtsnachfolge in abstrakte Polizeipflicht

Zustandsverantwortlichkeit: Rechtsnachfolge in abstrakte Polizeipflicht automatisch kraft Gesetzes

Bei der Zustandsverantwortlichkeit ist die Rechtsnachfolge in die abstrakte Polizeipflichtigkeit, wenn also noch kein polizeilicher VA erlassen wurde, zwangsnotwendig mit dem Erwerb der Sache verbunden. Sie entsteht durch den Eigentumserwerb beim Neueigentümer. 252

Mit Erwerb der Sache trifft den neuen Eigentümer die Zustandsverantwortlichkeit automatisch kraft Gesetzes, § 5 II S. 1 PolG NRW. Der neue Eigentümer übernimmt die Polizeipflichtigkeit.

Die Übernahme erfolgt vollkommen unabhängig davon, ob die Gefahr durch die Sache erst nach seinem Erwerb eingetreten ist oder schon vorher bestand (aber noch kein VA erlassen wurde).

Da es sich in diesem Fall um eine eigene Zustandsverantwortlichkeit handelt, spielt die Frage von Einzel- oder Gesamtrechtsnachfolge hier keine Rolle.

(bb) Rechtsnachfolge in konkrete Polizeipflicht

Zustandsverantwortlichkeit: Rechtsnachfolge in konkrete Polizeipflicht str.

Problematischer ist die Frage der Rechtsnachfolge bei Zustandsverantwortlichkeit in die konkrete Polizeipflicht, d.h. wenn bereits ein polizeilicher VA erlassen worden ist. 253

Hier ist zwischen der Einzelrechtsnachfolge und der Gesamtrechtsnachfolge zu differenzieren.

225 Drews/Wacke/Vogel/Martens, Gefahrenabwehr, 301.

(aaa) Einzelrechtsnachfolge

Einzelrechtsnachfolge

Zum Teil wird eine Einzelrechtsnachfolge in Handlungspflichten nur bei Vorliegen einer ausdrücklichen gesetzlichen Regelung anerkannt. 254

BayVGH: Einzelrechtsnachfolge wegen Dinglichkeit der Verfügung, die Belastung der Sache darstellt

Die Rechtsprechung bejaht bei der Zustandsverantwortlichkeit eine Einzelrechtsnachfolge in die konkrete Polizeipflicht.[226] Sie stellt auf die Bindungswirkung eines VA ab und begründet diese mit der Sach-, Grundstücks-, bzw. Anlagenbezogenheit, letztlich also der *Dinglichkeit des VA*. Beim Erwerb sei das Eigentum mit einer aktualisierten verwaltungsrechtlichen Verpflichtung belastet. Dadurch wirke die Anordnung auch gegen den Einzelrechtsnachfolger.

Hiervon zu unterscheiden ist die Frage nach der Kostenhaftung. Soweit durch die Behörde eine kostenpflichtige Maßnahme durchgeführt worden ist, kann Ersatz nur von demjenigen verlangt werden, der im Zeitpunkt der Störungsbeseitigung Verantwortlicher war.[227]

Lit.: Verfügung ist bloße öffentlich-rechtliche Pflicht, die für den Übergang eines besonderen Grundes bedarf

Nach einer Auffassung in der Literatur stellt eine solche aktualisierte Verfügung eine öffentlich-rechtliche Pflicht dar. Für den Übergang dieser Pflicht bedürfe es nicht nur im Zivil-, sondern auch im öffentlichen Recht eines Rechtsgrundes.[228]

(bbb) Gesamtrechtsnachfolge

BayVGH: Rechtsnachfolge bereits wegen Dinglichkeit des VA

Nach der Rechtsprechung folgt die Bindungswirkung bereits aus der Dinglichkeit der Verfügung (vgl. oben). 255

Lit.: Bei Gesamtrechtsnachfolge geht auch öffentlich-rechtliche Pflicht über

Bei der Gesamtrechtsnachfolge liegt der von Teilen der Literatur geforderte Rechtsgrund für den Eintritt des Rechtsnachfolgers in die konkrete öffentlich-rechtliche Verpflichtung vor. Bei der Gesamtrechtsnachfolge tritt der Erbe gemäß §§ 1922, 1967 BGB in die Rechte und Pflichten - also auch in die öffentlich-rechtlichen Pflichten - des Erblassers ein.

(c) Neubekanntmachung

Zu beachten ist weiterhin, dass bei Anerkennung der Übergangsmöglichkeit eines VA, dieser dem In-Anspruch-Genommenen bekannt gemacht werden muss. Dieser soll nämlich Gelegenheit haben, gerade aus seiner Person und Situation folgende Einwände im Rechtsmittel- bzw. Vollstreckungsverfahren geltend zu machen.[229]

(4) Anscheinsstörer

Anscheinsstörer

Als Anscheinsstörer wird eine Person bezeichnet, 256

- ⇨ von der entweder der Anschein einer Gefahr ausgeht
- ⇨ oder die für eine wirkliche Gefahr anscheinend ursächlich ist.

---

226 BayVGH, BayVBl. 1983, 21 = **juris**byhemmer; maßgebend BVerwG im Jahre 1971 zu einer grundstücksbezogenen Verfügung (vgl. NJW 1971, 1624 = DÖV 1971, 640 = BayVBl. 1971, 425 = **juris**byhemmer).

227 VGH BW, VBLBW 2002, 161.

228 Drews/Wacke/Vogel/Martens, Gefahrenabwehr, S. 300.

229 OVG NW, NVwZ 1987, 427 = **juris**byhemmer.

Zurechenbarkeit unerheblich

Maßgeblich ist insoweit, ob aus der ex ante Sicht der handelnden Behörde bei verständiger Würdigung der Sachlage der Anschein besteht, eine Person sei Verhaltens- oder Zustandsverantwortlicher. Auf der Primärebene, also bei der Frage der Rechtmäßigkeit einer gegen diese Person gerichteten Maßnahme und deren Inanspruchnahme als Störer, kommt es nach h.M. nicht darauf an, ob der Anschein dieser Person zugerechnet werden kann. Der Grundsatz der *Effektivität der Gefahrenabwehr* gebietet hier, dass eine Inanspruchnahme als Störer und nicht nur unter den eingeschränkten Voraussetzungen des § 6 PolG NRW als Nichtverantwortlicher möglich ist. 257

einheitliche Auslegung von Gefahren- und Störerbegriff

Behandelt man die Anscheinsgefahr wie eine wirkliche Gefahr, so erscheint es konsequent, den Anscheinsstörer ebenfalls als Störer zu qualifizieren, ohne Rücksicht darauf, ob er den Anschein schuldhaft gesetzt hat. Der Gesichtspunkt der Zurechenbarkeit wirkt sich allerdings bei der Kostenpflichtigkeit aus, vgl. dazu unten Rn. 381, 326.[230]

(5) Inanspruchnahme Nichtverantwortlicher, § 6 PolG NRW

polizeilicher Notstand

§ 6 PolG NRW regelt den sog. polizeilichen Notstand. Unter den Voraussetzungen dieser Regelung können ausnahmsweise nicht verantwortliche Personen von der Polizei in Anspruch genommen werden. Hierbei ist zu beachten, dass die Nr. 1 – 4 des § 6 I PolG NRW *kumulativ* vorliegen müssen.[231] 258

hemmer-Methode: In Klausuren, in denen Nichtverantwortliche nach § 6 PolG NRW in Anspruch genommen werden, ist häufig auch die Frage nach Entschädigungsansprüchen zu bearbeiten, vgl. § 67 PolG NRW i.V.m. §§ 39 ff. OBG NRW.

unechter polizeilicher Notstand?

Sehr problematisch ist die Annahme, dass über die im Gesetz niedergelegten Voraussetzungen hinaus eine Inanspruchnahme des Nichtverantwortlichen im sogenannten unechten polizeilichen Notstand möglich wäre. Das Risiko liegt darin, dass aus der subsidiären Haftung des Nichtstörers die Regel gemacht würde.

Bsp.[232]*: Gegen eine friedliche Versammlung kann auf Grundlage von § 15 I VersG auch dann eingeschritten werden, wenn polizeiliche Maßnahmen gegen die für die befürchtete Störung Verantwortlichen einen Schaden herbeiführen würden, der in einem offenkundigen Missverhältnis zum angestrebten Erfolg stünde (so genannter unechter polizeilicher Notstand).*

Voraussetzung des Einschreitens ist eine hohe Wahrscheinlichkeit in der Gefahrenprognose sowie die vorherige Ausschöpfung aller andwendbaren Mittel, die eine Grundrechtsverwirklichung der friedlichen Demonstranten ermöglicht.

Drohen Gewalttaten als Gegenreaktion auf eine Versammlung, setzt die Inanspruchnahme des Nichtstörers durch Auflösung oder Beschränkung der Ausgangsveranstaltung voraus, dass ein Schutz vor Gefahren für die öffentliche Sicherheit primär durch Maßnahmen gegenüber den Störern ins Werk gesetzt wird, dass er auf diese Weise aber nur unzureichend gewährleistet werden kann, weil die erforderlichen Gegenmaßnahmen Ausschreitungen befürchten lassen, die nach ihrer Art und ihrem Ausmaß zwangsläufig zu Schäden an Leib oder Leben bei friedlichen Versammlungsteilnehmern und unbeteiligten Dritten oder an Sachen von erheblichem Wert führen würden.

230 Zur Gegenansicht vgl. Schenke, Rn. 253 ff.

231 Vgl. hierzu Fall Rn. 552 ff, 569.

232 VGH Mannheim, NVwZ-RR 2016, 462.

bb) Auswahl unter mehreren Verantwortlichen

Auswahl nach pflichtgemäßem Ermessen

Nach h.M. steht die Auswahl unter mehreren in Betracht kommenden Verantwortlichen im pflichtgemäßen Ermessen der Polizei, § 3 I PolG NRW. 259

Richtlinien: Handlungs- vor Zustandsstörer

Von der Rechtsprechung wurden hierfür einige Regeln aufgestellt, die als Richtlinien herangezogen werden können:

Zum einen soll i.d.R. der *Handlungsverantwortliche vor* dem *Zustandsverantwortlichen* herangezogen werden.[233] Weiterhin soll der zeitlich letzte Verantwortliche in Anspruch genommen werden.[234]

Verhältnismäßigkeit

Der Grundsatz der Verhältnismäßigkeit gebietet zudem, denjenigen heranzuziehen, der letztlich auch im *Innenverhältnis* haftet, bzw. der die Hauptursache gesetzt hat.

effektive Gefahrenabwehr

Im Ergebnis aber ist entscheidend, dass die Auswahl so erfolgen muss, dass eine *effektive Gefahrenabwehr* gewährleistet ist.[235] Danach kann es erforderlich sein, denjenigen zu beanspruchen, der der Gefahrenquelle am nächsten ist oder die beste Einwirkungsmöglichkeit auf diese hat. 260

hemmer-Methode: Als Folgeproblem ist an den Innenausgleich bei Störermehrheit zu denken. Dabei kommen sowohl § 426 BGB analog als auch §§ 683, 670 BGB in Betracht.[236] Ein Innenausgleich gem. § 426 BGB analog wird jedenfalls in ständiger Rspr. des BGH abgelehnt.

5. Verletzung eines subjektiven Rechts

Kläger muss in subjektiv-öffentlichem Recht verletzt sein

Wird die Rechtswidrigkeit einer polizeilichen Maßnahme festgestellt, so ist die Klage noch nicht begründet. Der Kläger muss durch die rechtswidrige Maßnahme zudem in einem ihm zustehenden subjektiv-öffentlichen Recht verletzt sein. 261

Die Verletzung eines subjektiv-öffentlichen Rechts des Klägers ist für jede rechtswidrige Maßnahme jeweils gesondert zu prüfen. Als Adressat einer rechtswidrigen Maßnahme ist er grundsätzlich zumindest in seinem Grundrecht aus Art. 2 I GG verletzt.[237]

II. Rechtmäßigkeit von polizeilichen Sekundärmaßnahmen

polizeiliche Zwangsmaßnahmen

Unter Sekundärmaßnahmen der Polizei versteht man polizeiliche Zwangsmaßnahmen. Diese dienen der zwangsweisen Durchsetzung von polizeilichen Grundverwaltungsakten. 262

Polizeilicher Zwang ist in den §§ 50 ff. PolG NRW geregelt. Hierbei ist der Normalfall der Vollstreckung eines polizeilichen VA nach § 50 I PolG NRW vom Sonderfall des Sofortvollzugs nach § 50 II PolG NRW abzugrenzen.

233 BayVGH, DVBl. 1986, 1283 ff.

234 VGH Mannheim, DVBl. 1950, 475 (477).

235 Vgl. dazu auch die Altlastenproblematik unter Rn. 445 ff.

236 Vgl. zum Streitstand Palandt, § 426 BGB, Rn. 3 f. m.w.N.

237 Vgl. hierzu Hemmer/Wüst, Verwaltungsrecht I, Rn. 399 ff.

Abgrenzung normale Vollstreckung / Sofortvollzug

Die normale Vollstreckung unterscheidet sich vom Sofortvollzug dadurch, dass bereits ein VA ergangen ist und dieser nicht befolgt wurde. Hier wird also mittels der Vollstreckung der *entgegenstehende Wille* des Betroffenen *gebrochen*.

Beim Sofortvollzug fehlt es dagegen an einem Grund-VA.

Wie bereits dargestellt, handelt es sich bei den für das Polizeirecht relevanten Zwangsmitteln entweder um Realakte oder Verwaltungsakte (vgl. Rn. 62).

Wenn man Realakte annimmt, dann ist die allgemeine Leistungsklage statthafte Klageart, um deren Durchführung zu verhindern oder Fortwirkung entgegenzuwirken. In der Regel wird sich die Vollstreckungshandlung mit Vornahme aber erledigen, womit die statthafte Klageart die allgemeine Feststellungsklage ist. Die Rechtmäßigkeitsprüfung ist der besseren Übersichtlichkeit Willen dort dargestellt.

nur Androhung und Festsetzung

Jedenfalls die Androhung des Zwangsmittels und die Festsetzung des Zwangsgeldes sind im Wege der Fortsetzungsfeststellungsklage überprüfbar.

hemmer-Methode: Würde man die Vollstreckung insgesamt als VAe qualifizieren, so wäre selbstverständlich im Rahmen der Begründetheit der Fortsetzungsfeststellungsklage zunächst die Rechtswidrigkeit der Maßnahme und dann die Verletzung subjektiver Rechte zu prüfen.

Klagehäufung beachten

Will sich der Kläger gegen polizeiliche Sekundärmaßnahmen zur Wehr setzen, so ist stets zu prüfen, ob er sich auch gegen die Primärmaßnahme wenden will (Auslegung des Klageantrags). Ist dies der Fall, so sind mehrere Klage zu erheben. Dabei ist auch an die objektive Klagehäufung zu denken (vgl. Rn. 374 f.).

D. Fallvarianten im Versammlungsrecht

I. Allgemeines

Versammlungsrechtsfälle

In Polizeirechtsklausuren gibt es im Rahmen jeder Klageart besondere Fallvarianten. Im Rahmen der Fortsetzungsfeststellungsklage sind dies vor allem die Versammlungsrechtsfälle. 263

Versammlungsfreiheit

Art. 8 I GG gibt allen Deutschen das Recht, sich ohne Anmeldung oder Erlaubnis friedlich und ohne Waffen zu versammeln.

Eine Versammlung i.S.d. Art. 8 GG erfordert nach BVerfG[238]:

⇨ eine Zusammenkunft mehrerer Personen,

⇨ die räumlich verbunden sind,

⇨ gemeinsam einen kommunikativen Zweck verfolgen,

⇨ der nach außen hin erklärt wird

⇨ und politischen Inhalt hat (enger Versammlungsbegriff[239]).

---

238 BVerfG, NVwZ 2005, 1055, 1056 = **juris**byhemmer: Versammlung ist eine örtliche Zusammenkunft mehrerer Personen zur gemeinschaftlichen, auf die Teilhabe an der öffentlichen Meinungsbildung gerichteten Erörterung oder Kundgebung.

239 Vgl. zur Diskussion um den engen oder weiten Versammlungsbegriff: Pieroth/Schlink/Kniesel, Polizei- und Ordnungsrecht, § 17, Rn. 10 ff.; Götz/Geis, Allg. Polizei- und Ordnungsrecht, § 23, Rn. 6; Geis, Fälle zum Polizei und Ordnungsrecht, Fall 21.

mehrere Personen = 2 Personen

Wie viele Personen für eine Versammlung erforderlich sind, ist umstritten (2, 3 oder 7). Richtigerweise ist mit der h.M. davon auszugehen, dass selbst zwei Personen das Merkmal der Personenmehrheit erfüllen.[240]

räumlich verbunden

Erforderlich ist physische Anwesenheit der Beteiligten. Virtuelle Zusammenkunft (z.B. Chatrooms) reicht nicht aus.

kommunikativer Zweck

Der Zweck muss ein kommunikativer sein, d.h. er muss nach außen sichtbar werden und auf Meinungsbildung und Meinungsäußerung gerichtet sein.[241]

Kundgabe

Nicht erfasst ist der Infostand, weil individuelle Kommunikation beabsichtigt. Es fehlt die kollektive Kundgabe. Ebenso fehlt diese bei Gaffern.

Enger Versammlungsbegriff

Bei Eventversammlungen ist eine wertende Gesamtbetrachtung vorzunehmen, ob der Schwerpunkt beim Event oder der politischen Meinungskundgabe liegt. Der Ausgangsfall für diese Problematik ist die BVerfG-Entscheidung zur Love Parade[242]:

Weder die Love Parade noch die Fuck Parade stellt eine Versammlung dar. Für die Eröffnung des Schutzbereichs von Art. 8 GG reicht es nicht aus, dass die Teilnehmer bei ihrem gemeinschaftlichen Verhalten durch irgendeinen Zweck miteinander verbunden sind. Versammlungen sind vielmehr nur örtliche Zusammenkünfte mehrerer Personen zwecks gemeinschaftlicher Erörterung und Kundgebung mit dem Ziel der Teilhabe an der öffentlichen Meinungsbildung.[243] Musik und Tanz müssen eingesetzt werden, um auf die öffentliche Meinungsbildung einzuwirken und nicht nur, um ein Lebensgefühl zur Schau zu stellen. Eine Massenparty wird nicht deshalb zur Versammlung, weil bei ihrer Gelegenheit auch Meinungskundgaben erfolgen.

Inzwischen kommt das BVerfG[244] zu einem stärkeren Schutz der Event-Veranstaltung: Art. 8 I GG schützt Versammlungen und Aufzüge – im Unterschied zu bloßen Ansammlungen oder Volksbelustigungen – als Ausdruck gemeinschaftlicher, auf Kommunikation angelegter Entfaltung. Dieser Schutz umfasst vielfältige Formen gemeinsamen Verhaltens bis hin zu nicht verbalen Ausdrucksformen. Daher gehören auch solche Zusammenkünfte dazu, bei denen die Versammlungsfreiheit zum Zwecke plakativer oder aufsehenerregender Meinungskundgabe in Anspruch genommen wird.

Kriterien

Kriterien zur Bestimmung des Charakters einer Versammlung sind Handzettel, auf denen die Forderungen der Veranstalter wiedergegeben werden, Banner an den die Menschen begleitenden Lastkraftwagen, Podiumsdiskussionen rund um die Veranstaltung sowie der Internetauftritt, welcher die Forderungen des Veranstalters ausführlich darlegt und begründet.[245]

hemmer-Methode: Beachten Sie: Ausländer können sich hinsichtlich der ihnen ebenfalls zustehenden Versammlungsfreiheit nur auf Art. 2 I GG mit seinen weitergehenden Schranken berufen.

240 Vgl. zu diesem Streit: Maunz/Dürig, Art. 8 GG, Rn. 44.

241 BVerfG, NJW 2001, 2459 ff = **juris**byhemmer.

242 BVerfG, DVBl. 2001, 1351 = **juris**byhemmer.

243 So auch BVerfG, DVBl. 2002, 256 = **juris**byhemmer.

244 BVerfG, LKV 2011, 77 = **juris**byhemmer.

245 BVerwG, NVwZ 2007, 1431, 1433 = **juris**byhemmer.

Grundrechtsschranken

Nach Art. 8 II GG kann dieses Recht für Versammlungen unter freiem Himmel durch Gesetz oder auf Grund eines Gesetzes beschränkt werden.

hemmer-Methode: Berücksichtigen Sie die Grundrechtssystematik: Für Versammlungen in geschlossenen Räumen gilt Art. 8 II GG nicht. Hierfür gelten lediglich verfassungsimmanente Schranken.[246]

Versammlungsgesetz schränkt Art. 8 GG ein

Die §§ 14 - 20 VersammlG sind ein solches die Versammlungsfreiheit einschränkendes Gesetz i.S.d. Art. 8 II GG. Jedoch gelten diese nur *für öffentliche Versammlungen unter freiem Himmel*. 264

Soweit das VersammlG auch für öffentliche Versammlungen in geschlossenen Räumen zur Anwendung kommt (§§ 5 - 13 VersammlG), sind diese Bestimmungen, obwohl Art. 8 I GG insoweit unter keinem geschriebenen Gesetzesvorbehalt steht, verfassungsgemäß, da sie lediglich Regelungen enthalten, die gar nicht vom sachlichen Schutzbereich des Art. 8 I GG erfasst werden (so z.B. wenn es sich um eine verbotene Vereinigung handelt, die in einer Gaststätte tagt, oder wenn bewaffneten Teilnehmern der Zutritt verboten wird).

PolG NRW und OBG NRW bei geschlossenen Versammlungen anwendbar

Bei nicht-öffentlichen, sog. *geschlossenen Versammlungen*, ist das VersammlG nicht anwendbar. Liegt eine derartige nicht-öffentliche Versammlung vor, so ist allgemeines Polizei- bzw. Ordnungsrecht anwendbar.[247]

Dies ist logische Konsequenz des Wortlauts von § 1 VersammlG, wenngleich diese Versammlungen damit nicht in den Genuss der Privilegien des Spezialgesetzes kommen.

Bsp.[248]: Versammlungsspezifische Maßnahmen der Gefahrenabwehr richten sich nach den hierfür speziell erlassenen Versammlungsgesetzen. Die dort geregelten, im Vergleich zu dem allgemeinen Polizeirecht besonderen Voraussetzungen für beschränkende Verfügungen gehen als Spezialgesetze dem allgemeinen Polizeirecht vor, mit der Folge, dass auf Letzteres gestützte Maßnahmen gegen eine Person, insbesondere in Form eines Platzverweises, ausscheiden, solange sich diese in einer Versammlung befindet und sich auf die Versammlungsfreiheit berufen kann.

öffentliche Versammlung

Eine Versammlung ist *öffentlich*, wenn die Teilnahme nicht auf einen namentlich oder sonst individuell bezeichneten Personenkreis beschränkt ist, sondern grundsätzlich jedermann teilnehmen kann.

II. Vorgehen in der Klausur

1. Eröffnung des Verwaltungsrechtswegs

§ 40 I S. 1 VwGO: öffentlich-rechtliche Streitigkeit

Der Verwaltungsrechtsweg wird hier über die allgemeine Regelung des § 40 I S. 1 VwGO eröffnet. Die Streitigkeit liegt im Bereich des Versammlungsrechts und ist daher typischerweise öffentlich-rechtlich. 265

246 Lesen Sie zum Grundrecht des Art. 8 GG Hemmer/Wüst, Staatsrecht I, Rn. 232.

247 Vgl. hierzu Coelln, NVwZ 2001, 1234. Für eine analoge Anwendung des VersammlG aber Messmann, JuS 2007, 524.

248 BVerfG, LKV 2011, 77 = jurisbyhemmer.

hemmer-Methode: Beachten Sie, dass bei einer Versammlung häufig auch Straftaten bzw. Ordnungswidrigkeiten nach dem Versammlungsgesetz begangen werden. Daher ist grundsätzlich auch eine ausdrückliche *Zuweisung an die ordentlichen Gerichte* nach § 23 I S. 1 EGGVG denkbar. Da in Versammlungsrechtsklausuren der Schwerpunkt i.d.R. nicht im repressiven, sondern im präventiven Bereich liegt, wird regelmäßig der Verwaltungsrechtsweg nach § 40 I VwGO eröffnet sein.

Beachten Sie die Verknüpfung mit Art. 19 IV GG[249]:

Führt die gesetzliche Ausgestaltung des Rechtsschutzes bei einer Kette von Hoheitsakten (hier: Auflösung einer Versammlung, polizeiliche Ingewahrsamnahme, Heranziehungsbescheid wegen der dadurch verursachten Kosten) im Ergebnis zu einer Rechtswegspaltung, so hat das nicht automatisch zur Folge, dass es einem angerufenen Gericht verwehrt ist, Vorfragen zu prüfen, die, wären sie Hauptfrage, in den Zuständigkeitsbereich eines anderen Gerichts fielen (vgl. § 17 II S. 1 GVG).

Es ist mit dem Grundrecht auf effektiven Rechtsschutz (Art. 19 IV GG) nicht vereinbar, wenn ein Verwaltungsgericht bei der Kontrolle eines wegen einer polizeilichen Ingewahrsamnahme erlassenen Kostenbescheids unter Verkennung von § 17 II S. 1 GVG die Inzidentprüfung der Rechtmäßigkeit der Ingewahrsamnahme mit der Begründung ablehnt, für diese Prüfung sei der Rechtsweg zu den Amtsgerichten gegeben, obwohl es nach der Rechtsgrundlage für den Heranziehungsbescheid auf die Rechtmäßigkeit der Ingewahrsamnahme ankommt und die polizeiliche Ingewahrsamnahme für den Heranziehungsbescheid keine wie auch immer geartete Vorwirkung entfaltet.

Der Zugang zum Berufungsrechtszug wird unter Verletzung des Art. 19 IV GG in sachlich nicht zu rechtfertigender und damit willkürlicher Art und Weise erschwert, wenn das Berufungsgericht die grundsätzliche Bedeutung der Sache gem. § 124 II Nr. 3 VwGO durch Bezugnahme auf einen im Prozesskostenhilfeverfahren erlassenen Beschluss ablehnt.

2. Zulässigkeit der Fortsetzungsfeststellungsklage

a) FFK als statthafte Klageart

Im Rahmen der statthaften Klageart ergeben sich keine besonderen Abweichungen. Es gelten deshalb die obigen Ausführungen. 266

Sicherstellungsfälle

Allerdings ist gerade in Versammlungsrechtsfällen darauf zu achten, ob Sachen sichergestellt und in Verwahrung genommen wurden.

Solange diese Sachen noch nicht herausgegeben, verwertet oder gegebenenfalls vernichtet wurden, kommt eine Erledigung nicht in Betracht. Hier ist als statthafte Klageart dann eine *Anfechtungsklage* einschlägig.[250]

hemmer-Methode: Soweit trotzdem eine Fortsetzungsfeststellungsklage erhoben wurde, ergeht in der Praxis grundsätzlich ein *richterlicher Hinweis* nach § 86 III VwGO, einen sachdienlichen Antrag zu stellen.

249 BVerfG, NVwZ 2010, 1482 = JuS 2011, 187 = jurisbyhemmer.

250 Vgl. hierzu Rn. 313 f.

b) Klagebefugnis, § 42 II VwGO

Möglichkeit einer Verletzung des Art. 8 I GG

Bei der Klagebefugnis ist in Versammlungsrechtsfällen auch auf die Möglichkeit einer Verletzung des Grundrechts aus Art. 8 I GG abzustellen.[251] 267

Ist der Schutzbereich des Art. 8 GG nicht einschlägig, so greift als Auffanggrundrecht entweder Art. 5 I GG oder Art. 2 I GG ein.

Anreise zu Versammlung / Vorfeldmaßnahmen

Problematisch ist die Klagebefugnis häufig in solchen Fällen, in denen die Polizei bereits bei der *Anreise zu einer Versammlung* tätig wird, insbesondere eine Weiterfahrt verhindert. 268

> ***Fallbeispiel 1:*** *Die Polizei hält einen mit 60 Personen besetzten Omnibus auf einer einsamen Landstraße an. Dieser wurde für eine Fahrt zu einer Großdemonstration gegen die Versenkung von ausgedienten Ölbohrplattformen in der Nordsee angemietet. Die Polizei verfügt gegenüber dem Busfahrer, dass er die Fahrt erst in 3 Stunden fortsetzen darf. Den Demonstranten wird freigestellt, auf andere Weise zu der noch 80 km entfernten Demo zu gelangen. Der Bus erreicht seinen Zielort deshalb erst nach dem Ende der Demonstration.*
>
> *Ist Demonstrant XY im Falle einer Klage auf Feststellung der Rechtswidrigkeit des Verbots der Weiterfahrt klagebefugt?*
>
> ***Fallbeispiel 2[252]:*** *Die auf § 15 I VersG gestützte Auflage, dass Teilnehmer einer Versammlung vor Beginn der Veranstaltung polizeilich durchsucht werden, bedeutet einen Eingriff in die Versammlungsfreiheit (Art. 8 I GG).*
>
> *Bei dem Erlass von versammlungsrechtlichen Auflagen dürfen keine zu geringen Anforderungen an die Gefahrenprognose gestellt werden. Als Grundlage der Gefahrenprognose sind konkrete und nachvollziehbare tatsächliche Anhaltspunkte erforderlich; bloße Verdachtsmomente oder Vermutungen reichen hierzu nicht aus.*
>
> *Werden für eine Gefahrenprognose Ereignisse im Zusammenhang mit früheren Versammlungen als Indizien herangezogen, ist die Behörde dafür darlegungs- und beweispflichtig, dass die früheren Veranstaltungen nach Motto, Ort, Datum sowie des Teilnehmer- und Organisatorenkreises Ähnlichkeiten mit der geplanten Veranstaltung aufweisen. Dieser Darlegungspflicht wird nicht genügt, wenn die für die Prognose herangezogenen Gewalttaten bei früheren Versammlungen nur von Gegendemonstranten ausgingen und die Behörde keine Feststellungen darüber getroffen hat, dass die Voraussetzungen eines polizeilichen Notstandes für die Inanspruchnahme von Nichtstörern vorliegen werden. Allein aus der Größe einer Versammlung kann nicht auf die Gewaltbereitschaft der Teilnehmer geschlossen werden.*

Adressat der Maßnahme

Da als Adressat des Weiterfahrverbotes nur der Busfahrer in Betracht kommt, stellt sich die Frage, ob XY möglicherweise in seinem Grundrecht aus Art. 8 I GG verletzt wurde.

hemmer-Methode: Wäre auch dem XY die Weiterfahrt verboten worden oder hätte man ihm verboten, auf andere Weise zur Demonstration zu gelangen, so ergäbe sich die Klagebefugnis bereits aus seiner Adressatenstellung.

organisierte Anreise zu Versammlung selbst schon Versammlung?

Hierbei ist umstritten, ob die *organisierte Anreise* zu einer an einem bestimmten Ort geplanten, nicht verbotenen Versammlung schon als *eigenständige Versammlung* i.S.d. Art. 8 I GG angesehen werden kann. 269

251 Zur neueren Rspr. des BVerfG zur Versammlungsfreiheit Hoffmann-Riem, NVwZ 2002, 257 und NJW 2004, 2777.

252 BVerfG, NVwZ-RR 2010, 625 = **juris**byhemmer.

i.d.R. fehlt kommunikativer Zweck

Dies ist jedoch mit den besseren Argumenten abzulehnen: Die gemeinsame Anreise von Demonstrationsteilnehmern in einem Bus kann zwar als Zusammenkunft mehrerer Personen angesehen werden.

Es fehlt aber das Merkmal der „Verfolgung eines gemeinsamen kommunikativen Zweckes nach außen“, sodass zu diesem Zeitpunkt noch keine Versammlung vorliegt.

Der Schutzbereich des Art. 8 I GG ist daher noch nicht eröffnet.[253] Eine Klagebefugnis scheidet insoweit mangels möglicher Verletzung des Grundrechts aus Art. 8 I GG aus.

hemmer-Methode: Dies kann jedoch im Einzelfall auch anders sein. Wenn z.B. bereits auf der Anfahrt durch Transparente in den Fensterscheiben des Busses eine zielgerichtete und gemeinsame Meinungskundgabe stattfindet, liegt bereits in der Anfahrt eine echte Demonstration und daher eine Versammlung.
Die Abgrenzung wird man von der Zielsetzung der Demonstranten her vornehmen müssen. Wenn diese ihre kollektive Meinungskundgabe nach außen wie im Fallbeispiel erst am Versammlungsort beginnen wollen, so ist die Anreise selbst noch keine Versammlung.

Schutz einer Versammlung schon vor deren Beginn

Allerdings ist Art. 8 I GG schon deshalb zu berücksichtigen, weil der Schutz einer Versammlung nicht erst wirken darf, wenn die Versammlung bereits begonnen hat. Ansonsten könnte jede unliebsame Veranstaltung durch bloße Zutrittsverhinderung unterbunden werden. 270

Ob es sich bei der Gruppe der Anreisenden selber um eine Versammlung handelt, kann daher dahinstehen. Entscheidend ist, ob die Anreisenden nach der Anreise mit den anderen Demonstranten zusammen eine Versammlung darstellen oder nicht.

Art. 8 I GG bei Ermessensausübung zu beachten

Es ist demnach davon auszugehen, dass jede polizeiliche oder behördliche Maßnahme, die auf eine derartige Zutrittsverweigerung hinausläuft, im Lichte des Art. 8 I GG betrachtet werden muss. Das Grundrecht des Art. 8 I GG ist von der Polizei bei der Ausübung ihres Ermessens zu beachten.

Hierdurch schützt die entsprechende Ermessensvorschrift auch das Individualinteresse des von der Maßnahme Betroffenen.

XY hat deshalb ein Recht auf fehlerfreie Ermessensbetätigung. XY könnte in diesem Recht auf fehlerfreie Ermessensentscheidung verletzt sein und ist aus diesem Grund klagebefugt.[254]

c) Sonstige Zulässigkeitsvoraussetzungen

Im Übrigen gelten die bereits oben gemachten Ausführungen. Es ergeben sich im Rahmen der Zulässigkeit ansonsten keine Besonderheiten. 271

253 Vgl. Köhler, BayVBl. 1983, 437.

254 Vgl. hierzu auch Schwerdtfeger, Rn. 185 ff.

3. Begründetheit der FFK bei Versammlungsrechtsfällen

a) formelle Rechtmäßigkeit

Bei der formellen Rechtmäßigkeit ergeben sich keine Abweichungen.

sachliche Zuständigkeit

Die sachliche Zuständigkeit für polizeiliches Handeln bei Versammlungen ergibt sich aus § 1 IV PolG NRW i.V.m. den Vorschriften des VersammlG. 272

Das VersammlG enthält als Bundesgesetz zwar keine ausdrückliche Aufgabeneröffnungsnorm für die Polizei; es beinhaltet aber eine Vielzahl von Befugnisnormen. Von diesen Befugnisnormen ist der Schluss auf die Aufgabe zulässig.[255]

b) Materielle Rechtmäßigkeit

materielle Rechtmäßigkeit beachten

Neuerungen ergeben sich aber im Bereich der materiellen Rechtmäßigkeit.

aa) Ermächtigungsgrundlage aus dem Versammlungsgesetz

Anwendbarkeit des VersammlG

Voraussetzung für die Einschlägigkeit der Befugnisnormen des VersammlG ist dessen Anwendbarkeit. 273

öffentliche Versammlung

Es ist anwendbar, wenn eine *öffentliche Versammlung* vorliegt, vgl. § 1 I VersammlG. Nur eine Solche soll den letztlich privilegierenden Vorschriften des VersammlG unterfallen.

hemmer-Methode: Art. 8 I GG trifft keine Differenzierung zwischen öffentlichen und nichtöffentlichen Versammlungen. Nicht-öffentliche Versammlungen unter freiem Himmel unterfallen dem VersammlG nicht und können daher auch dessen privilegierende Sperrwirkung nicht für sich in Anspruch nehmen. Art. 8 I GG ist aber stets im Rahmen der Ermessensausübung zu berücksichtigen.

Versammlungsbegriff

Wie bereits oben erwähnt, liegt eine *Versammlung* vor, wenn es sich um eine Zusammenkunft von mindestens zwei Menschen[256] handelt, die in innerer Verbundenheit stehen, und den Zweck verfolgen, ihren Willen gemeinsam nach außen hin kundzugeben.

keine Unterhaltungsveranstaltungen

An diesem Willen fehlt es regelmäßig bei unterhaltenden und kommerziellen Veranstaltungen. Bei Volksfesten, Sport- oder Konzertveranstaltungen handelt es sich daher nicht um Versammlungen. Gleiches gilt auch für Musik- und Tanzveranstaltungen, wie etwa die Love Parade, wenn zumindest der Schwerpunkt auf der Unterhaltung liegt. In Zweifelsfällen ist jedoch immer vom Vorliegen einer Versammlung auszugehen.[257] Auch die Facebook-Partys sind aufgrund des fehlenden kommunikativen Zwecks keine Versammlungen.

Kein geschützter Versammlungszweck liegt weiterhin darin, eine andere Versammlung zu stören oder zu verhindern.[258]

255 Umgekehrt darf jedoch nicht von einer Aufgabe auf eine Befugnis geschlossen werden, vgl. oben Rn. 96.

256 Nach a.A. müssen es mindestens drei Personen sein.

257 BVerfG NJW 2001, 2459 (2460) = jurisbyhemmer; Tschentscher, NVwZ 2001, 1243; OVG Berlin, NJW 2001, 1740 = jurisbyhemmer.

258 BVerfG 84, 203 (209).

„öffentliche" Versammlung

Eine Versammlung ist *öffentlich*, wenn die Teilnahme nicht auf einen namentlich oder sonst individuell bezeichneten Personenkreis beschränkt ist, sondern grundsätzlich jedermann teilnehmen kann. Dies ist auch dann der Fall, wenn die Teilnahme an bestimmte Bedingungen, wie den Kauf einer Eintrittskarte geknüpft ist.

Spontanversammlung

Auch eine *Spontanversammlung* ist eine Versammlung i.S.d. VersammlG. Sie findet ohne vorherige Einladung, Bekanntmachung oder sonstige Absprache statt.[259]

hemmer-Methode: Bei einer Spontanversammlung entfällt die grundsätzliche Anmeldepflicht aus § 14 VersammlG aufgrund einer *teleologischen Reduktion* der Vorschrift. Ansonsten würde ein Verstoß gegen Art. 8 I GG bestehen.
Sie sollten auch den Begriff der *Eilversammlung* kennen. Eine solche liegt vor, wenn die Anmeldefrist des § 14 VersammlG nicht mehr vollständig eingehalten werden kann. Auch hier muss aufgrund einer teleologischen Reduktion die 48-Stunden-Frist des § 14 VersammlG nicht eingehalten werden, nach der Rspr. des BVerfG ist aber eine Anmeldung erforderlich, sobald die Möglichkeit hierzu besteht.[260] Kritisiert wird diese Ansicht in der Literatur vor allem deswegen, weil der so richter-rechtlich korrigierte § 14 VersammlG durch § 26 Nr. 2 VersammlG strafbewehrt ist. Dies aber verstoße gegen Art. 103 II GG.[261]

Ansammlung

Fehlt dagegen eines der Merkmale des Versammlungsbegriffes, so liegt eine bloße *Ansammlung* vor, die nicht mehr dem Schutz der Art. 8 GG, §§ 1 ff. VersammlG unterfällt.

bb) Ausnahmsweise Anwendbarkeit des PolG NRW

grds. „Polizeifestigkeit" ab Beginn einer öffentlichen Versammlung

Der Schutz des VersammlG ist an den Beginn einer öffentlichen Versammlung gebunden. Ab diesem Zeitpunkt ist eine Versammlung grds. *„polizeifest"*, d.h. die Polizei darf nur noch nach dem VersammlG als *lex specialis* tätig werden, und ein Rückgriff auf die Befugnisse des allgemeinen Polizeirechts ist ausgeschlossen. 274

keine geschützte Versammlung

(1) Die Anwendbarkeit des PolG NRW kommt aber in solchen Fällen in Betracht, in denen der Schutz des Grundrechts auf Versammlungsfreiheit nicht besteht.

Die Befugnisse des PolG NRW gelten daher z.B.

- ⇨ gegenüber unfriedlichen oder bewaffneten Versammlungsteilnehmern (vgl. Art. 8 I GG),
- ⇨ ferner zur Gefahrenabwehr im Vorfeld von Versammlungen,[262]
- ⇨ sowie nach deren Auflösung oder sonstiger Beendigung (selbst wenn dies rechtswidrig erfolgte!).

nicht versammlungsspezifische Gefahren

(2) Auch wenn es sich um nicht versammlungsspezifische Gefahren handelt, ist nicht das VersammlG, sondern das PolG NRW einschlägig. Dabei kann es sich z.B. um Gefahren nach Bauordnungs- oder Umweltrecht handeln.

Bsp.: *Die Polizei verbietet den Demonstranten das Betreten einer Brücke, da die Gefahr besteht, dass diese unter der großen Menschenmenge einstürzen könnte.*

259 Es existiert hier zudem kein Veranstalter, der die Versammlung nach § 14 VersammlG anmelden könnte.

260 BVerfG 69, 315 (349).

261 BVerfG 85, 69 (77) = abweichende Meinung; Jarrass/Pieroth, Art. 8 GG, Rn. 17; Geis, NVwZ 1992, 1029; Schenke Rn. 370.

262. Dazu nachfolgend Rn. 281.

milderes Mittel im PolG NRW

(3) Sollte die Polizei eine Maßnahme nach PolG NRW als milderes Mittel im Vergleich zu den Mitteln des VersammlG wählen, ist ebenfalls nicht das VersammlG, sondern das PolG NRW einschlägig. Denn das VersammlG verfolgt den Zweck, die Teilnehmer einer von Art. 8 GG geschützten Versammlung zu privilegieren.

> **Bsp.:** *Anstatt die Versammlung nach § 15 VersammlG zu verbieten und aufzulösen, greift die Polizei einzelne gewalttätige Teilnehmer heraus. Dafür stehen ihr die Befugnisse des PolG NRW zur Verfügung.*

keine Regelung im VersammlG

(4) Das allgemeine Polizeirecht ist auch dann anwendbar, wenn das VersammlG für bestimmte Bereiche keine Regelung enthält.

> **Bsp.:** *Das VersammlG enthält hinsichtlich der Zwangsmittel keine Regelung, sodass insoweit auf allgemeines Polizeirecht zurückgegriffen werden darf.*

Dies betrifft aber nur die Fälle, in denen das Zwangsmittel zur Durchsetzung von versammlungsrechtlichen Maßnahmen dient. Für normale, präventiv polizeiliche Maßnahmen ist demgegenüber zunächst die Auflösung der Versammlung erforderlich.[263]

Vorfeldmaßnahmen

(5) Sonderfall: Vorfeldmaßnahmen

Bsp.: *Vgl. dazu nochmals das obige Fallbeispiel „Anreise zur Großdemonstration“ Rn. 268: Waren hier die Befugnisse des PolG NRW durch das VersammlG ausgeschlossen?*

Allgemein gilt, dass die Vorschriften des PolG NRW erst bei Vorliegen einer Versammlung durch das VersammlG ausgeschlossen sind. Die Anreise selbst ist hier aber noch keine Versammlung,[264] sodass grundsätzlich das PolG NRW einschlägig wäre.

Abstellen auf Verhältnis „Vorfeldmaßnahme“ zu PolG NRW-Befugnissen:

Im Hinblick auf Art. 8 I GG erscheint aber folgende Lösung sachgerecht: Es kommt immer darauf an, in welchem Verhältnis die sog. „Vorfeldmaßnahmen“ im Rahmen einer Demonstration zu den polizeilichen Befugnissen des PolG NRW stehen.

VersammlG, wenn unmittelbar Versammlungsfreiheit betroffen

Für Maßnahmen im Vorfeld einer aktuellen Versammlung sind grundsätzlich versammlungsgesetzliche Befugnisse erforderlich, soweit diese Maßnahmen *unmittelbar* auf die Versammlungsfreiheit der betroffenen Personen einwirken.

Der Schutz der Versammlungsfreiheit gilt insoweit auch für Personen, die sich auf dem Wege zu einer Versammlung befinden.[265] Unmittelbar versammlungsbezogene Wirkung tritt ein, wenn die Teilnahme ausdrücklich untersagt oder der Zugang zur Versammlung durch polizeiliche Sperren, *Behinderung der Anfahrt* oder schleppende Abfertigung an präventiv-polizeilich begründeten Kontrollstellen tatsächlich verhindert wird.[266]

ansonsten PolG NRW anwendbar

Soweit Vorfeldmaßnahmen ganz überwiegend auf die unmittelbare Verhütung, wenn auch versammlungsbezogener Straftaten oder Ordnungswidrigkeiten gerichtet sind (z.B. Verstöße gegen das Passivbewaffnungs- oder Vermummungsverbot, § 17a VersammlG), gilt für notwendige Eingriffe allgemeines Polizeirecht.[267]

263 Zum Fall der Einkesselung vgl. OVG NW, NVwZ 2001, 1315.

264 VG Würzburg, NJW 1980, 2541; vgl. oben, Rn. 291 ff.

265 Birk, JuS 1982, 496; BVerfGE 69, 315 ff. (349) = **juris**byhemmer.

266 Dietzel/Gintzel/Kniesel, § 15 VersammlG, Rn. 5.

267 Drews/Wacke/Vogel/Martens, S. 177; VGH Mannheim, DÖV 1990, 572. Sonderfall: Für polizeiliches Einschreiten zur Verhinderung einer (formal) verbotenen Versammlung gilt das PolG. Unterläge polizeiliches Einschreiten zur Verhinderung einer (formal) verbotenen Versammlung der Spezialität des Versammlungsrechts, wären Versammlungsverbote als solche unsinnig, da systemwidrig. Die Polizei wäre streng darauf verwiesen, die verbotene Versammlung zunächst zuzulassen und sofort nach Beginn aufzulösen. Sehenden Auges hätte sie Straftaten des Veranstalters (§ 26 I VersammlG) bzw. Ordnungswidrigkeiten der Teilnehmer (§ 29 I Nr.1 VersammlG) abzuwarten und dann repressiv zu verfolgen (VG Würzburg, NJW 1980, 2541).

Danach wäre im vorliegenden Fallbeispiel das Anhalten des Busses auf eine polizeiliche Befugnis nach dem PolG NRW, dagegen das Verbot der Weiterfahrt mittels des Busses wegen des starken Bezuges zur Versammlungsfreiheit auf das VersammlG zu stützen[268] (hier ggf. § 17a IV VersammlG).

nicht-öffentliche Versammlung in geschlossenen Räumen

(6) Bei nicht öffentlichen Versammlungen in geschlossenen Räumen wird teilweise vertreten, dass das VersammlG in einem solchen Fall erst recht analoge Anwendung finden müsse.[269] Hintergrund (einer klar gegen den Wortlaut des § 1 VersammlG verstoßenden Analogie) ist der Gedanke, dass diese Versammlungen sonst nicht in den Genuss der Privilegien des Spezialgesetzes kommen.

Die h.M. jedoch wendet das VersammlG nicht an, da § 1 VersammlG eine Anwendbarkeit auf nicht öffentliche Versammlungen nicht vorsieht. Danach ist nur das PolG NRW anwendbar, jedoch ist Art. 8 I GG auch hier einschlägig und ist im Rahmen des Ermessens und der Verhältnismäßigkeit zu berücksichtigen. Dabei ist zu beachten, dass die nach Art. 8 I GG hier vorbehaltlos gewährleistete Versammlungsfreiheit nur nach den Grundsätzen der praktischen Konkordanz beschränkt werden kann.[270]

cc) Versammlungsrechtliche Befugnisse

Befugnisse des VersammlG

Das VersammlG normiert eine Vielzahl polizeilicher Befugnisse. Die klausurrelevantesten Befugnisnormen sind: 275

(1) Für öffentliche Versammlungen unter freiem Himmel

(a) § 15 I VersammlG

§ 15 I VersammlG enthält die Generalklausel des Versammlungsrechts. Nach dieser kann eine Versammlung verboten oder unter Auflagen gestellt werden, wenn zu erwarten ist, dass es andernfalls zu Gefahren für die öffentliche Sicherheit und Ordnung käme.

(aa) Gefahr für die öffentliche Sicherheit

Versammlung als Gemeingebrauch

Das Versammlungsrecht gehört zum Gemeingebrauch an öffentlichen Straßen und Plätzen; § 14 I S. 1 StrWG NRW.[271] Wenn der Ort der Versammlung für die Meinungskundgabe eine besondere Bedeutung hat, darf diese auch nicht durch eine Auflage an einen anderen Ort verlegt werden.[272] Dies gilt auch für Versammlungen vor einer Botschaft.[273]

Durch die Auflage darf sich der Charakter der Versammlung nicht verändern.

268 Dietzel/Gintzel/Kniesel, § 17a VersammlG, Rn. 39.

269 Vgl. Messmann, JuS 2007, 524.

270 Vgl. dazu Schoch, JuS 1994, 481.

271 Vgl. Götz/Geis, Allg. Polizei- und Ordnungsrecht, § 23, Rn. 12 m.w.N., sowie EGMR, NVwZ 2010, 1139.

Vgl. dazu Pauly/Bushart, DÖV 2017, 64 ff.

273 VG Berlin, Beschluss vom 06.05.2016 – 1 L 291.16.

Bsp.[274]: Es bedeutet eine schwerwiegende Beeinträchtigung der Versammlungsfreiheit, wenn die Versammlung verboten wird oder infolge von versammlungsbehördlichen Verfügungen und verwaltungsgerichtlichen Beschlüssen nur in einer Weise durchgeführt werden kann, die einem Verbot nahe kommt, etwa indem sie ihren spezifischen Charakter so verändert, dass die Verwirklichung des besonderen kommunikativen Anliegens wesentlich erschwert wird. Das Grundrecht auf Versammlungsfreiheit schützt das Interesse des Veranstalters, auf einen Beachtungserfolg nach seinen Vorstellungen zu zielen, also gerade auch durch eine möglichst große Nähe zu dem symbolhaltigen Ort (hier: zu dem Zaun, der den Tagungsort des G8-Gipfels Heiligendamm umgab).

Es bleibt offen, ob die Einschätzung der an einer Konferenz (hier: G8-Gipfel in Heiligendamm) teilnehmenden Vertreter auswärtiger Staaten, Demonstrationen und Kundgebungen gegenüber ihren Staaten seien „unfreundliche Akte", überhaupt eine Gefahr für die öffentliche Ordnung darstellen könnte, auf die Versammlungsbeschränkungen gestützt werden könnten. Jedenfalls können Empfindlichkeiten ausländischer Politiker Beschränkungen der Versammlungsfreiheit dann nicht rechtfertigen, wenn auf diese Weise der in Deutschland verfassungsrechtlich geschützte Meinungsbildungsprozess und der Schutz der darauf bezogenen Grundrechte der Meinungs- und Versammlungsfreiheit beeinträchtigt werden. Der verfassungsrechtliche Schutz von Machtkritik ist nicht auf Kritik an inländischen Machtträgern begrenzt.

Gemeingebrauch an Privatgelände

Ein Gemeingebrauch kann auch eröffnet sein bei Verkehrsflächen, die im privaten Eigentum stehen.

Bsp.[275]: Ein der Öffentlichkeit allgemein geöffnetes und zugängliches Straßen- und Wegenetz auf dem Gelände eines in Privatrechtsform betriebenen Unternehmens der öffentlichen Hand ist auch dann vom Schutzbereich der Versammlungsfreiheit gem. Art. 8 I GG erfasst, wenn es nicht einer zum Verweilen und Flanieren einladenden Einkaufsstraße oder Fußgängerzone, sondern eher einem Gewerbegebiet gleichgestellt werden kann.

Gebrauch von Megaphonen

Eine Versammlung begründet nicht dadurch eine Gefahr für die öffentliche Sicherheit, dass sie Hilfsmittel wie Megaphone verwendet.

Bsp.[276]: Der Schutzbereich der Versammlungsfreiheit umfasst grundsätzlich auch die Verwendung von Lautsprechern und Megaphonen als Hilfsmittel.

Der Schutzgehalt des Art. 8 I GG umfasst grundsätzlich auch die Äußerungen des versammlungsbezogenen Anliegens, dass nur die Versammlung unterstützende Personen an ihr teilnehmen und Polizisten sich außerhalb des Aufzugs bewegen sollen.

Die Verurteilung zu einer Geldbuße wegen Verstoßes gegen die versammlungsrechtliche Auflage, die bei einem 1. Mai-Umzug mitgeführten Lautsprecher und Megaphone nur für im Zusammenhang mit dem Versammlungsthema stehende Durchsagen und für Ordnungsdurchsagen zu benutzen, verkennt den Schutzgehalt aus Art. 8 I GG, wenn die geahndete Durchsage „Zivile Bullen raus aus der Versammlung!" nach den konkreten Umständen nicht dazu geeignet war, den ordnungsgemäßen Verlauf der Versammlung zu stören oder gar zu Gefährdungen von Personen zu führen.

Probeversammlung als Gefahr?

Das Probem für eine gewaltfreie Blockade stellt selber keine Gefahr für die öffentliche Sicherheit dar.

---

274 BVerfG, NVwZ 2008, 193 = NJW 2007, 2167 ff. = **juris**byhemmer.

275 BGH, NVwZ 2015, 1622.

276 BVerfG, NVwZ 2014, 145.

Bsp.[277]: Eine öffentliche Versammlung, bei der gewaltfrei und ohne Begehung von Straftaten für eine friedliche Blockade eines nicht verbotenen Aufzugs von Rechtsextremisten trainiert wird, kann als Beitrag zur öffentlichen Meinungsbildung von der Versammlungs- und Meinungsfreiheit geschützt sein.

Unter Berücksichtigung grundrechtlicher Wertentscheidungen kann die bloße Durchführung einer derartigen Probeblockade, bei der selbst niemand behindert wird, weder als strafbare grobe Störung einer Versammlung (§ 21 VersG) noch als strafbare Aufforderung hierzu (§ 111 StGB) angesehen werden. Das gilt auch dann, wenn das Training zu einer späteren echten Blockade mobilisieren soll.

Die Grenze zur Strafbarkeit wird erst dann überschritten, wenn die Teilnehmer einer Versammlung eine andere nicht verbotene Versammlung über eine erhebliche Dauer blockieren, ohne dass deren Teilnehmer ausweichen können.

Hooligandemonstration

Wenn an einer Versammlung viele Gewaltbereite teilnehmen, wird das von ihnen ausgehende Gefahrenpotential an mehreren Stellen der Prüfung zu thematisieren sein. Zum einen bei der Frage, inwieweit eine Gefahr für die öffentliche Sicherheit besteht. Zum anderen bei der Frage, ob ein polizeilicher Notstand Maßnahmen gegen die Versammlung rechtfertigt. Und zuletzt bei der Frage der Rechtsfolge.

Bsp.[278]: Ist bei einer als Aufzug angemeldeten Versammlung mit der Teilnahme zahlreicher gewaltbereiter bzw. gewaltsuchender Hooligans zu rechnen und lassen sich Provokationen durch Dritte, auf die dieser Teilnehmerkreis voraussichtlich mit Gewalt reagiert würde, auf einer Aufzugsstrecke mit polizeilichen Mitteln nicht effektiv verhindern, kann die Beschränkung auf eine Standkundgebung rechtmäßig sein.

Von einer Versammlung muss verlangt werden, dass sie auch mit Blick auf Provokationen Dritter friedlich bleibt. Sind – seien es auch provozierte – Gewalttätigkeiten aus einem Aufzug heraus hinreichend wahrscheinlich und besteht die Gefahr eines (die Versammlung erfassenden) Gewaltausbruchs, entfällt die Gefahrenlage nicht dadurch, dass die Polizei sie möglicherweise mit zusätzlichen Kräften verhindern könnte.

(bb) Gefahr für die öffentliche Ordnung

Verstoß des Meinungsinhaltes gegen die öffentliche Ordnung (-)

Problematisch ist regelmäßig, ob das Verbot einer Versammlung auch auf einen Verstoß gegen die öffentliche Ordnung gestützt werden kann. Nach der Rspr. des BVerfG ist dies aufgrund des hohen Stellenwerts der Versammlungsfreiheit im Grundgesetz nicht der Fall.[279]

In der instanzgerichtlichen Rechtsprechung wurde aber in neuerer Zeit wieder auf eine Verletzung der öffentlichen Ordnung abgestellt. Begründet wird diese Abweichung von der Rechtsprechung des BVerfG vielfach damit, dass in den entschiedenen Fällen der Begriff der öffentlichen Ordnung durch Art. 1 I und 20 GG konkretisiert werden müsse. Die diesen zugrunde liegenden Vorstellungen würde beispielsweise durch die Verherrlichung des Nationalsozialismus missachtet.[280] Art. 8 GG sei insoweit durch verfassungsimmanenten Schranken eingeschränkt und könne daher einem Abstellen auf die öffentlichen Ordnung nicht entgegengehalten werden.

277 OVG Münster, NVwZ-RR 2013, 38 = NWVBl. 2013, 111.

278 OVG Münster, NVwZ-RR 2017, 141.

279 BVerfG 69, 315.

280 OVG NW, NWVBl. 2001, 223.

Dieser Rspr. ist das BVerfG erneut entgegengetreten.[281] Das Schutzgut der öffentlichen Ordnung könne nur zur Lückenfüllung herangezogen werden, wenn es um neuartige Gefahrenpotentiale geht, die einer Regelung durch den Gesetzgeber noch nicht zugänglich waren.[282] Um eine solche neuartige Gefährdung handelt es sich bei der Verherrlichung des NS-Regimes nicht, wie bereits die vorhandenen Strafbewehrungen zeigen. Zudem steht die in Art. 5 I GG verbürgte Meinungsfreiheit als konstituierendes Element der freiheitlich demokratischen Grundordnung einer solchen Interpretation der öffentlichen Ordnung entgegen. Auch die Meinungen und Anschauungen von Minderheiten sollen in den öffentlichen Willensbildungs- und Meinungsprozess eingeführt werden können.

Nach Ansicht des BVerfG stehen das öffentliche Auftreten neonazistischer Gruppierungen und die Verbreitung entsprechenden Gedankengutes in öffentlichen Versammlungen unter dem Schutz des Grundgesetzes, soweit die Strafbarkeitsschwelle nicht überschritten wird. Eine Grenze der Meinungsäußerung bilden demnach *nur* Strafgesetze wie §§ 185 ff., 130, 86a, 90a, 90b StGB (Exklusivität des StGB). Gewollt ist eine offene geistige Auseinandersetzung der Bürger, die verfassungsrechtlich durch Art. 9 II, 18, 21 II und 26 II GG abgesichert ist. Diese Normen stehen einer Interpretation der öffentlichen Ordnung als Mittel zur Bekämpfung auch radikaler Ideologien entgegen, zumal die Meinungsfreiheit mit ihrem qualifizierten Gesetzesvorbehalt in Art. 5 II GG nicht behördlich oder richterlich unterlaufen werden darf. Mit anderen Worten: Auch der Staat und seine Institutionen darf kritisiert werden, solange dies im legalen Rahmen geschieht.

Besteht die Gefahr für die öffentliche Ordnung aber nicht nur in der bloßen Äußerung des Inhalts, sondern in den besonderen, beispielsweise provokativen oder aggressiven[283], das Zusammenleben der Bürger konkret beeinträchtigenden Begleitumständen, so kann auch hierauf ein Verbot gestützt werden. Bei der rechtlichen Beurteilung einer geplanten Veranstaltung kann es daher dazu kommen, dass je für sich genommen unbedenkliche Verhaltensweisen, bei Ausübung in der Gesamtheit der Versammlung, dieser einen den schutzfähigen Anschauungen über ein friedliches Zusammenleben der Bürger widersprechenden Charakter verschaffen.[284]

Die Gefahr für die öffentliche Sicherheit oder Ordnung muss nach dem Wortlaut des § 15 I VersammlG unmittelbar von der Versammlung ausgehen, d.h. diese muss Veranlasser im Sinne des Polizeirechts sein. Gehen die Gefahren allein von Gegendemonstranten aus, besteht zunächst die Pflicht der Polizei und der Sicherheitsbehörden, die Versammlung zu schützen. Nur wenn dies nicht möglich ist, also ein Fall des sog. Polizeinotstands vorliegt, kann die Versammlung ausnahmsweise verboten werden.[285]

hemmer-Methode: Äußerst problematisch ist i.R.d. § 15 VersammlG ein Rückgriff auf die Figur des sog. Zweckveranlassers. Nach Ansicht des BVerfG darf hierauf jedenfalls dann nicht zurückgegriffen werden, wenn die „provozierenden" Äußerungen ihrerseits von der Meinungsfreiheit nach Art. 5 I GG gedeckt sind.[286]

---

281 BVerfG, NVwZ 2006, 585 = Life&Law 2006, 485 = **juris**byhemmer.

282 Zu dieser „Reservefunktion" der öffentlichen Ordnung Erbel, DVBl. 2001, 1714 (1718); Schoch, Jura 2003, 177 (180).

283 Eine solche besondere Provokation kann beispielsweise vorliegen, wenn am 27. Januar (Tag des Gedenkens an die Opfer des Nationalsozialismus) ein Aufmarsch von Rechtsextremisten geplant ist, vgl. BVerfG, NJW 2001, 1409 = **juris**byhemmer.

284 BVerfG, NWVBl. 2001, 463 = **juris**byhemmer; vgl. allgemein zu Problemen im Versammlungsrecht bei rechtsextremistischen Aufzügen Hoffmann-Riem, NJW 2004, 2777, und Battis/Grigoleit, NVwZ 2001, 121.

285 BVerfG, NJW 2000, 3051 (3053) = BayVBl. 2001, 79, 81 = **juris**byhemmer.

286 BVerfG, NVwZ 2000, 1406 = BayVBl. 2001, 82 = DVBl. 2001, 62 = **juris**byhemmer; vgl. dazu VG Berlin, Beschluss vom 14.04.2016 - 1 L 268.16: Kundgebung vor der türkischen Botschaft mit Ziegenmasken.

sonstiger Verstoß gegen die öffentliche Ordnung (+)

Auch wenn ein Verstoß des Meinungsinhalts der Versammlung gegen die öffentliche Ordnung nicht für ein Verbot ausreicht, kann dies doch durch einen Verstoß der Modalitäten der Versammlung gegen die öffentliche Ordnung gerechtfertigt werden.

Bsp.[287]**:** *Auch Gründe der öffentlichen Ordnung berechtigen zum Erlass eines Versammlungsverbots, wenn Gefahren nicht aus dem Inhalt, sondern aus der Art und Weise der Durchführung der Versammlung drohen, sofern Auflagen zur Gefahrenabwehr nicht ausreichen.*

Verfügt eine Behörde wegen unmittelbarer Gefährdung der öffentlichen Ordnung eine versammlungsrechtliche Beschränkung gegenüber einer politischen Partei, stützt sie ihr Einschreiten nicht auf eine vermeintliche Verfassungsfeindlichkeit des Verhaltens oder der Programmatik dieser Partei.

Für eine Versammlungsbeschränkung aus Gründen der öffentlichen Ordnung reicht es nicht aus, dass die Durchführung einer Versammlung am Holocaust-Gedenktag (27. Januar) in irgendeinem, beliebigen Sinne als dem Gedenken zuwiderlaufend zu beurteilen ist. Vielmehr ist die Feststellung erforderlich, dass von der konkreten Art und Weise der Versammlung Provokationen ausgehen, die das sittliche Empfinden der Bürger erheblich beeinträchtigen. Diese Feststellung setzt voraus, dass die Versammlung eine den Umständen nach eindeutige Stoßrichtung gegen das Gedenken erkennen lässt, etwa diesem nicht den ihm aus Sicht der Mitbürger gebührenden Stellenwert belässt, insbesondere dessen Sinn oder moralisch-ethischen Wert negiert, oder in anderer Weise dem Anspruch der Bürger entgegenwirkt, sich ungestört dem Gedenken zuwenden zu können, ohne hierbei erheblichen Provokationen ausgesetzt zu sein.

Redeverbot für ausländische Politiker

Der Veranstalter einer Versammlung kann prinzipiell selber bestimmen, wer als Redner auftreten darf. Eine Grenze findet sich, wenn ausländischen Staatsorganen eine Tribüne für politische Stellungnahmen verschafft werden soll, ohne dass die Bundesrepublik darüber entscheidet (politische Souveränität). Vergleiche dazu folgende Fälle:

Beispiel 1[288]**:** *Das prinzipielle Selbstbestimmungsrecht des Veranstalters aus Art. 8 I GG, die auf der Versammlung auftretenden Redner festzulegen, ist kein Instrument dafür, ausländischen Staatsoberhäuptern oder Regierungsmitgliedern ein Forum zu eröffnen, sich auf öffentlichen Versammlungen im Bundesgebiet in ihrer Eigenschaft als Hoheitsträger amtlich zu politischen Fragestellungen zu äußern. Darüber zu entscheiden ist allein Sache der Bundesrepublik Deutschland.*

Beispiel 2[289]**:** *Staatsoberhäupter und Mitglieder ausländischer Regierungen haben weder von Verfassungs wegen noch nach einer allgemeinen Regel des Völkerrechts (Art. 25 GG) einen Anspruch auf Einreise in das Bundesgebiet und die Ausübung amtlicher Funktionen in Deutschland. Hierzu bedarf es der ausdrücklichen oder konkludenten Zustimmung der Bundesregierung.*

Soweit ausländische Staatsoberhäupter oder Mitglieder ausländischer Regierungen in amtlicher Eigenschaft und unter Inanspruchnahme ihrer Amtsautorität in Deutschland auftreten, können sie sich nicht auf Grundrechte berufen.

---

287 BVerwG, NVwZ 2014, 883.

288 OVG Münster, NVwZ 2017, 648.

289 BVerfG, NJW 2017, 1166 = NVwZ 2017, 622.

(cc) Rechtsfolge

Zulässig sind derartige Maßnahmen bis zum Beginn der Versammlung, also auch noch in der bereits dem Schutz des Art. 8 GG unterfallenden Vorbereitungsphase.[290]

Aus dem verfassungsmäßigen Verhältnismäßigkeitsgrundsatz folgt weiterhin, dass vor dem Verbot einer Versammlung eine Auflage in Betracht gezogen werden muss.

(b) § 15 II VersammlG

Ein Verbot oder eine Auflagenerteilung kommt nach dem im Frühjahr 2005 neu geschaffenen § 15 II VersammlG[291] insbesondere in Betracht wenn die Versammlung an einem Ort stattfindet, der als Gedenkstätte von historisch herausragender, überregionaler Bedeutung an die Opfer der menschenunwürdigen Behandlung unter der national-sozialistischen Gewalt- und Willkürherrschaft erinnert, und nach den zur Zeit des Erlasses der Verfügung konkret feststellbaren Umständen zu befürchten ist, dass durch die Versammlung oder den Aufzug die Würde der Opfer beeinträchtigt wird.

hemmer-Methode: Der zweiaktige Tatbestand verlangt (kumulativ) eine Versammlung an einem bestimmten Ort (Nr. 1) und das Ausgehen bestimmter Wirkungen von dieser (Nr. 2).
Mit diesem Gesetz sollte parteiübergreifend eine NPD-Versammlung am 08. Mai 2005 am Holocaust-Denkmal in Berlin verhindert werden. Hierzu hätte es dieses gesetzgeberischen Schnellschusses allerdings gar nicht bedurft, da eine räumliche Verlegung der Demo auch wegen einer Gefahr für die öffentliche Ordnung möglich gewesen wäre. Zum Teil wird auch die Ansicht vertreten, dass die Einführung des § 15 II VersammlG sogar kontraproduktiv war.
Diese Vorschrift regele die Problematik von Versammlungen an Mahnmalen im Sinne des S. 1 durch die Aufzählung(sermächtigung) nach S. 2 und 3 abschließend. Ein Rückgriff auf eine Gefahr für die öffentliche Ordnung nach § 15 I VersammlG sei somit nicht mehr möglich, was sich dann als misslich erweisen würde, wenn die Landesregierung bestimmte Orte nicht in die Aufzählung nach § 15 II S. 3 VersammlG aufgenommen haben sollte.[292] Bedeutender als die Einführung des § 15 II VersammlG ist der neue Straftatbestand des § 130 IV StGB, wonach die Billigung, Rechtfertigung oder Verherrlichung der NS-Herrschaft strafbar sein kann. Ist die Begehung entsprechender Straftaten auf der Versammlung zu befürchten, kommt ein Versammlungsverbot wegen einer Gefahr für die öffentliche Sicherheit oder Ordnung in Betracht.[293]

(c) § 15 III, IV VersammlG

Auflösung von Versammlungen

Die Polizei hat die Befugnis, unter den Voraussetzungen des § 15 III VersammlG nach pflichtgemäßem Ermessen eine Versammlung aufzulösen.

290 Vgl zur Auflage gegen Probeblockaden NVwZ 2000, 1201. Zur Möglichkeit der Änderung von Zeit und Ort im Wege der Auflage vgl. Schörnig, NVwZ 2001, 1246, und BVerfG, NJW 2001, 1409. Zu den Voraussetzungen für ein Redeverbot eines Mitglieds einer nicht verbotenen Partei im Wege der Auflage BVerfG, NVwZ 2002, 713; Versammlungsverbot in der Nähe eines ehemaligen Konzentrationslager BayVGH, NVwZ 2002, 737.

291 Neu eingeführt durch BT-Gesetz vom 24.03.2005; vgl. hierzu Poscher, NJW 2005, 1316.

292 Leist, Die Änderung des Versammlungsrechts: ein Eigentor?, NVwZ 2005, 501. Zu diesem Thema auch Leist, Verherrlichung von NS-Größen als Verbotsgrund für Versammlungen, BayVBl 2005, 234.

293 Hierzu Scheidler, BayVBl. 2005, 453. Allerdings wird man an Auflagen mit dem Verbot entsprechender Äußerungen als milderes Mittel denken müssen.

Entgegen des Wortlauts stellt die bloße Nichtanmeldung trotz bestehender Anmeldepflicht für sich betrachtet noch keinen Auflösungsgrund dar.[294] Dies beruht zunächst auf der Bedeutung der Versammlungsfreiheit und darauf, dass auch die nicht angemeldete Demonstration nicht von vornherein eine Gefahr für die öffentliche Sicherheit und Ordnung darstellt. Weiterhin ist es auch nicht Zweck des Mittels der Versammlungsauflösung, den Veranstalter in seiner Anmeldepflicht zu disziplinieren. Jedoch kann sich allein daraus eine Gefahr für die öffentliche Sicherheit und Ordnung ergeben, dass infolge der Nichtanmeldung erforderliche Vorbereitungsmaßnahmen unterblieben sind. Dann rechtfertigt diese Gefahr die Auflösungsverfügung.

Auflösungspflicht bei verbotenen Veranstaltungen

Gem. § 15 IV VersammlG muss die Polizei eine verbotene Veranstaltung auflösen (kein Ermessen).

Da Art. 8 I GG gerade das Recht gewährt, sich ohne Anmeldung zu versammeln, also bereits die Anmeldepflicht nach § 14 VersammlG verfassungsrechtlich nicht unproblematisch ist, wäre es jedenfalls unverhältnismäßig, eine Versammlung allein wegen der fehlenden Anmeldung aufzulösen. Liegt kein Verbotsgrund nach § 15 I - III VersammlG vor, muss die Polizei in einem solchen Fall bei einer fehlerfreien Ermessensausübung von einem Verbot absehen.

(d) § 17a IV VersammlG

Anordnungen zur Durchsetzung der Verbote des § 17a VersammlG

Nach dieser Norm kann die zuständige Behörde Anordnungen zur Durchsetzung der in Abs.1 und 2 geregelten Schutzwaffen- und Vermummungsverbote treffen. Sie kann insbesondere Zuwiderhandelnde auch von der Veranstaltung ausschließen. Es handelt sich dabei um einen rein rechtsgestaltenden Verwaltungsakt. Zur Anwendung von Zwangsmitteln ist deshalb ein vorheriger Platzverweis erforderlich, wenn sich der Teilnehmer nach der Ausschließung nicht freiwillig entfernt.[295]

§ 17a IV VersammlG spricht die entsprechenden Befugnisse zwar nicht ausdrücklich der Polizei im institutionellen Sinne zu. Deren Zuständigkeit ergibt sich aber aus der Nähe der Regelung zu den Befugnisnormen der §§ 18 III und 19 IV VersammlG.[296]

(2) Für öffentliche Versammlungen in geschlossenen Räumen

Der Polizei werden insbesondere die Befugnisse nach §§ 9 II und 13 I VersammlG eingeräumt.

c) Ermessen

Entschließungsermessen, Gestaltungsermessen

Hinsichtlich des Entschließungs- und des Gestaltungsermessens ergeben sich keine Abweichungen gegenüber den obigen Ausführungen, sodass insoweit auf diese verwiesen wird, vgl. Rn 221 ff. 276

Auswahlermessen (Adressat)

Im Rahmen der Maßnahmerichtung gelten bei polizeilichem Handeln aufgrund des VersammlG ebenfalls die Regelungen der §§ 4, 5 und 6 PolG NRW.

294 BVerfG, NJW 1985, 2395 = **juris**byhemmer.

295 Dietel/Gintzel/Kniesel, § 18 VersammlG, Rn. 32 f.

296 Dietzel/Gintzel/Kniesel, § 17a VersammlG, Rn. 55.

gewalttätige Gegendemonstration

§ 6 PolG NRW wird vor allem dann relevant, wenn eine friedliche Versammlung aufgrund einer *gewalttätigen Gegendemonstration* verboten bzw. gegen diese vorgegangen werden soll.

Danach kann gegen eine Versammlung nur dann vorgegangen werden, wenn die engen Voraussetzungen des § 6 PolG NRW vorliegen, da die *Störung* der öffentlichen Sicherheit nicht von den Teilnehmern der friedlichen Versammlung, sondern *von den Gegendemonstranten ausgeht.*[297]

Bsp. 1:[298] *Der Staat ist durch das Grundrecht auf Versammlungsfreiheit gehalten, die Grundrechtsausübung möglichst vor Störungen und Ausschreitungen Dritter zu schützen und behördliche Maßnahmen primär gegen die Störer zu richten, um die Durchführung der Versammlung zu ermöglichen. Gegen die Versammlung selbst darf in solchen Fällen nur ausnahmsweise, und zwar nur unter den besonderen Voraussetzungen des so genannten polizeilichen Notstandes, eingeschritten werden. Vorausgesetzt ist, dass die Gefahr auf andere Weise nicht abgewehrt und die Störung auf andere Weise nicht beseitigt werden kann und die Verwaltungsbehörde nicht über eigene, eventuell durch Amts- und Vollzugshilfe ergänzte Mittel und Kräfte verfügt, um die gefährdeten Rechtsgüter wirksam zu schützen.*

Mit Art. 8 GG wäre es nicht zu vereinbaren, dass bereits mit dem Bevorstehen einer Gegendemonstration, deren Durchführung den Einsatz von Polizeikräften erfordern könnte, erreicht werden kann, dass dem Veranstalter der angemeldeten Versammlung die Möglichkeit genommen wird, sein Demonstrationsanliegen zu verwirklichen. Deshalb muss vorrangig versucht werden, den Schutz der Versammlung auf andere Weise durchzusetzen. Der Staat darf insbesondere nicht dulden, dass friedliche Demonstrationen einer bestimmten politischen Richtung – hier von Rechtsextremisten – durch gewalttätige Gegendemonstrationen verhindert werden. Gewalt von „links“ ist keine verfassungsrechtlich hinnehmbare Antwort auf eine Bedrohung der rechtsstaatlichen Ordnung von „rechts“. Drohen Gewalttaten als Gegenreaktion auf Versammlungen, so ist es Aufgabe der zum Schutz der rechtsstaatlichen Ordnung berufenen Polizei, in unparteiischer Weise auf die Verwirklichung der Versammlungsfreiheit für alle Grundrechtsträger hinzuwirken.

Die Wahrung strikter Unparteilichkeit vorausgesetzt, sind die Ordnungsbehörden jedoch nicht dazu verpflichtet, Polizeikräfte ohne Rücksicht auf sonstige Sicherheitsinteressen in unbegrenztem Umfang bereitzuhalten. Das Gebot, vor der Inanspruchnahme von Nichtstörern eigene sowie gegebenenfalls externe Polizeikräfte gegen die Störer einer Versammlung einzusetzen, steht vielmehr unter dem Vorbehalt der tatsächlichen Verfügbarkeit solcher Streitkräfte. Eine Beschränkung der angemeldeten Versammlung kommt in Betracht, wenn mit hinreichender Wahrscheinlichkeit feststeht, dass die Versammlungsbehörde wegen der Erfüllung vorrangiger staatlicher Aufgaben und trotz Heranziehung externer Polizeikräfte zum Schutz der angemeldeten Versammlung nicht in der Lage wäre; eine pauschale Behauptung dieses Inhalts reicht allerdings nicht aus.

Bsp. 2:[299] *Geht eine Gefahr für die öffentliche Sicherheit nicht von der Versammlung selbst, sondern von einer Gegenveranstaltung aus, ist insbesondere zu prüfen, ob die Inanspruchnahme des Nichtstörers durch eine versammlungsrechtliche Verfügung gegenüber den Veranstaltern der Gegendemonstration vermieden werden kann. Keinesfalls darf der Nichtstörer einem Störer gleichgestellt und die Auswahl des Adressaten der versammlungsrechtlichen Verfügung von bloßen Zweckmäßigkeitserwägungen abhängig gemacht werden. Drohen Gewalttaten als Gegenreaktion auf Versammlungen, so ist es Aufgabe der zum Schutz der rechtsstaatlichen Ordnung berufenen staatlichen Stellen, in unparteiischer Weise auf die Verwirklichung der Versammlungsfreiheit für die Grundrechtsträger hinzuwirken.*

297 Zu Notstandseingriffen gegen Versammlungen OVG Lüneburg, NordÖR 2010, 416; Götz/Geis, Allg. Polizei- und Ordnungsrecht, § 10, Rn. 20.

298 BVerfG, NVwZ 2006, 1049 = **juris**byhemmer.

299 BVerfG, NVwZ-RR 2007, 641 = **juris**byhemmer.

Werden die sich Versammelnden damit als Nichtstörer angesehen, so kann gegen sie nur unter den besonderen Voraussetzungen des so genannten polizeilichen Notstandes eingeschritten werden. Dies setzt voraus, dass eine Gefahr auf andere Weise nicht abgewehrt werden kann, etwa weil die Verwaltungsbehörde nicht über ausreichende eigene, eventuell durch Amts- oder Vollzugshilfe zu ergänzende Mittel und Kräfte verfügt, um die gefährdeten Rechtsgüter wirksam zu schützen.

Bsp. 3:[300] *Es ist verfassungsrechtlich nicht zu beanstanden, dass die Behörde der Versammlung der Beschwerdeführerin nicht allein aufgrund der zeitlichen Priorität ihrer Anmeldung den Vorrang eingeräumt hat. Die grundsätzliche Einräumung einer zeitlichen Priorität für den Erstanmelder einer Versammlung wird zwar dem Grundsatz staatlicher Neutralität gegenüber den Inhalten von Versammlungszwecken gerecht. Es können aber wichtige Gründe, etwa die besondere Bedeutung des Ortes und Zeitpunktes für die Verfolgung des jeweiligen Versammlungszwecks, für eine andere Vorgehensweise sprechen. Die Ausrichtung allein am Prioritätsgrundsatz kann im Übrigen dazu verleiten, Versammlungen an bestimmten Tagen und Orten frühzeitig und auf Vorrat anzumelden und damit anderen potentiellen Veranstaltern die Durchführung von Versammlungen am gleichen Tag und Ort unmöglich zu machen. Allerdings ist der Prioritätsgrundsatz maßgebend, wenn die spätere Anmeldung allein oder vorwiegend zu dem Zweck erfolgt, die zuerst angemeldete Versammlung an diesem Ort zu verhindern.*

Zweckveranlassung

Noch nicht abschließend geklärt ist die Frage, ob die Teilnehmer einer Demonstration als Zweckveranlasser hinsichtlich einer gewalttätigen Gegendemonstration herangezogen werden können. Nicht ausreichend für eine derartige Verantwortlichkeit sind jedenfalls Äußerungen, die trotz der Missbilligung der Mehrheit oder auch nur der Gegendemonstranten, verfassungsrechtlich zu tolerieren sind.[301]

Verbot durch Allgemeinverfügung

In der sächsischen Stadt Heidenau hat die Ordnungsbehörde durch Allgemeinverfügung jegliche Versammlung für vier Tage verboten. Das Bundesverfassungsgericht hat dieses Verbot im Wege des Eilantrages aufgehoben, weil nicht erkennbar sei, dass jede Durchführung einer Versammlung zu einem für die Polizei nicht beherrschbaren Notstand führe.[302]

4. Zwangsmittel

Zwangsbefugnisse des PolG NRW

Bei der Anwendung von Zwangsmitteln gelten auch im Bereich des Versammlungsrechts die §§ 50 ff. PolG NRW. Die Polizei kann sich somit auf die Zwangsbefugnisse des PolG NRW stützen, soweit sie Maßnahmen, die sie aufgrund des VersammlG trifft, durchsetzen will, weil das VersammlG keine Zwangsbefugnisse zu seiner Durchsetzung regelt. Es gelten daher die obigen Ausführungen. 277

hemmer-Methode: Beachten Sie im Zusammenhang mit dem Versammlungsrecht auch die Entscheidung des BVerfG[303] und darauf folgend die des BGH zur Strafbarkeit von Sitzblockaden nach § 240 StGB. Die Nichtstrafbarkeit wirkt sich ggf. dahingehend aus, dass zumindest im repressiven Bereich keine Aufgabeneröffnung besteht.

300 BVerfG, DVBl. 2005, 969 = **juris**byhemmer.

301 BVerfG, NVwZ 2001, 1402.

302 BVerfG, NVwZ 2016, 244; vgl. dazu Götz/Geis, Allg. Polizei- und Ordnungsrecht, § 23, Rn. 19; Geis, Fälle zum Polizei- und Ordnungsrecht, Fall 22.

303 BVerfG, NJW 1995, 1141; BGH, NJW 1995, 2643 und 2862: **alle Entscheidungen** = **juris**byhemmer.

§ 2 ALLGEMEINE FESTSTELLUNGSKLAGE, § 43 I VWGO

ÜBERSICHT 278

Allgemeine Feststellungsklage

I. Eröffnung des Verwaltungsrechtswegs
II. Zulässigkeit
1. Statthaftigkeit der Feststellungsklage
2. Klagebefugnis, § 42 II VwGO analog
3. Feststellungsinteresse
4. Klagegegner, § 78 I Nr. 1 VwGO
5. Weitere allgemeine Sachentscheidungsvoraussetzungen

III. Begründetheit

Die Relevanz der allgemeinen Feststellungsklage liegt in den bereits oben angesprochenen Fällen polizeilicher Vollstreckungsmaßnahmen.

A. Eröffnung des Verwaltungsrechtswegs

Hinsichtlich der Eröffnung des Verwaltungsrechtswegs ist im Wesentlichen auf die Ausführungen zur Fortsetzungsfeststellungsklage (vgl. Rn. 43 ff.) zu verweisen.

öffentlich-rechtliche Streitigkeit

Streitgegenstand ist die Frage, ob ein Rechtsverhältnis besteht oder nicht besteht. Der Streit ist öffenlich-rechtlich, wenn die Norm, aus der die Rechtsbeziehung abgeleitet wird, öffentlich-rechtlich ist.

Im Falle von Vollstreckungsmaßnahmen läge das Rechtsverhältnis in der Vollstreckungshandlung aufgrund der Vollstreckungsnorm.

kein Schusswaffengebrauch zur Repression

Hinsichtlich des unmittelbaren Zwangs bleibt die Besonderheit zu beachten, dass die Polizei die Schusswaffe nie zu repressiven Zwecken einsetzen darf.[304] Allenfalls zur Selbst- oder Fremdverteidigung wäre der Gebrauch der Waffe auch im Rahmen repressiver Tätigkeit wieder rechtmäßig. In diesen Fällen wäre die Verteidigungshandlung selbst aber wieder Gefahrenabwehr.

Hier empfiehlt es sich daher, im Rahmen des Prüfungspunktes „öffentlich-rechtliche Streitigkeit“ nicht einfach mit schlichtem Verweis auf die Doppelfunktion der Polizei eine Festlegung auf StPO oder PolG NRW zu umgehen. Auch wenn der Gesamteinsatz sowohl repressiven als auch präventiven Charakter hat, so ist die Einzelmaßnahme (und nur auf die kommt es an) erkennbar nur präventiv.

304 Hinsichtlich der Festnahme: BGH, NJW 1981, 745; Meyer-Goßner, StPO, § 127, Rn. 15; Karlsruher Kommentar zur StPO, § 127, Rn. 28.

B. Zulässigkeit der allgemeinen Feststellungsklage

I. Statthaftigkeit der allgemeinen Feststellungsklage

ÜBERSICHT: 279

I. Bestehen (§ 43 I Var. 1 VwGO) oder Nichtbestehen (§ 43 I Var. 2 VwGO) eines Rechtsverhältnisses:

Rechtsverhältnis weit auszulegen.

1. Konkret: überschaubarer Sachverhalt und Streit
2. Gegenwärtig: sonst vorbeugend
3. Einzelgerichtet: nicht Norm
4. Außengerichtet: außer Kommunalverfassungsstreit

II. Nichtigkeit eines VA (§ 43 I Var. 3 VwGO)

1. Grundsätzlich

Feststellungsklage

Die Feststellungsklage (§ 43 I VwGO) ist in drei Varianten statthaft, nämlich der Feststellung der Bestehens (Var. 1) oder Nichtbestehens (Var. 2) eines Rechtsverhältnisses oder der Feststellung der Nichtigkeit eines Verwaltungsakts (Var. 3).

feststellungsfähiges Rechtsverhältnis

Unter einem feststellungsfähigen Rechtsverhältnis sind die rechtlichen Beziehungen zu verstehen, die sich aus einem konkreten Sachverhalt aufgrund einer öffentlich-rechtlichen Norm für das Verhältnis von (natürlichen oder juristischen) Personen untereinander oder einer Person zu einer Sache ergeben.[305]

… im Polizeirecht

Diese Definition ist denkbar weit. So ist auch die Rechtswidrigkeit eines Realaktes (wie z.B. einer polizeilichen Vollstreckungsmaßnahme) im Wege der allgemeine Feststellungsklage gem. § 43 I VwGO feststellungsfähig. Weitere Anwendungsgebiete ergeben sich für das Polizeirecht nicht.

Nichtigkeitsfeststellungsklage

Einer Nichtigkeitsfeststellungsklage (§ 43 I Var. 3 VwGO) wird man kaum begegnen. Die Fälle wären zu exotisch.

Bsp.: Der Platzverweis (§ 34 I PolG NRW) durch einen Polizeibeamten in Zivil, welcher sich nicht als solcher zu erkennen gibt, wäre gem. § 44 I, II Nr. 1 VwVfG NRW analog[306] (da mündlicher VA) nichtig.

2. Subsidiarität

Subsidiaritätsklausel

Die allgemeine Feststellungsklage ist gem. § 43 II S. 1 VwGO gegenüber den Leistungs- und Gestaltungsklagen subsidiär, sofern der Kläger mit diesen seine Rechte zumindest in gleichem Umfang und mit gleicher Effektivität verfolgen kann oder hätte verfolgen können. Entscheidend ist einzig die Statthaftigkeit dieser Klagen. Auf die sonstigen Voraussetzungen kommt es nicht an.

305 St. Rspr. BVerwG, NVwZ 2009, 1170 (Rn. 15) m.w.N.

306 Eine analoge Anwendung des § 44 II Nr. 1 VwVfG auf mündliche Verwaltungsakte ist jedenfalls anzunehmen, wenn (wie vorliegend) nicht erkennbar ist, ob überhaupt eine Behörde gehandelt hat (der Zivilpolizist könnte ja auch ein normaler Bürger sein); inwiefern es ausreicht, dass nicht erkennbar ist, welche Behörde gehandelt hat, ist strittig; vgl. Kopp/Ramsauer, VwVfG, § 44, Rn. 35; Knack, VwVfG, § 44, Rn. 34; HkVerwR, § 44 VwVfG, Rn. 14.

...für das Polizeirecht unproblematisch

Gegen die polizeilichen Vollstreckungsmaßnahmen sind (nach Ablehnung der Verwaltungsaktqualität) keine anderweitigen Klagen statthaft. So sind im Polizeirecht keine problematischen Fälle denkbar.[307] Erwähnt werden muss die Subsidiaritätsklausel aber in jedem Fall.

II. Klagebefugnis

Klagebefugnis (Erfordernis str.)

Ob die allgemeine Feststellungsklage einer Klagebefugnis analog § 42 II VwGO bedarf, ist umstritten. Teile der Literatur bestreiten mit Hinweis auf das Erfordernis des „Feststellungsinteresses" das Vorliegen einer Regelungslücke. Rechtsprechung und weite Teile der Lehre gehen hingegen davon aus, dass Feststellungspopularklagen durch das Feststellungsinteresse nicht ausgeschlossen wären und folglich eine entsprechende Regelung nur über die Analogie zu § 42 II VwGO erreicht werden kann.[308] 280

...kann für das Polizeirecht dahinstehen

Da polizeiliche Vollstreckungsmaßnahmen für den von diesen Betroffenen stets belastend sind, ergibt sich die Klagebefugnis schon aus der Adressatenstellung und der einhergehenden Möglichkeit einer Verletzung des Art. 2 I GG. Der Streit kann folglich dahinstehen.

III. Vorverfahren

kein Vorverfahren

Ein Vorverfahren ist im Rahmen der allgemeinen Feststellungsklage nicht erforderlich. In der Klausur ist der Prüfungspunkt gar nicht zu erwähnen.

IV. Klagefrist

keine Klagefrist, aber Verwirkung mögl.

Die allgemeine Feststellungsklage unterliegt keiner Klagefrist. Anders als das Vorverfahren sollte dies in der Klausur aber erwähnt und auf die Möglichkeit einer Verwirkung hingewiesen werden.

V. Feststellungsinteresse

§ 43 I a.E. VwGO fordert ein berechtigtes Interesse an der baldigen Feststellung. Es ergeben sich zwei Prüfungspunkte. 281

berechtigtes Interesse

Zum einen bedarf es einer subjektiven Komponente (nämlich das „berechtigte Interesse"). Anders als bei der zivilprozessrechtlichen Feststellungsklage gem. § 256 I ZPO muss das Interesse nicht unbedingt rechtlicher Natur sein. Unter diesem berechtigten Feststellungsinteresse i.S.d. § 43 VwGO ist jedes als schutzwürdig anzuerkennende Interesse, insbesondere auch wirtschaftlicher oder ideeller Art, zu verstehen.[309]

baldige Feststellung

Hinzu tritt noch die zeitliche Komponente („...an baldiger Feststellung"). Baldiger Feststellung bedürfen nur Rechtsverhältnisse der Gegenwart und nicht fernen Zukunft. Für die der Vergangenheit angehörenden (= erledigten) Rechtsverhältnisse wurde daher eine anhaltende Wirkung (bestehend bei: Wiederholungsgefahr, Diskriminierung / Rehabilitierung oder Schadensersatz- / Entschädigungsforderungen) gefordert.[310]

307 Vgl. zu den problematischen Fällen der allgemeinen Feststellungsklage Hemmer/Wüst, Verwaltungsrecht II, Rn. 322 ff.

308 Zum ganzen Streit: Hemmer/Wüst, Verwaltungsrecht II, Rn. 329 ff.

309 St. Rspr. BVerwG, NJW 1996, 2046 (2048) = **juris**byhemmer; OVG Münster, NJW 1997, 1176 (1177) = **juris**byhemmer; Kopp/Schenke, VwGO, § 43, Rn. 23.

310 Sodan/Ziekow, VwGO, § 43, Rn. 90 ff.; 98.

Mittlerweile genügt auch ein tiefgreifender Grundrechtseingriff.[311] Im Ergebnis decken sich die Voraussetzungen also mit den 4 Fallgruppen des Fortsetzungsfeststellungsinteresses (vgl. oben Rn. 71 ff.).

Besonderheit: Realakte

Darüber hinaus wird das Feststellungsinteresse auch bei sich typischerweise kurzfristig erledigenden hoheitlichen Maßnahmen angenommen.[312] Anderweitiger Rechtsschutz ist in den Fällen staatlicher Realakte in der Regel gerade nicht erreichbar. Polizeiliche Vollstreckungsmaßnahmen z.B. wären anderenfalls zum Teil gar nicht gerichtlich überprüfbar.

> **Bsp.:** *Eine Versammlung wird unter Einsatz eines Wasserwerfers gegen alle Demonstranten aufgelöst. Hier werden alle Demonstranten gleich behandelt, daher fehlt es an der diskriminierenden Wirkung. In Betracht kommt aber ein Verstoß gegen die Menschenwürde und gegen das Grundrecht auf körperliche Unversehrtheit, womit das Feststellungsinteresse anzunehmen ist.*[313]

VI. Übrige allgemeine Sachentscheidungsvoraussetzungen

Für die weiteren Sachentscheidungsvoraussetzungen ist auf die Ausführungen zur Fortsetzungsfeststellungsklage zu verweisen (vgl. Rn. 75 ff.). Insbesondere ist auch bei der Feststellungsklage umstritten, ob sich der Klagegegner nach § 78 I Nr. 1 VwGO analog oder dem allgemeinen Rechtsträgerprinzip richtet.

C. Klagehäufung

Nicht übersehen werden sollte, dass bei Klagen, die sich sowohl gegen Standardmaßnahmen (Fortsetzungsfeststellungsklage) als auch gegen deren Vollstreckung (allgemeine Feststellungsklage) richten, eine objektive Klagehäufung gem. § 44 VwGO anzunehmen ist (vgl. Rn. 374 f.). 282

hemmer-Methode: Dass Standardmaßnahme und Vollstreckung angegriffen werden, wird bei Klagen gegen Vollstreckungsmaßnahmen regelmäßiges Ergebnis der Auslegung des Klagebegehrens sein. Es ist aber auch denkbar, dass sich die Klage ausschließlich gegen die Vollstreckung richtet. Dies ist der Fall, wenn nur die Art und Weise der Vollstreckung in Frage steht.

D. Begründetheit der allgemeinen Feststellungsklage

Die Begründetheit der allgemeinen Feststellungsklage unterscheidet sich je nach Gegenstand der Feststellung. Im Fall gerichtlicher Überprüfung von Vollstreckungsmaßnahmen ist die Klage begründet, wenn die Vollstreckung rechtswidrig war.

I. Ermächtigungsgrundlage

Auffinden der Ermächtigungsgrundlage

Im Vollstreckungsrecht empfiehlt es sich, bei der Suche nach der einschlägigen Ermächtigungsgrundlage in drei Schritten vorzugehen: 283

311 Seit BVerwGE, NJW 1997, 2163 (2164).

312 Kopp/Schenke, VwGO, § 43, Rn. 26.

313 Vgl. auch BVerwG, NVwZ 1999, 290; dort aber das Fortsetzungsfeststellungsinteresse begründend.

1. **Welches *Gesetz*?**
   a) in seltenen Fällen Annexregel im materiellen Recht
   b) sonst bei Vollstreckungsmaßnahmen der Landespolizei PolG NRW

2. **Welche *Art der Vollstreckung*?**
   a) Normalvollzug ⇨ § 50 I PolG NRW
   b) Sofortvollzug ⇨ § 50 II PolG NRW

3. **Welche *konkrete Maßnahme*?**
   a) Ersatzvornahme ⇨ §§ 51 I Nr. 1, 52 PolG NRW
   b) Zwangsgeld ⇨ §§ 51 I Nr. 2, 53 PolG NRW
   c) unmittelbarer Zwang ⇨ §§ 51 I Nr. 3, 55, 57 ff. PolG NRW

Bsp.: Als Ermächtigungsgrundlage einer Ersatzvornahme im Normalvollzug sind die §§ 50 I, 51 I Nr. 1, 52 PolG NRW zu zitieren.

besondere Voraussetzungen polizeilichen Zwanges

Die besonderen Voraussetzungen der Zwangsanwendung bestimmen sich nach der Eigenart des jeweiligen Zwangsmittels. § 51 I PolG NRW zählt die Zwangsmittel abschließend auf. Die Polizei kann demnach entweder Ersatzvornahme, Zwangsgeld oder unmittelbaren Zwang wählen. 284

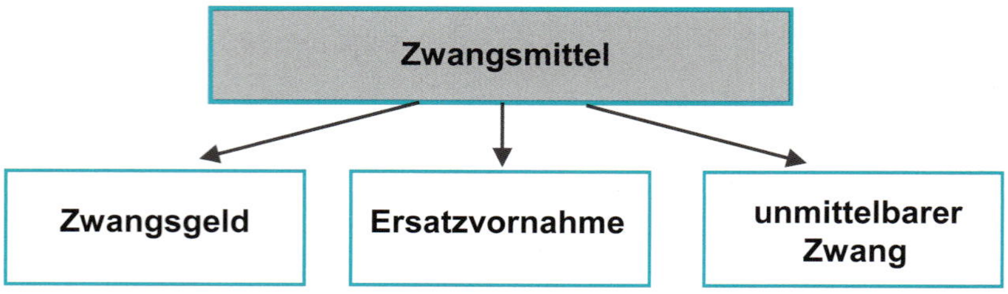

1. Zwangsgeld, § 53 PolG NRW

Zwangsgeld

Zwangsgeld ist die Durchsetzung von Handlung, Duldung oder Unterlassen durch Beugegelder. Im Grunde beschränkt sich die Anwendung aber auf Duldung, Unterlassen und nicht vertretbare Handlungen. Für vertretbare Handlungen kommt es kaum in Betracht, da dort die Ersatzvornahme effektiveres Mittel zur Erreichung des ordnungsgemäßen Zustands ist. Folglich scheidet das Zwangsgeld aus Gründen des Übermaßverbots aus. 285

…im Polizeirecht die Ausnahme

Das Zwangsgeld kommt aber regelmäßig nur in aufschiebbaren Fällen in Betracht. Daher hat es im Bereich des Polizeirechts, anders als im Ordnungsrecht, nur eine untergeordnete Bedeutung.

Bsp.: Denkbar ist die Festsetzung eines Zwangsgeldes bei der zwangsweisen Durchsetzung einer Vorladung, § 10 III PolG NRW.

Ersatzzwangshaft

Die Ersatzzwangshaft (§ 54 PolG NRW) ist dagegen *kein eigenständiges Zwangsmittel*. Sie kommt als Beugehaft nur dann zum Einsatz, wenn ein Zwangsgeld uneinbringlich ist.

2. Ersatzvornahme, § 52 PolG NRW

Ersatzvornahme

Die Voraussetzungen der Ersatzvornahme sind: 286

nur bei Handlungen

⇨ Die Verpflichtung, eine *Handlung* vorzunehmen, wird nicht erfüllt (vgl. Wortlaut § 52 I S. 1 PolG NRW: Duldung oder Unterlassung sind nicht erfasst).

und davon nur die vertretbaren

⇨ Die Handlung muss eine *vertretbare* sein; also auch durch einen anderen vorgenommen werden können (Legaldefinition *vertretbare Handlung* in § 52 I S. 1 PolG NRW). Ausgenommen sind also solche Handlungen, die nur durch den Pflichtigen selbst vorgenommen werden können.

Die Polizei muss die Ersatzvornahme nicht selbst ausführen, sondern kann auch einen anderen mit der Ausführung beauftragen. Die Ersatzvornahme kommt nur bei Maßnahmen in Betracht, die auf die Generalklausel gestützt werden, da nur in diesem Bereich vertretbare Handlungen angeordnet werden können.

hemmer-Methode: Soweit ergibt sich hier alles unmittelbar aus dem Gesetz. Zusatzwissen ist nicht erforderlich.
Soweit in Klausuren eine Ersatzvornahme durchgeführt wurde, ist deren Rechtmäßigkeit häufig auch im Rahmen der Anfechtung eines Kostenbescheides zu prüfen, vgl. § 52 I S. 1 und 2 PolG NRW (siehe Rn. 321 ff.).

3. Unmittelbarer Zwang, §§ 55, 57 ff. PolG NRW

unmittelbarer Zwang

Unmittelbarer Zwang ist gem. § 58 I PolG NRW die Einwirkung auf Personen oder Sachen durch körperliche Gewalt, ihre Hilfsmittel und durch Waffen. 287

nur ultima ratio

Dieses Zwangsmittel ist mit besonders intensiven Grundrechtseingriffen für den Betroffenen verbunden. Daher rührt nicht nur die detaillierte Regelung des unmittelbaren Zwangs, sondern auch sein Status als *ultima ratio*.

besondere Voraussetzungen

Gem. § 55 I S. 1 PolG NRW ist er daher nur zulässig, wenn andere Zwangsmittel:

⇨ nicht in Betracht kommen oder

⇨ keinen Erfolg versprechen oder

⇨ unzweckmäßig sind.

Darüber hinaus scheidet er zur Durchsetzung der Erklärungsabgabe generell aus, § 55 II PolG NRW.

§§ 57 – 66 PolG NRW = Art und Weise der Vollstreckung

Es gelten dann für die Anwendung unmittelbaren Zwanges die §§ 57 – 66 PolG NRW, die in der Klausur aber erst weiter unten zu prüfen sind (siehe Rn. 297).

II. Formelle Rechtmäßigkeit

Zuständigkeit

Da nach dem PolG NRW nur die Polizei handeln darf, muss zum einen ein Handeln der Polizei im eingeschränkt institutionellen Sinne vorliegen, § 1 I S. 1 PolG NRW. 288

Weiterhin ergibt sich die örtliche Zuständigkeit aus den §§ 7 - 9 POG NRW.

hemmer-Methode: Eine eigene, die Zuständigkeit der Vollzugsbehörden regelnde Norm, vergleichbar dem § 56 VwVG NW, kennt das PolG NRW nicht. Nach dem PolG NRW kann eben nur die Polizei handeln. Die Zuständigkeit ergibt sich aus der Systematik.

Verfahren

Die hier zu prüfenden polizeilichen Vollstreckungsmaßnahmen sind Realakte. Daher ist § 28 I VwVfG NRW nicht direkt anwendbar. Ob die Anhörungspflicht nach § 28 I VwVfG NRW auf Realakte analog angewandt werden sollte[314], kann hier dahinstehen. Die Anhörung wäre für Vollstreckungsmaßnahmen jedenfalls nach § 28 II Nr. 5 VwVfG NRW analog entbehrlich.

III. Materielle Rechtmäßigkeit

1. Normalvollzug, § 50 I PolG NRW

Aufbauschema

Rechtmäßigkeit einer Maßnahme des Normalvollzugs 289

I. Allgemeine Voraussetzung:
erforderlich ist ein *vollstreckbarer Grund-VA* als Titel
   1. Primärmaßnahme muss ein befehlender VA sein, also auf die Vornahme einer Handlung, auf Duldung oder Unterlassung gerichtet sein
   2. VA wirksam (§ 43 VwVfG NRW), nicht nichtig (§ 44 VwVfG NRW)
   3. Unanfechtbarkeit der Primärmaßnahme oder Rechtsmittel ohne aufschiebende Wirkung, § 80 II S. 1 Nr. 2 VwGO, oder Voraussetzungen für den Sofortvollzug liegen vor (arg. a maiore ad minus)
   4. Bei VAen, gegen die ein Rechtsmittel keine aufschiebende Wirkung hat, reicht grundsätzlich die Wirksamkeit des VA aus. Nach Teilen der Literatur ist zusätzlich die Rechtmäßigkeit zu prüfen.

II. *Art und Weise* der Vollstreckung
   1. Androhung mit Fristsetzung, §§ 56, 61 PolG NRW
   2. Festsetzung (im Polizeirecht) nur bei Zwangsgeld, § 53 PolG NRW
   3. ordnungsgemäße Anwendung bei unmittelbarem Zwang, §§ 55 I S. 2, 57 ff. PolG NRW

III. Keine *vollstreckungshindernden Einwände* nach Erlass des VA,
z.B. Erfüllung; beachte bei rechtlicher Unmöglichkeit Duldungsverfügung

IV. Ermessen, § 3 I PolG NRW
insbesondere Grundsatz der *Verhältnismäßigkeit*, § 2 PolG NRW:
   1. War der Zwang als solcher *überhaupt* verhältnismäßig?
   2. Wurde bei der *Auswahl* und der *konkreten Anwendung* des jeweiligen Zwangsmittels der Verhältnismäßigkeitsgrundsatz beachtet?

allgemeine und besondere Voraussetzungen der Zwangsanwendung

Bei der Rechtmäßigkeit von Verwaltungszwang ist zwischen den allgemeinen und den besonderen Voraussetzungen zu trennen. Die allgemeinen Voraussetzungen müssen bei jeder Art von Zwangsanwendung geprüft werden. Sie stellen quasi die Grundvoraussetzungen dar. 290

314 Inwieweit § 28 VwVfG bei schlichtem Verwaltungshandeln und Realakten analog anzuwenden ist, ist strittig; vgl. hierzu Kopp/Ramsauer, VwVfG, § 28, Rn. 4a; Knack, VwVfG, § 28, Rn. 9; Hochhuth, NVwZ 2003, 30.

Die besonderen Voraussetzungen richten sich dagegen nach dem jeweiligen Zwangsmittel, welches angewandt wurde.

a) Allgemeine Vollstreckungsvoraussetzung: vollstreckbarer Grund-VA als Titel

Die allgemeinen Voraussetzungen für die Anwendung polizeilichen Zwangs regelt § 50 I PolG NRW.

aa) wirksamer VA, der auf Handlung, Duldung oder Unterlassung gerichtet ist

VA, der auf Handlung, Duldung oder Unterlassung gerichtet und wirksam ist

§ 50 I PolG NRW setzt zunächst eine Primärmaßnahme voraus, die auf eine Handlung, Duldung oder Unterlassung gerichtet ist (= befehlender VA). Diese muss darüber hinaus wirksam nach § 43 VwVfG NRW sein; unter anderem darf also auch kein Nichtigkeitsgrund gemäß § 44 VwVfG NRW vorliegen (vgl. § 43 III VwVfG NRW). 291

bb) Unanfechtbarkeit oder Rechtsmittel ohne aufschiebende Wirkung oder Voraussetzungen des § 50 II PolG NRW gegeben

VA unanfechtbar/Rechtsmittel ohne aufschiebende Wirkung

Weiterhin fordert § 50 I PolG NRW, dass der Grund-VA entweder unanfechtbar ist (Ablauf der Rechtsmittelfristen) oder ein dagegen mögliches Rechtsmittel keine aufschiebende Wirkung entfaltet (§ 80 II VwGO). 292

Die Unanfechtbarkeit spielt im Polizeirecht keine große Rolle. Polizeiliche VAe werden wie grundsätzlich alle VAe mit Ablauf der Anfechtungsklagefrist nach § 74 I S. 2 VwGO unanfechtbar.[315] Aufgrund der Typik des Polizeirechts liegen zwischen Primärmaßnahme und Sekundärmaßnahme regelmäßig keine derartig langen Zeiträume.

häufig § 80 II S. 1 Nr. 2 VwGO einschlägig

Besondere Relevanz hat dagegen § 80 II S. 1 Nr. 2 VwGO. Danach entfällt die aufschiebende Wirkung bei unaufschiebbaren Anordnungen und Maßnahmen von Polizeivollzugsbeamten. Die Voraussetzungen des § 80 II S. 1 Nr. 2 VwGO sind in den meisten Fällen polizeilichen Handelns erfüllt.

oder Voraussetzungen für Sofortvollzug gegeben

Teilweise wird es auch - alternativ zu den unanfechtbaren VAen oder zu den VAen, bei denen ein Rechtsmittel keine aufschiebende Wirkung entfaltet - als ausreichend erachtet, wenn die Voraussetzungen des Sofortvollzugs (§ 50 II PolG NRW) gegeben sind. 293

Begründet wird diese dritte Möglichkeit damit, dass der Normalvollzug, also die Vollstreckung eines vorangegangenen VA, auch dann rechtmäßig sein muss, wenn sogar Zwang angewendet werden dürfte, ohne dass vorher eine Primärmaßnahme erging (arg. a maiore ad minus).

315 Verwaltungsakte, gegen welche ein Widerspruch statthaft ist, werden nach Ablauf der Widerspruchsfrist gem. § 70 I VwGO unanfechtbar.

cc) Muss der Verwaltungsakt rechtmäßig sein?

Rechtmäßigkeitszusammenhang

Soweit ein polizeilicher Grundverwaltungsakt zwangsweise durchgesetzt werden soll, gegen den ein Rechtsmittel keine aufschiebende Wirkung hätte (vgl. § 80 II S. 1 Nr. 2 VwGO), wird teilweise verlangt, dass dieser Grundverwaltungsakt selbst *rechtmäßig sein muss*. 294

Nur wenn der Grund-VA rechtmäßig sei, könne auch die Zwangsanwendung rechtmäßig erfolgen. Man spricht hier vom „Rechtmäßigkeitszusammenhang“ (oder auch vom „Grundsatz der Konnexität“). Zwar sind Primär- und Sekundärmaßnahme formell voneinander zu trennen.

Der Erlass und der Vollzug einer Primärmaßnahme stellen sich im Polizeirecht jedoch als Einheit dar, da sie regelmäßig in engem zeitlichen Zusammenhang stehen.

dient Schutz des Betroffenen

Aus dieser Situation resultiere eine besondere Schutzbedürftigkeit des Betroffenen, welcher der Rechtmäßigkeitszusammenhang Rechnung trägt: Ein Primärakt, gegen den ein Rechtsmittel keine aufschiebende Wirkung entfaltet, kann sofort vollstreckt werden, ohne dass der Betroffene zuvor die Möglichkeit hat, sich gegen den Grund-VA zu wehren. Es bestünde also die Gefahr, dass gegen ihn eine rechtswidrige Primärmaßnahme zwangsweise durchgesetzt würde. Daher fordert die Theorie vom Rechtmäßigkeitszusammenhang, dass in solchen Fällen die Vollstreckung nur dann rechtmäßig ist, wenn der zugrunde liegende VA seinerseits rechtmäßig ist.[316]

BVerfG: Rechtmäßigkeitszusammenhang nicht erforderlich, Wirksamkeit reicht aus

Nach Auffassung der Rechtsprechung und Teilen der Literatur[317] kommt es auf die Rechtmäßigkeit demgegenüber nicht an. Es sei ein tragender Grundsatz des Vollstreckungsrechts, dass die Wirksamkeit und nicht die Rechtmäßigkeit vorausgegangener VAe Bedingung für die Rechtmäßigkeit der folgenden Akte und letztlich auch der Zwangsmittel ist. Der Grund hierfür liege in der Situationsgebundenheit der Entscheidung. Es sei regelmäßig Eile geboten, sodass der Vollzug nicht bis zur verbindlichen oder auch nur vorläufigen Klärung der Rechtslage aufgeschoben werden könne. Bei der gerichtlichen Überprüfung gehe es allein um die Prüfung dieser situationsgebundenen Entscheidung.

Weiterhin finde sich auch im Gesetzeswortlaut keine Stütze für den Rechtmäßigkeitszusammenhang.

> ***Bsp.[318]:*** *Nach § 50 I PolG NRW kann ein Verwaltungsakt, der auf die Vornahme einer Handlung gerichtet ist, mit Zwangsmitteln durchgesetzt werden, wenn er unanfechtbar ist oder wenn ein Rechtsmittel keine aufschiebende Wirkung hat. Enthält der Verwaltungsakt eine termingebundene Handlungspflicht, müssen diese Voraussetzungen in dem Zeitpunkt vorliegen, in dem der Adressat die geforderte Handlung vornehmen soll. Anderenfalls erweist sich die Zwangsmittelfestsetzung als schließen, fa*

---

316 Vgl. hierzu Kneymeyer, Rn. 358 ff.; ebenso, aber nur für anfechtbare VA: Würtenberger in Achterberg/Püttner, Bes. VerwR II, § 21, Rn. 328; Möller/Wilhelm, Rn. 212.

317 BVerfG, NVwZ 1999, 290 = **juris**byhemmer; OVG Lüneburg, NVwZ 1984, 323 = **juris**byhemmer; von Arnauld, Jura 2003, 53 (57); Schenke, Rn. 540.

318 OVG Münster, NVwZ-RR 2013, 172.

Bsp.[319]: *Für die Rechtmäßigkeit der Zwangsgeldandrohung kommt es allein auf das Vorliegen einer vollstreckbaren Grundverfügung an.*

Grundsätzlich ist eine Vollstreckungsbehörde nicht gehindert, auch gegen mittellose Vollstreckungsschuldner ein Zwangsgeld zu verhängen.

Ein Zwangsgeld kann dann ein ungeeignetes Zwangsmittel sein, wenn der Vollstreckungsschuldner nach seinen Einkommens- und Vermögensverhältnissen dauerhaft nicht in der Lage ist, die Ordnungspflicht selbst zu erfüllen oder erfüllen zu lassen und auch absehbar keine Möglichkeit der Inanspruchnahme unentgeltlicher Hilfe besteht.

Bsp.[320]: *Materielle Einwendungen eines Betroffenen gegen die Rechtmäßigkeit einer Grundverfügung sind im Verwaltungsvollstreckungsverfahren grundsätzlich unbeachtlich.*

Eine Ausnahme von diesem Grundsatz ist allenfalls in Erwägung zu ziehen, wenn sich die Sach- und Rechtslage nach dem Eintritt der Bestandskraft der Grundverfügung in der Weise verändert hat, dass die Verfügung sich nunmehr als rechtswidrig erweist.

Die Auswahl des zur Durchsetzung der Grundverfügung geeigneten und erforderlichen ersten Zwangsmittels erfolgt bereits auf der Stufe der Zwangsmittelandrohung.

Erlangt die Androhung eines bestimmten Zwangsmittels Bestandskraft, kann der Festsetzung dieses Zwangsmittels mithin nicht mehr entgegengehalten werden, dass dieses Zwangsmittel nicht geeignet oder erforderlich sei.

Da das Zwangsgeld ein Beugemittel ist, das auf den Willen des Pflichtigen einwirken soll, darf es bei Gebotsverfügungen nicht eingesetzt werden, wenn die Vornahme der Handlung aus Gründen unterbleibt, die vom Willen des Pflichtigen unabhängig sind.

Bsp.[321]: *Ist ein Verwaltungsakt unanfechtbar geworden, kommt es im Rahmen seiner Vollstreckung nicht darauf an, ob er rechtmäßig ist.*

Die systematische Erfassung des rechtswidrigen Baubestands und die Verfolgung eines Konzepts beim Einschreiten gegen rechtswidrige Bauten gehört zu den Voraussetzungen einer ordnungsgemäßen, den Anforderungen des Art. 3 GG gerecht werdenden Ermessensbetätigung beim Erlass einer Abbruchsanordnung, wenn trotz einer Mehrzahl rechtswidriger baulicher Anlagen nicht flächendeckend gegen diese vorgegangen werden soll. Die Beachtung dieser Anforderungen ist deshalb im Rahmen der Verwaltungsvollstreckung einer solchen Anordnung nicht erneut zu prüfen.

hemmer-Methode: Beide Auffassungen sind natürlich vertretbar, auch wenn die besseren Gründe für die zweitgenannte Ansicht sprechen. In der Klausurbearbeitung muss daher praktisch entschieden werden.
Je nach Umfang der Aufgabe empfiehlt es sich, die Rechtmäßigkeit des Grund-VA noch zu überprüfen. Dies ließe sich zum einen erreichen, indem man das Rechtmäßigkeitserfordernis anerkennt.
Eleganter ist es, den Streit lediglich darzustellen, nicht aber zu entscheiden. Statt der Entscheidung ist dann die Frage aufzuwerfen, ob der Streit nicht dahinstehen kann. Dafür wiederum müsste der Grund-VA rechtmäßig sein, was inzident zu prüfen wäre.
Bei ohnehin umfangreichen Aufgabenstellungen bietet es sich aber ggf. an, auf dessen Prüfung zu verzichten.

319 OVG Münster, NVwZ-RR 2014, 372.

320 OVG Lüneburg, NVwZ-RR 2015, 445 = JuS 2015, 862.

321 VGH Mannheim, NVwZ-RR 2016, 557.

b) Art und Weise der Vollstreckung

aa) Androhung der Zwangsanwendung mit Fristsetzung

grds. Androhung von Zwang erforderlich

Die Anwendung von Zwang ist grundsätzlich nach Maßgabe der §§ 56 und 61 PolG NRW anzudrohen, § 51 II PolG NRW. Für die Androhung unmittelbaren Zwanges ist § 61 PolG NRW gegenüber § 56 PolG NRW *lex specialis.* 295

§ 56 III S. 1 PolG NRW verlangt die Androhung eines bestimmten Zwangsmittels. Eine Androhung mit dem pauschalen Inhalt, „ansonsten zur zwangsweisen Durchsetzung zu schreiten", ist unzureichend und führt zur Rechtswidrigkeit sowohl der Androhung als auch der möglichen späteren Zwangsanwendung. Unter besonderen Umständen kann ausnahmsweise von der Androhung abgesehen werden, §§ 56 I S. 3, 61 I S. 2 PolG NRW.

hemmer-Methode: Lesen Sie die Vorschriften der §§ 56 und 61 PolG NRW zur Erfassung der darüber hinaus geregelten einzelnen Besonderheiten einmal genau durch.
Das Gesetz selbst gibt Ihnen alle für die Lösung einer Klausur notwendigen Informationen. Arbeiten Sie immer eng am Gesetzestext!

bb) Festsetzung

nur bei Zwangsgeld

Eine Festsetzung ist im Polizeirecht nur hinsichtlich des Zwangsgelds gemäß § 53 PolG NRW erforderlich. 296

cc) Ordnungsgemäße Anwendung

nur bei unmittelbarem Zwang

Bei der Prüfung der ordnungsgemäßen Anwendung des Zwangsmittels sind, sofern es sich um unmittelbaren Zwang handelt, gemäß § 55 I S. 2 PolG NRW die §§ 57 ff. PolG NRW zu berücksichtigen. 297

§§ 57 ff. PolG NRW auch bei Zwangsbefugnissen außerhalb des PolG NRW

§ 57 I PolG NRW normiert, dass die Befugnis zur Anwendung unmittelbaren Zwangs auch durch außerhalb des PolG NRW normierte Rechtsvorschriften erteilt werden kann. Dies gilt v.a. für den Bereich repressiven polizeilichen Handelns.

Systematik der §§ 58 – 66 PolG NRW

§ 58 PolG NRW enthält Begriffsbestimmungen. § 62 PolG NRW stellt besondere Anforderungen für die Fesselung von Personen auf. Die §§ 63 – 65 PolG NRW regeln den Schusswaffengebrauch (vgl. zu den Besonderheiten des „Polizeilichen Rettungsschusses" unten Rn. 304 ff.) und § 66 PolG NRW den Einsatz besonderer Waffen und Sprengmittel.

hemmer-Methode: Auch in diesem Bereich ist eine hervorragende Klausurlösung allein durch ein intensives Studium des Gesetzestextes erzielbar.
Beachten Sie auch § 59 PolG NRW, der für die Anwendung unmittelbaren Zwangs auf Anordnung eines Weisungsberechtigten Sonderregelungen trifft.

c) Kein Vorliegen von Vollstreckungshindernissen

vollstreckungshindernde Einwände

Ferner ist zu überdenken, ob irgendwelche vollstreckungshindernden Einwände nach Erlass des VA dessen zwangsweiser Durchsetzung entgegenstehen könnten, etwa die Erfüllung oder die rechtliche Unmöglichkeit der Befolgung des Grund-VA. 298

Allerdings kann die rechtliche Unmöglichkeit und damit das Vollstreckungshindernis eventuell durch den Erlass einer Duldungsverfügung überwunden werden, vgl. Rn. 227.

d) Ermessen, § 3 I PolG NRW

Verhältnismäßigkeit

299 Auch polizeiliche Vollstreckungsmaßnahmen sind auf ihre Ermessensfehlerfreiheit hin zu überprüfen, § 3 I PolG NRW. Insbesondere ist danach zu fragen, ob die Vollstreckung verhältnismäßig im Sinne des § 2 PolG NRW war. Einerseits darf die Tatsache, dass überhaupt Zwang angewendet wird, nicht unverhältnismäßig sein. Zum anderen muss die Polizei unter den zur Verfügung stehenden Zwangsmitteln das relativ mildeste auswählen und darf dieses nur in dem erforderlichen Umfang anwenden.

Grundrechte als Ermessengrenze

Beachten Sie die Verknüpfung zum Verfassungsrecht: Der Einsatz von Wasserwerfern stellt keinen Verstoß gegen die Menschenwürde dar, zumindest dann nicht, wenn sich der Betroffene dem Einsatz hätte entziehen können.[322]

2. Sofortvollzug, § 50 II PolG NRW

Sofortvollzug

300 Die Polizei kann Verwaltungszwang auch ohne einen vorausgehenden VA anwenden. Man spricht hierbei vom Sofortvollzug. Dieser ist unter den in § 50 II PolG NRW aufgestellten Voraussetzungen zulässig.

Aufbauschema

Rechtmäßigkeit einer Maßnahme des Sofortvollzugs

I. Ermächtigungsgrundlage
§ 50 II i.V.m. §§ 51 I Nr. 1 - 3, 52 ff. PolG NRW

II. Formelle Rechtmäßigkeit
(nur) Zuständigkeit, § 1 I PolG NRW, §§ 7 ff. POG NRW

III. Materielle Rechtmäßigkeit

1. Rechtmäßigkeit des fingierten Grund-VA (vgl. § 50 II PolG NRW: „innerhalb ihrer Befugnisse“)
2. besondere Voraussetzungen des Sofortvollzugs, § 50 II PolG NRW (zur Abwendung einer gegenwärtigen Gefahr)
3. Voraussetzungen des konkret angewendeten Zwangsmittels
4. ordnungsgemäße Anwendung bei unmittelbarem Zwang

IV. Ermessen, §§ 3 I, 2 PolG NRW

a) Rechtmäßigkeit des fingierten Grund-VA

hypothetische Primärmaßnahme

301 § 50 II PolG NRW verlangt zum einen, dass die Polizei beim Sofortvollzug innerhalb ihrer Befugnisse handeln muss. Daraus folgt, dass die Voraussetzungen für die mittels Sofortvollzug durchgesetzte „gedachte Grundmaßnahme“ vorliegen müssen. Es fehlt quasi aufgrund der besonderen Umstände nur die Zeit, sie ausdrücklich anzuordnen. Diese hypothetische, gedachte Grundmaßnahme ist zunächst (inzident) daraufhin zu überprüfen, ob sie rechtmäßig wäre.

322 BVerfG, NVwZ 1999, 290, 293 = jurisbyhemmer.

b) Besondere Voraussetzungen des § 50 II PolG NRW

Sondervoraussetzungen des § 50 II PolG NRW

Ein vorausgehender VA ist nur dann entbehrlich, wenn das zur Abwehr einer gegenwärtigen Gefahr notwendig ist. 302

Eine *gegenwärtige Gefahr* i.S.d. § 50 II PolG NRW ist eine Gefahr, die einen vorausgehenden VA nicht zulässt. Sie liegt insbesondere vor, wenn Maßnahmen gegen Personen nach den §§ 4 bis 6 PolG NRW überhaupt nicht oder nicht rechtzeitig möglich sind oder keinen Erfolg versprechen.

c) Sonstige Voraussetzungen

besondere Voraussetzungen des konkreten Zwangsmittels / Verhältnismäßigkeit

Schließlich ist wiederum zu prüfen, ob die besonderen Voraussetzungen des konkret angewandten Zwangsmittels vorliegen. Zusätzlich sind die polizeilichen Handlungsgrundsätze der §§ 3 I, 2 PolG NRW bei der Frage, ob überhaupt Zwang angewendet werden darf, welches Zwangsmittel zu wählen ist und ob die konkrete Anwendung verhältnismäßig ist, zu beachten. 303

IV. Abschließender Beispielsfall: Finaler Rettungsschuss

Der folgende Beispielsfall verdeutlicht noch einmal die Probleme einer Klage gegen polizeiliche Vollstreckungsmaßnahmen. Neben den zuvor dargestellten Problemkreisen werden hier die Besonderheiten des finalen Rettungsschusses erläutert. Diese früher hoch umstrittene Problematik hat seit dem 24.02.2010 in § 63 II S. 2 PolG NRW[323] eine ausdrückliche gesetzliche Grundlage erhalten. 304

Fall: *Der Raubüberfall des R lief etwas anders als geplant. Nun steht er in der von der Polizei umstellten Kölner Bankfiliale und hält Geiseln. R wird aufgefordert, sich zu ergeben und die Geiseln freizulassen, jedoch verlaufen die Verhandlungen zäh. Dadurch wird R zusehends nervöser. Als ihm endlich ein Fluchtwagen gestellt wird, tritt R aus der Bank. Er hält eine der Geiseln vor sich und drückt ihr eine geladene und entsicherte Pistole an die Schläfe. In diesem Moment feuert ein Scharfschütze gezielt auf den Kopf des R. Dieser sinkt getroffen zu Boden, überlebt aber schwer verletzt. Seinen Anwalt lässt er später ein mögliches gerichtliches Vorgehen prüfen.*

Lösung:

Die Klage hat Erfolg, wenn sie zulässig und begründet ist.

A. Verwaltungsrechtsweg 305

Ein verwaltungsgerichtliches Verfahren setzt zudem die Verwaltungsrechtswegeröffnung voraus. Aufdrängende Sonderzuweisungen bestehen nicht. Der Verwaltungsrechtsweg wäre aber nach § 40 I S. 1 VwGO eröffnet, wenn es sich um eine öffentlich-rechtliche Streitigkeit nicht verfassungsrechtlicher Art handeln würde und keine abdrängende Sonderzuweisung einschlägig wäre.

Ob die Streitigkeit öffentlich-rechtlich ist, richtet sich nach dem Streitgegenstand. Streitgegenstand ist der auf R abgegebene Schuss. Dieser hat zwar den R zwar auch daran gehindert, sich der Strafverfolgung zu entziehen, kommt aber dennoch nicht als repressive polizeiliche Tätigkeit in Betracht. Das gezielte Schießen auf fliehende Täter zum Zwecke der Festnahme (§ 127 StPO) ist generell unzulässig.[324]

323 Eingeführt m.W.v. 24.02.2010 durch G.v. 09.02.2010 (GV. NRW. S. 132).

324 BGH, NJW 1981, 745 = **juris**byhemmer; Meyer-Goßner, StPO § 127, Rn. 15.

Jedoch bedrohte R bei seiner Flucht das Leben einer Geisel. Der rechtmäßige Einsatz auch gezielt tödlich wirkender Schüsse ist im Rahmen der Gefahrenabwehr nach dem PolG NRW grundsätzlich denkbar.

Streitentscheidend sind also Normen des PolG NRW. Diese berechtigen und verpflichten auf der einen Seite ausschließlich einen Träger hoheitlicher Gewalt (= Polizei) und sind folglich öffentlich-rechtlich (sog. modifizierte Subjektstheorie). Mithin sind der Streitgegenstand und folglich auch die Streitigkeit öffentlich-rechtlich.

Die Streitigkeit ist mangels doppelter Verfassungsunmittelbarkeit auch nicht verfassungsrechtlicher Art.

Die abdrängenden Sonderzuweisungen § 23 I EGGVG bzw. § 98 II StPO analog greifen nur bei repressiver Polizeitätigkeit. Für präventive Maßnahmen bestehen solche nicht.

Der Verwaltungsrechtsweg ist nach § 40 I S. 1 VwGO eröffnet.

B. Zulässigkeit

I. Statthafte Klageart 306

Die statthafte Klageart richtet sich nach dem Klagebegehren, § 88 VwGO. Hier will sich R gegen den auf ihn abgegebenen Schuss zur Wehr setzen.

Grundsätzlich handelt es sich bei einem Schuss um einen Realakt. Als solcher ist er vor seiner Erledigung mit der allgemeinen Leistungsklage in Form der Unterlassungsklage anzugreifen. Nach seiner Erledigung, wie vorliegend, ist nur noch seine Rechtswidrigkeit mit der allgemeinen Feststellungsklage festzustellen. Für solche „vergangenen Rechtsverhältnisse“ wird zum Teil eine anhaltende Wirkung verlangt. Richtigerweise handelt es sich dabei aber um eine Frage des Feststellungsinteresses, nicht der Statthaftigkeit.

Von den Gerichten werden polizeiliche Vollstreckungsmaßnahmen, wie es auch der vorliegende Schuss ist, generell als Verwaltungsakte qualifiziert. Statthafte Klageart wäre dann die Fortsetzungsfeststellungsklage gem. § 113 I S. 4 VwGO analog. Begründet wird diese Einordnung mit der diesen Maßnahmen innewohnenden Duldungsverfügung oder einem Umkehrschluss zu § 112 JustG NRW.

Die Duldungsverfügung ist aber nicht nur eine Fiktion. Gerade im vorliegenden Fall zeigen sich die Schwächen der Konstruktion. Eine Gehorsamspflicht, die eigene Tötung zu erdulden, steht in eklatantem Widerspruch zum grundgesetzlich gewährleisteten Lebensrecht. Auch würde § 112 JustG NRW ohne die generelle Einordnung der Vollstreckungsmaßnahmen als VA nicht leer laufen. Z.B. die Androhung des Zwangs oder die Zwangsgeldfestsetzung wären noch erfasst. Nicht zuletzt ist festzuhalten, dass die Konstruktion entwickelt wurde, um gerichtlichen Rechtsschutz, der seinerzeit nur gegen Verwaltungsakte möglich war, überhaupt zu gewährleisten. Da heute auch Realakte gerichtlich überprüft werden können, bedarf es der Korrektur nicht mehr. Sie ist abzulehnen. Der Schuss ist ein Realakt.

Statthaft ist also die allgemeine Feststellungsklage gem. § 43 I VwGO.

hemmer-Methode: Der andere Weg über die Fortsetzungsfeststellungsklage ist ebenfalls sehr gut vertretbar. Die Prüfung würde nur minimal abzuändern sein:
In der Zulässigkeit würde das Feststellungsinteresse durch das Fortsetzungsfeststellungsinteresse (vgl. Rn: 71 ff.[325]) ersetzt.
Das Vorverfahren wäre anzusprechen und ohne Entscheidung des Streits (vgl. Rn. 67 f.[326]) um seine grundsätzliche Erforderlichkeit mit Verweis auf entsprechende Anwendung des § 110 I S. 1 JustG NRW zu lösen.

325 Auch Hemmer/Wüst, Verwaltungsrecht II, Rn. 118 ff.

326 Auch Hemmer/Wüst, Verwaltungsrecht II, Rn. 144 ff.

Die Klagefrist wäre zu thematisieren und vorliegend als eingehalten zu unterstellen. Auch diesen Streit (vgl. Rn. 69 f.[327]) offen lassen.
Am Ende der Begründetheit wäre die Verletzung eigener Rechte zu prüfen gewesen.

II. Klagebefugnis

Die Möglichkeit, in eigenen Rechten verletzt zu sein, fordert § 42 II VwGO nur für Anfechtungs- und Verpflichtungsklagen. Ob diese Regelung zur Vermeidung von Popularklagen auf die anderen Klagearten analog anzuwenden oder nicht, kann dahinstehen. Schließlich ist R hier möglicherweise in Art. 2 I und II S. 1 GG verletzt.

III. Feststellungsinteresse

§ 43 I a.E. VwGO fordert ein berechtigtes Interesse an der baldigen Feststellung. Unter diesem Feststellungsinteresse ist jedes als schutzwürdig anzuerkennende Interesse rechtlicher, wirtschaftlicher oder auch ideeler Art zu verstehen. Diese weiten Grenzen sind für „vergangene Rechtsverhältnisse“ einzuengen. Gefordert wird entweder eine anhaltende Wirkung oder ein tiefgreifender Grundrechtseingriff.

Anhaltende Wirkung kann aus Wiederholungsgefahr, Diskriminierung/Rehabilitierung oder Schadensersatz/Entschädigung folgen. Letztere Fallgruppe greift aber nur, wenn die Erledigung eintritt, während die Leistungsklage anhängig ist. Anderenfalls entscheiden die ordentlichen Gerichte durch. Ein Anspruch auf den fachnäheren Richter besteht nicht. Da vorliegend Erledigung vor Klageerhebung eintrat, kann dahinstehen, ob R hier Amtshaftungsansprüche verfolgen will. Jedoch wurde R vom Staat öffentlich niedergeschossen, so dass er ein Rehabilitationsinteresse geltend machen kann. Auch handelt es sich bei dem Schuss um einen tiefgreifenden Grundrechtseingriff (Art. 2 II S. 1 GG), der ebenfalls das Feststellungsinteresse begründet.

Wegen der anderenfalls oft fehlenden Möglichkeit, Rechtsschutz zu erlangen, wird das Feststellungsinteresse auch bei sich typischerweise kurzfristig erledigenden hoheitlichen Maßnahmen, wie z.B. dem vorliegenden Realakt, angenommen.

R hat also ein berechtigtes Interesse an der baldigen Feststellung.

IV. Klagefrist, Verwirkung

Die allgemeine Feststellungsklage unterliegt keiner Frist. Auch für die Annahme einer Verwirkung bestehen keine Anhaltspunkte.

V. Klagegegner, Beteiligtenfähigkeit, Prozessfähigkeit

Klagegegner ist gem. § 78 I Nr. 1 VwGO analog oder nach allgemeinem Prinzip der Rechtsträger der handelnden Behörde. Dies ist für die Behörde Polizei das Land NRW, § 1 POG NRW (vgl. Rn. 75 f.).

Das Land NRW ist nach § 61 Nr. 1 Alt. 2 VwGO beteiligtenfähig (vgl. Rn. 80) und wird gem. § 62 III VwGO durch den Polizeipräsidenten der Stadt Köln vertreten (vgl. Rn. 81).

VI. Ergebnis

Die Klage ist zulässig.

C. Begründetheit. 307

Begründet wäre die Klage, wenn der Schusswaffengebrauch rechtswidrig war.

I. Ermächtigungsgrundlage

Der Schuss stellt eine polizeiliche Vollstreckungshandlung in Form des unmittelbaren Zwangs dar, welche im Normalvollzug vorgenommen wurde. Als Ermächtigungsgrundlage kommt daher §§ 50, 51 I Nr. 1, 55, 57 ff., 63 PolG NRW in Betracht.

327 Auch Hemmer/Wüst, Verwaltungsrecht II, Rn. 148 f.

II. Formelle Rechtmäßigkeit

1. Zuständigkeit

Zuständig für die Vollstreckungsmaßnahme ist gem. § 1 I PolG NRW, §§ 7 I, 10 POG NRW i.V.m. § 1 lit. a Nr. 4 KreisPolBVO (Kreispolizeibehördenverordnung, HR. 50c) die Kreispolizeibehörde (dazu Rn. 31 f.).

2. Verfahren

Als Realakt würde der Schuss allenfalls nach analoger Anwendung des § 28 I VwVfG NRW eine vorherige Anhörung voraussetzen. Ob diese Analogie zu anzunehmen ist, kann hier dahinstehen, da für Maßnahmen in der Verwaltungsvollstreckung, worunter auch die vorliegende Zwangsmittelanwendung fällt, die Anhörung gem. § 28 II Nr. 5 VwVfG NRW entbehrlich ist. Auch sonst ergeben sich keine Bedenken hinsichtlich des Verfahrens.

hemmer-Methode: Die Form anzusprechen ist wenig sinnvoll. Ein Realakt kann keine bestimmte Form haben.

III. Materielle Rechtmäßigkeit 308

Der Schuss war materiell rechtmäßig, wenn die allgemeinen und besonderen Vollstreckungsvoraussetzen vorliegen, die Art und Weise der Vollstreckung den gesetzlichen Vorgaben entspricht und das Ermessen unter Beachtung des Verhältnismäßigkeitsgrundsatzes ordnungsgemäß ausgeübt wurde.

1. Allgemeine Vollstreckungsvoraussetzungen

Allgemeine Voraussetzung ist ein vollstreckbarer Grund-VA als Titel, § 50 I PolG NRW.

Dazu bedarf es zunächst eines befehlenden, also auf die Vornahme einer Handlung, Duldung oder Unterlassung gerichteten VA. Dieser ist vorliegend in der polizeilichen Forderung, die Waffe niederzulegen, sich zu ergeben und die Geiseln freizulassen, zu sehen.

Auch war dieser VA wirksam. Insbesondere ist in dem scheinbaren Eingehen auf die Forderung keine Rücknahme des VA zu sehen.

Der VA war zwar noch nicht unanfechtbar, aber als unaufschiebbare Anordnung von Polizeivollzugsbeamten gem. § 80 II S. 1 Nr. 2 VwGO sofort vollstreckbar.

Ob der VA nicht nur wirksam, sondern auch rechtmäßig sein muss oder nicht (str.), braucht nicht entschieden zu werden. Der vorliegende VA (Waffe niederlegen, ergeben, Geisel freilassen) war offensichtlich von der Ermächtigungsgrundlage § 8 I PolG NRW gedeckt. Der VA ist rechtmäßig.

Die allgemeinen Vollstreckungsvoraussetzungen liegen vor.

2. Art und Weise der Vollstreckung

Der unmittelbare Zwang müsste ferner ordnungsgemäß angewendet worden sein.

a. Androhung der Zwangsanwendung

Grundsätzlich ist die Anwendung des unmittelbaren Zwangs anzudrohen, §§ 56, 61 I S. 1 PolG NRW, wobei dem bei Schusswaffengebrauch die Abgabe eines Warnschusses gleichsteht, § 61 I S. 3 PolG NRW. Hier wurde die Anwendung in keiner Weise angedroht.

Grundsätzlich ist die Androhung in den Fällen des § 61 I S. 2 PolG NRW entbehrlich. Bei dem Einsatz von Schusswaffen ist die Androhung aber nur unter den strengeren Voraussetzungen des § 61 II PolG NRW entbehrlich, nämlich wenn dies zur Abwehr einer gegenwärtigen Gefahr für Leib oder Leben erforderlich ist, was vorliegend gegeben ist.

Das Androhungserfordernis steht der Rechtmäßigkeit nicht entgegen.

b. Ordnungsgemäße Anwendung des unmittelbaren Zwangs 309

Die Anforderungen an die ordnungsgemäße Anwendung des Zwangs ergeben sich aus §§ 55 I S. 2, 57 ff. PolG NRW. Vorliegend geht es um den Schusswaffengebrauch gegen Personen gem. §§ 63, 64 PolG NRW.

aa. Zugelassene Waffe

Das Präzisionsgewehr ist gem. § 58 IV PolG NRW eine für die Ausübung unmittelbaren Zwangs zulässige Waffe.

bb. Schusswaffengebrauch zulässig?

Gem. § 63 I S. 1 PolG NRW ist der Schusswaffengebrauch nur zulässig, wenn andere Maßnahmen des unmittelbaren Zwangs erfolglos angewendet sind oder offensichtlich keinen Erfolg versprechen. In Anbetracht der Tatsache, dass R einer Geisel die eigene Schusswaffe an die Schläfe hielt, birgt jedes andere in § 58 PolG NRW aufgeführte Mittel die Gefahr, das die Geisel stirbt. Eine andere Zwangsmittelanwendung als der Schusswaffengebrauch kam nicht in Betracht.

cc. Schusswaffengebrauch ggü. Personen

Der Schusswaffengebrauch gegen Menschen ist nur zulässig, wenn der Zweck nicht durch Schusswaffengebrauch gegen Sachen erreicht werden kann, § 63 I S. 2 PolG NRW, und einer der Gründe des § 64 I PolG NRW gegeben ist.

Ein sinnreicher Schusswaffeneinsatz gegen Sachen kommt hier nicht in Betracht. Außerdem wurde auf den R geschossen, um die Lebensgefahr für die Geisel abzuwenden, womit § 64 I Nr. 1 PolG NRW einschlägig ist. Darüber hinaus wird durch den Schuss die Fortsetzung eines Verbrechens (Geiselnahmen gem. § 239b StGB) unter Mitführung von Schusswaffen verhindert, womit auch § 64 I Nr. 2 PolG NRW den Schusswaffeneinsatz rechtfertigt.

dd. Gefährdung Unbeteiligter?

Bei hoher Wahrscheinlichkeit der Gefährdung erkennbar Unbeteiligter verbietet § 63 IV S. 1 PolG NRW den Schusswaffeneinsatz. Damit stellt sich die Frage, ob die Geisel, welche vorliegend mit hoher Wahrscheinlichkeit gefährdet ist, als Unbeteiligter einzuordnen ist. Die h.M., welche als Unbeteiligte einordnet, wer keinen ursächlichen Beitrag für die Entstehung oder Aufrechterhaltung der Gefahrenlage leistet, würde dies jedenfalls bejahen. Entschieden werden braucht der Streit aber hier nicht, denn § 63 IV S. 2 PolG NRW sieht eine Ausnahme zu S. 1 vor, wenn der Schusswaffengebrauch das einzige Mittel zur Abwehr einer gegenwärtigen Lebensgefahr ist, was vorliegend anzunehmen ist.

ee. Zulässigkeit tödlicher Schüsse?

Mit an Sicherheit grenzender Wahrscheinlichkeit tödlich wirkende Schüsse sind gem. § 63 II S. 2 PolG NRW nur zulässig, sofern sie einzige Mittel zur Abwehr einer gegenwärtigen Lebensgefahr oder der gegenwärtigen Gefahr einer schwerwiegenden Verletzung der körperlichen Unversehrtheit sind. Dieses Kriterium ist mit der gegenwärtigen Lebensgefahr für die Geisel erfüllt.

Damit ist der Tatbestand der Ermächtigungsgrundlage erfüllt.

3. Vereinbarkeit des Rettungsschusses mit höherrangigem Recht 310

Jedoch könnte der Wirksamkeit des § 63 II S. 2 PolG NRW ein Verstoß gegen höherrangiges Recht entgegenstehen.

a. Recht auf Leben

Als solches kommt zunächst das Recht auf Leben aus Art. 2 II S. 1 GG (bzw. Art. 4 Abs. 1 Verf NRW) in Betracht. In Frage steht die Ermächtigung, das Leben des Betroffenen zu beenden. Der Schutzbereich ist eröffnet und ein Eingriff liegt vor. Jedoch könnte § 63 II S. 2 PolG NRW Schranke i.S.d. Art. 2 II S. 3 GG sein. Dazu müssten aber jedoch auch die Schranken-Schranken, insbesondere der Grundsatz der Verhältnismäßigkeit und der Wesensgehalt, gewahrt sein.

aa. Verhältnismäßigkeit

Die Schranke (§ 63 II S. 2 PolG NRW) wäre verhältnismäßig, wenn sie zur Erreichung eines legitimen Zwecks geeignet, erforderlich und angemessen ist. § 63 II S. 2 PolG NRW erlaubt den Rettungsschuss nur „zur Abwehr einer gegenwärtigen Lebensgefahr oder der gegenwärtigen Gefahr einer schwerwiegenden Verletzung der körperlichen Unversehrtheit". Die Norm schütz also die Rechtsgüter, welche Dritten in Art. 2 II S. 1 GG gewährleitet werden. Darin liegt ein legitimer Zweck. Diesen Zweck vermag der Rettungsschuss zu erreichen oder doch zumindest zu fördern, womit er geeignet ist. Da die Norm ferner voraussetzt, dass der Schusswaffengebrauch „das einzige Mittel zur Abwehr" der Gefahr sein muss, ist der Schuss auch erforderlich.

Für die Angemessenheit müssten die Rechtsgüter nun in einen verhältnismäßigen Ausgleich gebracht worden sein. Es stehen sich zunächst das Leben der Geisel und das Leben des Geiselnehmers in prinzipieller Gleichrangigkeit gegenüber. Leben kann nicht gegen Leben abgewogen werden. Dies folgt historisch daraus, dass im Dritten Reich zwischen lebenswertem und lebensunwertem Leben unterschieden wurde. Wenn man diese Unterscheidung doch weiter führen will, argumentiert man folgendermaßen.

Der Geiselnehmer hat (anders als die Geisel) ohne Rechtfertigung in die Rechtsposition des Anderen eingegriffen. Zusätzlich liegt es in seiner Hand, den Rechtsbruch jederzeit zu beenden. Damit ist seine Position zumindest im Rahmen der Abwägung mit dem Lebensrecht der Geisel als deutlich schwächer zu beurteilen.

Aufgrund der gesteigerten Anforderungen hinsichtlich des Schutzgutes der körperlichen Unversehrtheit (erforderlich ist eine schwerwiegende Verletzung) ist der abgeschwächte Lebensschutz des Geiselnehmers auch in dieser Abwägung nachrangig. Der Rettungsschuss ist angemessen und somit verhältnismäßig.

bb. Wesensgehalt

Zwar ist die Theorie vom relativen Wesensgehalt, also die Annahme eines im Einzelfall zu ermittelnden und nicht pauschal definierten, unantastbaren Kernbestands, abzulehnen, da Art. 19 II GG anderenfalls überflüssig wäre. Jedoch bedeutet die Theorie vom absoluten Wesensgehalt nicht zwangsläufig, dass in jedem Einzelfall ein unantastbarer Kern des Schutzgutes übrig bleiben muss. Zum Teil wird der Kernbereich nicht individuell (also hier das Leben des Geiselnehmers), sondern gesamtgesellschaftlich bestimmt (str., dagegen spricht der individual-schützende Charakter der Grundrechte). Da die Norm nicht den Schutz des Lebens generell, sondern nur für diese extremen Einzelfälle aufhebt, wäre demnach der Wesensgehalt gewahrt.

b. Menschenwürde

Der Schutzbereich der Menschenwürde ist nicht definiert, da schon das Bestreben, den Menschen zu definieren, mit der Menschenwürde nicht in Einklang zu bringen wäre. Ob eine Verletzung des Art. 1 I S. 1 GG vorliegt, bestimmt sich nach der Qualität der Eingriffshandlung. Gemäß der sog. Objektformel liegt ein Eingriff in die Menschenwürde vor, wenn der Mensch zum bloßen Objekt staatlichen Handelns wird. Aber nicht jede Tötungshandlung macht einen Menschen zum Objekt. Vielmehr folgt die Klassifizierung als Objekt daraus, ohne eigenen Einfluss der staatlichen Handlung ausgesetzt zu sein. Anders als etwa bei der Todesstrafe hat der Geiselnehmer bis zum letzten Moment den Geschehensablauf selbst in der Hand. Erst durch die Ausübung seines Willens hält er die Lebensgefahr für sein Opfer aufrecht und setzt damit den Grund für die Abgabe des Schusses. Er kann die staatliche Handlung bis zuletzt durch seine eigene Entscheidung abwenden. Dies ist es gerade, was das Subjekt vom Objekt unterscheidet. Ein Verstoß gegen die Menschenwürde scheidet folglich aus.

c. Verbot der Todesstrafe

Ein Verstoß gegen Art. 102 GG kommt nicht in Betracht. Dieser erfasst nur das Verbot staatlicher Tötung als repressives Mittel in der Strafverfolgung, also das Verbot eines auf Tötung gerichteten Gerichtsurteils. Damit ist der vorliegende Fall der Gefahrenabwehr schon vom Schutzbereich nicht erfasst.

d. Recht auf Leben nach der EMRK

Die EMRK ist als Folge des innerstaatlichen Transformationsaktes einem einfachen Bundesgesetz im Rang gleichgestellt. Folglich kann das Recht auf Leben nach Art. 2 EMRK für die Bewertung der Rechtmäßigkeit der landesgesetzlichen Norm § 63 PolG NRW herangezogen werden (vgl. Art. 31 GG: Bundesrecht bricht Landesrecht). Jedoch sieht Art. 2 II lit. a EMRK als eine der Ausnahmen zum grundsätzlichen Verbot der Tötung von Menschen ausdrücklich solche Handlungen an, die zur Verteidigung vor rechtswidriger Gewalt unbedingt notwendig sind. Da der Rettungsschuss nur als ultima ratio zur Rettung von Leib und Leben Dritter zulässig ist, steht Art. 2 EMRK also nicht entgegen.

e. Recht auf Leben nach der Grundrechtscharta

Auch die Charta der Grundrechte sichert in deren Art. 2 das Recht auf Leben zu. Sie ist nach Art. 6 II EUV Teil des Unionsrechts, welches wiederum nach ständiger EuGH-Rechtsprechung sog. Anwendungsvorrang hat. Dabei gilt sie nicht nur für die Organe der EU (dies aber nach Art. 51 I der Grundrechte der Europäischen Union), sondern ist auch von den Mitgliedstaaten bei der Durchführung von EU-Recht, wie etwa der Umsetzung von europäischen Richtlinien, zu beachten.

Die Novellierung des PolG NRW von 2010 diente aber nicht der Umsetzung von EU-Recht. Damit ist Art. 2 der Charta der Grundrechte schon nicht anwendbar.

f. Zwischenergebnis

Ein Verstoß gegen höherrangiges Recht liegt nicht vor.

4. Ermessen

Die Polizei hat nach pflichtgemäßem Ermessen zu handeln (§ 3 I PolG NRW) und dabei insbesondere den Verhältnismäßigkeitsgrundsatz zu beachten (§ 2 PolG NRW). Vorliegend sind keine Ermessensfehler ersichtlich.

D. Ergebnis

Der Rettungsschuss nach §§ 50, 51 I Nr. 1, 55, 57 ff., 63 PolG NRW war rechtmäßig. Die Klage ist zulässig, aber unbegründet.

§ 3 ANFECHTUNGSKLAGE, § 42 I ALT. 1 VWGO

Aufbauschema

Die Anfechtungsklage 311

I. Eröffnung des Verwaltungsrechtswegs

II. Zulässigkeit der Anfechtungsklage

1. Anfechtungsklage als statthafte Klageart
2. Klagebefugnis, § 42 II VwGO
3. Vorverfahren (§§ 68 ff. VwGO) ist gem. § 110 I S. 1 JustG NRW entbehrlich
4. Klagefrist, § 74 VwGO
5. Klagegegner, § 78 I Nr. 1 VwGO i.V.m. § 1 POG NRW
6. Allgemeine Sachurteilsvoraussetzungen

III. Begründetheit, § 113 I S. 1 VwGO

Bedeutung der Anfechtungsklage

Die Anfechtungsklage hat im Polizeirecht in den Fällen Bedeutung, in denen sich der Betroffene gegen Maßnahmen wendet, die sich im Zeitpunkt der letzten mündlichen Verhandlung *noch nicht* erledigt haben. Nachfolgend werden nur die Abweichungen zur FFK dargestellt. Im Übrigen gelten die Ausführungen zur FFK.

A. Eröffnung des Verwaltungsrechtswegs

Hier gelten die Ausführungen zur FFK entsprechend (vgl. Rn. 43 ff.). 312

B. Zulässigkeit

I. Statthaftigkeit der Anfechtungsklage

Aufhebung nicht erledigter polizeilicher VAe

Ausgangspunkt zur Festlegung der richtigen Klageart ist das Klagebegehren. Die Anfechtungsklage ist die richtige Klageart, wenn sich das Klagebegehren auf die Aufhebung eines polizeilichen VA richtet, der sich im Zeitpunkt der letzten mündlichen Verhandlung noch nicht erledigt hat. 313

Die angegriffene Maßnahme muss also zunächst VA-Qualität haben.[328]

Weiterhin darf dieser VA in seiner Regelungswirkung nicht erledigt sein. An einer Erledigung polizeilicher Maßnahmen fehlt es regelmäßig nur in folgenden Fällen:

328 Vgl. zur VA-Qualität polizeilicher Maßnahmen bereits oben, Rn. 56 ff.

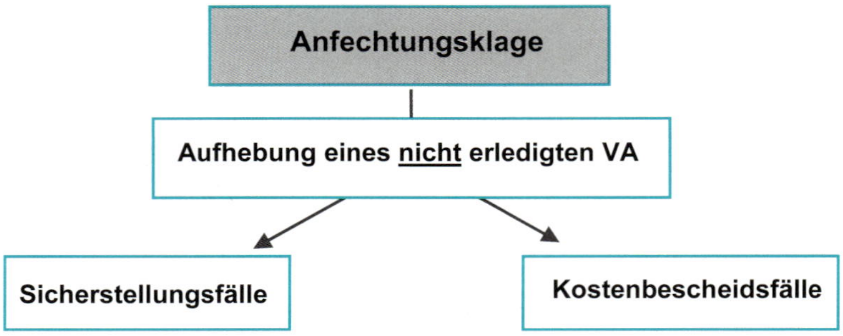

hemmer-Methode: In den nachfolgenden Fallgruppen fehlt es regelmäßig an einer Erledigung des VA. Trotzdem ist jeweils bei jeder einzelnen Maßnahme deren Erledigung im Einzelfall zu prüfen. Gerade in Examensklausuren werden oftmals atypische Fallkonstellationen auftauchen.
Auf diese Weise kann man den „eigenständig Denkenden" vom „stupiden Auswendiglerner" abgrenzen.

1. Sicherstellung von Sachen

Sicherstellungsfälle: Dauerverwaltungsakt

Nimmt die Polizei auf der Grundlage der Befugnis des § 43 PolG NRW eine Sicherstellung vor, so ist im Einzelfall darauf zu achten, ob die sichergestellte und nach § 44 PolG NRW in Verwahrung genommenen Sache schon wieder herausgegeben (ggf. verwertet oder vernichtet) wurde. Solange dies nicht der Fall ist, handelt es sich bei der Sicherstellung um einen Dauerverwaltungsakt, der sich noch nicht erledigt hat. 314

Fallkonstellationen

Folgende Fallkonstellationen sind in diesem Bereich möglich: 315

a) Die sichergestellte Sache wird bereits vor Klageerhebung herausgegeben, verwertet oder vernichtet. Damit hat sich der VA erledigt, da er keine regelnde Wirkung mehr entfaltet.

Bei Erledigung vor Klageerhebung bleibt nur die Erhebung einer FFK nach § 113 I S. 4 VwGO analog.

b) Die sichergestellte Sache ist auch im Zeitpunkt der letzten mündlichen Verhandlung noch nicht herausgegeben, etc. worden. Als richtige Klageart ist mangels Erledigung des (andauernden) VA eine Anfechtungsklage statthaft.

c) Die sichergestellte Sache wird nach Klageerhebung herausgegeben, etc. Hier besteht die Möglichkeit, aufgrund der Erledigung des VA nach Klageerhebung auf die FFK nach § 113 I S. 4 VwGO umzustellen.[329]

hemmer-Methode: Eine Anfechtungsklage gegen die noch andauernde Sicherstellung wird i.d.R. in objektiver Klagehäufung nach § 44 VwGO zu mehreren Fortsetzungsfeststellungsklagen gegen anderweitige erledigte polizeiliche VAe erhoben werden.

---

329 Sollte der Kläger kein Interesse an der Sachentscheidung mehr haben, so kann er auch die Hauptsache für erledigt erklären. Je nachdem, wie der Beklagte sich nun verhält, kommt die Variante der übereinstimmenden oder der einseitigen Erledigungserklärung in Betracht. Lesen Sie hierzu Hemmer/Wüst, Verwaltungsrecht II, Rn. 156 ff.

2. Polizeiliche Kostenbescheide

Kostenbescheide

Die Anfechtungsklage ist die richtige Klageart, soweit der Kläger gegen polizeiliche Kostenbescheide bzw. die Geltendmachung von Ersatzansprüchen vorgehen will. Ein Kostenbescheid ist ein VA i.S.d. § 35 S. 1 VwVfG. 316

Rechtsgrundlagen

Für Kostenbescheide kommen i.R.d. Polizeirechts verschiedene Rechtsgrundlagen i.V.m. der Verordnung zur Ausführung des Verwaltungsvollstreckungsgesetzes (VO VwVG NRW) in Betracht, so etwa: 317

- ⇨ § 46 III PolG NRW i.V.m. § 77 VwVG NW, § 20 II S. 1 und 2 Nr. 8 VO VwVG NRW für die Sicherstellung, Verwertung und für Maßnahmen nach § 45 IV PolG NRW;
- ⇨ § 52 I S. 1 und 2 PolG NRW i.V.m. § 77 VwVG NW, § 20 II S. 1 und 2 Nr. 7 VO VwVG NRW für die Ersatzvornahme;
- ⇨ zudem kann die Polizei Ersatzansprüche nach § 42 II OBG NRW geltend machen: Hat sie einen Nichtstörer nach § 39 I lit. a OBG NRW entschädigt, so kann die Behörde nach den bürgerlich-rechtlichen Vorschriften über die GoA bei den Verantwortlichen Regress nehmen.

II. Ansonsten keine Besonderheiten

im Übrigen wie gewohnt

Bei den besonderen und den allgemeinen Sachurteilsvoraussetzungen der Anfechtungsklage ergeben sich keine Besonderheiten. 318

hemmer-Methode: Zum Aufbau der Anfechtungsklage Hemmer/Wüst, Verwaltungsrecht I, Rn. 15 ff.

C. Begründetheit der Anfechtungsklage

Obersatzbildung (!)

Die Anfechtungsklage ist begründet, soweit der VA objektiv rechtswidrig ist und den Kläger in seinen subjektiv-öffentlichen Rechten verletzt, § 113 I S. 1 VwGO. 319

I. Rechtmäßigkeit des VA

Differenzierung nach Fallgestaltung

Bezüglich der Prüfung der Rechtmäßigkeit ist im Rahmen der Anfechtungsklage je nach Fallgestaltung zu differenzieren: 320

Sicherstellungsvariante

Richtet sich die Anfechtungsklage gegen eine polizeiliche Maßnahme, die auf der Grundlage der Befugnisnormen der §§ 8, 9 bis 46 PolG NRW ergangen ist und sich noch nicht erledigt hat, so gilt der zur FFK dargelegte Prüfungsaufbau.[330] Zu einer solchen Rechtmäßigkeitsprüfung kommt es im Rahmen der Anfechtungsklage i.d.R. nur in den bereits oben angesprochenen Sicherstellungsfällen.[331]

Kostenbescheidsfälle

Ein leicht abweichender Prüfungsaufbau ergibt sich bei der Prüfung der Rechtmäßigkeit eines polizeilichen Kostenbescheides.

330 Rn. 85.

331 Vgl. zur Sicherstellung nochmals Rn. 180 ff.

Schachtelprüfung

Inzident erfolgt dann meist die Prüfung der Rechtmäßigkeit einer polizeilichen Maßnahme, da die Rechtmäßigkeit eines Kostenbescheides die Rechtmäßigkeit der polizeilichen Maßnahme, für die letztlich Kosten erhoben werden, voraussetzt. Nachfolgend wird die Rechtmäßigkeitsprüfung eines Kostenbescheides dargelegt.

1. Rechtsgrundlage des Kostenbescheids

Rechtsgrundlage des polizeilichen Kostenbescheides

Als Rechtsgrundlagen für einen polizeilichen Kostenbescheid kommen die oben bereits angesprochenen Normen i.V.m. der KostenO in Betracht. 321

2. Formelle Rechtmäßigkeit des Kostenbescheids

formelle Rechtmäßigkeit

Die Zuständigkeit der Polizei zum Erlass eines Kostenbescheides ergibt sich aus der jeweiligen Rechtsgrundlage. 322

Hinsichtlich des Verfahrens und der Form etc. sind wiederum die Vorschriften des allgemeinen Verwaltungsrechts maßgebend.[332] Hierbei ist besonders zu beachten, dass der Kostenbescheid keine Maßnahme in der Verwaltungsvollstreckung im Sinne des § 28 II Nr. 5 VwVfG darstellt. Es handelt sich bei der Anforderung der Kosten nämlich nur um einen nicht abgabeähnlichen fiskalischen Ersatzanspruch für vorausveranlagte Aufwendungen, die nicht der Willensbeugung beim Störer dienen.[333]

3. Materielle Rechtmäßigkeit des Kostenbescheids

materielle Rechtmäßigkeit: Subsumtion

Ausgangspunkt der Prüfung ist die jeweilige Rechtsgrundlage. Der Kostenbescheid muss unter diese subsumiert werden. 323

a) Rechtfertigung dem Grunde nach

Rechtmäßigkeit der Maßnahme, für die Kosten erhoben werden

Grundvoraussetzung für die Rechtmäßigkeit des Kostenbescheides ist die Rechtmäßigkeit der polizeilichen Maßnahme, für deren Ausführung Kosten erhoben werden, also z.B. der Ersatzvornahme. Die Rechtmäßigkeit des vollstreckten VA spielt demgegenüber keine Rolle, solange er wirksam ist und nicht aufgehoben wurde (a.A. Rechtmäßigkeit erforderlich).[334] Daher ist hier die entsprechende Maßnahme nach dem oben dargelegten Prüfungsaufbau inzident auf ihre Rechtmäßigkeit hin zu untersuchen. 324

Ist der Kostenersatzanspruch wegen Rechtswidrigkeit der Maßnahme ausgeschlossen, lässt sich ein solcher auch nicht unter Rückgriff auf die Regelungen der GoA oder des Erstattungsanspruch begründen. Die gesetzlichen Kostenregelungen stellen insoweit die spezielleren Regelungen dar.

Übereinstimmung

Die durchgeführte Maßnahme muss in jedem Fall mit der vom Kläger im Grund-VA verlangten Handlung übereinstimmen sowie im gleichen Umfang, wie sie tatsächlich vorgenommen wurde, angedroht worden sein.

332 Vgl. zur formellen Rechtmäßigkeit eins VA Hemmer/Wüst, Verwaltungsrecht I, Rn. 293 ff.

333 OVG Münster, NWVBl. 1983, 1441; 1984, 2844 hält eine Qualifikation als Beugemittel <u>vor</u> Durchführung der Maßnahme für möglich.

334 Vgl Schenke Rn. 699; anders nach der Theorie vom Rechtmäßigkeitszusammenhang, vgl. vorstehend Rn. 290.

Bsp.[335]: Ein für die Festsetzung versammlungsrechtlicher Auflagen erlassener Kostenbescheid greift in die Versammlungsfreiheit ein, weil er von der Ausübung des Grundrechts abhalten kann. 2. Ein solcher Kostenbescheid ist jedenfalls dann nicht gerechtfertigt, wenn die Gebühr für eine Amtshandlung erhoben wird, die nicht an die Verursachung einer dem Betroffenen zuzurechnenden konkreten Gefahr für die öffentliche Sicherheit und Ordnung anknüpft. 3. Liegen die Voraussetzungen einer Auflage im Sinne von 15 I Versammlungsgesetz nicht vor, ist die in der Kostenerhebung für eine solche Auflage liegende Beschränkung der Versammlungsfreiheit nicht gerechtfertigt. Es ging hier um eine Versammlung gegen die „Patentierung von Leben". Einige Personen trugen Tiermasken. Das Tragen von Tiermasken kann den Veranstaltern nicht zugerechnet werden. Sinn und Zweck der von der Behörde getroffenen Maßnahmen ging auf einen störungsfreien Versammlungsablauf. Nur dafür hatten die Veranstalter Sorge zu tragen. Eine Aufmachung, die erkennbar der Meinungsäußerung oder künstlerischen Zwecken dient, wird nicht vom Vermummungsverbot erfasst, weil sie den Gesamtumständen nach nicht auf Identitätsverschleierung gerichtet ist. Konkrete Anhaltspunkte dafür, dass die Tiermasken nicht für solche Zwecke getragen werden sollten, sondern um Identitätsfeststellungen zu verhindern, sind nicht erkennbar.

b) Rechtfertigung der Höhe nach

Kostenhöhe

Ferner dürfen nur die tatsächlich entstandenen Kosten gefordert werden. 325

Problem: tatsächliche Kosten übersteigen Kostenvoranschlag

Problematisch kann im Einzelfall sein, dass die tatsächlich entstandenen Kosten die in der Androhung veranschlagten (§ 56 IV PolG NRW bzw. im Ordnungsrecht § 63 IV VwVG NW) übersteigen. 326

e.A.: Vertretbarkeitsgrenze

Hierzu wird teilweise angenommen, dass eine *Vertretbarkeitsgrenze* bestehe, weil der Sinn des Kostenvoranschlages darin liege, dem Verpflichteten vor Augen zu führen, welche Kosten auf ihn zukommen, wenn er es bis zur Ersatzvornahme kommen lasse. Er solle abwägen können, ob er angesichts der Kosten die Maßnahme selbst durchführen will. Der Kostenerstattungsanspruch dürfe daher nicht außer Verhältnis zum veranschlagten Betrag stehen.

BVerwG: vollständige Kostenerstattung

Das BVerwG gewährt der Behörde dagegen einen Anspruch auf Erstattung der *tatsächlich* entstandenen Kosten (Prinzip der vollständigen Kostenerstattung) und lässt somit eine Kostennachforderung zu.

Die Begründung der Gegenmeinung vermag nämlich im Hinblick auf den von ihr angeführten Sinn und Zweck nicht zu überzeugen:

Sanktion für die Nichterfüllung der eigenen Verbindlichkeit

Der durch den Grund-VA Verpflichtete hat keine Wahlbefugnis, die Maßnahme selbst durchzuführen oder der Behörde die Durchführung zu überlassen. Vielmehr ist und bleibt er bis zuletzt verpflichtet, den VA zu befolgen. Die Ersatzvornahme ist keine „alternative Art", die Verpflichtung zu erfüllen. Sie ist vielmehr eine Sanktion für die Nichterfüllung der eigenen Verpflichtung. Wer sich durch Nichterfüllung auf eine Ersatzvornahme einlässt, hat *kein schutzwürdiges Vertrauen* in die Einhaltung der veranschlagten Kosten, weil er ja weiß, dass er die Verpflichtung selbst erfüllen muss. Er kann sich nicht darauf stützen, dass die Behörde es hätte billiger bewerkstelligen können. Der Kostenvoranschlag hat also *lediglich* eine *Warn-*, *nicht* aber eine *Schutzfunktion*.[336]

---

335 BVerfG in: NVwZ 2008, S. 414 ff. = **juris**byhemmer.

336 So BVerwG, NJW 1984, 2591 = **juris**byhemmer.

c) Richtiger Kostenschuldner

richtiger Kostenschuldner

Kostenschuldner ist gemäß § 52 I S. 1 PolG NRW der Betroffene, d.h. also der durch den Grund-VA Verpflichtete, bzw. im Falle des § 46 III PolG NRW der nach den §§ 4, 5 PolG NRW Verantwortliche.[337] 327

Verdachtsstörer

Die Kosten für eine im Wege des Sofortvollzugs durchgeführte ordnungsrechtliche Maßnahme können dabei aber nicht dem Verdachtsstörer auferlegt werden, wenn der Verursacherverdacht nachträglich widerlegt wird und der Verdachtsstörer die den Verdacht begründenden Umstände nicht zu vertreten hat.[338]

II. Verletzung subjektiv-öffentlicher Rechte

Rechtsverletzung

Die Anfechtungsklage ist nur dann begründet, wenn ein rechtswidriger Kostenbescheid den Kläger auch in seinen subjektiv-öffentlichen Rechten verletzt. Bei einem rechtswidrigen Kostenbescheid ist immer zumindest eine Verletzung des Grundrechts aus Art. 2 I GG zu bejahen. 328

D. Fallvariante: Abschleppfälle

Anfechtung eines Kostenbescheides i.R.e. Abschleppfallvariante

hemmer-Methode: „Abschleppfälle“ wie der folgende sind nicht nur sehr examensrelevant, sie können Ihnen auch in der juristischen Praxis jederzeit begegnen. Dementsprechend existiert eine umfangreiche aktuelle Rechtsprechung. Vertiefen Sie diesen Problemkreis durch das Studium des Aufsatzes in Life&Law 1998, 274 ff. und 341 ff. Beachten Sie auch die Ausführungen in diesem Skript (Rn. 91) zum sogenannten „Münchner Modell“.

Abschleppfallvariante

Fall: *A erhält einen Bescheid des Polizeipräsidiums Köln, durch den er aufgefordert wird, 250 € für das Abschleppen seines Wagens zu bezahlen.* 329

Weil er in großer Eile war, hatte er seinen Wagen direkt vor einer Feuerwehreinfahrt geparkt. Eine vorbeifahrende Streife entdeckte den Wagen. Nach einer Wartezeit von 15 Minuten ließ Polizist B den Wagen durch einen über Funk angeforderten privaten Abschleppdienst auf den nächst gelegenen öffentlichen Parkplatz abschleppen.

A ist der Auffassung, dass niemand außer ihm selbst das Recht hat, seinen Wagen von der Stelle zu bewegen. Er ist empört, dafür auch noch zur Zahlung von 250 € aufgefordert zu werden. Verärgert über so viel Dreistigkeit erhebt A form- und fristgerecht Anfechtungsklage gegen den Kostenbescheid zum zuständigen VG Köln.

Hat seine Klage Aussicht auf Erfolg?

Abwandlung 1: *A hat nicht vor einer Feuerwehrausfahrt, sondern unberechtigt auf einem Behindertenparkplatz geparkt und wurde abgeschleppt. Er macht gegen den Kostenbescheid geltend, ihm könne niemand nachweisen, dass Behinderte ihren PKW auf den Parkplatz hätten stellen wollen.*

---

337 Kostenschuldner kann dabei auch eine andere Behörde sein, wenn diese nach dem einschlägigen Fachrecht als Verantwortliche in Betracht kommt und dadurch nicht in ihre hoheitliche Tätigkeit eingegriffen wird. Bsp.: Betreiber der Müllabfuhr wird für die Kosten einer Gefahrenforschungsmaßnahme auf einer stillgelegten Deponie in Anspruch genommen; OVG Schleswig, NVwZ 2000, 1197 = **juris**byhemmer.

338 OVG NW, NVwZ 2001, 1314 = **juris**byhemmer.

Abwandlung 2: A hat seinen PKW ordnungsgemäß am Straßenrand geparkt und verreist für zwei Wochen. Kurz darauf wird wegen einer Baustelle ein absolutes Halteverbot in der Straße angeordnet, in der A parkt. Am nächsten Morgen wird sein Auto abgeschleppt – A soll zahlen.

Lösung Ausgangsfall:

I. Verwaltungsrechtsweg 330

Der Verwaltungsrechtsweg ist nach § 40 I VwGO eröffnet.

Zulässigkeit der Klage

II. Zulässigkeit der Klage

1. Die Anfechtungsklage ist statthaft.

A begehrt die Aufhebung des Kostenbescheides. Dieser stellt einen VA i.S.d. § 35 S. 1 VwVfG dar, der sich auch noch nicht erledigt hat.

2. Als Adressat eines belastenden VA ist A zumindest in Art. 2 I GG möglicherweise verletzt und damit klagebefugt, § 42 II VwGO.

3. Das grundsätzlich nach §§ 68 ff. VwGO erforderliche Vorverfahren ist gem. § 110 I S. 1 JustG NRW entbehrlich.

4. Die Klage ist gemäß § 78 I Nr. 1 VwGO gegen den Rechtsträger der handelnden Behörde zu richten. Den Kostenbescheid erlassen hat das Polizeipräsidium Köln. Rechtsträger der Polizei ist gem. § 1 POG NRW das Land NRW.

5. Die sonstigen besonderen und die allgemeinen Sachurteilsvoraussetzungen sind erfüllt.

Zwischenergebnis: Die Klage ist zulässig.

Begründetheit der Klage

III. Begründetheit der Klage

Die Klage wäre begründet, wenn der VA objektiv rechtswidrig ist und der Kläger hierdurch in seinen subjektiv-öffentlichen Rechten verletzt wird, § 113 I S. 1 VwGO. 331

1. Rechtsgrundlage

Problem: verschiedene in Betracht kommende Rechtsgrundlagen

Da der angegriffene Kostenbescheid eine Belastung für A enthält, müsste das Polizeipräsidium seine Forderung auf eine Rechtsgrundlage stützen können. 332

Problematisch ist, welche von mehreren möglichen Rechtsgrundlagen für den Kostenbescheid in Betracht kommt.

Denkbare Rechtsgrundlage wäre § 46 III i.V.m. § 43 PolG NRW, sofern hier eine Sicherstellung des Wagens durchgeführt wurde.

Darüber hinaus könnte auch § 52 I S. 1 und 2 i.V.m. § 50 II PolG NRW einschlägig sein, falls der Sofortvollzug einer Ersatzvornahme erfolgte.

Sicherstellung

a) Zunächst ist die Einschlägigkeit von § 46 III i.V.m. § 43 PolG NRW zu untersuchen. Voraussetzung wäre das Vorliegen einer Sicherstellung i.S.d. § 43 PolG NRW. Sicherstellung ist die Begründung eines öffentlich-rechtlichen Verwahrungsverhältnisses durch Sicherstellungsanordnung und deren Vollzug durch Realakt, § 44 PolG NRW. 333

e.A.: Voraussetzung ist primärer Wille der Polizei zur Inbesitznahme

Eine Sicherstellung könnte damit den primären Willen der Polizei voraussetzen, das Fahrzeug im Besitz haben zu wollen. Ein solcher Wille zu einer primären Inbesitznahme fehlt jedoch beim bloßen Abschleppen eines verbotswidrig abgestellten Pkws in aller Regel.[339] Ein solcher kommt jedoch in Betracht, wenn der PKW abgeschleppt wurde, weil er wegen eines offenen Fensters diebstahlgefährdet ist.[340]

Im Gegensatz zu der Sicherstellung eines gestohlenen PKW kommt es der Polizei in den Abschleppfällen grds. nicht darauf an, Besitz am Wagen zu begründen. Die primäre Absicht besteht vielmehr darin, den verbotswidrigen Zustand zu beseitigen. Es lässt sich hier deshalb die Ansicht vertreten, das Abschleppen eines PKW sei stets als atypische Maßnahme i.S.d. § 8 I HS. 1 PolG NRW und damit nicht als Sicherstellung nach § 43 PolG NRW zu qualifizieren. Daran ändert sich selbst dann nichts, wenn das Fahrzeug auf einen amtlich eingerichteten Verwahrplatz abgeschleppt wird.

Rspr.: keine Sicherstellung bei bloßem „Versetzen"

Die Rechtsprechung unterscheidet dagegen zwischen dem Verbringen des Pkws auf einen von der Polizei eingerichteten Verwahrplatz und dem bloßen „Versetzen".

Danach kommt es nicht darauf an, ob die Polizei das Fahrzeug in erster Linie in Besitz nehmen will oder ob der polizeiliche Gewahrsam bloß als Nebenfolge eintritt. Der Polizei geht es in erster Linie darum, das Fahrzeug von einem gegenwärtigen Ort zu entfernen und eine dort bestehende Gefahr zu beheben.[341]

§ 43 PolG NRW dient der Gefahrenabwehr und lässt zu diesem Zweck die Ingewahrsamnahme von Sachen zu.[342] Eine atypische Maßnahme i.S.d. § 8 I HS. 1 PolG NRW liegt demnach nur bei dem bloßen Versetzen eines verbotswidrig abgestellten PKW vor.

Da im vorliegenden Fall das Fahrzeug nicht zu einem amtlich eingerichteten Verwahrplatz, sondern auf einen anderen Parkplatz gebracht wurde, liegt eine Versetzung eines falsch geparkten Fahrzeugs i.S.d. oben genannten Rechtsprechung vor. Diese stellt rechtlich keine Sicherstellung i.S.d. § 43 PolG NRW dar, sondern ist vielmehr als atypische Maßnahme i.S.d. § 8 I HS. 1 PolG NRW zu qualifizieren.[343]

Ersatzvornahme

b) Da eine Sicherstellung nach beiden Ansichten ausscheidet, ist zu klären, ob das Abschleppen die sofortige Vollziehung einer Ersatzvornahme nach §§ 50 II, 52 PolG NRW darstellte. 334

Die Entfernung des Kfz ist eine Handlung, deren Vornahme auch durch einen anderen als den Polizeipflichtigen selbst möglich ist. Das Abschleppen stellte daher die Vornahme einer vertretbaren Handlung dar. Unmittelbarer Zwang scheidet aus.

Da auch keine Anordnung der Polizei an A, den Wagen zu entfernen, voranging, handelt es sich damit um die sofortige Vollziehung einer Ersatzvornahme.

c) Ergebnis: Rechtsgrundlage für den Kostenbescheid war daher § 52 I S. 1 und 2 PolG NRW i.V.m. § 77 VwVG NW, § 20 II S. 1 und 2 Nr. 7 VO VwVG NRW.

339 Vgl. Rn. 181.

340 BayVGH, NJW 2001, 1960 = **juris**byhemmer.

341 Hierbei ist zu beachten, dass es sich im Falle eines Verstoßes gegen die StVO um öffentlichen Verkehrsgrund handeln muss. Öffentlicher Verkehrsgrund liegt dann vor, wenn eine Fläche ausdrücklich oder mit stillschweigender Duldung des Verfügungsberechtigten für einen nicht näher bestimmten Personenkreis zur Benutzung zugelassen ist; zum Hinterhofparkplatz vgl. OVG NW, NVwZ 2000, 141.

342 BayVGH, BayVBl. 1984, 559 = **juris**byhemmer.

343 BayVGH, BayVBl. 1990, 434 = **juris**byhemmer.

2. Formelle Rechtmäßigkeit

Zuständigkeit

Die Zuständigkeit der Polizei zum Erlass des Kostenbescheides folgt aus § 52 I S. 1 PolG NRW. Zuständig ist die eine Ersatzvornahme durchführende Polizeibehörde. 335

3. Materielle Rechtmäßigkeit

materielle Rechtmäßigkeit

Rechtsgrundlage für den Kostenbescheid ist § 52 I S. 1 und 2 PolG NRW i.V.m. § 77 VwVG NW, § 20 II S. 1 und 2 Nr. 7 VO VwVG NRW. 336

Danach werden für die Ersatzvornahme von den nach §§ 4 oder 5 PolG NRW Verantwortlichen Kosten erhoben. Voraussetzung der Kostenerhebung ist zum einen, dass eine rechtmäßige Ersatzvornahme nach § 52 I S. 1 PolG NRW vorlag. Darüber hinaus müsste A nach §§ 4 oder 5 PolG NRW verantwortlich sein.

a) Rechtmäßigkeit der Ersatzvornahme, § 52 I S. 1 PolG NRW

Ermächtigungsgrundlage für Ersatzvornahme

Ob die Ersatzvornahme ihrerseits rechtmäßig war, richtet sich nach den §§ 50 II, 51 I Nr. 1, 52 PolG NRW. 337

formelle Rechtmäßigkeit der Ersatzvornahme

Die Polizei war nach § 1 I PolG NRW zuständig, die Vollstreckungsmaßnahme durchzuführen.

materielle Rechtmäßigkeit der Ersatzvornahme

Nach § 52 I S. 1 PolG NRW kann die Polizei eine Maßnahme selbst oder durch einen Beauftragten ausführen, wenn die Verpflichtung, eine vertretbare Handlung vorzunehmen, nicht erfüllt wird.

Aus Gründen der effektiven Gefahrenabwehr ist der Erlass einer vorherigen Anordnung an die polizeipflichtige Person entbehrlich, wenn die Voraussetzungen des § 50 II PolG NRW (Abwehr einer gegenwärtigen Gefahr) erfüllt sind. Aber auch dann, wenn diese Voraussetzungen vorliegen, ist ein Sofortvollzug nur rechtmäßig, wenn zusätzlich eine entsprechende Anordnung an den jeweiligen Störer rechtmäßig gewesen wäre, weil § 50 II PolG NRW verlangt, dass die Polizei im Rahmen ihrer Befugnisse handelt.

hemmer-Methode: Das bedeutet, dass im Rahmen des § 50 II PolG NRW inzident zu prüfen ist, ob eine *gedachte Primärmaßnahme* (Anordnung an A, den PKW wegzusetzen) *rechtmäßig* wäre. Der hypothetische Grund-VA ist daher an dieser Stelle nach dem gewohnten Schema voll durchzuprüfen.

aa) Rechtmäßigkeit der fingierten Primärmaßnahme (Anordnung, den PKW wegzusetzen)

Ermächtigungsgrundlage für den fingierten Grund-VA

Ermächtigungsgrundlage für die polizeiliche Anordnung an A, den PKW wegzusetzen, wäre § 8 I PolG NRW gewesen. 338

(1) Formelle Rechtmäßigkeit des fingierten Grund-VA

Das Abschleppen wurde durch den im Vollzugsdienst tätigen Polizist B veranlasst. Somit hat die Polizei im eingeschränkt-institutionellen Sinne gehandelt. 339

sachliche Zuständigkeit

Bei der Eröffnung des Aufgabenbereiches kommt sowohl eine Eröffnung über § 1 IV PolG NRW i.V.m. § 53 OWiG für den Repressivbereich als auch präventiv nach § 1 I PolG NRW in Betracht.

Der polizeiliche Aufgabenbereich war hier über § 1 I S. 1 PolG NRW für präventive polizeiliche Tätigkeit eröffnet. Der Schwerpunkt des polizeilichen Handelns lag nicht in der Verfolgung einer Ordnungswidrigkeit, sondern darin, die Feuerwehrausfahrt zu räumen und Gefahren abwehrend tätig zu werden.

Eine ordnungsbehördliche Verfügung hätte nicht rechtzeitig ergehen können, sodass auch ein Eilfall nach § 1 I S. 3 PolG NRW vorlag.

örtliche Zuständigkeit

Das Polizeipräsidium war auch nach den §§ 7 - 9 POG NRW örtlich zuständig.

Verfahren

Verfahrensfehler sind nicht ersichtlich. Insbesondere war eine Anhörung gemäß § 28 II Nr. 1 VwVfG NRW entbehrlich.

(2) Materielle Rechtmäßigkeit des fingierten Grund-VA

konkrete Gefahr für die öffentliche Sicherheit oder Ordnung

Da das Abschleppen des Pkws eine in Grundrechte eingreifende Maßnahme darstellt, müsste eine entsprechende Befugnis vorgelegen haben. 340

Die Befugnis zum Abschleppen des Wagens ergibt sich, wie bereits oben erwähnt, aus § 8 I HS. 1 PolG NRW und nicht aus § 43 PolG NRW. Das Abstellen eines PKW vor einer Feuerwehrausfahrt erfüllt den Tatbestand einer straßenverkehrsrechtlichen Ordnungswidrigkeit, §§ 6, 24 I StVG i.V.m. §§ 49 I Nr. 12, 12 I Nr. 8 StVO. Daher bestand eine konkrete Gefahr für die öffentliche Sicherheit (Unversehrtheit der Rechtsordnung). Das Abschleppen des Wagens war notwendig, um die durch diese Ordnungswidrigkeit verursachten Zustände zu beseitigen.

(3) Ermessen

Eine Verletzung der polizeilichen Handlungsgrundsätze (§§ 3 I, 2 PolG NRW) ist nicht ersichtlich. A wäre auch der richtige Adressat gewesen, da er nach § 4 PolG NRW Verhaltensverantwortlicher war. 341

Zwischenergebnis: Der gedachte Grund-VA, nämlich eine Anordnung an A, den Wagen wegzusetzen, wäre also rechtmäßig gewesen.

bb) Sondervoraussetzungen des § 50 II PolG NRW

zur Abwehr einer gegenwärtigen Gefahr notwendig

Darüber hinaus müssen noch die Voraussetzungen des § 50 II PolG NRW vorliegen. 342

Der Zweck der Maßnahme, die Beseitigung des durch die Ordnungswidrigkeit verursachten Zustandes, konnte durch die Inanspruchnahme der Personen nach den §§ 4 - 6 Verantwortlichen nicht rechtzeitig erreicht werden, da insbesondere mit einem jederzeit erforderlichen Einsatz von Feuerwehrfahrzeugen gerechnet werden muss. Somit war die Maßnahme zur Abwehr einer gegenwärtigen Gefahr notwendig.

cc) Voraussetzungen des konkreten Zwangsmittels

Voraussetzungen der Ersatzvornahme

Schließlich müssten auch die Voraussetzungen des konkret angewendeten Zwangsmittels, also der Ersatzvornahme nach § 52 I S. 1 PolG NRW vorliegen. Da das Wegsetzen des Wagens eine vertretbare Handlung ist, konnte die Polizei gemäß § 52 I S. 1 PolG NRW diese Handlung selbst oder durch einen Beauftragten ausführen. 343

hemmer-Methode: Im Sofortvollzug ist das Merkmal des § 52 I S. 1 PolG NRW „Nichterfüllung einer Verpflichtung durch den Betroffenen" nicht zu prüfen, weil auf Grund der gegenwärtigen Gefahr ja gerade die Notwendigkeit des Erlasses eines VA, der die Verpflichtung begründet, entfällt.

Ermessen

dd) Ermessen, § 3 I PolG NRW

Es ist nicht ersichtlich, dass der Polizei bei der Vollstreckung Ermessensfehler, insbesondere eine Missachtung des Grundsatzes der Verhältnismäßigkeit[344] (§ 2 PolG NRW) unterlaufen wäre, sodass die sofortige Vollziehung der Ersatzvornahme insgesamt rechtmäßig war. 344

344 Nicht jeder Verkehrsverstoß muss durch Abschleppen bekämpft werden; jedenfalls aber ein Verstoß gegen das absolute Halteverbot. Vgl. dazu BVerwGE 149, 254 - Taxenstand; OVG MV, DP (= Die Polizei) 2015, 367 – Fußgängerzone.

Hierbei ist insbesondere zu beachten, dass die Handlungsmöglichkeiten der Polizei durch das Übermaßverbot eingeschränkt sind. Ein Verstoß gegen dieses liegt bspw. dann vor, wenn das Abschleppen angeordnet wird, obwohl der Aufenthaltsort des in der Nähe befindlichen Fahrers bekannt ist und dieser zum Wegfahren veranlasst werden kann. Die Polizei ist aber nicht verpflichtet personal- oder zeitaufwändige Suchen durchzuführen.[345] Nicht abzusehende Zeitverzögerungen stehen einer Pflicht zur Halteranfrage oder sonstigen Nachforschungsversuchen entgegen.[346]

In Fällen in denen der Fahrer eines abgestellten Fahrzeugs in diesem einen Zettel mit seiner Handy-Nummer hinterlassen hat, kann das Abschleppen ermessenfehlerhaft sein. Dies ist immer dann anzunehmen, wenn eine kurzfristige und zuverlässige Beseitigung der Störung zu erwarten ist. Hierfür ist es aber nicht ausreichend, wenn aus dem Zettel nur allgemein hervorgeht, der Fahrer werde „sofort“ kommen. Ergibt sich aus den Angaben jedoch, dass der Fahrer sich in unmittelbarer Nähe aufhält und die Störung beseitigen wird, so muss er hierzu aufgefordert werden. Dies gilt auch dann, wenn der handelnde Beamte selbst nicht über ein Mobiltelefon verfügt und über Funk die Zentrale zum Anruf veranlassen muss. Zum tatsächlichen Beseitigen der Störung ist dem Verantwortlichen in der Regel ein Zeitraum von 5 min. zuzugestehen. Begrenzt wird diese Verpflichtung des Beamten jedoch durch das Gebot der Effektivität. So sind Anrufe entbehrlich, wenn viele Autos mit einem dementsprechenden Hinweis verbotswidrig geparkt sind, weil das Abschleppen dann die effektivere Gefahrenabwehrmaßnahme darstellt.[347]

hemmer-Methode: Eine Pflicht zur Kontaktaufnahme besteht nur ausnahmsweise bei absolut eindeutigen Anhaltspunkten.

b) Kostenerhebung nur bei den nach §§ 4, 5 PolG NRW Verantwortlichen

Kostenpflicht

A war hier § 4 I PolG NRW polizeipflichtig, da die Störung der öffentlichen 345
Sicherheit durch sein Verhalten verursacht wurde.

IV. Ergebnis

Rechtfertigung dem Grunde nach

Die Heranziehung des A zum Ersatz der Abschleppkosten war demnach 346
gem. § 52 I S. 1 und 2 PolG NRW i.V.m. § 77 VwVG NW, § 20 II S. 1 und 2 Nr. 7 VO VwVG NRW dem Grunde nach berechtigt.

Rechtfertigung der Höhe nach

Die Höhe der geltend gemachten Kosten ist nach dem Sachverhalt nicht zu beanstanden. Der Kostenbescheid ist deshalb auch insoweit rechtmäßig.[348]

Die Klage ist unbegründet und hat demnach keine Aussicht auf Erfolg.

Abwandlung 1

Lösung Abwandlung 1:

Die Punkte **I.** bis **II.** des Ausgangsfalles bleiben unverändert. 347

III. Begründetheit der Klage

1. Rechtsgrundlage

andere Rechtsgrundlage

Im Ausgangsfall schied die Vollstreckung eines VA gemäß § 50 I PolG NRW aus, da die Polizei keine Möglichkeit hatte, gegen den A eine Wegfahranordnung zu erlassen und bekannt zu geben. In der Abwandlung liegen die Dinge jedoch anders, da A ein Behindertenparkschild missachtet hatte. Wenn dieses Schild ein Wegfahrgebot enthalten würde, so könnte die Polizei dieses vollstrecken.

---

345 BayVGH, NJW 2001, 1960 = **juris**byhemmer.

346 OVG Münster, NWVBl. 2010, 71= **juris**byhemmer.

347 Vgl. OVG Hamburg, NJW 2001, 3647 = **juris**byhemmer; NJW 2005, 2247; BVerwG, DVBl. 2002, 1560 mit kritischer Anmerkung von Schwabe.

348 Vgl. hierzu auch OVG Hamburg, NJW 2001, 169 zu dem Fall, dass nach dem Abbruch eines Abschleppvorgang (der Fahrer war zwischenzeitlich erschienen) von diesem die vollen Kosten ersetzt verlangt wurden. Die Erhebung der Kosten wurde hier als unverhältnismäßig angesehen, weil nach dem Abbruch unmittelbar das danebenstehende Fahrzeug abgeschleppt wurde; zur Pauschalierung der angefallenen Kosten vgl. VG Gelsenkirchen, NWVBl. 2001, 72; OVG NW, NWVBl. 2001, 181: **alle Entscheidungen** = **juris**byhemmer.

Nach ganz herrschender Meinung stellen Verkehrszeichen keine Rechtsverordnungen dar, sondern VAe in Form der Allgemeinverfügung (§ 35 S. 2 VwVfG NRW). Fraglich ist jedoch, ob das Behindertenparkschild auch ein Wegfahrgebot enthält.

Zum einen besagt das Schild auf jeden Fall, dass dieser Parkplatz für Behinderte mit entsprechendem Berechtigungsschein zur Verfügung steht. Weiter enthält es ein Parkverbot für Autofahrer ohne diese Berechtigung. Begriffsnotwendig enthält das Schild jedoch auch die Anordnung, unberechtigt geparkte Fahrzeuge sofort wieder zu entfernen[349]. Ohne dieses Wegfahrgebot hätte das Parkverbot nämlich keinen Sinn. Folglich liegt eine Primärmaßnahme vor, die vollstreckt werden kann, sodass es sich um einen Fall des Normalvollzugs handelt.

Zwischenergebnis: Rechtsgrundlage für den Kostenbescheid ist daher § 52 I S. 1 und 2 PolG NRW i.V.m. § 77 VwVG NW, § 20 II S. 1 und 2 Nr. 7 VO VwVG NRW.

2. Formelle Rechtmäßigkeit (siehe Ausgangsfall)

3. Materielle Rechtmäßigkeit des Kostenbescheids

Der Kostenbescheid der Polizei ist dann materiell rechtmäßig, wenn die Ersatzvornahme (formell und materiell) rechtmäßig war und die Kosten dem richtigen Verantwortlichen auferlegt wurden.

RM der Ersatzvornahme

a) Rechtmäßigkeit der Ersatzvornahme

Ermächtigungsgrundlage

Ermächtigungsgrundlage sind die §§ 50 I, 51 I Nr. 1, 52 I S. 1 PolG NRW.

aa) Formelle Rechtmäßigkeit der Ersatzvornahme

formelle Rechtmäßigkeit der Ersatzvornahme

Zu prüfen ist, ob die Polizei hier überhaupt dafür zuständig war, das Wegfahrgebot des Verkehrsschildes zu vollstrecken. Es ist davon auszugehen, dass das Behindertenparkschild von der zuständigen Straßenverkehrsbehörde aufgestellt wurde. Nach § 56 VwVG NW vollstreckt die Anordnungsbehörde ihre Verwaltungsakte grundsätzlich selbst. Somit wäre nicht die Polizei, sondern die allgemeinen Ordnungsbehörden zuständig.

Allerdings bleibt es bei der Eilzuständigkeit der Polizei. Nach § 1 I S. 3 PolG NRW können die Polizeibehörden tätig werden, wenn eine Gefahrenabwehr durch die Ordnungsbehörden nicht rechtzeitig möglich ist. Davon ist hier auszugehen. Die Polizei ist also nach § 1 I PolG NRW zuständig. Eine alternative Begründung der Zuständigkeit in einem solchen Fall wäre es, anzunehmen, dass die Polizei im Rahmen des Sofortvollzuges nach § 50 II PolG NRW innerhalb ihrer Befugnisse handele, d.h. wenn ein eigener, fiktiver Grund-VA rechtsmäßig wäre.

materielle Rechtmäßigkeit der Ersatzvornahme

bb) Materielle Rechtmäßigkeit der Ersatzvornahme

(1) Vollstreckbarer Grund-VA als Titel

In materieller Hinsicht erfordert § 50 I PolG NRW einen vollstreckbaren Grund-VA als Titel. Als Grund-VA kommt hier nur das in dem Verkehrsschild enthaltene Wegfahrgebot in Betracht.

(a) Die Primärmaßnahme ist auf die Vornahme einer Handlung, nämlich das Wegfahren, gerichtet und auch wirksam geworden.

(b) Die Anfechtungsklage hat keine aufschiebende Wirkung. Dies ergibt sich aus § 80 II S. 1 Nr. 2 VwGO analog, da Verkehrsschilder polizeilichen Vollzugsanordnungen gleichgestellt werden.[350]

---

349 Auch ein defektes Fahrzeug ist unverzüglich von einem Behindertenparkplatz zu entfernen. OVG NW, NWVBl. 2000, 355 = **juris**byhemmer.

350 OVG Münster, NJW 1998, 329 = **juris**byhemmer; Brühl, JuS 1994, 57; Kopp/Schenke, § 80 VwGO, Rn. 64 m.w.N.; vgl. auch Hemmer/Wüst, Verwaltungsrecht III, Rn. 103.

(c) Das Wegfahrgebot war auch rechtmäßig, sodass sich keine Probleme mit der Frage nach dem Erfordernis eines Rechtmäßigkeitszusammenhangs ergeben.

(2) Art und Weise der Vollstreckung

(a) Die grundsätzlich gemäß § 56 I S. 1 und 2 PolG NRW erforderliche Androhung mit Fristsetzung ist gemäß § 56 I S. 3 PolG NRW entbehrlich, weil eine gegenwärtige Gefahr (Verstoß gegen die Rechtsordnung) abgewehrt werden sollte.

(b) Einer Festsetzung bedarf es bei einer Ersatzvornahme nicht, die Vorschriften der §§ 57 ff. PolG NRW über die ordnungsgemäße Anwendung von Zwangsmitteln gelten nur für den unmittelbaren Zwang, der hier nicht vorliegt.

(3) Ermessen, § 3 I PolG NRW

Verhältnismäßigkeit des Zwangs

Fraglich ist, ob hier die Anwendung von polizeilichem Zwang verhältnismäßig i.S.d. § 2 PolG NRW war.

Die Ersatzvornahme könnte unverhältnismäßig sein, weil die Polizei nicht nachweisen kann, dass ein konkreter Parkplatzbedarf eines Behinderten bestanden hat. Der BayVGH[351] hält diesen Einwand für unbeachtlich. Behindertenparkplätze seien nach der Intention des Gesetzgebers schlechthin – nicht nur vorrangig – für Behinderte reserviert. (In der Praxis ließe sich ein derartiger Nachweis auch kaum führen und wilde Parker hätten nichts mehr zu befürchten!) Die Zwangsmaßnahme ist also verhältnismäßig.

Zwischenergebnis: Damit war die Ersatzvornahme rechtmäßig.

b) Kostenerhebung beim Verantwortlichen

Kostenpflicht

A war als Handlungsstörer nach § 4 I PolG NRW für die Abschleppmaßnahme verantwortlich und ist daher der richtige Adressat des Kostenbescheides.

IV. Ergebnis

Die Heranziehung des A zum Ersatz der Abschleppkosten war demnach gem. § 52 I S. 1 und 2 PolG NRW i.V.m. § 77 VwVG NW, § 20 II S. 1 und 2 Nr. 7 VO VwVG NRW berechtigt. Die Höhe der geltend gemachten Kosten ist nach dem Sachverhalt nicht zu beanstanden.

Abwandlung 2

Lösung Abwandlung 2:

Bekanntgabe

Die 2. Abwandlung beinhaltet zwei Problemkreise. Zum Ersten ist fraglich, ob durch das nachträgliche Aufstellen des Halteverbotsschildes ein wirksamer VA (Verbot zu halten und Gebot wegzufahren) entstanden ist. 348
Nach § 43 I VwVfG wird der VA erst durch Bekanntgabe beim Adressaten wirksam. Fraglich ist, ob eine solche Bekanntgabe hier vorliegt, obwohl A das Verkehrsschild nie gesehen hat.

VGH Kassel, VGH Mannheim und Hamburgisches OVG: Bekanntgabe durch Aufstellen

Der VGH Kassel[352] geht unter Berufung auf das BVerwG[353] davon aus, dass das Straßenverkehrsrecht besondere Vorschriften für die Bekanntgabe von Verwaltungsakten in der Gestalt von Verkehrszeichen enthalte, die die allgemeinen Bekanntgabebestimmungen (§ 41 VwVfG) verdrängen. Danach würden Verkehrsgebote und -verbote grundsätzlich durch Aufstellen von Verkehrszeichen bekannt gemacht (vgl. §§ 39 II - IV; VI, 45 IV StVO).[354]

351 BayVGH, NJW 1996, 1979 = jurisbyhemmer.

352 VGH Kassel, NJW 1999, 2057 = jurisbyhemmer.

353 BVerwG, NJW 1997, 1021 = jurisbyhemmer.

354 Im Urteil sind die §§ 39 II, IIa, 45 IV StVO in der Fassung von 1997 zitiert, welche den oben genannten Normen entsprechen.

Dies gelte gegenüber allen potentiell betroffenen Verkehrsteilnehmern, unabhängig von der tatsächlichen oder möglichen Kenntnisnahme. Im Ergebnis wird dies nun ebenso vom VHG Mannheim[355] und vom Hamburgischen OVG[356] vertreten.

hemmer-Methode: Auch die einjährige Klagefrist des § 58 II VwGO würde somit grundsätzlich mit dem Aufstellen des Verkehrszeichens gegenüber allen betroffenen Verkehrsteilnehmern in Gang gesetzt.

BVerwG: kein Abweichen von den allgemeinen Regeln

Dabei liegt dem VGH Kassel (wie auch dem VGH Mannheim und dem Hamburgisches OVG) eine Fehlinterpretation der BVerwG-Rechtsprechung zugrunde. Danach soll das BVerwG seine alte Rechtsprechung[357], wonach es auf die individuelle Möglichkeit der Kenntnisnahme ankam, aufgegeben haben. Nach neuer BVerwG-Rechtsprechung[358] gelte die im Urteil des VGH Kassels dargestellte Sichtweise. Dass dem BVerwG-Urteil eine solche Lesart nicht zu entnehmen ist, hat nun auch das BVerfG klargestellt.[359]

Dabei lässt das BVerwG aber schon die Frage, ob § 41 VwVfG durch die Regelungen der StVO verdrängt werden, ausdrücklich offen.[360] Zwar erklärt es: „Die Wirksamkeit eines ordnungsgemäß aufgestellten oder angebrachten Verkehrszeichens hängt nicht von der subjektiven Kenntnisnahme des davon betroffenen Verkehrsteilnehmers ab."[361] Damit ist aber nicht gesagt, dass das Verkehrszeichen mit dem Aufstellen als bekanntgegeben gilt, also fingiert wird. Sehr wohl ist nämlich die Möglichkeit der subjektiven Kenntnisnahme erforderlich.

Auch dies wird in dem BVerwG-Urteil ausdrücklich erklärt: „Dies entspricht der Wirkung vergleichbarer anderer öffentlicher Bekanntmachungen (...) und steht nicht im Widerspruch zur Aussage des BVerwG (...), wonach ein Verkehrsteilnehmer von dem Verwaltungsakt erst dann betroffen wird, 'wenn er sich (erstmalig) der Regelung des Verkehrszeichens gegenübersieht'. Mit dieser Formulierung sollte nämlich, wie der Kontext der Entscheidung ergibt, nicht zum Ausdruck gebracht werden, dass die Wirksamkeit des Verkehrszeichens von der subjektiven Kenntnisnahme des Verkehrsteilnehmers abhängt".[362]

Das BVerwG geht also gerade von einer Kontinuität der Entscheidungen aus. Es ergeben sich letztlich keine Abweichungen von den allgemeinen Regeln.[363]

Voraussetzungen der Wirksamkeit

„Sind Verkehrszeichen so aufgestellt oder angebracht, dass sie ein durchschnittlicher Kraftfahrer bei Einhaltung der nach § 1 StVO erforderlichen Sorgfalt schon 'mit einem raschen und beiläufigen Blick' erfassen kann (...), so äußern sie ihre Rechtswirkung gegenüber jedem von der Regelung betroffenen Verkehrsteilnehmer, gleichgültig, ob er das Verkehrszeichen tatsächlich wahrnimmt oder nicht."[364]

---

355 VGH Mannheim, NVwZ-RR 2003, 311 und JZ 2009, 738, dort Leitsatz: „Die (regelmäßig einjährige) Frist für die Anfechtung eines Verkehrszeichens beginnt für alle Verkehrsteilnehmer unabhängig von ihrer konkreten Betroffenheit bereits mit dessen ordnungsgemäßer Aufstellung als einer besonderen Form der öffentlichen Bekanntgabe." Auch dieser VGH beruft sich auf das Urteil des BVerwG, NJW 1997, 1021 = BVerwGE 102, 316 = **juris**byhemmer.

356 Hamburgisches OVG, NordÖR 2004, 399 = **juris**byhemmer.

357 BVerwG, NJW 1980, 1640 = **juris**byhemmer: „Betroffen wird ein Verkehrsteilnehmer von diesem Verwaltungsakt allerdings erst dann, wenn er sich (erstmalig) der Regelung des Verkehrszeichens gegenübersieht; damit beginnt für ihn die Anfechtungsfrist zu laufen.".

358 BVerwG, NJW 1997, 1021 = **juris**byhemmer.

359 BVerfG, NJW 2009, 3642 f. bzgl. VGH Mannheim, JZ 2009, 738 = **juris**byhemmer.

360 BVerwG, NJW 1997, 1021 (1022) = **juris**byhemmer.

361 Leitsatz: BVerwG, NJW 1997, 1021 = **juris**byhemmer.

362 BVerwG, NJW 1997, 1021 (1022) = **juris**byhemmer.

363 Vgl. dazu auch: Bitter/Konow, NJW 2001, 1386 (1387 f.).

364 BVerwG, NJW 1997, 1021 (1022) = **juris**byhemmer.

hemmer-Methode: Es handelt sich letztlich um eine, der zivilrechtlichen Regelung des Zugangs einer Willenserklärung vergleichbaren, Aufteilung des Risikos der Kenntnisnahme. Entscheidend ist nicht die tatsächliche Wahrnehmung, sondern die - im Einzelnen näher zu definierende - Möglichkeit der Kenntnisnahme durch den Empfänger.[365]

Verkehrsteilnehmer = Fahrer + Halter

„Verkehrsteilnehmer ist (...) nicht nur derjenige, der sich im Straßenverkehr bewegt, sondern auch der Halter eines am Straßenrand geparkten Fahrzeugs, solange er (...) Inhaber der tatsächlichen Gewalt über das Fahrzeug ist.“[366]

Abschleppen war rechtmäßig

A wusste vorliegend, wo er den Wagen abgestellt hatte, und konnte folglich Kenntnis von dem Verkehrsschild nehmen. Somit war A von der Regelung betroffen. Mithin war der VA ihm gegenüber bekanntgegeben. Die aufschiebende Wirkung der Rechtsbehelfe gegen Verkehrszeichen entfällt gem. § 80 II Nr. 2 VwGO analog.[367] Damit war der VA auch vollstreckbar. Das Abschleppen selber war rechtmäßig.

Verhältnismäßigkeit der Kostentragungspflicht

Auch wenn der Abschleppvorgang nach den obigen Ausführungen rechtmäßig ist, so stellt sich doch die Frage, ob dem A hier billigerweise die Kosten dafür auferlegt werden können. Das Rechtsstaatsprinzip verbietet es, dem Handlungsstörer die Kosten aufzuerlegen, wenn dies unverhältnismäßig ist. (Die Regelungen des PolG NRW, die diesbezüglich keinen Ermessensspielraum vorsehen, ändern daran nichts.) Nach Ansicht der Rechtsprechung ist ein Kostenbescheid auf alle Fälle dann rechtswidrig, wenn das Fahrzeug unmittelbar im Anschluss an das nachträgliche Aufstellen des Schildes abgeschleppt wird. Die Richter verlangen eine „Schonzeit“ von zwei bis vier Tagen.[368] Da A‘s Auto aber bereits am nächsten Morgen abgeschleppt wurde, fehlt es an dieser Wartezeit.

Nach der dargestellten Literaturauffassung ist die Kostenhaftung ebenfalls ausgeschlossen. Dieser zufolge ist der verbotswidrig Parkende nämlich jedenfalls dann Nichtstörer, wenn die Verkehrsregelung nicht vorhersehbar war[369].

Ergebnis

Ergebnis: Der Kostenbescheid war somit rechtswidrig.

hemmer-Methode: Lernen am Fall! Bloßes Auswendiglernen von Einzelfakten führt im Examen nicht zum Erfolg! Wichtig ist vielmehr, dass Sie rechtzeitig lernen, einen anspruchsvollen Fall selbst in aller Vollständigkeit zu lösen. Führen Sie am besten selbst eine Lernkontrolle durch, und versuchen Sie, den vorangegangenen Fall noch einmal zu lösen; vergleichen Sie anschließend die beiden Ergebnisse![370]

365 Bitter/Konow, NJW 2001, 1386 (1388).

366 BVerwG, NJW 1997, 1021 (1022) = **juris**byhemmer unter Hinweis auf OVG Koblenz, AS 1920, 20 (22).

367 OVG Münster, NJW 1998, 329 = **juris**byhemmer.

368 BVerwG, NJW 1997, 1021; VGH Kassel, NJW 1997, 1023; OVG Münster, NVwZ-RR 1996, 59: **alle Entscheidungen = juris**byhemmer.

369 Schenke, Rn. 716.

370 Eine weitere Entscheidung zu diesem Themenkreis findet sich in NJW 2001, 1961: Ein Fahrzeug war zwar entgegen der Beschilderung geparkt, das Verbotsschild war aber von einem Bauunternehmer einen Tag früher als von der Behörde angeordnet angebracht worden. Wegen dieser nur unerheblichen Abweichung vom Verkehrszeichenplan sah das OVG den VA hier als wirksam an.

§ 4 VERPFLICHTUNGSKLAGE, § 42 I ALT. 2 VWGO[371]

Aufbauschema

349

Die Verpflichtungsklage

I. Eröffnung des Verwaltungsrechtswegs

II. Zulässigkeit der Verpflichtungsklage

1. Verpflichtungsklage als statthafte Klageart

2. Klagebefugnis, § 42 II VwGO

3. Vorverfahren (§§ 68 ff. VwGO) ist gem. § 110 I S. 2 JustG NRW entbehrlich

4. Klagefrist, § 74 II VwGO (evtl. § 75 VwGO)

5. Klagegegner, § 78 I Nr. 1 VwGO i.V.m. § 1 POG NRW

6. Allgemeine Sachurteilsvoraussetzungen

III. Begründetheit, § 113 V VwGO

Bedeutung der Verpflichtungsklage

Die Verpflichtungsklage spielt in Polizeirechtsklausuren keine allzu große Rolle. Sie ist einschlägig, wenn sich das Klagebegehren auf den *Erlass eines* polizeilichen VA richtet. Eine solche Verpflichtungsklage hat nur dann Aussicht auf Erfolg, wenn ein *Anspruch* auf den begehrten polizeilichen VA besteht.

Abgrenzungsschwierigkeiten zur allgemeinen Leistungsklage ergeben sich bei den Aktenvernichtungsfällen.[372]

ggf. § 113 I S. 4 VwGO analog auf die Verpflichtungsklage

Auch eine Verpflichtungsklage hat nur Aussicht auf Erfolg, solange sich die Hauptsache noch nicht erledigt hat. Allerdings ist zu berücksichtigen, dass Gegenstand der Erledigung nicht ein bereits erlassener VA ist, sondern der Anspruch auf den Erlass des begehrten VA. Hier ist nach h.M. § 113 I S. 4 VwGO analog auf die Verpflichtungsklage anwendbar.[373] Dies gilt sowohl für die Erledigung vor als auch nach Klageerhebung.

A. Eröffnung des Verwaltungsrechtswegs

Eröffnung des Verwaltungsrechtswegs

Im Rahmen der Eröffnung des Verwaltungsrechtswegs ergeben sich auch bei der Verpflichtungsklage keine Abweichungen zu den bisherigen Ausführungen. Auch bestehen keine aufdrängenden Sonderzuweisungen, womit sich der Rechtsweg nach der allgemeinen Rechtswegeröffnung des § 40 I S. 1 VwGO ergibt. 350

Im Einzelfall ist bei der Frage nach einer anderweitigen, ausdrücklichen gerichtlichen Zuweisung der Streitigkeit § 23 I S. 1 EGGVG genauer zu berücksichtigen.

Dieser könnte dann in Frage stehen, wenn zweifelhaft ist, ob die Polizei über § 1 IV PolG NRW i.V.m. § 163 StPO eine auf Einleitung, Vorbereitung oder Durchführung eines Strafverfahrens gerichtete Maßnahme, also einen Justizverwaltungsakt i.S.d. § 23 EGGVG, erlassen soll.

371 Zur Verpflichtungsklage Hemmer/Wüst, Verwaltungsrecht II, Rn. 1 ff.

372 Vgl. dazu unten Rn. 365 ff.

373 Dazu näher Hemmer/Wüst, Verwaltungsrecht II, Rn. 126 ff.

Schwerpunkt der geforderten Maßnahme

Zur Klärung dieser Frage ist wiederum auf den *Schwerpunkt* der geforderten Maßnahme abzustellen. Liegt der Schwerpunkt der geforderten Maßnahme im präventiv-polizeilichen Bereich, so ist der Verwaltungsrechtsweg eröffnet.

hemmer-Methode: Der Schwerpunkt einer geforderten polizeilichen Maßnahme liegt in Klausuren regelmäßig auf dem Gebiet der Gefahrenabwehr.

B. Zulässigkeit der Verpflichtungsklage

I. Statthaftigkeit der Verpflichtungsklage

Statthaftigkeit der Verpflichtungsklage

Eine Verpflichtungsklage ist statthaft, wenn sich das Klagebegehren auf den Erlass eines polizeilichen VA richtet und im Zeitpunkt der letzten mündlichen Verhandlung noch keine Erledigung in der Hauptsache eingetreten ist. 351

Begehren eines VA

Die begehrte Handlung muss somit VA-Qualität aufweisen.[374]

keine Erledigung der Hauptsache

Zudem darf sich, und dies ist gerade im Polizeirecht zu beachten, die Hauptsache noch nicht erledigt haben. Hierbei ist, wie bereits oben erwähnt, zu berücksichtigen, dass Gegenstand der Erledigung nicht ein bereits erlassener VA ist, sondern der Anspruch auf den Erlass des begehrten VA, bzw. der Anspruch auf eine Neubescheidung im Falle einer Bescheidungsklage, § 113 V S. 2 VwGO.

Die Fragestellung lautet also: Kann die Verpflichtungsklage noch tenoriert werden? Das heißt, ich muss der Behörde sagen können, wann und wo sie einschreiten soll. Nur wenn dies der Fall ist, kann die Statthaftigkeit einer Verpflichtungsklage bejaht werden. Ansonsten ist die FFK nach § 113 I S. 4 VwGO analog zur Verpflichtungsklage die statthafte Klageart.[375]

II. Klagebefugnis, § 42 II VwGO

1. Möglichkeit eines Anspruchs auf polizeiliches Handeln

Möglichkeit einer Rechtsverletzung

Eine Klagebefugnis ist nur dann zu bejahen, wenn nach dem Sachvortrag des Klägers durch den Nichterlass des VA eine Verletzung seiner subjektiv-öffentlichen Rechte möglich erscheint. 352

Anspruch nicht offensichtlich ausgeschlossen

Ein möglicherweise verletztes subjektiv-öffentliches Recht wäre zu bejahen, wenn ein *Anspruch* des Klägers auf den Erlass des begehrten VA nicht offensichtlich ausgeschlossen ist. 353

Dabei ist im Rahmen der Klagebefugnis nur zu prüfen, ob die entsprechende Norm des Polizeirechts, auf die sich der Kläger stützt, nicht nur im Allgemein-, sondern auch im Individualinteresse besteht. Zudem muss sie gerade *auch* dem *Interesse des Klägers* dienen.

Möglichkeit eines Anspruchs auf polizeiliches Handeln

Ein möglicher Anspruch auf das Handeln kommt weiterhin nur in Betracht, wenn der Polizei kein Ermessen eingeräumt ist.

374 Siehe hierzu Rn. 55 ff.

375 Vgl. Hemmer/Wüst, Verwaltungsrecht II, Rn. 126 ff.; außer dass es sich um eine analoge Anwendung auf die Verpflichtungsklage handelt, ergeben sich zu den obigen Ausführungen zur Zulässigkeit der FFK bei der Anfechtungsklage keine wesentlichen Unterschiede.

Ermessensreduzierung auf Null

Da der Polizei jedoch aufgrund des Opportunitätsprinzips (§ 3 I PolG NRW) grundsätzlich ein Entschließungsermessen zusteht, kommt ein Anspruch nur dann in Betracht, wenn das *polizeiliche Ermessen auf null reduziert* ist.

hemmer-Methode: Ob die Voraussetzungen des Anspruchs im Einzelnen erfüllt sind, ist dann keine Frage der Klagebefugnis mehr, sondern der Begründetheit der Klage.

Anspruch auf fehlerfreie Ermessensausübung

Sollte das Ermessen nicht auf null reduziert sein, so kommt zumindest ein *Anspruch auf fehlerfreie Ermessensausübung* in Betracht. Auch ein Solcher genügt für die Begründung einer Klagebefugnis. 354

hemmer-Methode: Beachten Sie, dass es keinen allgemeinen Anspruch auf fehlerfreie Ermessensausübung gibt. Ein solcher besteht nur, wenn die Ermessensnorm nicht ausschließlich im Allgemeininteresse steht und auch dem Interesse des Klägers dient.
In der Klausur kann im Rahmen der Klagebefugnis letztlich die Prüfung einer Ermessensreduzierung auf null dahingestellt bleiben, soweit ein Anspruch auf fehlerfreie Ermessensausübung nicht offensichtlich ausgeschlossen ist.

a) Vorfrage

Anspruch bereits aus Aufgabeneröffnung?

Hierbei ist zunächst einmal unabhängig von der Frage, ob die jeweilige Norm überhaupt im Individualinteresse besteht, umstritten, ob ein möglicherweise in Betracht kommender Anspruch allein auf die Aufgabeneröffnungsnorm gestützt ist, oder ob er nur von einer entsprechenden Befugnisnorm getragen werden kann. 355

Die Berufung auf die Aufgabeneröffnungsnorm wäre ausreichend, wenn sich daraus dem Grunde nach bereits ein Anspruch auf polizeiliches Handeln ergeben kann. Nach einer in der Literatur vertretenen Ansicht soll sich aus der Raum eröffnenden Funktion der Aufgabenzuweisungsnorm zugleich ein Individualanspruch auf polizeiliches Einschreiten ergeben können.

Dies ist jedoch als mit der Systematik des PolG NRW nicht vereinbar anzusehen und daher abzulehnen. Mit einem Anspruch auf polizeiliches Handeln soll immer eine konkrete Polizeimaßnahme verlangt werden können.

Sobald die Polizei aber in dieser Art und Weise tätig werden will, i.d.R. durch Eingriff in Rechte Dritter, bedarf sie einer Befugnisnorm. Einem Kläger wäre nicht gedient, wenn ihm das Gericht bescheinigt, zwar generell einen Anspruch auf Tätigwerden zu haben, aber die Polizei in concreto nichts unternehmen darf, weil ihr eine entsprechende Befugnisnorm fehlt. Die Aufgabeneröffnungsnorm reicht daher allein noch nicht aus.

b) Individualinteresse

Befugnisnorm auch im Individualinteresse

Bei der jeweils in Betracht kommenden Befugnisnorm, auf die eine begehrte polizeiliche Handlung gestützt werden soll, ist schließlich zu prüfen, ob sie auch im Individualinteresse besteht. 356

2. Generalklausel, § 8 I Hs. 1 PolG NRW

Generalklausel

Soweit keine spezielle Befugnisnorm eingreift, kann die Polizei nach § 8 I Hs. 1 PolG NRW die notwendigen Maßnahmen treffen, um eine im einzelnen Fall bestehende Gefahr für die öffentliche Sicherheit oder Ordnung abzuwehren. 357

§ 5 DIE ALLGEMEINE LEISTUNGSKLAGE IM POLIZEIRECHT[376]

Bedeutung der allgemeinen Leistungsklage

Die allgemeine Leistungsklage hat in Polizeirechtsklausuren einen geringen Anwendungsbereich. Da die überwiegende Zahl polizeilicher Handlungen von der h.M. als VAe qualifiziert werden, ist in den meisten Fällen die Verpflichtungsklage einschlägig, soweit eine polizeiliche Handlung vor dem VG eingeklagt werden soll. 365

Grenzfälle sind insbesondere die Fälle mit dem Klagebegehren auf Aktenvernichtung.

Fallvariante: Aktenvernichtungsfälle

Aktenvernichtungsfälle

Fall: *Mecki Messer ist Betreiber einer Szenedisco. Innerhalb der letzten zwei Jahre wurden gegen ihn bei der Polizei insgesamt fünf Anzeigen wegen Körperverletzung erstattet.* 366

Vier Fälle standen in unmittelbarem Zusammenhang mit dem Betrieb der Disco. Mecki wurde in zwei Fällen verurteilt. In den übrigen Fällen endeten die Ermittlungsverfahren zweimal mit einem Freispruch wegen erwiesener Unschuld und einmal mit einer Einstellung des Ermittlungsverfahrens mangels hinreichenden Tatverdachts. Sämtliche Ermittlungsakten bewahrte die Polizei zu rein präventiven Zwecken auf und speicherte die wesentlichen Informationen in einer Datei. Mecki will nunmehr Klage auf Löschung der Daten und Vernichtung der Akten zum VG erheben.

Hat eine solche Klage Aussicht auf Erfolg?

Lösung:

Verwaltungsrechtsweg

A. Eröffnung des Verwaltungsrechtswegs

Die Eröffnung des Verwaltungsrechtswegs bestimmt sich in Ermangelung aufdrängender Sonderzuweisungen nach § 40 I VwGO. 367

1. Die Streitigkeit ist eine öffentlich-rechtliche Streitigkeit nichtverfassungsrechtlicher Art.

2. Möglicherweise käme hier als abdrängende Sonderzuweisung § 23 I S. 1 EGGVG in Betracht. Es ist daher festzustellen, ob die begehrte Handlung im Schwerpunkt den polizeilichen Präventiv- oder Repressivbereich betrifft.

Die Daten, die gelöscht werden sollen, bzw. die Akten, die vernichtet werden sollen, dienen nicht der Strafverfolgung, sondern der Gefahrenabwehr. Sie sollen dazu verwendet werden, insbesondere neue Straftaten und damit eine Gefahr für die öffentliche Sicherheit oder Ordnung zu verhindern. Da sie nicht zur weiteren Strafverfolgung dienen, ist der Verwaltungsrechtsweg eröffnet.

Zulässigkeit

B. Zulässigkeit einer Klage

I. Statthafte Klageart

Die Klageart richtet sich nach dem Klagebegehren. Mecki will die Löschung der Daten sowie die Vernichtung polizeilicher Ermittlungsakten erreichen. 368

allgemeine Leistungsklage oder Verpflichtungsklage?

Richtige Klageart könnte daher die allgemeine Leistungsklage sein. Dies wäre der Fall, wenn die Löschung der Daten bzw. die Vernichtung der Akten ein schlicht hoheitliches Verwaltungshandeln darstellen würde.

376 Zur allgemeinen Leistungsklage Hemmer/Wüst, Verwaltungsrecht II, Rn. 163 ff.

Soweit man auf die Datenlöschung/Aktenvernichtung selbst abstellt, stellt diese ein schlichtes Verwaltungshandeln dar. Man könnte daher die allgemeine Leistungsklage als richtige Klageart ansehen.[377]

Hierbei ist jedoch noch nicht berücksichtigt worden, dass die Polizei zunächst über die Löschung der Daten und die Vernichtung der Akten entscheidet. Die Rechtsprechung versteht ein Klagebegehren auf Datenlöschung/Aktenvernichtung deshalb als das Verlangen der entsprechenden Entscheidung über die Löschung/Aktenvernichtung und deren Vollziehung durch Realakt.[378] Damit begehrt der Kläger einen VA, da die Entscheidung ein VA i.S.d. § 35 S. 1 VwVfG ist.

Richtige Klageart ist im Ergebnis die Verpflichtungsklage, weil sich das Klagebegehren auf den Erlass eines VA richtet.

hemmer-Methode: Hier wäre natürlich auch eine Leistungsklage vertretbar.

II. Klagebefugnis, § 42 II VwGO

Klagebefugnis

Mecki wäre klagebefugt, wenn nach seinem Sachvortrag eine Verletzung seiner subjektiv-öffentlichen Rechte möglich wäre. 369

Mecki könnte in seinem Recht auf informationelle Selbstbestimmung verletzt sein, Art. 1 I, 2 I GG. Ein Anspruch könnte sich insoweit zumindest über den allgemeinen Folgenbeseitigungsanspruch ergeben.

III. Vorverfahren, §§ 68 ff. VwGO

Vorverfahren

Die Durchführung des nach §§ 68 ff. VwGO grundsätzlich erforderlichen Vorverfahrens ist gem. § 110 I S. 2 JustG NRW entbehrlich.

Klagefrist und Form

IV. Weiterhin sind die **Klagefrist** des § 74 II VwGO sowie die **Klageform** der §§ 81, 82 VwGO zu beachten.

Klagegegner

V. Klagegegner: Die Verpflichtungsklage wäre gemäß § 78 I Nr. 1 VwGO i.V.m. § 1 POG NRW gegen das Land NRW als Rechtsträger der Polizeibehörde zu richten.

Unter Berücksichtigung der erwähnten Voraussetzungen ist eine Klage zulässig.

C. Begründetheit

Begründetheit

Die Klage ist begründet, wenn die Ablehnung des VA rechtswidrig ist und den Kläger in seinen subjektiv-öffentlichen Rechten verletzt, § 113 V VwGO. 370

Die Ablehnung ist rechtswidrig, wenn dem Mecki ein Anspruch auf eine positive Entscheidung über die Datenlöschung und Aktenvernichtung zusteht.

Anspruch auf Aktenvernichtung?

Mecki müsste demnach einen Anspruch auf Festsetzung der Datenlöschung und Aktenvernichtung haben.

§ 14 II PolG NRW

1. § 14 II PolG NRW kommt als Anspruchsgrundlage nicht in Betracht. Die Ermittlungsakten stellen keine erkennungsdienstlichen Unterlagen i.S.d. § 14 PolG NRW dar, vgl. § 14 IV PolG NRW.

377 König, Polizei und Datenschutz, 1993, S. 91.

378 Vgl. BVerwG, NJW 1961, 571; BayVGH, BayVBl. 1984, 273: **alle Entscheidungen** = **juris**byhemmer.

allgemeiner FBA i.V.m. § 81b Alt. 2 StPO

2. Der allgemeine Folgenbeseitigungsanspruch i.V.m. § 81b Alt. 2 StPO entfällt ebenfalls. Auch § 81b Alt. 2 StPO ist lediglich Befugnis zur Aufbewahrung erkennungsdienstlicher Unterlagen.[379]

§ 24 II S. 5 PolG NRW

3. Ein Anspruch auf Festsetzung der Datenlöschung und Aktenvernichtung könnte sich jedoch aus § 24 II S. 5 PolG NRW ergeben. 371

§ 24 II 1 PolG NRW gibt der Polizei die Befugnis, personenbezogene Daten, die sie im Rahmen strafrechtlicher Ermittlungsverfahren gewonnen hat, zu speichern, zu verändern und zu nutzen, soweit dies zur Gefahrenabwehr, insbesondere zur vorbeugenden Bekämpfung von Straftaten, erforderlich ist.

Dem korrespondiert in § 24 II S. 5 PolG NRW die Pflicht, die in diesem Zusammenhang suchfähig gespeicherten Daten zu löschen, sofern der einer Speicherung zugrunde liegende Verdacht entfällt. Daneben sind dann auch die suchfähig angelegten Akten zu vernichten.

Aus der objektiv-rechtlichen Pflicht auf der einen Seite folgt auf der anderen Seite ein subjektives Recht des Betroffenen. Er hat aus § 24 II S. 5 PolG NRW einen Anspruch auf Löschung und Aktenvernichtung, da diese Norm gerade auch im Individualinteresse steht.

hemmer-Methode: Bis zur Einführung der §§ 22 ff. PolG NRW wurde die Befugnis zur Aktenanlegung und Aufbewahrung von Ermittlungsakten dem § 8 I PolG NRW entnommen.
Ein Anspruch auf Aktenvernichtung ergab sich aus dem allgemeinen Folgenbeseitigungsanspruch i.V.m. § 8 I PolG NRW.

Anspruchsvoraussetzungen:

Anspruchsvoraussetzungen sind demnach:

personenbezogene Daten

a) Es muss sich um personenbezogene Daten (vgl. § 3 I DSG NRW) handeln, die von der Polizei im Rahmen strafrechtlicher Ermittlungsverfahren gewonnen wurden. Dies ist laut Sachverhalt der Fall. 372

Aufbewahrung zur Gefahrenabwehr

b) Die Speicherung muss zur Gefahrenabwehr, insbesondere zur vorbeugenden Bekämpfung von Straftaten, erforderlich sein.

In einem Zeitraum von zwei Jahren wurden wiederholt Körperverletzungsdelikte des Mecki zur Anzeige gebracht. Diese standen meist im Zusammenhang mit dem Betrieb der Disco.

Da diese Disco von Mecki immer noch betrieben wird, ist auch in Zukunft wieder mit solchen Taten zu rechnen. Folglich liegt eine Gefahr für die öffentliche Sicherheit vor.

Die Speicherung der Daten ist deshalb zur vorbeugenden Bekämpfung solcher Straftaten erforderlich. Diese Gefahr kann nur dadurch abgewehrt werden, dass durch die Speicherung ein psychischer Druck auf Mecki erzeugt wird, um ihn der von der Begehung weiterer Straftaten abzuhalten.

Entfallen des der Speicherung zugrunde liegenden Verdachts

c) Der der Speicherung zugrunde liegende Verdacht muss entfallen sein. Vorliegend gilt es zu differenzieren:

Soweit Mecki freigesprochen wurde, ist der Verdacht entfallen. Für die entsprechenden Daten und Akten könnte Mecki möglicherweise deren Löschung und Vernichtung verlangen.

Allerdings muss der Verdacht nicht entfallen, wenn ein Ermittlungsverfahren mangels hinreichenden Tatverdachts eingestellt wird. Sollte ein Restverdacht bestehen, so können die entsprechenden Daten weiterhin gespeichert und bzw. die Akten weiterhin aufbewahrt werden.

379 Vgl. bereits Rn. 45 f.; die Aufbewahrung von erkennungsdienstlichen Unterlagen, die auf der Grundlage von § 81b, 1. oder 2. Alt. StPO gewonnen werden, wird auf § 81b, 2. Alt. StPO gestützt. Da ein Anspruch auf Vernichtung nicht explizit geregelt wird, ist er grds. auf den allgemeinen FBA zu stützen (zum FBA Hemmer/Wüst, Verwaltungsrecht II, Rn. 219 ff.).

Soweit der Kläger verurteilt wurde, ist ein Verdacht einer Straftat nicht entfallen. Insoweit besteht kein Anspruch auf Löschung und Vernichtung.

suchfähige Speicherung

d) Der Anspruch setzt zudem voraus, dass die personenbezogenen Daten bereits suchfähig gespeichert, also Inhalt einer Datei sind. Der Anspruch auf Vernichtung der Akten bezieht sich nur auf den Fall, dass über die unzulässige Speicherung in der Datei hinaus noch Akten geführt werden, nicht aber auf den Fall der alleinigen Aktenführung.

Vorliegend waren die Daten jedoch auch in einer Datei abgespeichert, sodass die Voraussetzungen des § 24 II S. 5 PolG NRW erfüllt sind.

hemmer-Methode: Bei fehlender suchfähiger Speicherung in einer Datei hätten dann anschließend die Voraussetzungen eines allgemeinen Folgenbeseitigungsanspruchs geprüft werden müssen.

Rechtsverletzung

III. Soweit ein Anspruch auf Löschung der Daten und Aktenvernichtung besteht, ist der Kläger durch die Ablehnung in seinem subjektiven **Recht** aus § 24 II S. 5 PolG NRW **verletzt**.

IV. Ergebnis: Die Klage ist nur teilweise begründet.

§ 6 DIE ALLGEMEINE FESTSTELLUNGSKLAGE[380]

allgemeine Feststellungsklage

Für die allgemeine Feststellungsklage bleibt im Bereich des Polizeirechts nur dort Raum, wo nicht bereits die FFK eingreift. Somit kann die allgemeine Feststellungsklage nur dann eingreifen, wenn sich das Klagebegehren nicht auf die Feststellung der Rechtswidrigkeit einer polizeilichen Handlung mit VA-Qualität richtet. 373

Das Klagebegehren muss sich auf die Feststellung der Nichtigkeit eines VA richten oder auf die Feststellung des Bestehens oder Nichtbestehens eines Rechtsverhältnisses.

hemmer-Methode: Da polizeiliches Handeln nach überwiegender Meinung aufgrund der damit verbundenen Rechtseingriffe regelmäßig als Handeln mittels VA zu qualifizieren ist, ergibt sich in Polizeirechtsklausuren selten Raum für eine allgemeine Feststellungsklage. Größere Bedeutung kommt ihr aber im Ordnungsrecht zu.

§ 7 OBJEKTIVE KLAGEHÄUFUNG, § 44 VWGO

regelmäßig objektive Klagehäufung

Bei prozessual aufgebauten Polizeirechtsklausuren ergibt sich regelmäßig die Situation der objektiven Klagehäufung, § 44 VwGO. 374

Häufig werden mehrere Klagebegehren miteinander verbunden.

> ***Bsp.:** Ein Polizist hält A auf einer Straße im Rotlichtbezirk an. Er verlangt von ihm die Aushändigung seines Personalausweises. Weil sich darin kein Passbild mehr befindet, nimmt der Polizist A mit auf die Polizeistation. Dort werden ihm Fingerabdrücke abgenommen. A erhebt Klage auf Feststellung der Rechtswidrigkeit aller polizeilichen Maßnahmen.*
>
> *A begehrt die Feststellung der Rechtswidrigkeit mehrerer bereits erledigter polizeilicher VAe:*

⇨ Anhalten,

⇨ Aushändigungsanordnung,

⇨ Anordnung auf die Polizeistation zu folgen,

⇨ Abnahme der Fingerabdrücke.

> Hinsichtlich der Feststellung der Rechtswidrigkeit eines jeden einzelnen erledigten polizeilichen VA ist eine FFK nach § 113 I S. 4 VwGO analog die richtige Klageart.
>
> Im Beispiel sind vier analoge FFK zu erheben. Diese können unter den Voraussetzungen des § 44 VwGO objektiv klagegehäuft werden.

Auch die Verknüpfung der Fortsetzungsfeststellungsklage gegen den Grund-VA und der allgemeinen Feststellungsklage gegen dessen Vollstreckung ist ein Fall des § 44 VwGO.

380 Zur allgemeinen Feststellungsklage Hemmer/Wüst, Verwaltungsrecht II, Rn. 292 ff.

Voraussetzungen des § 44 VwGO

375

Voraussetzungen einer objektiven Klagehäufung, § 44 VwGO:[381]

- ⇨ mehrere Klagebegehren,
- ⇨ gegen denselben Beklagten gerichtet,
- ⇨ müssen im Zusammenhang stehen
- ⇨ und es muss dasselbe Gericht zuständig sein (§§ 45, 52 VwGO i.V.m. § 17 JustG NRW).

keine Zulässigkeitsvoraussetzung

Liegen diese Voraussetzungen vor, so können sämtliche Klagebegehren in einer einzigen Klage verfolgt werden. Es wird also nur ein Prozess, der aber mehrere Klagebegehren zum Inhalt hat, geführt.

Fehlen die Voraussetzungen, so werden die Verfahren lediglich nach § 93 VwGO getrennt. Die Klage wird dadurch nicht unzulässig, da § 44 VwGO keine Zulässigkeitsvoraussetzung darstellt.

hemmer-Methode: Es handelt sich bei der objektiven Klagehäufung *nicht* um eine *Zulässigkeitsvoraussetzung*. § 44 VwGO stellt eine Verfahrensvorschrift dar. Im Prüfungsaufbau ist diese Norm daher nach der Prüfung der Zulässigkeit sämtlicher Klagen zu prüfen, bevor mit der Begründetheitsprüfung begonnen wird.

§ 8 DAS VORVERFAHREN, §§ 68 ff. VWGO[382]

Vorverfahren nicht mehr von Relevanz

Das Vorverfahren ist in NRW bis auf wenige Ausnahmen für entbehrlich erklärt worden, vgl. § 110 JustG NRW. Dies bedeutet aber nicht nur, dass es für Klagen der Sachurteilsvoraussetzung „ordnungsgemäß und erfolglos durchgeführtes Vorverfahren" nicht mehr bedarf. Das Vorverfahren ist auch unstatthaft, d.h. es ist auch losgelöst von einer Klage kein zulässiger Rechtsbehelf mehr. 376-378

381 Dazu im Einzelnen Hemmer/Wüst, Verwaltungsrecht I, Rn. 248 ff.

382 Zum Widerspruchsverfahren Hemmer/Wüst, Verwaltungsrecht III, Rn. 1 ff.

§ 9 SCHADENSERSATZ- UND ENTSCHÄDIGUNGSANSPRÜCHE FÜR POLIZEIL. HANDELN

Schadensersatz/Entschädigung

Unter besonderen Voraussetzungen stehen dem Einzelnen gegenüber der Polizei bzw. deren Rechtsträger Ansprüche auf Schadensersatz und/oder Entschädigung wegen des polizeilichen Handelns zu. 379

hemmer-Methode: Eine Fallfrage nach dem Bestehen von Schadensersatz- oder Entschädigungsansprüchen ist regelmäßig nicht prozessual eingekleidet. Dies folgt aus dem Umstand, dass kraft ausdrücklicher gesetzlicher Sonderzuweisung nicht die Verwaltungsgerichte, sondern die *ordentlichen Gerichte zuständig* sind.
Eine solche Frage wird meist als Annex zu dem zuvor zu erstellenden Gutachten über die Erfolgsaussichten der Klage in die Klausur eingebaut.

Differenzierung: Adressat / Unbeteiligter und rechtmäßig / rechtswidrig

Es empfiehlt sich, hier eine Differenzierung danach vorzunehmen, ob derjenige, der Ansprüche geltend macht, Verantwortlicher oder Nichtverantwortlicher war und ob die Maßnahme rechtmäßig oder rechtswidrig war.

A. Ansprüche bei rechtmäßiger Maßnahme

I. Verantwortliche, §§ 4, 5 PolG NRW

rm. Maßnahme - Verantwortlicher

Einem Verantwortlichen nach §§ 4, 5 PolG NRW stehen im Falle einer rechtmäßigen polizeilichen Verfügung keinerlei Ansprüche auf Entschädigung oder Schadensersatz zu, vgl. § 67 PolG NRW i.V.m. § 39 I OBG NRW. 380

II. „Anscheinsstörer"

rm. Maßnahme - „Anscheinsstörer"

Umstritten sind die Fälle, in denen eine polizeiliche Maßnahme gegenüber einer Person ergeht, die lediglich „Anscheinsstörer" ist. Hier stellt sich die Frage, ob auch derjenige, welcher den Anschein einer Gefahr erweckt bzw. welcher für eine wirkliche Gefahr anscheinend ursächlich ist und eine gegen ihn schädigende Maßnahme der Polizei ausgelöst hat, als Nichtverantwortlicher Entschädigung nach § 67 PolG NRW i.V.m. § 39 I lit. a OBG NRW begehren kann oder ob er als Verantwortlicher zu gelten hat, dem ein Anspruch auf Entschädigung nicht zusteht. 381

Eine direkte Anwendung des § 67 PolG NRW i.V.m. § 39 I lit. a OBG NRW scheidet von vornherein aus, da der Anscheinsstörer nicht unter den Voraussetzungen des § 6 PolG NRW, also als Nichtstörer, in Anspruch genommen wird (vgl. oben, Rn. 258 f.). Allerdings kommt eine analoge Anwendung in Betracht.

Lit.: Anscheinsstörer entspricht Verantwortlichem

1. Teilweise wird vertreten, dass er als Verantwortlicher zu behandeln sei, wenn er die Anscheinsgefahr verursacht hat. Für diesen Fall seien Ansprüche aus § 67 PolG NRW i.V.m. § 39 I lit. a OBG NRW analog abzulehnen.

BGH: § 67 PolG NRW i.V.m. § 39 I lit. a OBG NRW analog, wenn Anschein nicht schuldhaft erweckt

2. Demgegenüber wird in der Rechtsprechung die Auffassung vertreten, dass eine Gleichstellung des Verursachers einer Anscheinsgefahr mit dem wirklich Verantwortlichen im Entschädigungsrecht nur dann als begründet angesehen werden könne, wenn der Betroffene den Anschein einer Gefahr *schuldhaft erweckt* habe.[383]

383 BGHZ 5, 144 ff. (152) = jurisbyhemmer; BGH, NJW 1992, 2639 = DVBl. 1992, 1158.

Ein Anspruch nach § 67 PolG NRW i.V.m. § 39 I lit. a OBG NRW analog stehe damit dem Anscheinsstörer zu, der den Anschein der Gefahr schuldlos verursacht habe.[384]

III. Ansprüche des Nichtverantwortlichen, § 6 PolG NRW

1. Gesetzliche Unfallversicherung

rm. Maßnahme - Nichtverantwortlicher / gesetzliche Unfallversicherung

Ansprüche aus der gesetzlichen Unfallversicherung, ehemals aus §§ 539 I Nr.9 lit. b, 547, 765a RVO, sind seit dem 01.01.1997 allenfalls unter den engen Voraussetzungen des § 2 I Nr. 13 lit. a SGB VII denkbar. Aufgrund des für den Nichtverantwortlichen aus § 67 PolG NRW i.V.m. § 39 I lit. a OBG NRW resultierenden Anspruchs folgt daraus praktisch aber keine unangemessene Positionsverschlechterung. 382

2. § 67 PolG NRW i.V.m. § 39 I lit. a OBG NRW

rm. Maßnahme - Nichtverantwortlicher

§ 67 PolG NRW i.V.m. § 39 I lit. a OBG NRW gewährt dem Nichtverantwortlichen einen Entschädigungsanspruch. 383

Diese spezielle Regelung ist *lex specialis* zu den allgemeinen Entschädigungsansprüchen aus enteignendem Eingriff und Aufopferung. Voraussetzung ist, dass gegen einen Nichtverantwortlichen nach § 6 PolG NRW Maßnahmen getroffen werden und diesem ein Schaden durch die polizeiliche Maßnahme entsteht. Der Anspruch wird jedoch durch die Regelungen der Abs. 2 und Abs. 3 beschränkt.

Anspruch u.U. ausgeschlossen

Danach ist der Anspruch ausgeschlossen, soweit der Geschädigte auf andere Weise Ersatz erlangt hat, § 39 II lit. a OBG NRW. Auf andere Weise Ersatz erlangt haben kann der Geschädigte z.B. über gesetzliche oder vertragliche Versicherungsleistungen.

Ferner entfällt ein Anspruch gemäß § 39 II lit. b OBG NRW, sofern durch die Maßnahme die Person oder das Vermögen des Geschädigten geschützt wurde. Wichtig ist hier, dass der Erfolg auch tatsächlich eingetreten ist.[385]

B. Ansprüche bei rechtswidriger Maßnahme

I. Verantwortlicher, §§ 4, 5 PolG NRW

1. Amtshaftung, § 839 BGB, Art. 34 GG

rw. Maßnahme – Verantwortlicher / Amtshaftung

Bei rechtswidrigen Maßnahmen seitens der Polizei gegenüber einem nach §§ 4, 5 PolG NRW Verantwortlichen kann diesem unter den Voraussetzungen von § 839 BGB, Art. 34 GG ein Anspruch auf Schadensersatz zustehen.[386] Dieser Anspruch besteht über § 40 V OBG NRW neben denen aus § 39 OBG NRW. 384

384 Vgl. Schenke, Polizei- und Ordnungsrecht, in: Steiner, Besonderes Verwaltungsrecht, Rn. 93. ff.

385 OLG Köln, NJW-RR 1996, 860 = jurisbyhemmer.

386 I.R.d. Staatshaftung ist auch ein Anspruch auf Schmerzensgeld gem. §§ 253 II, 839 BGB, Art. 34 GG möglich (Palandt, § 839 BGB, Rn. 79).

Voraussetzungen Amtshaftung

Die Voraussetzungen dieses Anspruchs sind im Einzelnen:[387]

a) Handeln eines Beamten im haftungsrechtlichen Sinne = Jemand handelt in Ausübung eines öffentlichen Amts: Polizeibeamte des Landes Nordrhein-Westfalen sind Beamte im haftungsrechtlichen Sinne, die bei der Erfüllung ihrer gesetzlichen Aufgaben ein öffentliches Amt ausüben.

b) Verletzung einer Amtspflicht, hier insbesondere der Pflicht zu rechtmäßigem Handeln.

c) Die verletzte Amtspflicht muss gerade dem Betroffenen gegen über bestehen, d.h. sie muss gerade im Interesse des Geschädigten bestehen.

d) Verschulden des Polizeibeamten, § 276 BGB

e) Schaden beim Adressaten der Maßnahme,

f) Haftungsausfüllende Kausalität zwischen Amtspflichtverletzung und Schaden,

g) Kein Eingreifen einer Haftungsbeschränkung, insbesondere § 839 I S. 2, § 839 III BGB oder 254 BGB.

h) Der Anspruch richtet sich nach Art. 34 GG, § 839 BGB gegen das Land Nordrhein-Westfalen.

2. Ansprüche nach dem PolG NRW

rechtswidrige Maßnahme - Verantwortlicher / Ansprüche aus PolG NRW i.V.m. OBG NRW

§ 67 PolG NRW verweist für den Fall, dass eine rechtswidrige Maßnahme gegenüber dem Verantwortlichen nach §§ 4, 5 PolG NRW ergeht, auf § 39 I lit. b OBG NRW. Es handelt sich hierbei um einen Spezialfall des enteignungs- bzw. Aufopferungsgleichen Eingriffs. 385

II. „Anscheinsstörer"

rw. Maßnahme - Anscheinsstörer

Ebenso stehen dem Anscheinsstörer Ansprüche nach § 39 I lit. b OBG NRW (in direkter Anwendung) und aus Amtshaftung, § 839 BGB, Art. 34 GG zu. 386

hemmer-Methode: Beachten Sie, dass der „Putativstörer" kein Verantwortlicher ist. Ihm gegenüber können auch keine rechtmäßigen Maßnahmen ergehen, da die Gefahrenprognose auf einer verschuldeten Fehleinschätzung der Polizei beruht.

III. Nichtverantwortlicher, § 6 PolG NRW

rw. Maßnahme - Nichtverantwortlicher

Dem Nichtverantwortlichen können im Falle von rechtswidrigen polizeilichen Maßnahmen nachfolgende Ansprüche zustehen: 387

- ⇨ Ansprüche gegenüber dem Träger der gesetzlichen Unfallversicherung, ggf. aus § 2 Nr. 13 lit. a SGB VII;
- ⇨ Schadensersatzansprüche aus Amtshaftung, § 839 BGB, Art. 34 GG;
- ⇨ Entschädigungsansprüche nach § 39 I lit. b OBG NRW.

387 Schwerdtfeger, Rn. 304 ff.

hemmer-Methode: Der Anspruch nach § 39 I lit. b OBG NRW besteht ohne Rücksicht darauf, ob die polizeiliche Maßnahme *schuldhaft* oder *schuldlos* begangen wurde.

C. Ansprüche bei rechtswidriger Unterlassung einer polizeilichen Maßnahme

rw. Unterlassung: ggf. Amtshaftungsansprüche

Im Falle einer rechtswidrigen Unterlassung von polizeilichen Maßnahmen, kommen regelmäßig allein Ansprüche aus Amtshaftung nach § 839 BGB, Art. 34 GG in Betracht. 388

Amtspflichtverletzung durch Unterlassen

I. Problematisch ist hier grundsätzlich der Prüfungspunkt der Amtspflichtverletzung. Eine Amtspflichtverletzung kann sowohl durch aktives Tun als auch durch Unterlassen erfolgen.

Eine Amtspflichtverletzung durch Unterlassen setzt voraus, dass eine Pflicht zum Tätigwerden besteht. Die Pflicht eines Polizeibeamten zum Tätigwerden liegt aber nur dann vor, wenn das der Polizei grundsätzlich aufgrund des Opportunitätsprinzips zustehende Entschließungsermessen auf null reduziert ist.

Drittbezogenheit der Amtspflicht

II. Die Pflicht muss gerade gegenüber dem Geschädigten bestehen. Dies ist der Fall, wenn die entsprechend vorzunehmende polizeiliche Maßnahme gerade auch in seinem Interesse vorzunehmen war.

D. Sonderfall: Schadensersatzansprüche bei öffentlich-rechtlicher Verwahrung nach § 44 PolG NRW

öffentlich-rechtliches Verwahrungsverhältnis

Soweit eine sichergestellte Sache nach § 44 PolG NRW in Verwahrung genommen wird, wird ein öffentlich-rechtliches Verwahrungsverhältnis begründet. 389

§§ 688 ff. BGB sinngemäß anwendbar

Hier können zur Bestimmung der wechselseitigen Rechte, Pflichten und Ansprüche die §§ 688 ff. BGB (zivilrechtlicher Verwahrungsvertrag), sinngemäß herangezogen werden. Dies gilt jedoch nur, soweit die §§ 43, 44 PolG NRW entsprechenden Raum dafür lassen.

***Bsp.:** Die Polizisten A und B entdecken bei einer Routinekontrolle auf einem Großparkplatz den Porsche des C. Der Wagen war von seinem Eigentümer vor wenigen Tagen als gestohlen gemeldet worden. Die beiden Polizisten lassen den Porsche auf einen amtlichen Verwahrparkplatz bringen.*

Bevor der informierte Eigentümer sein Fahrzeug abholen kann, rammen A und B infolge leichter Unachtsamkeit den Porsche mit ihrem Dienstfahrzeug. Der Porsche wird dadurch stark beschädigt.

Hat C Schadensersatzansprüche gegen das Land Nordrhein-Westfalen?

I. Schadensersatzanspruch aus §§ 688, 280 I, 241 II BGB analog?

§§ 688, 280 I, 241 II BGB analog

Zwischen C und dem Land Nordrhein-Westfalen ist ein öffentlich-rechtliches Verwahrungsverhältnis zustande gekommen, indem der Porsche gemäß § 43 Nr. 2 PolG NRW sichergestellt und nach § 44 I S. 1 PolG NRW in Verwahrung genommen wurde. Für das öffentlich-rechtliche Verwahrungsverhältnis gelten die §§ 688 ff. BGB rechtsähnlich.[388] 390

Die Polizisten müssten nun eine sich aus diesem ergebende Schutzpflicht verletzt haben.

388 Palandt, vor § 688 BGB, Rn. 7.

Im Rahmen der Verwahrung nach § 44 PolG NRW hat die Polizei nach § 44 III S. 1 PolG NRW die Pflicht, nach Möglichkeit Wertminderungen vorzubeugen. Diese der Polizei nach § 44 III S. 1 PolG NRW obliegende Pflicht zur Vorbeugung gegenüber Wertminderungen wurde durch die Beschädigung des Porsche verletzt.

Das Verschulden der Polizisten A & B wird dem Land als Dienstherrn nach § 278 BGB analog zugerechnet.[389]

hemmer-Methode: Beachten Sie, dass auch im Öffentlichen Recht bei Ansprüchen aus § 280 BGB analog die Beweislastumkehr des § 280 I S. 2 BGB analog gilt. Dies führt im Gegensatz zur Amtshaftung (§ 839 BGB) zu einer wesentlichen Vereinfachung für den Anspruchsführer. Dass in der Klausur nach diesem Problem gefragt ist, erkennt man z. B. an Formulierungen wie: „Ob der Untergang von der Polizei verschuldet wurde, lässt sich nicht mehr klären". 391

kein Raum für § 690 BGB analog

Möglicherweise könnte allerdings die Haftungsprivilegierung des § 690 BGB analog eingreifen. Im Rahmen der öffentlich-rechtlichen Verwahrung nach § 44 PolG NRW ist jedoch fraglich, ob aufgrund des Charakters der §§ 43, 44 PolG NRW überhaupt Raum für eine Haftungsprivilegierung bleibt.

Insoweit ist insbesondere § 44 III S. 1 PolG NRW zu beachten. Er normiert, dass die Polizei nach Möglichkeit Wertminderungen vorzubeugen hat. Daraus folgt eine Sorgfaltspflicht, die über die eigenübliche Sorgfalt nach §§ 690, 277 BGB hinausgehen kann.

Darüber hinaus übernimmt die Polizei die Aufbewahrung nicht aus eigenem Antrieb, sondern kraft einer ihr auferlegten Amtspflicht. Der Maßstab des § 44 III S. 1 PolG NRW lässt folglich gar keinen Raum mehr für eine analoge Anwendung des § 690 BGB.

Der durch die Pflichtverletzung entstandene Schaden ist daher zu ersetzen.

II. Anspruch aus § 839 BGB i.V.m. Art. 34 GG.

Amtshaftung

Die Polizisten A & B als Beamte im haftungsrechtlichen Sinn haben in Ausübung des ihnen zugewiesenen öffentlichen Amts ihre dem Eigentümer aus § 44 III S. 1 PolG NRW obliegende Pflicht, nach Möglichkeit Wertminderungen vorzubeugen, verletzt. 392

Sie haben hierdurch schuldhaft einen Schaden verursacht. Eine anderweitige Ersatzmöglichkeit nach § 839 I S. 2 BGB sowie ein Ausschluss des Anspruches nach § 839 III BGB kommen nicht in Betracht.

Der Anspruch richtet sich über Art. 34 GG gegen das Land Nordrhein-Westfalen.

E. Prozessuale Geltendmachung der Ansprüche

I. Amtshaftungsansprüche, § 839 BGB, Art. 34 GG

prozessuale Geltendmachung: Amtshaftungsansprüche

1. Rechtsweg: Amtshaftungsansprüche sind nach Art. 34 S.3 GG, § 40 II S. 1 VwGO vor den ordentlichen Gerichten geltend zu machen. 393

2. Sachlich ausschließlich zuständig sind in erster Instanz nach § 71 II Nr. 2 GVG die Landgerichte.

389 Palandt, § 276 BGB, Rn. 130.

II. Entschädigungsansprüche nach § 67 PolG NRW i.V.m. § 39 I OBG NRW

Ansprüche nach § 67 PolG NRW i.V.m. § 39 I OBG NRW

1. Rechtsweg: Nach § 43 I OBG NRW ist der Rechtsweg zu den ordentlichen Gerichten eröffnet. Dies ergibt sich aber schon aus der bundesrechtlichen Regelung des § 40 II S. 1 VwGO, sodass dem § 43 I OBG NRW insoweit nur deklaratorische Bedeutung zukommt. 394

2. Für Entschädigungsansprüche nach den §§ 39 - 42 OBG NRW sind über § 71 III GVG in erster Instanz die Landgerichte ohne Rücksicht auf den Wert des Streitgegenstandes ausschließlich zuständig.

III. Gesetzliche Unfallversicherungsansprüche

gesetzliche Unfallversicherungsansprüche

Ansprüche aus (unechter) Unfallversicherung sind gemäß § 51 SGG vor den Sozialgerichten geltend zu machen. 395

IV. Ansprüche aus öffentlich-rechtlichem Verwahrungsverhältnis

Ansprüche aus öffentlich-rechtlichem Verwahrungsverhältnis

Schadensersatzansprüche aufgrund der Verletzung eines öffentlich-rechtlichen Verwahrungsverhältnisses, die nicht auf einem öffentlich-rechtlichen Vertrag beruhen, sind nach § 40 II S. 1 VwGO vor den ordentlichen Gerichten geltend zu machen. 396

hemmer-Methode: Effektives Lernen! Da der *einstweilige* Rechtsschutz in Polizeirechtsklausuren nur in Ausnahmefällen Bedeutung hat, hingegen im Ordnungsrecht äußerst relevant ist, wird er nur an dortiger Stelle eingehend ausgeführt (vgl. Rn. 551 ff.). Für den Fall, dass einmal eine Polizeirechtsklausur Fragen des einstweiligen Rechtsschutzes aufwirft, gelten die dortigen Ausführungen weitgehend entsprechend.

§ 10 HANDELN DER POLIZEI IM REPRESSIVEN BEREICH

Repressivmaßnahmen

Soweit festgestellt wurde, dass die Polizei nicht im Präventiv-, son- 397
dern im Repressivbereich tätig geworden ist, scheidet eine Überprüfung des polizeilichen Handelns vor den Verwaltungsgerichten aufgrund der anderweitigen gesetzlichen Zuweisungsnormen der § 23 I S. 1 EGGVG bzw. § 62 II S. 1, 68 I OWiG aus. Je nachdem, ob die Polizei Straf- oder Ordnungswidrigkeiten verfolgend tätig wurde, kommen unterschiedliche Rechtsbehelfe gegen polizeiliche Maßnahmen in Betracht.

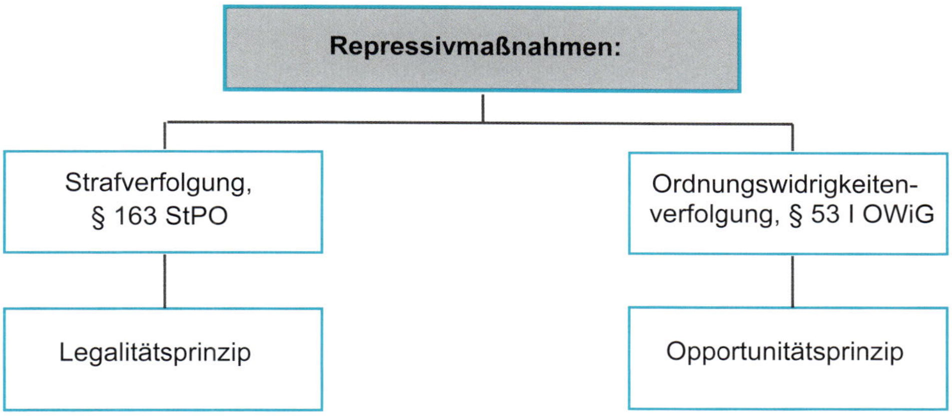

hemmer-Methode: Richtige Einordnung! Der Bereich des repressiven polizeilichen Handelns ist in der Regel nicht Gegenstand der Polizeirechtsklausur. Dies gilt zumindest für den Bereich des *gerichtlichen* Vorgehens gegen Repressivmaßnahmen, da diese aufgrund der fehlenden Rechtswegeröffnung abzutrennen sind (vgl. § 23 EGGVG).
Repressive Aufgaben und Befugnisse können aber auch in der „normalen" Polizeirechtsklausur eine Rolle spielen, z. B. dann, wenn in einem *Gutachten* allein nach der Rechtmäßigkeit des polizeilichen Handelns gefragt ist: Hier müssen Sie normalerweise sowohl präventive als auch repressive Befugnisse prüfen. Die nachfolgenden Ausführungen dienen dem vertieften Verständnis. Sie sollten deshalb vom Fortgeschrittenen aufmerksam durchgearbeitet werden.

A. Straftatenverfolgung, § 163 StPO

Straftatenverfolgung

Neben einer Aufsichtsbeschwerde zur Staatsanwaltschaft gegen 398
strafprozessuale Maßnahmen der Polizei, deren Ablehnung oder Unterlassung, besteht die Möglichkeit eines Antrags auf gerichtliche Entscheidung nach §§ 23 ff. EGGVG.

I. Rechtsweg zu den ordentlichen Gerichten

Justizverwaltungsakt

§ 23 I S. 1 EGGVG eröffnet den Rechtsweg zu den ordentlichen Ge- 399
richten, soweit die Polizei einen Justizverwaltungsakt erlassen hat.

Justizbehörde im funktionellen Sinn

Ein solcher liegt dann vor, wenn der *Schwerpunkt* des polizeilichen Handelns *auf* der *Strafverfolgung* liegt. Strafverfolgungsmaßnahmen der Polizei werden als Justizverwaltungsakte angesehen, da der Begriff der Justizbehörde im funktionellen Sinn zu verstehen ist. Alle Strafverfolgungsmaßnahmen sind wegen des besonderen Verhältnisses zwischen Staatsanwaltschaft und Polizei nach der StPO dem Bereich der Justizbehörden zuzurechnen.

Dabei ist gleichgültig, ob ein Polizeibeamter als Ermittlungsperson der Staatsanwaltschaft handelte oder nicht.

II. Zulässigkeit eines Antrags

1. Antragsarten

Antragsarten

Im Strafverfolgungsrecht gelten grundsätzlich die §§ 23 ff. EGGVG. 400

Subsidiarität der §§ 23 ff. EGGVG

Diese sind jedoch nach § 23 III EGGVG ausgeschlossen, soweit eine richterliche Kontrolle insbesondere nach § 98 II S. 2 StPO (richterliche Überprüfung von Beschlagnahmen) bzw. 98 II S. 2 StPO analog oder § 128 StPO (Entscheidung des Amtsrichters über die vorläufige Festnahme) in Betracht kommt.[390]

§ 28 EGGVG enthält die möglichen Antragsarten:

a) Anfechtungsantrag, § 28 I S. 1 EGGVG

Anfechtungsantrag

§ 28 I S. 1 EGGVG beinhaltet die Regelung eines Anfechtungsantrages, der der Anfechtungsklage aus der VwGO ähnlich ist. Dieser ist statthaft, wenn sich das Antragsbegehren auf die Aufhebung eines Justizverwaltungsakts richtet, der sich noch nicht erledigt hat.

b) Folgenbeseitigungsantrag, § 28 I S. 2 EGGVG

Folgenbeseitigungsantrag

Auf Antrag kann das Gericht bei vollzogener Maßnahme auch aussprechen, dass und wie die Polizei die Vollziehung rückgängig zu machen hat.

c) Fortsetzungsfeststellungsantrag, § 28 I S. 4 EGGVG

Fortsetzungsfeststellungsantrag

Der Fortsetzungsfeststellungsantrag aus § 28 I S. 4 EGGVG entspricht der verwaltungsgerichtlichen FFK nach § 113 I S. 4 VwGO. Ihm kommt im Bereich der Überprüfung repressiver polizeilicher Maßnahmen die größte Bedeutung zu.

Die Regelung gilt sowohl bei Erledigung *vor* als auch *nach* Antragstellung.[391]

2. Beschwer, § 24 I EGGVG

Beschwer

Ein Antrag ist nur zulässig, wenn der Antragsteller gem. § 24 I EGGVG eine *Rechtsverletzung* als mögliche Beeinträchtigung *behauptet*. Dafür muss er Tatsachen vortragen, die, wenn sie zuträfen, die Rechtsverletzung ergäben.[392] 401

3. Feststellungsinteresse, § 28 I S. 4 EGGVG

berechtigtes Interesse

Im Falle des Fortsetzungsfeststellungsantrags gemäß § 28 I S. 4 EGGVG ist ein *berechtigtes Interesse* erforderlich.

390 Meyer-Goßner, StPO, § 23 EGGVG, Rn. 12; § 98 StPO, Rn. 19 und 23.

391 Meyer-Goßner, StPO, § 28 EGGVG, Rn. 5.

392 Meyer-Goßner, StPO, § 24 EGGVG, Rn. 1.

Dieses entspricht weitestgehend dem berechtigten Interesse der verwaltungsgerichtlichen Fortsetzungsfeststellungsklage nach § 113 I S. 4 VwGO.[393]

4. Beschwerdeverfahren, § 24 II EGGVG

Beschwerdeverfahren

Die *Durchführung eines Beschwerdeverfahrens* nach § 24 II EGGVG ist eine von Amts wegen zu prüfende Sachentscheidungsvoraussetzung. Im Falle des § 28 I S. 4 EGGVG gilt § 24 II EGGVG nicht, da hier eine Beschwerde rechtlich nicht mehr möglich ist.[394]

5. Antragsfrist

Frist

Die Antragstellung muss innerhalb der nach § 26 EGGVG vorgeschriebenen Fristen erfolgen.

6. Zuständigkeit

Zuständigkeit

Instanziell zuständig ist nach § 25 I EGGVG ein Strafsenat des Oberlandesgerichtes, in dessen Bezirk die jeweilige Justiz- oder Verwaltungsbehörde (Polizeibehörde) ihren Sitz hat.

III. Begründetheit des Antrags

Obersatz

Der Antrag ist begründet, wenn die Maßnahme rechtswidrig ist/war und der Antragsteller hierdurch in seinen Rechten verletzt ist/wurde, § 28 I S. 1 EGGVG / § 28 I S. 4 EGGVG. 402

Ermächtigungsgrundlage

1. Die Polizei nimmt im Rahmen der Strafverfolgung eingreifende Maßnahmen aufgrund der Befugnisse der StPO vor, § 8 II S. 1 PolG NRW i.V.m. Befugnissen der StPO.[395]

StPO abschließend

Im Rahmen des repressiven Handelns aufgrund der Befugnisse der StPO ist ein Rückgriff auf die Befugnisse des PolG NRW ausgeschlossen, da die StPO insoweit eine abschließende Regelung bildet.

sachliche Zuständigkeit

2. Es muss ein Handeln der Polizei im eingeschränkt institutionellen Sinne vorliegen, § 1 PolG NRW.

Die Aufgabeneröffnung folgt bei strafverfolgender Tätigkeit der Polizei aus § 1 IV PolG NRW i.V.m. § 163 StPO.

Entschließungsermessen

3. Im Gegensatz zum Handeln im Präventivbereich hat die Polizei bei der Strafverfolgung kein Entschließungsermessen hinsichtlich des *„ob“* ihrer Tätigkeit. Aufgrund des *Legalitätsprinzips*, §§ 152 II, 163 StPO, ist sie im Falle eines Anfangsverdachts *zum Einschreiten verpflichtet*.

Gestaltungsermessen

4. Soweit er nicht in der einschlägigen Befugnisnorm besonders geregelt ist, gilt auch im Rahmen des Repressivhandelns grundsätzlich der in der Verfassung verankerte *Grundsatz der Verhältnismäßigkeit*.

393 Meyer-Goßner, StPO, § 28 EGGVG, Rn. 6.

394 Meyer-Goßner, StPO, § 24 EGGVG, Rn. 4.

395 Befugnisse für repressives Tätigwerden sind z.B. in §§ 81a, 81b, 1.Alt, 98 I, 100c f., 110a ff., 111, 163b i.V.m. 163c oder 164 StPO geregelt.

Auswahlermessen

5. Der richtige Adressat ergibt sich aus der jeweiligen Befugnisnorm.

Zwang

6. Die Befugnis zur Anwendung unmittelbaren Zwangs ergibt sich regelmäßig bereits aus den StPO-Befugnissen für die Grundmaßnahmen. Über § 57 I PolG NRW gelten hinsichtlich der Art und Weise der Anwendung unmittelbaren Zwanges die §§ 58 – 66 PolG NRW.

B. Ordnungswidrigkeitenverfolgung, § 53 I OWiG

Ordnungswidrigkeitenrecht

Im Ordnungswidrigkeitenrecht sind zunächst folgende polizeiliche Aufgaben und Befugnisse zu unterscheiden:

I. Ordnungswidrigkeiten außerhalb des Straßenverkehrsrechts

1. Aufgabe (sachliche Zuständigkeit)

Ordnungswidrigkeiten außerhalb des Straßenverkehrsrechts

Nach § 35 OWiG obliegen die Verfolgung sowie die Ahndung von Ordnungswidrigkeiten grundsätzlich der nach §§ 36, 37 OWiG zuständigen Verwaltungsbehörde als Verfolgungsbehörde. 403

Aufgabe

Außerhalb des Straßenverkehrsrechts hat die Polizei grds. nur die Aufgabe der Ermittlung (Erforschung) von Ordnungswidrigkeiten als *Ermittlungsorgan* der zuständigen Verwaltungsbehörde, § 53 I OWiG. Die Verfolgung i.e.S. sowie die Ahndung obliegen dagegen grds. ausschließlich der jeweiligen Verwaltungsbehörde.

2. Befugnisse

Befugnisse

Nach § 53 II OWiG können die Beamten des Polizeidienstes, die zu Ermittlungspersonen der Staatsanwaltschaft bestellt sind, Beschlagnahmen, Durchsuchungen, Untersuchungen und sonstige Maßnahmen nach den für sie geltenden Vorschriften der StPO anordnen. Andere Polizeibeamte können solche Maßnahmen, die die StPO den Ermittlungspersonen der Staatsanwaltschaft vorbehält, nur auf besondere Weisung der Verfolgungsbehörde durchführen. Ein Festnahmerecht steht der Polizei nach § 46 III S. 1 OWiG bei der Verfolgung von Ordnungswidrigkeiten nicht zu. Zur Identitätsfeststellung sind alle Beamten des Polizeidienstes nach § 163b I S. 1 StPO befugt.

3. Verwarnungen

Verwarnungen

Lediglich zu Verwarnungen ist die Polizei im Bereich der Ordnungswidrigkeitenverfolgung außerhalb des Straßenverkehrsrechts nach Maßgabe der §§ 56, 57 II, 58 OWiG ermächtigt.

II. Ordnungswidrigkeiten nach dem Straßenverkehrsrecht

1. Aufgabe (sachliche Zuständigkeit)

Ordnungswidrigkeiten nach dem Straßenverkehrsrecht

Durch die Regelung des § 26 I StVG ist die Polizei in dem hier geregelten Bereich selbst Verwaltungsbehörde und nicht nur Ermittlungsorgan. 404

2. Befugnisse

Befugnisse

Die Befugnisse bei der Verfolgung von Ordnungswidrigkeiten nach §§ 24, 24a StVG richten sich nach § 46 II OWiG, da die Polizei insoweit nun selbst Verwaltungsbehörde ist.

Danach hat sie, soweit das OWiG nichts anderes bestimmt (vgl. § 46 III - VI, 55 OWiG), dieselben Rechte und Pflichten wie die Staatsanwaltschaft bei der Verfolgung von Straftaten. Eine Unterscheidung zwischen Ermittlungspersonen der Staatsanwaltschaft und anderen Polizeibeamten findet hier nicht statt.

3. Verwarnungen

Verwarnungen

Die Beamten der Landespolizei sind nach Maßgabe der §§ 56, 57 II, 58 OWiG für Verwarnungen zuständig.

hemmer-Methode: Natürlich gehört der Bereich der Ordnungswidrigkeiten nur ganz ausnahmsweise zum Prüfungsstoff einer Examensklausur. Gleichwohl gehört besonders der Bereich des Straßenverkehrs in der Praxis zum Alltag der Polizei; er hat somit große praktische Bedeutung - nicht zuletzt auch für den Rechtskundigen, der sich diesbezüglich mit der Rechtslage in Konflikt setzt. Kenntnisse im Bereich des Ordnungswidrigkeitenrechts sind gelegentlich im mündlichen Examen Prüfungsgegenstand.

III. Rechtsbehelfe

Rechtsbehelfe

Hinsichtlich der Rechtsbehelfe bei der Verfolgung von Ordnungswidrigkeiten gilt Folgendes:

1. Ordnungswidrigkeiten außerhalb des Straßenverkehrsrechts

a) Maßnahmen der Polizei als Ermittlungsorgan

Gegen Maßnahmen der Polizei als Ermittlungsorgan bei der Erforschung von Ordnungswidrigkeiten besteht lediglich die Möglichkeit der Gegenvorstellung und der Aufsichtsbeschwerde. 405

Gegenvorstellung

aa) Über die Gegenvorstellung entscheidet die Dienststelle, der der Beamte angehört, dessen Sachentscheidung beanstandet wird.

Aufsichtsbeschwerde

bb) Bei der Aufsichtsbeschwerde prüft zunächst der Dienstvorgesetzte, ob er der Beschwerde abhelfen will oder nicht. Hilft er nicht ab, so entscheidet die Verfolgungsbehörde (§§ 35 ff. OWiG). Erst deren Entscheidung unterliegt unter den Voraussetzungen des § 62 OWiG der gerichtlichen Kontrolle.[396]

b) Verwarnungen, §§ 56, 57 II, 58 OWiG

Verwarnungen außerhalb des Straßenverkehrsrechts werden von der Polizei als Ermittlungsorgan der Verwaltungsbehörden ausgesprochen. 406

396 Der Antrag nach § 62 OWiG ist nach § 306 I StPO i.V.m. § 62 II 2 OWiG bei der jeweiligen Verwaltungsbehörde zu stellen; vgl. zu den Antragsvoraussetzungen Göhler, § 62 OWiG.

Anfechtung in beschränktem Umfang

Eine wirksame Verwarnung mit Verwarnungsgeld kann angefochten werden, soweit ein zulässiger Anfechtungsgrund vorliegt. Hier ist jedoch lediglich eine Anfechtung in beschränktem Umfang möglich. Das Einverständnis des Betroffenen mit der Verwarnung (§ 56 II OWiG) lässt nur noch folgende Rügen zu:

aa) Fehlen der Belehrung über das Weigerungsrecht bzw. Fehlen des Einverständnisses.[397]

bb) Abgabe des Einverständnisses infolge Täuschung, Drohung oder Zwang.[398]

cc) Erteilung der Verwarnung durch eine absolut unzuständige Stelle, insbesondere durch einen Polizeibeamten, der zur Erteilung nicht wirksam ermächtigt wurde, vgl. § 58 OWiG.

dd) Die Höhe des Verwarnungsgeldes liegt über dem zulässigen Betrag.[399]

Die Anfechtung der Verwarnung ist zunächst bei der Polizeidienststelle anzubringen, der der handelnde Polizeibeamte angehört. Nimmt dieser die Verwarnung nicht zurück, so entscheidet die zuständige Verwaltungsbehörde. Gegen deren ablehnende Entscheidung ist ein Antrag auf gerichtliche Entscheidung nach § 62 OWiG möglich.[400]

2. Ordnungswidrigkeiten nach dem Straßenverkehrsrecht

a) Anordnungen, Verfügungen und sonstige polizeiliche Maßnahmen

Antrag auf gerichtliche Entscheidung

Bei Anordnungen, Verfügungen und sonstigen polizeilichen Maßnahmen im Rahmen der Verfolgung von Ordnungswidrigkeiten nach §§ 24, 24a StVG ist als Rechtsbehelf der Antrag auf gerichtliche Entscheidung nach Maßgabe des § 62 OWiG gegeben, weil die Polizei hier selbst als Verfolgungsbehörde handelt. 407

b) Bußgeldbescheide

Einspruch

Gegen Bußgeldbescheide ist der Einspruch nach §§ 67 ff. OWiG zu erheben.

c) Verwarnungen

Antrag auf gerichtliche Entscheidung

Bei einem Verwarnungsgeld auf der Grundlage der §§ 24, 27 StVG ist die Möglichkeit des Antrags auf gerichtliche Entscheidung nach § 62 OWiG gegeben, soweit ein zulässiger Anfechtungsgrund vorliegt.

hemmer-Methode: Der Abschnitt des eigentlichen Polizeirechts ist damit zu Ende! Vergegenwärtigen Sie sich abschließend noch, dass das erfolgreiche Bestehen einer Klausur v.a. von der praktischen Klausurerfahrung abhängt: Gerade Polizeirechtsklausuren zeichnen sich häufig durch eine kaum zu bewältigende Menge an rechtlichen Problemen aus, die innerhalb von fünf Stunden in einer Klausur sinnvoll geordnet und gelöst werden müssen! Trainieren Sie deshalb frühzeitig die Arbeit „am großen Fall"!

397 BVerwGE 24, 9 ff. (11) = jurisbyhemmer.

398 OVG Koblenz, NJW 1965, 1781.

399 Göhler, § 56 OWiG, Rn. 33 ff.

400 Göhler, § 56 OWiG, Rn. 36.

3. KAPITEL: DIE ORDNUNGSRECHTSKLAUSUR

die Ordnungsrechtsklausur

Im Bereich von Ordnungsrechtsklausuren ergeben sich einige Abweichungen von Polizeirechtsklausuren. 408

Aus dem Umstand, dass die Ordnungsbehörden nicht auf die Gefahrenabwehr im Eilfall beschränkt sind,[401] folgen für die Ordnungsrechtsklausur *zwei Konsequenzen*:

Handeln durch VA und VO

⇨ Im Gegensatz zur Polizei im institutionellen Sinne können die Ordnungsbehörden nicht nur mittels Handelns durch VA, sondern auch durch Erlass von *Verordnungen* Gefahren abwehrend tätig werden.

Da der Landesgesetzgeber in Nordrhein-Westfalen keinen Gebrauch von der Möglichkeit des § 47 I Nr. 2 VwGO gemacht hat, kommt in Nordrhein-Westfalen anders als in anderen Bundesländern kein Normenkontrollverfahren gegen eine ordnungsbehördliche Verordnung in Betracht. Der Bürger kann sich aber mit der Anfechtungsklage gegen einen aufgrund der VO ergangenen VA wehren. Die Rechtmäßigkeit der VO wird dann inzident geprüft.

regelmäßig Anfechtungsklage

⇨ Zudem sind ordnungsrechtliche Verfügungen (VAe) - anders als polizeiliche VAe - regelmäßig mit der *Anfechtungsklage* angreifbar, da mangels Handelns in Eilfällen Situationen, die zu einer Erledigung führen (Konsequenz dann: FFK), eher unwahrscheinlich sind.

Rechtmäßigkeit von VAen

Im Hinblick auf die Rechtmäßigkeit ordnungsrechtlicher Grund-VAe kann in einigen Punkten auf die Ausführungen im Rahmen des Polizeirechts verwiesen werden; OBG NRW und PolG NRW weisen viele Gemeinsamkeiten auf. Dennoch tauchen beim allgemeinen Ordnungsrecht einige Spezialprobleme (häufig Klausur-Klassiker) und Besonderheiten auf.

Rechtmäßigkeit von VOen / Stufenprüfung

Eine Neuerung stellt die bereits angesprochene Rechtmäßigkeitskontrolle von ordnungsbehördlichen Verordnungen dar. Besondere Beachtung ist hierbei der *Stufenprüfung* im Rahmen eines Rechtsmittels gegen einen VA zu widmen. Hier gilt es, die Rechtmäßigkeit einer VO, welche die Rechtsgrundlage für den zu überprüfenden VA darstellt, inzident zu prüfen.

allgemeines / besonderes Ordnungsrecht

Im Bereich des Ordnungsrechts ist zudem zwischen dem allgemeinen und dem besonderen Ordnungsrecht zu differenzieren. Den Regelungen des allgemeinen Ordnungsrechts aus dem OBG NRW gehen die des Sonderordnungsrechts vor. 409

Die wichtigsten Gebiete des besonderen Ordnungsrechts sind:

⇨ Bauordnungsrecht,
⇨ Versammlungsrecht,
⇨ Vereinsrecht,
⇨ Immissionsschutzrecht,
⇨ Gaststätten- und allgemeines Gewerberecht.

Dieses Skript konzentriert sich im Wesentlichen auf das allgemeine Ordnungsrecht.

---

401 Zum Verhältnis von Ordnungsbehörden und Polizei, Rn. 29.

§ 1 DIE ANFECHTUNGSKLAGE, § 42 I ALT. 1 VWGO

ÜBERSICHT zur Anfechtungsklage:

siehe oben, Rn. 311.

A. Eröffnung des Verwaltungsrechtswegs

Aufdrängende Sonderzuweisungen bestehen nicht. Die Rechtswegeröffnung bemisst sich nach der Generalklausel des § 40 I VwGO. 410

I. Öffentlich-rechtliche Streitigkeit

öffentl.-rechtl. Streitigkeit

Hier ergeben sich, wie auch im Polizeirecht, keine besonderen Probleme.

Ordnungsrechtliche Normen sind immer öffentlich-rechtlicher Natur. Die insoweit streitentscheidenden Gesetze sind hier bereits anzuführen. Deshalb ist es wichtig, den Streitgegenstand zu bestimmen.

II. Nichtverfassungsrechtlicher Art

doppelte Verfassungsunmittelbarkeit

Die Streitigkeit auf dem Gebiet des Ordnungsrechts ist regelmäßig nicht-verfassungsrechtlicher Art, da es zumindest bezüglich der rechtlichen Stellung des Klägers an der doppelten Verfassungsunmittelbarkeit fehlen wird.[402]

III. Keine anderweitige gerichtliche Zuweisung

Sonderzuweisung?

Auch im Ordnungsrecht sind etwaige Spezialzuweisungen zu berücksichtigen.

B. Zulässigkeit

hemmer-Methode: Nehmen Sie die Zulässigkeit einer Klage nicht „zu lässig"! Öffentlich-rechtliche Klausuren mit prozessualem Teil sind sog. „Punkteklausuren".
Hier liegt der Schwerpunkt meist nicht nur auf einem Problem (wie häufig im Zivilrecht), sondern es sind einige Einzelprobleme eingebaut, für deren Erkennen und zutreffendes Abhandeln (Wertungs-) Punkte verteilt werden. Gerade im Rahmen der Zulässigkeit handelt es sich dabei oft um „Standardprobleme". Sammeln Sie diese Punkte! Verschenken Sie hier nichts! Vergessen Sie andererseits aber auch nicht, richtig zu gewichten - also: Keine Punkte übersehen, völlig Unproblematisches aber auch nur kurz abhaken.

I. Anfechtungsklage als statthafte Klageart, § 42 I Alt. 1 VwGO

Klagebegehren auf Aufhebung eines VA gerichtet

Für die Untersuchung, welche Klageart statthaft ist, ist wie immer vom Klagebegehren auszugehen. 411

402 Hemmer/Wüst, Verwaltungsrecht I, Rn. 44 ff.

Begehrt der Kläger die Aufhebung eines noch nicht erledigten Verwaltungsaktes, so ist die Anfechtungsklage die statthafte Klageart.

hemmer-Methode: Hier zeigt sich einer der wesentlichen Unterschiede zum Polizeirecht: Die Polizei handelt entsprechend ihrem Aufgabenraum gem. § 1 I S. 3 PolG NRW in *unaufschiebbaren* Fällen. Hier wird sich die Maßnahme, gegen die der Kläger vorgehen will, aber i.d.R. gerade aufgrund der Eilbedürftigkeit durch Vollziehung sofort erledigen, sodass in den meisten Fällen die FFK (analog) statthaft sein wird.
Aus dem entsprechenden Rückschluss ergibt sich nun, dass in den Fällen, in denen § 1 I S. 3 PolG NRW nicht greift (also eine Ordnungsbehörde handelt), eine sofortige Erledigung aufgrund des fehlenden „Zeitdrucks" eher die Ausnahme ist. Der Anfechtungsklage kommt im Ordnungsrecht somit eine wesentlich größere Bedeutung zu.

VA-Qualität

Bei der Prüfung, ob die angegriffene Maßnahme als VA *i.S.v. § 35 VwVfG* zu qualifizieren ist, können sich im Ordnungsrecht eine Reihe von Problemen ergeben, die es im Folgenden darzustellen gilt:

1. VA-Qualität von Vollstreckungsmaßnahmen im Allgemeinen

Vollstreckungsmaßnahmen

Die VA-Qualität von Zwangsmitteln ist auch im Ordnungsrecht problematisch. Die einschlägigen Regelungen finden sich im VwVG NW (dazu im Einzelnen später). 412

Eine Übersicht über die möglichen Zwangsmittel gibt § 57 VwVG NW. Die Ersatzzwangshaft ist nicht als eigenes Zwangsmittel aufgeführt; sie wird im Rahmen des Zwangsgeldes (§ 60 VwVG NW) geregelt (§ 61 VwVG NW).

bloßer Realakt

Auch hier wird man regelmäßig vom Vorliegen eines bloßen Realaktes ausgehen, da im Rahmen des § 35 S. 1 VwVfG die *unmittelbare Rechtswirkung* und damit der Regelungscharakter verneint wird (Rspr. nimmt VA an).

Argumentation wie bei polizeilichen Zwangsmaßnahmen

Wie schon im Rahmen der polizeilichen Vollstreckungsmaßnahmen wird auch hier erwogen, generell eine VA-Qualität der Maßnahmen zu konstruieren. Hinsichtlich der vorgetragenen Argumente (implizite Duldungsverfügung und Umkehrschluss aus § 112 JustG NRW) und deren Widerlegung ist nach oben zu verweisen (vgl. Rn. 62). Auch hier ist mit gleicher Begründung eine solche Konstruktion abzulehnen (auch hier ist die Gegenansicht gut vertretbar).

Ob ein VA vorliegt, ist im Wege der Subsumtion unter § 35 S. 1 VwVfG zu ermitteln.

hemmer-Methode: Denken Sie daran, den Korrektor durch genaues Arbeiten, also Subsumieren, zu erfreuen!
Stellen Sie zumindest kurz klar, *inwiefern* die VA-Qualität hier problematisch ist: Im Rahmen des § 35 S. 1 VwVfG ist es das Tatbestandsmerkmal der (Rechtsfolgen begründenden) Regelung, das eventuell bei einer Zwangsmaßnahme nicht erfüllt ist. Dann erst ist zu überlegen, ob es der Korrektur bedarf.

a) Androhung von Zwangsmitteln als VA

Androhung von Zwangsmitteln

Das Verwaltungsvollstreckungsverfahren ist grundsätzlich dreistufig aufgebaut und beginnt mit der *Androhung* von Zwangsmitteln (§ 63 bzw. 69 VwVG NW). Auch deren VA-Qualität ließe sich im Hinblick auf die „unmittelbare Rechtswirkung" (= Rechtsfolgen begründende Regelung) problematisieren. 413

Die Androhung muss sich gem. § 63 III VwVG NW auf bestimmte Zwangsmittel beziehen und bei mehreren Zwangsmitteln deren Reihenfolge festlegen. Diese Entscheidungen sind verbindlich, womit sie Regelungscharakter haben.

b) Festsetzung des Zwangsmittels als VA

Festsetzung des Zwangsmittels

Ebenso ist die *Festsetzung* des Zwangsmittels (§ 64 VwVG NW) ein VA. Der Regelungsgehalt liegt in der Rechtsfolge, dass nun dieses konkrete Zwangsmittel (und kein anderes) in der darin angegebenen Art und Weise (etwa Höhe des Zwangsgeldes) betrieben werden wird.

c) Anwendung des Zwangsmittels als VA

Anwendung des Zwangsmittels

Für die Anwendung des Zwangsmittels wiederum sind die obigen Ausführungen heranzuziehen (Rn. 412, ausführlich Rn. 62). Ersatzvornahme und unmittelbarer Zwang sind Realakte und folglich nicht mit der Anfechtungsklage angreifbar. Statthafte Klageart für diese ist:

- ⇨ die *allgemeine Leistungsklage*, wenn die Zwangsmittelanwendung noch bevorsteht (dann in Form der *Unterlassungsklage*) oder fortwirkt (z.B. die Verplombung eines Ventils),
- ⇨ die *allgemeine Feststellungsklage*, wenn mit Zwangsmittelanwendung Erledigung eingetreten ist.

Das Zwangsgeld wird seitens der Behörde nur festgesetzt. Sollte der Adressat nicht zahlen, so wird die so entstandene Geldforderung nach den Regelungen des Ersten Abschnitts der VwVG NW (Vollstreckung von Geldforderungen) vollstreckt.

hemmer-Methode: Dieser Abschnitt ist in NRW nicht Teil des Prüfungsumfangs und wird daher hier nicht besprochen.

2. Kostenverfügung für Zwangsmaßnahmen nach dem VwVG NW als VA

Kostenverfügung

Der dreigliedrigen Verwaltungsvollstreckung schließt sich, wenn man so will als möglicher vierter Schritt, die Kostenverfügung an. Auch eine Kostenverfügung, etwa nach §§ 59 I, 77 VwVG NW, § 20 II S. 1 und 2 Nr. 7 VO VwVG NRW, ist als VA i.S.v. § 35 S. 1 VwVfG anzusehen. Da die Kostenverfügung *keine bloße Zahlungsaufforderung* darstellt, fehlt es insoweit nicht am Regelungsgehalt. 414

> ***Bsp.:*** *Entgegen einer Allgemeinverfügung wegen Trockenheit bewässert A den Garten. Der gerade vorbeikommende Beamte B dreht den Hahn für den Rasensprenger aus und verplombt ihn.*
>
> *10 Tage nach Verplombung des Hahns ergeht ein Bescheid, der hierfür eine Gebühr von 150 € festsetzt, zu zahlen bis zum 03.07.*

VA-Qualität (+), da Regelungsgehalt = rechtliche Verpflichtung, binnen Frist Zahlung zu leisten

Eine Kostenverfügung gibt dem Adressaten *rechtlich verpflichtend* auf, binnen Frist eine Zahlung in Höhe der Kosten, z.B. einer erfolgten Ersatzvornahme, zu leisten.

Zwar wird die Ersatzvornahme bereits vorher mit einem Kostenvoranschlag angekündigt worden sein (§ 63 IV VwVG NW); allerdings kann die Kostenverfügung dennoch nicht als bloße Zahlungsaufforderung angesehen werden. Es wird mit der Kostenverfügung nämlich erstmalig die *konkrete Zahlungspflicht* des Adressaten in rechtlich erheblicher Weise verbindlich geregelt.

3. Vorbereitungshandlungen als VA

bloße Vorbereitungshandlungen

Das Tatbestandsmerkmal „Regelung“ i.S.v. § 35 S. 1 VwVfG setzt voraus, dass diese Regelung *endgültig* ist. 415

keine endgültige Regelung

Dies ist aber dann nicht der Fall, wenn eine Maßnahme einen VA lediglich *vorbereiten* soll, selbst dann, wenn sie etwa als „Anordnung“ von der erlassenden Behörde bezeichnet ist.

Bloße Vorbereitungshandlungen kommen insbes. im Ordnungsrecht in Betracht, weil die Ordnungsbehörde ihr Ermessen bezüglich der Maßnahme- und Adressatenauswahl richtig ausüben muss; hierzu muss sie im Rahmen von Vorbereitungshandlungen zunächst den *Sachverhalt* von Amts wegen *ermitteln* (§ 24 VwVfG NRW).

somit kein VA, Anfechtungsklage damit nicht statthaft

In solchen Fällen von bloßen Vorbereitungshandlungen ist daher mangels endgültiger Regelung die Anfechtungsklage grundsätzlich nicht statthaft.[403]

> ***Bsp.:***[404] *Die 85-jährige M hat innerhalb von zwei Jahren 24 Verkehrsunfälle schuldhaft herbeigeführt, sodass sich bei der zuständigen Straßenverkehrsbehörde leise Zweifel breit machen, ob die M wohl noch zum Führen von Kraftfahrzeugen geeignet ist. M wird daher schriftlich „aufgefordert“, ein medizinisch-psychologisches Gutachten bezüglich ihrer Eignung zum Führen eines Kfz beizubringen (§ 15b II Nr. 2 StVZO).*
>
> Die Anordnung ist eine Maßnahme einer Behörde auf dem Gebiet des öffentlichen Rechts (Straßenverkehrsrecht); auch bezieht sie sich auf einen Einzelfall. Die „Regelung“ ist jedoch nicht deshalb vorschnell zu bejahen, weil M zur Beibringung des Gutachtens unmittelbar verpflichtet wird. § 15b II StVZO stellt klar, dass es sich insoweit nur um eine Vorbereitungsmaßnahme bezüglich der Entscheidung über die Entziehung der Fahrerlaubnis als endgültiger Regelung (= VA) handelt. Eine Anfechtungsklage hiergegen ist somit nicht statthaft.[405]

4. Allgemeinverfügung

Allgemeinverfügung oder Rechtsnorm?

Fraglich kann mitunter sein, ob ein VA in der Form der *Allgemeinverfügung* gemäß § 35 S. 2 VwVfG (und somit ein i.S.v. § 42 I VwGO anfechtbare Maßnahme) vorliegt oder vielmehr eine *Rechtsnorm*. 416

> ***Bsp.:***[406] *In der Stadt S und in der näheren Umgebung ist eine Typhusepidemie ausgebrochen, deren wahrscheinliche Ursache Endiviensalat ist. Daher gibt das Innenministerium über Rundfunk Folgendes bekannt:*
>
> *„Ab sofort ist der Verkauf von Endiviensalat durch Groß- und Einzelhändler in allen von Typhus betroffenen Städten und Gemeinden des Landes untersagt.“*

---

403 Vgl. zur Vorbereitungsmaßnahme Hemmer/Wüst, Verwaltungsrecht I, Rn. 74 f.

404 Nachgebildet NJW 1970, 1989; zur Problematik auch: BVerwG, NJW 1982, 120 und OVG Münster, DÖV 1982, 411: **alle Entscheidungen** = **juris**byhemmer.

405 Wie kann M dann gegen die Maßnahme vorgehen?
Sie kann eine etwaige Fehlerhaftigkeit dieser behördlichen Verfahrenshandlung nur gleichzeitig mit dem gegen die Sachentscheidung (Entziehung der Fahrerlaubnis) zulässigen Rechtsbehelf geltend machen, § 44a VwGO! Eine Ausnahme i.S.v. § 44a S.2 VwGO ist nicht gegeben: Die Anordnung nach § 15b II StVZO ist nicht vollstreckbar. Die Unzulässigkeit einer Anfechtungsklage ergibt sich im Beispielsfall somit auch aus § 44a VwGO.

406 „Endiviensalatfall“ nach BVerwGE 12, 87 = **juris**byhemmer.

Weitere Beispiele:

⇨ *Verkehrszeichen,*[407]

⇨ *Parkuhr.*[408]

hemmer-Methode: Sie sehen also: Dieses Abgrenzungsproblem kann speziell im Bereich des Ordnungsrechts auftauchen.
Die Abgrenzung ist aber nach den allgemeinen Regeln vorzunehmen, sodass hier auf die umfangreiche Problematik nicht vertieft einzugehen ist.[409]

Übersicht zur Vorgehensweise

Zur Übersicht eine kurze Darstellung der Vorgehensweise nach der h.M.:[410] 417

1. Lässt sich nach der äußeren Form der Regelung eindeutig und zweifelsfrei erkennen, welchen Charakter die Regelung hat, d.h. hat etwa der Gesetzgeber für die Regelung eine bestimmte Form vorgeschrieben (primäres Abgrenzungskriterium ist nach h.M. die äußere Form!)?

2. Falls nein: Handelt es sich nach der Definition des § 35 VwVfG um einen VA (in Form der Allgemeinverfügung)?

Ja, wenn die Regelung konkret-generell ist, nein, falls sie abstrakt-generell ist; im Einzelnen:

a) Vorliegen der Merkmale eines VA nach § 35 S. 1 VwVfG? (Diese müssen auch bei der Allgemeinverfügung vorliegen, wie sich aus dem Zusammenhang des S. 2 mit S. 1 ergibt: In S. 2 ist die Allgemeinverfügung als VA *gekennzeichnet*).

b) Ist *außerdem einer der Fälle des § 35 S. 2 VwVfG* gegeben?

also:

⇨ *Adressatenbezogene Allgemeinverfügung (S. 2, 1.Fall)*
= neben den übrigen Voraussetzungen ist der Adressatenkreis nach allgemeinen Merkmalen bestimmt oder bestimmbar (Maßnahme betrifft konkreten Fall, S. 1 (!), Adressatenkreis aber generell).

⇨ *dingliche Allgemeinverfügung (S. 2, 2.Fall)*
= durch hoheitliche Anordnung werden einer Sache öffentl.-rechtl. Eigenschaften verliehen, entzogen oder geändert (Maßnahme regelt einen konkreten Fall, S.1, richtet sich aber nicht an einen individuellen Personenkreis <generell>).

⇨ *Benutzungsregelung (S. 2, 3.Fall)*
= Regelung der Benutzung einer bestimmten Sache (konkreter Fall, S. 1, Benutzer-, also Adressatenkreis unbestimmt und somit generell).

---

407 Die Deutung von Verkehrszeichen als Allgemeinverfügung hat sich nach langem Streit in der Rechtsprechung mit der Entscheidung BVerwGE 27, 181 (NJW 1967, 1627) = **juris**byhemmer endgültig durchgesetzt. Gegenüber dem BayVGH, der Verkehrszeichen weiterhin als Rechtsverordnung ansah, hat das BVerwG die Deutung als Allgemeinverfügung noch einmal ausdrücklich in BVerwGE 59, 221 bestätigt.
Diese schwierige Abgrenzungsfrage wurde Ihnen also bereits „abgenommen"; sie ist lange geklärt und deshalb ist auch eine ausufernde Problematisierung in der Klausur nicht angebracht.

408 Die Parkuhr wird von der Rechtsprechung als modifiziertes Halteverbot angesehen; es gilt das gleiche wie für die Verkehrszeichen (vgl. BVerwG, DÖV 1988, 694 = **juris**byhemmer).

409 Arbeiten Sie den Problemkreis der Allgemeinverfügung i.S.v. Art. 35 S. 2 VwVfG NRW bei Hemmer/Wüst, Verwaltungsrecht I, Rn. 80 ff. nach.

410 Vgl. hierzu insbes. Kopp/Ramsauer, § 35 VwVfG, Rn. 30 ff. m.w.N. bzgl. BVerfG und BVerwG.

5. Das Hundegesetz

Um den Gefahren, die von sog. Kampfhunden ausgehen, zu begegnen, hat der Gesetzgeber das Hundegesetz erlassen.

Rechtsgrundlage zum Erlass eines VAs, der einen Leinen- und Maulkorbzwang für den Hund vorsieht, ist § 12 I LHundG NRW.[411] Danach kann die zuständige Behörde die notwendigen Anordnungen treffen, um eine im Einzelfall bestehende Gefahr für die öffentliche Sicherheit abzuwehren.

Auch für die Anordnung, einen Hund einschläfern zu lassen, ist § 12 III LHundG NRW Ermächtigungsgrundlage und geht somit der Generalklausel des § 14 OBG NRW vor. Die Einschläferung eines bissigen Hundes verstößt auch nicht gegen § 17 Nr. 1 des Tierschutzgesetzes. Die Tötung von Hunden ist somit zur Gefahrenabwehr möglich.[412]

II. Besondere und allgemeine Sachurteilsvoraussetzungen

Klagebefugnis

Bei der Klagebefugnis ergeben sich grundsätzlich keine Besonderheiten.[413] Probleme ergeben sich allenfalls im Mehrpersonenverhältnis.

Bsp.[414]: *Einem Miteigentümer fehlt es für eine Klage gegen die an andere Miteigentümer gerichtete Beseitigungsverfügung an der Klagebefugnis. Nicht durch die Beseitigungsverfügung, sondern erst durch eine spätere Duldungsverfügung erfolgt (erstmalig) ein Eingriff in das Eigentumsrecht des nicht mit der Beseitigungsverfügung selbst in Anspruch genommenen Miteigentümers.*

Vorverfahren und Frist

Des Weiteren muss der Kläger grundsätzlich ein Vorverfahren ordnungsgemäß und erfolglos durchgeführt haben und zudem die Klagefrist des § 74 VwGO berücksichtigen. 418

Auch bei den allgemeinen Sachurteilsvoraussetzungen ergeben sich bezogen auf das Ordnungsrecht regelmäßig keine Besonderheiten.[415] 418

Klagegegner

Da es sich um eine Anfechtungsklage handelt, ist gemäß § 78 I Nr. 1 VwGO der Rechtsträger der handelnden Ordnungsbehörde zu verklagen. Anders als die Polizei sind die Ordnungsbehörden in NRW kommunalisiert, d.h. unterliegen der Rechtsträgerschaft durch die Kommunen. Eine generelle (§ 1 POG NRW vergleichbare) die Organleihe anordnende Vorschrift gibt es im Ordnungsrecht nicht.

regelmäßig die Gemeinde

Regelmäßig wird die handelnde Behörde eine solche der Gemeinde sein. Gem. § 78 I Nr. 1 VwGO zu verklagender Rechtsträger ist dann die Gemeinde.

nicht (!) über die Zuständigkeit begründen

Dass es regelmäßig die Ordnungsbehörde Gemeinde sein wird, welche handelt, folgt natürlich daraus, dass für die Aufgaben der Gefahrenabwehr gem. § 5 I S. 1 OBG NRW die örtlichen Ordnungsbehörden zuständig sind und dass die Aufgaben der örtlichen Ordnungsbehörden wiederum gem. § 3 I OBG NRW durch die Gemeinden erfüllt werden.

---

411 OVG NW, Beschl. v. 25.03.2003 - 5 B 328/03.

412 Vgl. noch zur alten Rechtslage, vor Erlass des LHundG NW: OVG NW, NWVBl 2001, 97.

413 Zur Klagebefugnis: Hemmer/Wüst, Verwaltungsrecht I, Rn. 146.

414 OVG Münster NWVBl. 2014, 345.

415 Vgl. zu den allg. Sachurteilsvoraussetzungen Hemmer/Wüst, Verwaltungsrecht I, Rn. 211 ff.

Dies sollte i.R.d. Prüfung des Klagegegners aber grundsätzlich nicht erwähnt werden. Bei der Frage nach dem Klagegegner kommt es rein auf tatsächliches Tätigwerden und nicht auf die Zuständigkeit einer Behörde an.

Auf folgende Punkte ist jedoch besonders zu achten:

1. Amtshilfe, Vollzugshilfe

Amtshilfe, Vollzugshilfe

Im Rahmen der Amtshilfe bzw. Vollzugshilfe ist vom Ergebnis her jeweils der Rechtsträger der ersuchten Stelle zu verklagen. 419

vgl. Ausführungen i.R.d. Polizeirechts

Zur Begründung wird auf die ausführlichen Darstellungen der Problemkreise im Polizeirecht verwiesen, die hier entsprechend heranzuziehen sind.[416]

2. VAe des Landratsamts

VAe des Landratsamts

Bei Verwaltungsakten des Landratsamts (LRA) ist darauf zu achten, ob das LRA als Behörde des Landes Nordrhein-Westfalen oder als Behörde des Landkreises gehandelt hat.[417] 420

C. Begründetheit

Begründetheitsprüfung

Die Begründetheitsprüfung der Anfechtungsklage wird wie immer mit folgendem, die Prüfungsreihenfolge vorgebenden, Obersatz eingeleitet: 421

Obersatz (!)

Die Anfechtungsklage ist begründet, wenn der angegriffene VA rechtswidrig ist und der Kläger hierdurch in seinen subjektiven öffentlichen Rechten verletzt wird, § 113 I S. 1 VwGO.

I. Rechtmäßigkeit einer Primärmaßnahme nach dem OBG NRW

Rechtmäßigkeit einer Primärmaßnahme nach dem OBG NRW

Nachfolgend soll nun die Rechtmäßigkeitsprüfung der einzelnen im Rahmen einer Anfechtungsklage in Betracht kommenden Maßnahmen einer Ordnungsbehörde dargestellt werden. 422

Schwerpunktmäßig werden die Probleme der Rechtmäßigkeit einer *Ordnungsverfügung* aufgrund des OBG NRW und von *Zwangsmaßnahmen* nach dem VwVG NW dargestellt.

Auf ordnungsrechtliche Spezialnormen wird nur eingegangen, soweit dies klausurrelevant bzw. des Verständnisses wegen erforderlich ist.[418]

Vorab die Übersicht zum allgemeinen Prüfungsaufbau (hier: auf eine Primärmaßnahme nach dem OBG NRW angewendet):

---

416 Siehe Rn. 77 ff.

417 Dies ist insbesondere bei Vollstreckungsmaßnahmen von Bedeutung, da das LRA bei der Vollstreckung jeweils den gleichen Aufgabenbereich wahrnimmt, wie bei Erlass des zu vollstreckenden VA.

418 Eine Abhandlung des kompletten besonderen Ordnungsrechts mit all seinen relevanten Gesetzen führt in den Bereich der Schwerpunktbereiche und gehört nicht zum Pflichtfachstoff des allgemeinen Ordnungsrechts. Lesen Sie zum ebenfalls examensrelevanten Bauordnungsrecht Hemmer/Wüst, Baurecht/NRW, Rn. 193, 391.

Übersicht: allgemeiner Prüfungsaufbau bei Primärmaßnahmen

Allgemeiner Prüfungsaufbau:

I. Rechtsgrundlage für den VA

1. (keine) spezial-gesetzliche Rechtsgrundlage, vgl. § 14 II OBG NRW (auch Verordnung!)?
2. Greift eine Standardbefugnisnorm ein, § 24 OBG NRW i.V.m. PolG NRW?
3. falls auch Solche nicht einschlägig: Generalklausel des § 14 I OBG NRW.

II. Formelle Rechtmäßigkeit des VA

1. Zuständigkeit für den Erlass
   a) Sachliche Zuständigkeit, §§ 1, 3, 5 OBG NRW
   b) Örtliche Zuständigkeit, § 4 OBG NRW
   c) Instanzielle Zuständigkeit, § 3 OBG NRW
2. Verfahren ordnungsgemäß (beachte § 28 II Nr. 1 und Nr. 4 VwVfG NRW)
3. Form, § 20 OBG NRW
4. Bekanntgabe, § 41 VwVfG NRW
5. Begründung, § 39 VwVfG NRW

III. Materielle Rechtmäßigkeit des VA

1. (ggf.) Überprüfung der Rechtmäßigkeit der Rechtsgrundlage = „Stufenprüfung“ (insbesondere bei Verordnung)
2. Subsumtion unter die aufgefundene Rechtsgrundlage (ist der VA von der Befugnis gedeckt?) bei § 14 I OBG NRW: konkrete Gefahr für die öffentliche Sicherheit oder Ordnung, Gefahrenabwehr
3. Verantwortlichkeit, §§ 17, 18, 19 OBG NRW

IV. Ermessen, § 16 OBG NRW
(überprüfbar nur in den Grenzen des § 114 VwGO)

1. Entschließungsermessen „ob“ eingeschritten wird
2. Gestaltungsermessen „wie“ eingeschritten wird, insbesondere
   a) Verhältnismäßigkeit der Maßnahme, § 15 OBG NRW: Geeignetheit, Erforderlichkeit, Angemessenheit
   b) Bestimmtheit, § 37 I VwVfG NRW
   c) keine Erleichterung eigener Aufgaben, § 20 II S. 1 OBG NRW
3. Auswahlermessen, „gegen wen“ vorgegangen wird (Adressat, §§ 17, 18, 19 OBG NRW)

Demnach wird die Begründetheit der Anfechtungsklage gegen eine ordnungsrechtliche Primärmaßnahme wie folgt geprüft:

1. Ermächtigungsgrundlage

Befugnis / Vorbehalt des Gesetzes

Für in Rechte des Betroffenen eingreifende Maßnahmen gilt (wie immer) der Vorbehalt des Gesetzes nach Art. 20 III GG, sodass die Ordnungsbehörde ihr Handeln auf eine entsprechende Befugnisnorm stützen muss. 423

Auffinden der Befugnisnorm

Das Auffinden der *in Betracht kommenden Befugnisnorm* („Selektierung") erfolgt nach folgender Rangvorgabe:

⇨ Spezialbefugnis in Spezialgesetz (auch Rechtsvorschriften im Rang unter formellen Gesetzen, also Verordnungen, insbesondere solche, die nach dem OBG NRW erlassen wurden)?

⇨ Standardbefugnis aus § 24 OBG NRW i.V.m. PolG NRW?

⇨ Generalklausel des § 14 I OBG NRW?

Verhältnis der Befugnisnormen

Bezüglich der Frage, wann auf welche Befugnisnorm zurückgegriffen werden darf und wann nicht, gelten die Ausführungen im Polizeirecht zu § 8 I PolG NRW entsprechend.[419]

Ein Rückgriff auf das allgemeine Ordnungsrecht kommt nur dann in Betracht, wenn Sonderordnungsrecht *nicht existiert* oder dessen Regelung *lückenhaft* ist.

in Betracht kommende sonderordnungsrechtliche Normen

Klausurrelevante Normen des *Sonderordnungsrechts* sind z.B.:

⇨ § 12 I LHundG NRW

⇨ § 45 AuslG

⇨ § 61 I S. 2 BauO NRW

⇨ §§ 12, 17, 20, 24 - 29 BImSchG

⇨ §§ 5, 12 III, 21 I GastG

⇨ §§ 15 II, 35 GewO

⇨ §§ 16 III, IV, 24 HandwO

⇨ § 22 StrWG NRW[420]

⇨ § 25 StVG

⇨ §§ 17, 31a StVZO

⇨ §§ 5, 15 VersammlG

hemmer-Methode: Im Bereich Auffinden der Befugnis bzw. Subsumtion unter die in Betracht kommenden Befugnisse liegt häufig einer der Schwerpunkte der Klausur: Häufig wird erwartet, dass mehrere möglicherweise in Betracht kommende Spezialnormen exakt subsumiert werden, um dann im Ergebnis schließlich bei der Generalklausel des § 14 I OBG NRW zu landen. Steuern Sie deshalb aus klausurtaktischen Gründen die einschlägige Rechtsgrundlage nicht direkt, sondern über mögliche anderweitige in Betracht kommende Befugnisse an (Retardation).
Wichtig ist, dass Ihnen bereits im Vorfeld klar ist, welche Befugnisnorm letztlich einschlägig ist - nicht zuletzt deshalb, um Ihren Prüfungsaufbau danach auszurichten. Sie sehen: Die Selektierung bei der Vorbereitung Ihrer Lösung hat mitunter entscheidende Bedeutung!

2. Formelle Rechtmäßigkeit des angefochtenen VA

Bsp.: Nach Beschluss des Gemeinderats erlässt die Gemeinde Donauwörth gegenüber dem Hundehalter H die Anordnung, seinem Hund außerhalb des Hauses einen Beißkorb und eine Hundeleine anzulegen.

419 Siehe Rn. 86.

420 OVG Münster, NWVBl. 2010, 119 (120) = **juris**byhemmer.

a) Zuständigkeit

aa) Sachliche Zuständigkeit

§ 1 OBG NRW

§ 1 I OBG NRW legt den Aufgabenbereich der Ordnungsbehörden fest. Den Ordnungsbehörden obliegt danach die Abwehr von Gefahren für die öffentliche Sicherheit oder Ordnung (Gefahrenabwehr). 424

keine repressiven Maßnahmen

Die Verfolgung von strafbaren Handlungen oder von solchen, die als Ordnungswidrigkeiten mit Geldbuße bedroht sind, ist dagegen *nicht* Aufgabe der Ordnungsbehörden, sondern Aufgabe der in der StPO oder im OWiG genannten Stellen (§§ 35 ff., 53 OWiG; §§ 160, 163 StPO).

§ 5 OBG NRW

Sachlich zuständig sind die örtlichen Ordnungsbehörden, § 5 OBG NRW.

§ 3 OBG NRW

§ 3 OBG NRW regelt den Aufbau der Ordnungsbehörden und die sog. *Verbandszuständigkeit*. Danach sind verschiedene Ebenen der staatlichen sowie die kommunale Verwaltung zur Abwehr von Gefahren berufen, nämlich:

Gemeinden

⇨ Die *Gemeinden*: Kommunale Ebene, § 3 I OBG NRW.

Landratsämter

⇨ Die *Landratsämter*: Unterste staatliche Ebene, § 3 I OBG NRW; *nur*, wenn sie als Staatsbehörde i.S.v. § 58 I KrO NRW handeln!

Die Landkreise als solche sind (ebenso wie die Bezirke) kommunale Gebietskörperschaften. Sie können daher zwar als Ordnungsbehörde Verordnungen, nicht aber ordnungsrechtliche Einzelanordnungen (also VAe) erlassen.

Bezirksregierungen

⇨ Die *Bezirksregierungen*: Mittlere staatliche Ebene, § 3 II OBG NRW

i.d.R. Gemeinde zuständig

Zuständig für die Ausübung der Befugnisse ist nach den §§ 3 I, 5 I S. 1 OBG NRW grundsätzlich die Gemeinde, soweit sich nicht aus anderen Vorschriften eine anderweitige Zuständigkeit ergibt, vgl. § 5 I S. 2, II OBG NRW.

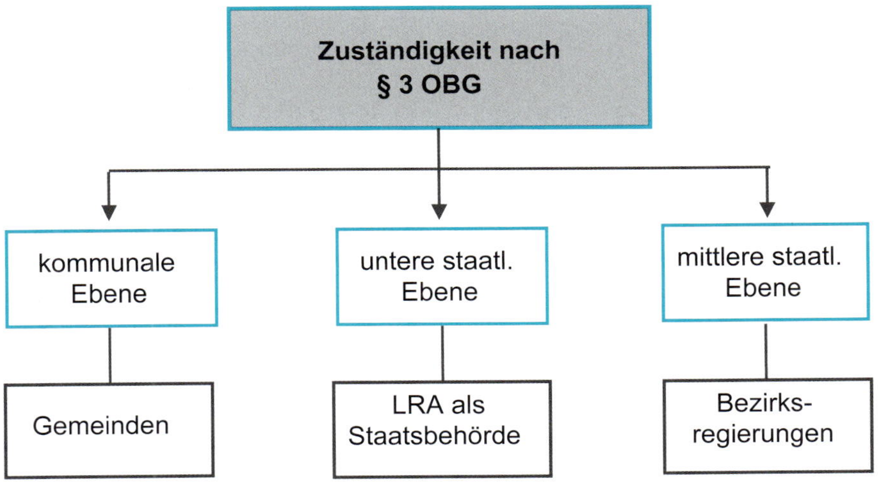

bb) Örtliche Zuständigkeit

örtliche Zuständigkeit, § 4 I OBG NRW

Örtlich zuständig ist die Ordnungsbehörde, in deren Gebiet die zu schützenden Interessen verletzt oder gefährdet werden (§ 4 I OBG NRW). 425

cc) Organkompetenz

Organzuständigkeit: wer vollzieht Willen nach außen?

Während die Verbandskompetenz die Frage betrifft, welche Körperschaft zuständig ist (Kreis oder Gemeinde?), geht es bei der Organkompetenz um die Frage, welches Organ innerhalb des Verbandes nach außen handelt, also Behörde ist (Bürgermeister oder Gemeinderat?). 426

Die Organkompetenz liegt auf Gemeindeebene in der Regel beim Bürgermeister: alle Ämter handeln in seinem Auftrag. Er ist es, der den wie auch immer gebildeten Willen nach außen vollzieht. Dagegen ist der Rat nur in ganz wenigen Ausnahmefällen selbst Behörde.

hemmer-Methode: Halten Sie den Vollzug der Entscheidung und die zugrunde liegende Willensbildung klar auseinander! Wer die Entscheidung vollzieht, ist eine Frage der *Zuständigkeit*, wohingegen die Frage, welches Organ der Gemeinde den Willen bildet, zum *Verfahren* gehört.

b) Verfahren

Anhörung

Bezüglich der grundsätzlich nötigen Anhörung vor dem Erlass belastender VAe (§ 28 I VwVfG NRW) ist § 28 I Nr. 1 VwVfG NRW bei Gefahr im Verzug und § 28 II Nr. 4 VwVfG NRW für VAe in Form der Allgemeinverfügung sowie die Heilungsmöglichkeit des § 45 I Nr. 3 VwVfG NRW zu beachten. 427

ordnungsgemäße Willensbildung

Ferner ist an dieser Stelle zu prüfen, ob der der Entscheidung zugrunde liegende Wille ordnungsgemäß gebildet wurde. 428

Die Willensbildung liegt gemäß § 41 I GO NRW grundsätzlich beim Rat. Bei einem Ratsbeschluss ist auf die ordnungsgemäße Einberufung und Ladung, die Beschlussfähigkeit, auf eventuelle Befangenheit und die bei der Beschlussfassung erforderliche Mehrheit zu achten.

Der Bürgermeister entscheidet nur über sog. Geschäfte der laufenden Verwaltung, § 41 III GO NRW.

Geschäfte der laufenden Verwaltung werden als wiederkehrende Geschäfte von geringer Bedeutung relativ zur Finanzkraft und Verwaltungskraft der Gemeinde definiert. Die meisten ordnungsbehördlichen Verfügungen sind diesem Bereich zuzuordnen.

§ 41 III GO NRW greift nicht mehr bei möglicher Entstehung einer hohen Entschädigungsforderung

Allerdings kann bei ordnungsrechtlichen Anordnungen des Bürgermeisters im Hinblick auf eine mögliche, verhältnismäßig hohe *Kostenfolge der Anordnung* zweifelhaft werden, ob die konkrete Maßnahme noch als „Geschäft der laufenden Verwaltung" i.S.d. § 41 III GO NRW angesehen werden kann.

Insofern kann auch eine Willensbildung durch den Rat erforderlich werden, wenn hohe Entschädigungsforderungen zu erwarten sind.

beachte aber § 60 I S. 2 GO NRW

Des Weiteren ist zu beachten, dass der Bürgermeister gemäß § 60 I S. 2 GO NRW zusammen mit einem Ratsmitglied *an Stelle* des an sich zuständigen Gemeinderates entscheiden kann.

Und zwar falls es sich um eine *dringliche Anordnung* (wie meist im Bereich des Ordnungsrechts) handelt, über die auch der Hauptausschuss nicht rechtzeitig entscheiden kann.[421]

421 So auch im berühmten „Obdachlosenfall" für eine Einweisungsverfügung in eine gekündigte und bereits zwangsgeräumte Privatwohnung; Samper, BayVBl. 1974, 8.

ausreichende (Amts-)Ermittlung

Darüber hinaus ist im Ordnungsrecht oft die Frage nach dem richtigen Verantwortlichen und somit nach dem Maßnahmeadressaten problematisch. 429

Gleiches gilt für die Wahl der richtigen Maßnahme zur Einhaltung des Grundsatzes der Verhältnismäßigkeit (was in der ausdrücklichen gesetzlichen Regelung des § 15 OBG NRW seinen Ausdruck findet).

Umso gründlicher muss die Ordnungsbehörde vor Erlass eines VA ihrer *Amtsermittlungspflicht* nach § 24 I und II VwVfG NRW nachkommen und den Sachverhalt ausreichend aufklären (beachte insbesondere Abs. 2).

Nur in *engen Ausnahmefällen* darf die Behörde aus Gründen der Zweckmäßigkeit und Kostenersparnis mögliche, aber dennoch unverhältnismäßig schwierige oder kostspielige Ermittlungen unterlassen, wenn dies zugunsten des Bürgers gehen soll und mit dem öffentlichen Interesse vereinbar ist (auch bei Ermessensentscheidungen).

Hat die Behörde also keine ausreichenden Ermittlungen vorgenommen und liegt kein Ausnahmefall vor, so macht dieser Verstoß gegen § 24 VwVfG NRW den VA nach h.L. rechtswidrig und, v.a. wenn es sich um eine Ermessensentscheidung handelt, auch aufhebbar.

c) Form

Form, § 20 OBG NRW

Ordnungsverfügungen bedürfen gemäß § 20 I S. 1 OBG NRW grundsätzlich der Schriftform, es sei denn, es besteht Gefahr im Verzug, § 20 I S. 2 OBG NRW. Sie müssen zudem eine Rechtsmittelbelehrung enthalten, § 20 II S. 2 OBG NRW. Allerdings wirkt sich eine fehlende Rechtsmittelbelehrung (wie sonst auch) nur auf die Fristen, nicht aber auf die Rechtmäßigkeit der Verfügung aus. 430

d) Bekanntgabe

Bekanntgabe, § 41 VwVfG NRW

Die Bekanntgabe richtet sich nach § 41 VwVfG NRW. Zu beachten ist, dass die Bekanntgabe eines Verwaltungsaktes an den Adressaten auch dann für seine Wirksamkeit genügt, wenn für das Verwaltungsverfahren ein Bevollmächtigter bestellt worden war.[422]

e) Begründung

Begründung, § 39 I VwVfG NRW

Hingewiesen sei darauf, dass alle Befugnisnormen für VAe im OBG NRW Ermessensnormen sind und dass der Auswahl des richtigen Adressaten besondere Bedeutung zukommt.

Hinsichtlich der Entscheidung, eine konkrete Maßnahme zu treffen, der Auswahl des Adressaten, der Notwendigkeit und des Umfangs der angeordneten Maßnahme ist der VA also im Hinblick auf § 39 I (vgl. S. 2) VwVfG NRW ausreichend zu *begründen*.

hemmer-Methode: Auf die obigen Punkte b) bis e) ist in der Klausur nur dann vertieft einzugehen, wenn sie wirklich problematisch sind! Unproblematische Punkte sind möglichst knapp abzuhandeln („Bezüglich Verfahren und Form bestehen keine Bedenken" - Punkt).

422 BVerwG, NVwZ 1998, 1292 = **juris**byhemmer.

3. Materielle Rechtmäßigkeit des angefochtenen VA

a) Rechtmäßigkeit der Rechtsgrundlage

nur bei Zweifeln an der Gültigkeit prüfen

In der materiellen Rechtmäßigkeit ist gegebenenfalls zunächst die Rechtmäßigkeit der Rechtsgrundlage (Ermächtigungsgrundlage, Befugnisnorm) selbst zu überprüfen. Eine solche Stufenprüfung sollte aber nur dann vorgenommen werden, wenn wirklich *Zweifel* an der Rechtmäßigkeit der Ermächtigungsgrundlage bestehen. Dies kann dann der Fall sein, wenn die Maßnahme auf eine *VO* gestützt ist, vgl. dazu Rn. 493 ff. 431

Im Normalfall wird man jedoch innerhalb der Prüfung der materiellen Rechtmäßigkeit der Maßnahme direkt mit der Subsumtion unter die gefundene Ermächtigungsgrundlage beginnen.

b) Subsumtion unter die gefundene Befugnisnorm

Subsumtion

Innerhalb des Subsumtionsvorgangs ist zu prüfen, ob die Maßnahme von der Befugnisnorm getragen wird.

aa) Rechtmäßigkeit von VAen aufgrund eines Spezialgesetzes

Rm. von VAen aufgrund SpezialG

Bei der Prüfung der Rechtmäßigkeit von VAen, die aufgrund von Spezialgesetzen ergehen, sind die Anforderungen des jeweiligen Spezialgesetzes maßgeblich. Häufig enthalten Spezialgesetze nicht nur materielle Voraussetzungen, sondern regeln auch die Zuständigkeit oder das Verfahren. 432

Hingewiesen werden soll hier nur auf folgende Punkte:

wichtige Gebiete

Wichtige ordnungsrechtliche Bereiche und Spezialgesetze, die dem OBG NRW vorgehen, sind u.a.:

⇨ Bauordnungsrecht (BauO NRW);

⇨ Umweltschutzrecht (BImSchG, AtG, KrW-AbfG, BBodSchG, LAbfG);

⇨ Gewerberecht (GewO, GastG, HandwO);

⇨ Ausländerrecht (AuslG, AsylVfG);

⇨ Versammlungsrecht (VersammlG).

hemmer-Methode: Diese Spezialgesetze sind beliebter „Aufhänger“ für Klausuren!
Verschaffen Sie sich daher bezüglich des Gesetzesaufbaus und der wichtigsten Probleme zumindest einen groben Überblick.[423]

allg. Grundsätze ordnungsrechtlichen Handelns

Die allgemeinen Grundsätze ordnungsrechtlichen Handelns, die im OBG NRW in den §§ 15 - 19 OBG NRW ausdrücklich normiert sind, haben im speziellen Ordnungsrecht ebenfalls Geltung.

423 Vgl. zum Bauordnungsrecht Hemmer/Wüst, Baurecht/NRW, Rn. 193, 391; vgl. zudem die Einarbeitung der einzelnen klausurwesentlichen Problematiken im JRH-Hauptkurs zum allgemeinen und besonderen Verwaltungsrecht.

Für den Grundsatz der Verhältnismäßigkeit versteht sich dies von selbst, denn er folgt aus dem verfassungsrechtlich verankerten Übermaßverbot im Rahmen des Rechtsstaatsprinzips, Art. 20 III GG. Insbesondere, soweit es um die Maßnahmerichtung geht, kann auf die Regelung der §§ 17, 18, 19 OBG NRW zurückgegriffen werden. Oft wird insoweit auch eine analoge Anwendung praktiziert.

bb) Verweis auf einige Standardbefugnisse aus dem PolG NRW in § 24 OBG NRW

§ 24 OBG NRW

Das OBG NRW verweist in § 24 auf eine Reihe von Spezialbefugnissen des PolG NRW für typische Maßnahmen. Insoweit wird auf die Ausführungen zum Polizeirecht verwiesen, vgl. Rn. 113 ff. 433

hemmer-Methode: Eine detaillierte Kenntnis der Definitionen der einzelnen Tatbestandsmerkmale ist in der Regel nicht erforderlich. Es kommt hier vorwiegend auf das genaue Lesen des Tatbestandes und die korrekte Subsumtion an.

cc) Generalklausel des § 14 I OBG NRW

§ 14 I OBG NRW

Eine weitaus größere Bedeutung als den Spezialbefugnissen des OBG NRW kommt der generellen Befugnisnorm des § 14 I OBG NRW zu. 434

Hier ergibt sich folglich auch eine größere Palette von Problemkreisen.

Maßnahmen zur Gefahrenabwehr

Gemäß § 14 I OBG NRW können Ordnungsbehörden die notwendigen Maßnahmen treffen, um eine im Einzelfall bestehende Gefahr für die öffentliche Sicherheit oder Ordnung abzuwehren.

Die Vorschrift befugt (falls nicht subsidiär) bei Vorliegen der Voraussetzungen im Grunde zu allen für eine effektive Gefahrenbekämpfung erforderlichen Anordnungen[424].

Der Inhalt der möglichen Ge- und Verbote ist dabei so umfassend wie auch die Fülle der Gefahren und Störungen, deren Abwehr bzw. Beseitigung in Betracht kommt.

konkrete Gefahr

§ 14 I OBG NRW setzt, ebenso wie § 8 I PolG NRW und im Unterschied zur Aufgabeneröffnung nach § 1 I OBG NRW immer eine *konkrete* („im Einzelfall bestehende") Gefahr voraus, vgl. Rn. 197 ff. zum Gefahrenbegriff. 435

Schutzgüter

§ 14 I OBG NRW schützt ebenso wie § 8 I PolG NRW die öffentliche Sicherheit und Ordnung. Insofern ergeben sich keine Unterscheide zu den Schilderungen zu § 8 I PolG NRW (Rn. 193 ff.).

Gefahrenverdacht

Hingewiesen sei insbesondere noch einmal auf das Problem des *Gefahrenverdachtes*:[425] Besteht ein solcher, dann *kann* die Behörde eingreifen, ist aber in der Regel auf vorläufige Maßnahmen für die Zeitspanne, bis über das wirkliche Vorliegen einer Gefahr Klarheit geschaffen ist, beschränkt.[426] 436

424 Zum Aufenthaltsverbot (6 Monate) wegen Teilnahme an der offenen Drogenszene vgl. OVG NW, NVwZ 2001, 459 sowie insgesamt zu diesem Problemkreis Cremer, NVwZ 2001, 1218.

425 Dazu bereits Rn. 204 ff.; ausführlich zur Gesamtproblematik Rn. 445 ff.

426 BVerwG, NJW 1972, 458 = **juris**byhemmer; OVG Münster, DVBl. 1979, 733 = **juris**byhemmer; VG Münster, NVwZ 1983, 238.

hemmer-Methode: Das Problem des Gefahrenverdachtes steht in unmittelbarem Zusammenhang mit der Problematik der Zulässigkeit von sog. *Gefahrerforschungseingriffen*, also Eingriffen, die in der Situation eines Gefahrenverdachtes der Gefahr*beseitigung* als (notwendige) Vorstufe vorausgehen.
Es handelt sich dabei um die Frage, ob eine solche Maßnahme von einer *Befugnis*norm (regelmäßig § 14 I OBG NRW) gedeckt ist.[427]

Anscheins- und Putativgefahr

Auch die *Anscheins-* und die *Putativgefahr* werden im Ordnungsrecht genauso behandelt, wie im Polizeirecht.

Die Anscheinsgefahr (behördlicher Irrtum über das Vorliegen einer Gefahr, der nicht auf Pflichtwidrigkeit beruht) rechtfertigt alle bei einer objektiven Gefahr rechtmäßigen Maßnahmen, während die im Falle einer Putativgefahr (Irrtum beruht auf Pflichtwidrigkeit seitens der Behörde) getroffenen Maßnahmen rechtswidrig sind.

dd) Verantwortlichkeit

Der adressierte Bürger muss nach §§ 17, 18, 19 OBG NRW verantwortlich sein. Beim Auswahlermessen (Rn. 444) geht es dann nur um die Frage, welcher von mehreren Störern vorrangig heranzuziehen ist.

4. Ermessen, § 16 OBG NRW

Gemäß § 16 OBG NRW treffen die Ordnungsbehörden ihre Maßnahmen nach pflichtgemäßem Ermessen. Die Ermessensausübung erfolgt in dreifacher Hinsicht: 437

Die Behörde entscheidet:

- ⇨ *„ob“* sie einschreitet - Entschließungsermessen
- ⇨ *„wie“* sie einschreitet - Gestaltungsermessen
- ⇨ und *„gegen wen“* sie einschreitet - Auswahlermessen.

§ 114 VwGO

Auch i.R.d. Ordnungsrechts ist das Handeln der Behörde nur in den Grenzen des § 114 VwGO auf einen etwaigen Ermessensfehlgebrauch oder eine Ermessensüberschreitung hin zu überprüfen.[428]

a) Entschließungsermessen

Opportunitätsprinzip

Hinsichtlich der Frage, ob die Ordnungsbehörde einschreitet, gilt grundsätzlich das Opportunitätsprinzip, d.h. die Behörde darf einschreiten, sie muss es aber nicht. Eine *Verpflichtung* zur Vornahme einer Gefahrenabwehrmaßnahme besteht nur im Falle einer Ermessensreduzierung auf null. 438

b) Gestaltungsermessen

Verhältnismäßigkeit

Bei der Ausübung ihres Gestaltungsermessens hat die Behörde insbesondere den in § 15 OBG NRW niedergelegten Grundsatz der Verhältnismäßigkeit zu beachten. 439

427 Ausführlich Rn. 446.

428 Dazu im Einzelnen Hemmer/Wüst, Verwaltungsrecht I, Rn. 365 ff.

§ 15 OBG NRW ist wortgleich mit § 2 PolG NRW, sodass auf die dortigen Ausführungen verwiesen wird (Rn. 223 ff.).

Die Maßnahme muss demnach geeignet, erforderlich und angemessen sein und ihre Erfüllung muss dem Adressaten tatsächlich möglich sein – rechtliche Unmöglichkeit führt dagegen nur zum Vorliegen eines Vollstreckungshindernisses.

"EXKURS FÜR FORTGESCHRITTENE":

Verhältnismäßigkeit bei „Wiedereinweisungsfällen"

Im Rahmen der „Obdachlosenfälle" (= Wiedereinweisungsfälle) ist konkret zu beachten, dass zunächst versucht werden muss, den Betroffenen unterzubringen, ohne dadurch in Rechte Dritter einzugreifen (z.B. Unterbringung in der städtischen Obdachlosenunterkunft, Anmietung von Zimmern u.ä.). 440

zeitliche Grenze

Sind solche Möglichkeiten nicht gegeben, taucht die Problematik der zeitlichen Begrenzung der Maßnahme auf. Es handelt sich bei der Wiedereinweisung als ultima ratio um einen schweren Eingriff in das Eigentumsgrundrecht des Vermieters, der auf einen infolge der Suche nach anderen Unterbringungen unvermeidbaren Zeitraum zu begrenzen ist. An die Bemessung dieses Zeitraumes sind strenge Anforderungen zu stellen, wobei die Einweisung von vornherein zeitlich befristet sein muss.[429] Die oberste Grenze nach BayVGH beträgt zwei Monate.[430]

EXKURS ENDE

Austauschmittel

Auch im Ordnungsrecht ist dem Betroffenen gemäß § 21 S. 2 OBG NRW auf Antrag zu gestatten, ein anderes, ebenso wirksames Mittel anzuwenden, sofern die Allgemeinheit dadurch nicht stärker beeinträchtigt wird, sog. *Austauschmittel*. 441

Bestimmtheit

Darüber hinaus gilt auch hier das *Bestimmtheitsgebot* des § 37 I VwVfG NRW, vgl. Rn. 234.

keine Erleichterung eigener Aufgaben

Schließlich ist speziell im Ordnungsrecht § 20 II S. 1 OBG NRW zu berücksichtigen, wonach Ordnungsverfügungen nicht lediglich den Zweck haben dürfen, die den Ordnungsbehörden obliegenden Aufgaben zu erleichtern. 443

Diese Vorschrift ist insbesondere im Zusammenhang mit dem Amtsermittlungsgrundsatz des § 24 I VwVfG NRW zu sehen.

c) Auswahlermessen, §§ 17, 18, 19 OBG NRW

richtiger Adressat der Maßnahme

Hier kann im Wesentlichen auf die Ausführungen zur Maßnahmerichtung im Rahmen des Polizeirechts verwiesen werden.[431] 444

Diese Ausführungen gelten für das OBG NRW sinngemäß.

hemmer-Methode: Lesen Sie die §§ 17, 18, 19 OBG NRW und vergleichen Sie die Vorschriften mit den §§ 4, 5 und 6 PolG NRW. Besonders examensrelevant sind die sogenannten *Altlastenfälle*, die unter diesem Prüfungspunkt einen schwierigen Problemkreis aufweisen.

429 BGHZ 35, 27 (31 f.); OVG Berlin, NJW 1980, 2484 f. m.w.N.: **alle Entscheidungen** = **juris**byhemmer.

430 BayVGH, BayVBl. 1984, 116 sowie NVwZ-RR 1991, 196: **alle Entscheidungen** = **juris**byhemmer.

431 Siehe Rn. 235 ff.

5. Fallvarianten

a) „Altlastenfälle“

Altlastenfälle

Bsp.: *In der Gemeinde B müssen zwei Kinder wegen Atembeschwerden und Augenreizungen ärztlich behandelt werden, nachdem sie auf dem unbebauten Grundstück des A Verstecken gespielt haben. A hatte das Grundstück kurz vorher von einer Immobiliengesellschaft zu Bauzwecken erworben. Als die Gemeinde erfährt, dass auf dem Grundstück bis 1960 eine Chemiefabrik hochgiftige Cyanide produziert hat, erlässt sie einen Bescheid gegen den A, in dem sie ihm aufgibt, eine Bodenuntersuchung vornehmen zu lassen. Die Untersuchung soll die Frage klären, ob schädigende Wirkungen von dem Grundstück ausgehen. A sagt, er habe damit nichts zu tun, dies sei Sache der Gemeinde.* 445

Problemkreise: Ermächtigungsgrundlage

„Altlastenfälle“ wie der Beispielsfall weisen regelmäßig zwei Problemschwerpunkte auf. Zunächst braucht die Ordnungsbehörde eine Rechtsgrundlage (= Befugnisnorm), um eine Gefahrerforschungsmaßnahme[432] zu treffen. Dies bereitet deswegen Schwierigkeit, weil eine tatsächliche Gefahr nur vermutet werden kann, aber nicht sicher feststeht.

und Auswahl bei Störermehrheit

Zum Zweiten ist zu erörtern, welcher von mehreren Verantwortlichen (Uwe Unschuld, Immobiliengesellschaft, Chemiefabrik) der Adressat der Maßnahme sein soll.

materielle Rechtmäßigkeit

Im Folgenden werden die Probleme der materiellen Rechtmäßigkeit einer Gefahrerforschungsmaßnahme untersucht:

aa) Ermächtigungsgrundlage für Gefahrerforschungseingriff

Befugnis

Als Befugnisnorm für einen Gefahrerforschungseingriff kommt entweder eine spezial-gesetzliche Regelung oder die Generalklausel des § 14 I OBG NRW in Betracht. 446

inzwischen: gesetzl. Grundlage in § 9 BBodSchG

Inzwischen hat der Gefahrerforschungseingriff speziell bei Besorgnis des Bestehens von Altlasten in *§ 9 I BBodSchG* eine gesetzliche Grundlage gefunden.

§ 9 BBodSchG gibt der zuständigen Behörde dann die ausdrückliche Befugnis, Untersuchungsmaßnahmen anzuordnen.

andere Gefahrerforschungseingriffe

Für andere Fälle, bei denen weiterhin auf § 14 I OBG NRW zurückgegriffen werden muss, sind nach dem Gesetzeswortlaut folgende Voraussetzungen zu prüfen:

(1) Liegt eine *konkrete Gefahr* vor?

konkrete Gefahr

Die konkrete Gefahr wird meist unter dem Gesichtspunkt zu bejahen sein, dass aufgrund der Verdachtsmomente ein großer und folgenschwerer Schaden für hochrangige Schutzgüter (Gesundheit, Leben) zu befürchten ist.[433] 447

432 Losch, Zur Dogmatik der Gefahrerforschungsmaßnahme, DVBl. 1994, 781 ff.

433 Hierzu und im Folgenden: De Wall, JuS 1993, 939 (940) m.w.N.

(2) Dient die Anordnung der Abwehr dieser Gefahr?

Gefahrerforschungsmaßnahme auf § 14 I OBG NRW stützbar? str.

Es bleibt die Problematik zu klären, ob die Gefahrerforschungsmaßnahme überhaupt auf die Generalbefugnis stützbar ist, da sie keine Gefahrbeseitigung, sondern nur Sachverhaltsaufklärung zum Ziel hat. Zu diesem Problem werden verschiedene Lösungsansätze vertreten: 448

e.A.: stets unzulässig

Nach einer Ansicht soll der Gefahrerforschungseingriff stets unzulässig sein. 449

Arg.: § 24 VwVfG NRW

Begründet wird dies mit dem im Verwaltungsverfahren gemäß § 24 VwVfG NRW geltenden Amtsermittlungsgrundsatz.

Dieser treffe eine insoweit klare Abgrenzung:

Die Ordnungsbehörden hätten zu ermitteln, ob und in welchem Umfang eine Gefahr für die öffentliche Sicherheit oder Ordnung vorliege. Bei diesen Ermittlungen seien die Beteiligten nach § 26 II VwVfG NRW nur zu den gesetzlich bestimmten Mitwirkungshandlungen verpflichtet. Dagegen unterliege die Beseitigung der Gefahr vorrangig dem (dann ermittelten) Verantwortlichen.

a.A.: als notwendige Vorstufe zur Gefahrenabwehr von § 14 I OBG NRW mitumfasst

Hiergegen wird eingewendet, dass die Anordnung von Gefahrerforschungsmaßnahmen im Hinblick auf die Verhältnismäßigkeit (§ 15 OBG NRW) meist die einzige in Betracht kommende Maßnahme sei. Auf welche Befugnis solle dann aber eine entsprechende Maßnahme gestützt werden? Die §§ 24, 26 II VwVfG NRW enthielten eine solche nicht. 450

Sie sei aber selbst dann nötig, wenn die Behörde selbst ermitteln wollte, etwa um eine Duldungsverfügung durchsetzen zu können!

Arg.: Effektivitätsprinzip

Konsequenz sei, dass die Ordnungsbehörden ihre Aufgabe der effektiven Gefahrenabwehr nicht wirksam erfüllen könnten.

Arg.: genaue Trennung praktisch kaum möglich

Hauptargument ist aber, dass diese strikte Trennung zwischen Maßnahmen der Sachverhaltsermittlung und der Gefahrenabwehr dem praktischen Umstand nicht gerecht werde, dass die vorgenommene Handlung meist gar nicht einem dieser Bereiche eindeutig zugeordnet werden könne. Bei solchen Verdachtslagen sei die Gefahr- und Ursachenerforschung vielmehr als notwendige Vorstufe der Gefahrenbeseitigung von der Generalbefugnis (mit-)umfasst.

vermittelnd Gerichte:

Im Hinblick auf diese Abgrenzungsschwierigkeiten (= solche fraglichen Maßnahmen könnten sowohl der reinen Ermittlung dienen, als auch bereits der erste Schritt zur Beseitigung einer Gefahr sein) vertreten die Gerichte[434] eine vermittelnde Auffassung: 451

Entscheidung im Ermessen der Behörde

Danach soll die Entscheidung zwischen beiden Vorgehensweisen (selbst ermitteln/Heranziehen eines Dritten) im pflichtgemäßen Ermessen der Behörde stehen.

Bei dieser Entscheidung soll die Behörde folgende Punkte berücksichtigen:

dabei zu berücksichtigen:

- ⇨ Welche der Maßnahmen bedeutet für den Betroffenen den geringeren Eingriff? (Beachten Sie insoweit die Kostentragungspflicht.)

434 VGH Ba-Wü, DÖV 1991, 167; Hess VGH, NVwZ 1991, 498.

- ⇨ Ist die Maßnahme einfacher durch die Behörde durchzuführen?
- ⇨ Liegt der Schwerpunkt der Maßnahme eher auf der Ermittlung oder der Abwehr?

Auch in Fällen des Gefahrenverdachts kann demnach eine konkrete Gefahr für die öffentliche Sicherheit oder Ordnung zu bejahen sein und der Gefahrerforschungseingriff der Gefahrenabwehr zugeordnet werden, sodass § 14 I OBG NRW taugliche Ermächtigungsgrundlage ist.

bb) Maßnahmerichtung

Maßnahmerichtung

In den meisten Fällen stehen mehrere Verantwortliche „zur Auswahl", sodass eine Entscheidung der Ordnungsbehörde in Bezug auf die richtige Ermessensausübung hinsichtlich des Maßnahmeadressaten problematisch sein kann. 452

Für den Fall einer Bodenbelastung durch Altlasten steht nunmehr § 9 I BBodSchG Befugnisnorm zur Verfügung, der auch gleichzeitig in §§ 9 II 1, 4 III, V, VI BBodSchG eine Regelung über den Verantwortlichen enthält. Der Kreis der Sanierungspflichtigen ist dabei durch § 4 BBodSchG abschließend bestimmt.

Eine „Rangfolge" bei der Inanspruchnahme wird auch hier nicht ausdrücklich festgelegt, sodass die nachfolgenden Ausführungen weiterhin auch bei den Altlastenfällen Geltung behalten dürften.

Die Problematik kann im Wesentlichen wie folgt aufgestaffelt und gelöst werden:

Ausgangspunkt: Inanspruchnahme des aktuellen Eigentümers

Ausgangspunkt ist die Inanspruchnahme des aktuellen Eigentümers z.B. eines mit Schadstoffen belasteten Grundstücks, wobei die Belastungen jedoch nicht von ihm, sondern von einem vormaligen Eigentümer herrühren (im Beispielsfall von der Chemiefabrik).

Der Eigentümer ist als Zustandsverantwortlicher i.S.v. § 4 III BBodSchG einzustufen, ebenfalls der ehemalige Eigentümer als Handlungsverantwortlicher.

(1) Vorfrage: Grundsätzlich nur eingeschränkte Inanspruchnahme des Zustandsverantwortlichen?

Streitstand zur Inanspruchnahme des Zustandsverantwortlichen

Sowohl im Polizeirecht als auch im Ordnungsrecht wird die Frage nach der Haftungsbegrenzung beim Zustandsstörer diskutiert. Hierzu werden gegensätzliche Meinungen vertreten: 453

e.A.: nur ganz eingeschränkt

Eine in der Literatur verbreitete Ansicht nimmt ganz grundsätzlich nur dann die Möglichkeit der Inanspruchnahme des Zustandsverantwortlichen an, wenn die Störung aus Umständen herrührt, die in die Risikosphäre des Eigentümers fallen, nicht dagegen, wenn sich das Risiko der Allgemeinheit verwirklicht. Dies gilt z.B. bei Naturereignissen oder - wichtige Fallkonstellation - bei Fehlverhalten Dritter: Ein Öltransporter kommt von der Straße ab und verunglückt auf dem Grundstück. Eine Inanspruchnahme des Grundstückseigentümers als Zustandsstörer soll in diesem Fall ausscheiden. 454

Arg.: Eigentumsgarantie

Begründet wird diese Auffassung mit der Eigentumsgarantie des Art. 14 GG: Erleide der Eigentümer selbst durch solche Ereignisse eine Beeinträchtigung seines Eigentums, könne er nicht auch noch zur Beseitigung der damit einhergehenden Störung der öffentlichen Sicherheit / Ordnung herangezogen werden.

Rspr.: keine generelle Einschränkung

Eine solche Einschränkung der Zustandshaftung wurde dagegen von der Rechtsprechung lange mit folgender Argumentation abgelehnt: 455

Der Eigentümer habe grundsätzlich dafür Sorge zu tragen, dass von seiner Sache keine Gefahren für andere Rechtsgüter ausgingen. Daher könne ihm grundsätzlich auch eine Maßnahme zur Gefahrenabwehr auferlegt werden. Im Übrigen liege die Beseitigung einer Störung (letztlich auch des eigenen Eigentums) meist ohnehin im Interesse des Eigentümers.

Arg.: Bedenken der Gegenauffassung können auf der Rechtsfolgenseite berücksichtigt werden

Die von den Vertretern der oben zuerst genannten Ansicht geäußerten Bedenken könnten im Rahmen der Ermessensentscheidung bezüglich der konkreten Adressatenwahl und der konkreten Auswahl des Mittels berücksichtigt und ausgeräumt werden.

Mithin sollte eine Einschränkung wegen Rücksichtnahme auf das Eigentumsrecht nicht auf der Tatbestands- sondern auf der Rechtsfolgenseite erfolgen.

Arg.: Effektivität der Gefahrenabwehr

Zudem würde die Einschränkung der Möglichkeit der Inanspruchnahme des Zustandsverantwortlichen zu einer Aufgabenerschwerung führen, die mit dem Grundsatz der Effektivität der Gefahrenabwehr nicht zu vereinbaren sei: der Eigentümer könnte dann nämlich nur unter den strengen Voraussetzungen des § 19 OBG NRW in Anspruch genommen werden.

vermittelnde Ansicht: Sachwert als Maximalgrenze

Eine dritte, vermittelnde Ansicht vertrat das OVG Münster: Die Inanspruchnahme als Zustandsverantwortlicher soll demnach nur bis zur Maximalgrenze des Sachwertes des Grundstücks zulässig sein, da alles andere faktisch auf eine Enteignung hinausliefe (Verstoß gegen Art. 14 GG). 456

BVerfG: Begrenzung der Zustandshaftung durch verfassungskonforme Auslegung

Nach der neueren Rechtsprechung des BVerfG ist die Zustandsverantwortlichkeit im Wege der verfassungskonformen Auslegung zu begrenzen. Es ist demnach zu prüfen, ob die Belastung des Zustandsverantwortlichen diesem zumutbar ist.

Das BVerfG führt dazu aus, dass es keinen Bedenken begegne, den Eigentümer grundsätzlich mit der Zustandshaftung zu belasten, obwohl er die Gefahrenlage weder verursacht noch gekannt hat. Weil dem Eigentümer die Vorteile der Sache auch dann gebühren, wenn sie ohne sein Zutun entstehen, müsse er die Lasten der Sache auch dann tragen, wenn die Gefahr nicht von ihm verursacht werde.

Das Ausmaß dieser Haftung werde dann aber von dem Grundsatz der Verhältnismäßigkeit eingegrenzt, sie müsse also zumutbar sein. Für diese Zumutbarkeit wurden sodann verschiedene Anhaltspunkte herausgearbeitet.

Der erste und wichtigste Anhaltspunkt ist das Verhältnis des Grundstückswerts zu den Haftungskosten. Hieraus kann aber nicht der alleinige Maßstab für die Haftung abgeleitet werden, da die Möglichkeit besteht, dass das individuelle Interesse des Eigentümers den Verkehrswert übersteigt.

Auch die Haftung bis zum Verkehrswert kann aber dann unzumutbar sein, wenn das Grundstück einen wesentlichen Teil des Vermögens des Pflichtigen darstellt und die Grundlage seiner Lebensführung bildet.

Eine Kostenbelastung, die den Verkehrswert übersteigt kann demgegenüber vor allem dann zumutbar sein, wenn der Eigentümer das Risiko beim Grundstückskauf bewusst in Kauf genommen hat.

Einen weiteren Anhaltspunkt für eine Unzumutbarkeit liegt vor, wenn die Gefahr aus Naturereignissen, aus der Allgemeinheit zuzurechnenden Ursachen oder von nicht nutzungsberechtigten Dritten herrührt.

Weiterhin betont das BVerfG, es sei dem Eigentümer nicht zumutbar, wenn er mit Vermögen, das in keinerlei Zusammenhang mit dem Grundstück steht haften müsse.

Im Anschluss an diese Rechtsprechung konkretisiert der VGHBW dieses letztgenannte Erfordernis dahingehend, dass für die Frage der Zumutbarkeit die Grundstücke, die mit dem haftungsauslösenden erworben worden sind und mit diesem in Funktionszusammenhang stehen in die Wertberechnung einbezogen werden müssen.

hemmer-Methode: Es ist zu erwarten, dass sich auch weitere Instanzgerichte dieser Rechtsprechung anschließen. Für die Klausur ist damit eine eigenständige Diskussion anhand der aufgezeigten Kriterien angezeigt, wobei es sich anbietet als wichtigstes und letztlich auch entscheidendes Kriterium den Wert des Grundstücks nach der Sanierung zu den Kosten der Sanierungsmaßnahme heranzuziehen.

(3) Auswahl des Verantwortlichen bei Störermehrheit

welcher der Verantwortlichen ist nun im konkreten Fall heranzuziehen?

Als Nächstes stellt sich die Frage nach der richtigen Auswahl des Maßnahmeadressaten. 457

kein gesetzliches Rangverhältnis

Nach ganz h.M. besteht zwischen der Haftung des Zustands- und des Handlungsverantwortlichen kein gesetzliches Rangverhältnis. Vielmehr steht die Auswahl im pflichtgemäßen Ermessen der Behörde.

Teilweise wird ein solches Rangverhältnis aus der zivilrechtlichen Haftung abgeleitet. Voraussetzung hierfür ist nach dieser Ansicht aber, dass die Letztverantwortlichkeit klar zu erkennen ist und der Grundsatz der Effektivität nicht entgegensteht. Das Vorliegen dieser Voraussetzungen wird aber rglm. verneint, sodass sich für die Klausurbearbeitung keine Schwierigkeiten ergeben sollten.

meist: Handlungsverantwortlicher

Im Rahmen dieses Ermessens wird natürlich meistens der Handlungsverantwortliche vorrangig in Anspruch zu nehmen sein.

Zu beachten sind dabei allerdings die Fragen, ob eine Inanspruchnahme des Handlungsverantwortlichen überhaupt möglich ist oder ob seine Inanspruchnahme eventuell im Hinblick auf das Effektivitätsprinzip (effektive und schnelle Gefahrenabwehr) ausscheidet.

Ausnahmen aber durchaus denkbar

In Ausnahmefällen kann eine Inanspruchnahme des Zustandsverantwortlichen statt des Handlungsverantwortlichen also durchaus dem pflichtgemäßen Ermessen entsprechen.

Speziell für die Altlastenfälle hat der BayVGH folgende Kriterien für 458
das Auswahlermessen entwickelt:

Kriterien bei Altlastenfällen

- Das Grundstück wurde nicht ausreichend gegen Einwirkungen von Dritten (Ablagerungen) geschützt: Dies spricht für eine Verantwortlichkeit des Eigentümers, da er einen Verursachungsbeitrag geleistet hat (Grundsatz der Verhältnismäßigkeit).
- Die Abfälle erscheinen äußerlich noch als von Grund und Boden getrennte Gegenstände: Dies spricht gegen eine Verantwortlichkeit des Eigentümers.

Hierbei ist aber zu beachten: Eine solche klare Trennung dürfte nur bei Ablagerungen aus allerjüngster Zeit möglich sein, weshalb mit fortschreitender Zeit die Verantwortlichkeit des Eigentümers zunehmen wird.

⇨ Schließlich ist zu fragen: Wer ist letztlich zivilrechtlich verantwortlich? Bei der Auswahl ist zu berücksichtigen, ob der Eigentümer gegebenenfalls Ausgleichsansprüche gegen den Voreigentümer geltend machen kann. Kann er dies nicht, so spricht dies ebenfalls für seine Heranziehung als Verantwortlichen (Verhältnismäßigkeit und Zumutbarkeit).

b) Obdachlosenfälle[435]

Obdachlosenfälle

Fall: *In der Gemeinde SC wohnt seit geraumer Zeit die Familie Arm in der Wohnung des Vermieters Hai zur Miete. Nachdem die Arms ihre Miete aufgrund einer Krankheit des Familienvaters nicht mehr zahlen können, verschafft sich Hai einen gerichtlichen Titel zur Räumung der Wohnung.*

Da die Arms keine Ersatzunterkunft finden können, befürchtet die Gemeindeverwaltung, dass Familie Arm obdachlos werden würde. Da der Räumungstermin unmittelbar bevorsteht, erklärt der Bürgermeister nach Anhörung des Hai gegenüber dem Hai die Verfügung, dass er für den Zeitraum, bis eine andere Unterkunft gefunden werden kann und für höchstens zwei Monate, die Arms weiterhin in seiner Mietwohnung wohnen zu lassen hat.

Begründet wird der Bescheid damit, dass die Obdachlosigkeit der Arms eine Gefahr für die öffentliche Sicherheit und Ordnung darstelle und es der Gemeindeverwaltung nicht möglich sei, kurzfristig eine andere Unterkunft zu finden. Außerdem sei es dem Hai aufgrund des kurzen Zeitraums von zwei Monaten durchaus zumutbar, weiterhin seine Wohnung zur Verfügung zu stellen. Hai erhebt Klage.

Abwandlung: *Der Einweisungsbescheid ist zeitlich auf zwei Monate befristet. Drei Monate nach der Einweisung der Arms in seine Wohnung beantragt H erfolglos, dass die Gemeinde die Arms wieder aus der Wohnung weisen solle. Daraufhin erhebt er Klage gegen die Gemeinde, mit dem Antrag, die Wohnung zu räumen.*

Ausgangsfall

Lösung Ausgangsfall:

(I.) Verwaltungsrechtsweg

Rechtsweg

Der Verwaltungsrechtsweg nach § 40 I VwGO ist eröffnet, da es sich hier nicht um eine Streitigkeit auf dem Gebiet des privaten Mietrechts, sondern um eine des öffentlichen Ordnungsrechts handelt.

(II.) Zulässigkeit der Klage

Zulässigkeit

(1.) Statthaftigkeit: Das Begehren des H ist auf Aufhebung der Verfügung der Gemeinde gerichtet. Da diese einen Verwaltungsakt darstellt, ist die Anfechtungsklage statthaft.

(2.) Klagebefugnis: H ist durch den Bescheid möglicherweise in seinen Rechten aus Art. 14 GG oder subsidiär aus Art. 2 I GG verletzt. Ob eine Verletzung des Art. 13 GG hier möglich ist, kann deshalb dahinstehen.

(3.) Die Durchführung eines Widerspruchsverfahrens ist gem. § 110 I S. 1 JustG NRW entbehrlich.

(4.) Die Klage ist gem. § 78 I Nr. 1 VwGO gegen den Rechtsträger der handelnden Behörde, hier also gegen die Gemeinde SC zu richten.

435 Zum grds. Problem der ordnungsrechtlichen Unterbringung von Obdachlosen vgl. Ruder, NVwZ 2001, 1223.

(III.) Begründetheit der Klage

Die Klage ist begründet, wenn der Bescheid rechtswidrig ist und H dadurch in seinen Rechten verletzt ist, § 113 I S. 1 VwGO. 459

(1.) Ermächtigungsgrundlage

Befugnis: Generalklausel

Da spezielle Rechtsgrundlagen für die Einweisung nicht existieren, kann nur auf die Generalklausel des § 14 I OBG NRW zurückgegriffen werden.

(2.) Formelle Rechtmäßigkeit

sachl. und örtl. Zuständigkeit

(a) Die Aufgabe ist nach § 1 OBG NRW eröffnet, wenn eine konkrete oder abstrakte Gefahr für die öffentliche Sicherheit oder Ordnung vorliegt. Hier ist die Gesundheit der Familie A durch drohende Obdachlosigkeit gefährdet, sodass die Einweisung der Gefahrenabwehr dient.

(b) Die Gemeinde SC ist nach den §§ 3 I, 4 I, 5 I OBG NRW als Ordnungsbehörde für den Erlass von ordnungsrechtlichen Anordnungen sachlich und örtlich zuständig. Innerhalb der Gemeinde ist der Bürgermeister zuständig.

Verfahren

(c) Der Wohnungseigentümer H wurde laut Sachverhalt ordnungsgemäß im Sinne des § 28 VwVfG NRW angehört.

Form

(d) Ebenso hat die Behörde die Form des § 20 OBG NRW gewahrt.

(3.) Materielle Rechtmäßigkeit

Abwehr einer konkreten Gefahr für die öffentliche Sicherheit

Die aufgrund der bevorstehenden Obdachlosigkeit drohende Gesundheitsgefährdung stellt eine von § 14 I OBG NRW vorausgesetzte konkrete Gefahr für Leben und Gesundheit von Menschen,

also für Individualrechtsgüter und somit für die öffentliche Sicherheit, dar. Die Einweisung der Familie A in die Wohnung des H diente der Abwehr dieser Gefahr. Damit sind die Voraussetzungen des § 14 I OBG NRW erfüllt.

(4.) Ermessen, § 16 OBG NRW

Entschließungsermessen

(a) Bedenken gegen eine ordnungsgemäße Ausübung des Entschließungsermessens könnten bestehen, wenn die Behörde durch die Einweisung der Familie A in die Wohnung des H rechtswidrig in das Grundrecht des H aus Art. 13 GG eingegriffen hätte. 462

Dann müsste es sich um eine Wohnung im Sinne des Art. 13 GG handeln. Art. 13 GG bezweckt jedoch lediglich den Schutz der Privatsphäre, sodass sich der Inhaber einer Wohnung nur dann auf Art. 13 GG berufen kann, wenn er die Wohnung selbst bewohnt. Da H nur Vermieter und Eigentümer der Wohnung ist, diese aber nicht selbst bewohnt, ist Art. 13 GG nicht einschlägig.

Insofern ist kein Anhaltspunkt für eine fehlerhafte Ausübung des Entschließungsermessens ersichtlich.

Gestaltungsermessen

(b) Im Rahmen des Gestaltungsermessens sind insbesondere der Grundsatz der Verhältnismäßigkeit und das Bestimmtheitsgebot zu berücksichtigen.

Verhältnismäßigkeit, § 15 OBG NRW

(aa) Die Einweisung ist geeignet, die Obdachlosigkeit der Familie A zu verhindern. Sie ist auch erforderlich, da davon auszugehen ist, dass die Gemeinde keine anderen Räumlichkeiten zur Verfügung hat.

Fraglich ist, ob sie auch angemessen ist.

Es liegt eine große und unmittelbar drohende Gefahr für die Gesundheit als ein sehr bedeutendes Rechtsgut vor. Da die Einweisung auf zwei Monate befristet ist und die Familie A dem H bereits aus dem Mietverhältnis bekannt ist, ist die Angemessenheit - auch im Hinblick auf Art. 14 und 2 I GG - zu bejahen.

Bestimmtheit, § 37 I VwVfG NRW

(bb) Ein Verstoß gegen das Bestimmtheitsgebot des § 37 I VwVfG NRW liegt vor, wenn der Bescheid keine Regelung über die Dauer der Einweisung enthält. Jedoch ist die zeitliche Dauer ausdrücklich befristet auf einen Zeitraum von zwei Monaten, sodass hinreichende Bestimmtheit vorliegt.

Auswahlermessen

(cc) H könnte Handlungsstörer nach § 17 OBG NRW sein, weil er einen Räumungstitel erstritten hat. Obwohl es bei der Frage des Handlungsstörers nur auf die unmittelbare Verursachung der Gefahrenlage und nicht auf ein Verschulden ankommt, ist H dennoch nicht Handlungsstörer, da sonst ein Widerspruch zur Rechtsordnung bestünde. Denn H kann getreu der Rechtsordnung so vorgehen, sodass dieses Verhalten keine Störung der Rechtsordnung darstellen kann.

Inanspruchnahme nach § 19 OBG NRW

Somit ist H Nichtverantwortlicher im Sinne des § 19 OBG NRW. Um gegen ihn vorzugehen, ist nach § 19 I Nr. 1 OBG NRW eine gegenwärtige, erhebliche Gefahr erforderlich. Da die Räumung unmittelbar bevorsteht und mit der Gesundheit ein elementares Rechtsgut gefährdet ist, liegt eine solche qualifizierte Gefahr vor. Mangels anderen Verantwortlichen ist auch § 19 I Nr. 2 OBG NRW erfüllt.

Zudem ist der Behörde auf die Schnelle eine anderweitige Unterbringung der Familie A laut Sachverhalt nicht möglich und H kann ohne erhebliche Eigengefährdung bzw. Verletzung höherwertiger Pflichten in Anspruch genommen werden, sodass auch die Voraussetzungen der Nr.3 und 4 gegeben sind. H kann daher nach § 19 OBG NRW beansprucht werden.

Ergebnis

(5.) Ergebnis: Der Einweisungsbescheid ist rechtmäßig. Daher ist die Klage zwar zulässig, aber unbegründet.

Abwandlung

Lösung Abwandlung 463

(I.) Verwaltungsrechtsweg

Der Verwaltungsrechtsweg ist nach § 40 I VwGO eröffnet (s.o.).

(II.) Zulässigkeit der Klage

Statthaftigkeit

(1.) Statthaftigkeit: Fraglich ist, welche Klageart hier statthaft ist. In Betracht kommt eine Verpflichtungsklage, da hier der Erlass eines VA gegenüber der Familie A begehrt wird. Jedoch erginge dieser VA im Verhältnis Gemeinde und der Familie A. Dem H geht es lediglich um die Räumung der Wohnung, also um einen Realakt, der mit der allgemeinen Leistungsklage geltend zu machen ist. Der VA gegenüber der Familie A stellt nur die Erfüllung des Leistungsanspruchs des H dar, wobei es dem H nicht darauf ankommt, wie die Gemeinde diesem Anspruch nachkommt.

Daher ist die allgemeine Leistungsklage statthaft.

Klagebefugnis

(2.) Klagebefugnis, § 42 II VwGO analog: Der H kann geltend machen, dass ihm möglicherweise ein Folgenbeseitigungsanspruch auf Räumung der Wohnung zusteht.

(3.) Allgemeines Rechtsschutzbedürfnis: H hat vorher einen erfolglosen Antrag bei der Gemeinde gestellt, sodass hier das allgemeine Rechtsschutzbedürfnis für eine Klage vorliegt.

Klagegegner

(4.) Klagegegner: Die Leistungsklage ist analog § 78 I Nr. 1 VwGO gegen den Rechtsträger der Ordnungsbehörde, also die Gemeinde SC, zu richten.

(III.) Begründetheit der Klage

Die Klage ist begründet, wenn dem H ein Anspruch auf Räumung der Wohnung zusteht. 464

Folgenbeseitigungsanspruch des H

Rechtsgrundlage: FBA

(a) Rechtsgrundlage: Als Rechtsgrundlage für den Folgenbeseitigungsanspruch wird teilweise das Rechtsstaatsprinzip aus Art. 20 III GG, teilweise auch § 113 I S. 2 VwGO oder § 1004 BGB analog oder die Abwehrfunktion der Grundrechte herangezogen. Jedenfalls ist das Institut des Folgenbeseitigungsanspruchs mittlerweile Gewohnheitsrecht und es besteht Einigkeit über die Voraussetzungen dieses Anspruchs.

hoheitlicher Eingriff

(b) Hoheitlicher Eingriff in subjektives Recht: Durch die Einweisung wurde in das Eigentumsrecht des H aus Art. 14 GG eingegriffen.

rechtswidriger Zustand

(c) Andauernder rechtswidriger Zustand: Fraglich ist, ob das Bewohnen der Wohnung des H rechtswidrig ist. Da die zeitliche Geltungsdauer des Einweisungsbescheides nach zwei Monaten abgelaufen ist und dieser somit keine Rechtfertigung mehr darstellt, ist der danach eingetretene Zustand rechtswidrig.

hemmer-Methode: An dieser Stelle ist normalerweise inzident die gesamte Prüfung der Rechtmäßigkeit des Einweisungsbescheides vorzunehmen. Hier war der Bescheid zwar ursprünglich rechtmäßig (siehe oben Ausgangsfall), jedoch ist nach der zweimonatigen Befristung die Geltungsdauer des Bescheides abgelaufen.

Eine Duldungspflicht des H ist nicht ersichtlich.

Wiederherstellung zulässig

(d) Wiederherstellung möglich, zumutbar und rechtlich zulässig: Fraglich ist hier nur, ob die Räumung der Wohnung rechtlich zulässig ist. Da diese einen Eingriff in Rechte der Familie A darstellen würde, muss sich die Behörde bei der Räumung auf eine entsprechende Befugnis stützen können und die Räumung auch ansonsten rechtmäßig sein. Als Befugnisnorm kommt hier lediglich § 14 I OBG NRW in Betracht. Die sachliche Zuständigkeit der Gemeinde nach §§ 1 I, 3 I, 5 I OBG NRW ist hier unproblematisch, ebenso die örtliche, § 4 I OBG NRW.

Es müssten weiterhin die Voraussetzungen des § 14 I OBG NRW gegeben sein. Hier liegt eine Störung vor, die Sachwerte bedroht, deren Erhaltung im öffentlichen Interesse geboten erscheint, sodass eine konkrete Gefahr für die öffentliche Sicherheit zu bejahen ist. Die Räumung dient auch der Abwehr dieser Gefahr.

Fraglich ist allerdings noch, ob der Gemeinde hier ein Entschließungsermessen zusteht, aufgrund dessen dem ein Einschreiten gegenüber der Familie A möglicherweise ermessensfehlerhaft sein könnte. Jedoch führt der ansonsten gegebene Folgenbeseitigungsanspruch des H zu einer Ermessensreduzierung auf null, sodass nur ein Vorgehen gegen die Familie A ermessensfehlerfrei ist.

hemmer-Methode: Die Frage der rechtlichen Zulässigkeit dient als Einfallstor für die inzidente Prüfung eines noch zu erlassenden Räumungsbescheides.

Ergebnis

Ergebnis: Dem H steht ein Folgenbeseitigungsanspruch gegen die Gemeinde zu, der auf Wiederherstellung des früheren realen Zustandes, also auf Räumung der Wohnung gerichtet ist. Damit ist die zulässige Klage des H auch begründet.

hemmer-Methode: Für einen Wohnungseigentümer ergeben sich also zwei Konstellationen:

1. **Es besteht ein wirksamer Einweisungsbescheid, dessen zeitliche Geltungsdauer noch nicht abgelaufen ist. Dann muss der Wohnungseigentümer Anfechtungsklage erheben, um den Einweisungsbescheid aus der Welt zu schaffen. Diese kann er mit einem Annexantrag nach § 113 I S. 2 VwGO verbinden. Dieser Antrag ist auf Räumung gerichtet und nur dann erfolgreich, wenn materiell ein Folgenbeseitigungsanspruch besteht.**
2. **Sollte der Einweisungsbescheid aufgrund des Ablaufs der zeitlichen Befristung keine Wirkung mehr entfalten, so muss dieser auch nicht mehr kassiert werden. Dann genügt die Erhebung einer allgemeinen Leistungsklage (vgl. oben).**

II. Rechtmäßigkeit von Maßnahmen nach dem VwVG NW

Durchsetzung bei befehlenden VAen erforderlich

Während feststellende und gestaltende VAe schon mit Bekanntgabe ihre Wirkung entfalten, müssen die im Ordnungsrecht relevanten befehlenden VAe bei Nichtbefolgung zwangsweise durchgesetzt werden. Dies geschieht im Wege der Verwaltungsvollstreckung. 465

Einschlägigkeit des VwVG NW

Für polizeiliche Grund-VAe ist die Vollstreckung im PolG NRW selbst geregelt. Für VAe, die eine Bundesbehörde vollstreckt, ist das VwVG des Bundes einschlägig.

Für VAe, die eine nordrhein-westfälische Ordnungsbehörde vollstreckt, finden sich die Regelungen im VwVG NW, soweit nicht die Vollstreckung durch Bundesrecht unmittelbar geregelt ist oder bundesrechtliche Vollstreckungsvorschriften (insbesondere die des VwVG) durch Landesrecht für anwendbar erklärt sind. Regelmäßig gilt aber das VwVG NW.

Vollstreckung nach §§ 55 ff. VwVG NW

Das VwVG NW trifft bei der Vollstreckung von VAen eine Unterscheidung zwischen

VAen, durch die eine Geldleistung gefordert wird, §§ 1 ff. VwVG NW, und VAen, durch die eine Handlung, Duldung oder Unterlassung gefordert wird, §§ 55 ff. VwVG NW.

Im Rahmen der Ordnungsrechtsklausur kommen speziell die letztgenannten Vorschriften in Betracht.

Die Vollstreckung läuft grundsätzlich nach folgendem Muster ab: 466

Ablauf der Vollstreckung

a) Androhung der Vollstreckung mit Fristsetzung
b) Festsetzung des Zwangsmittels
c) Anwendung des Zwangsmittels
d) danach i.d.R. Erhebung der Kosten für die Vollstreckungsmaßnahme

Die Androhung und die Festsetzung entfallen allerdings beim sofortigen Vollzug nach § 55 II VwVG NW.

hemmer-Methode: Im Rahmen der Anfechtungsklage werden regelmäßig nur die Androhung eines Zwangsmittels und ein Kostenbescheid für die Vornahme eines Zwangsmittels Bedeutung erlangen, dazu gesondert unten, Rn. 481 ff. und Rn. 485 ff.

Die Zwangsmaßnahme selbst ist dagegen meist wegen eingetretener Erledigung mit der Fortsetzungsfeststellungsklage anzugreifen. Ausnahme: Zwangsgeld. Bei der Prüfung der Rechtmäßigkeit eines Kostenbescheides muss jedoch geprüft werden, ob die Zwangsmaßnahme, für welche die Kosten erhoben werden, ihrerseits rechtmäßig war. Daher wird die Rechtmäßigkeit von Zwangsmaßnahmen bereits hier im Gesamtkontext abgehandelt.

<u>**Verwaltungsvollstreckung nach dem VwVG NW:**</u> 467

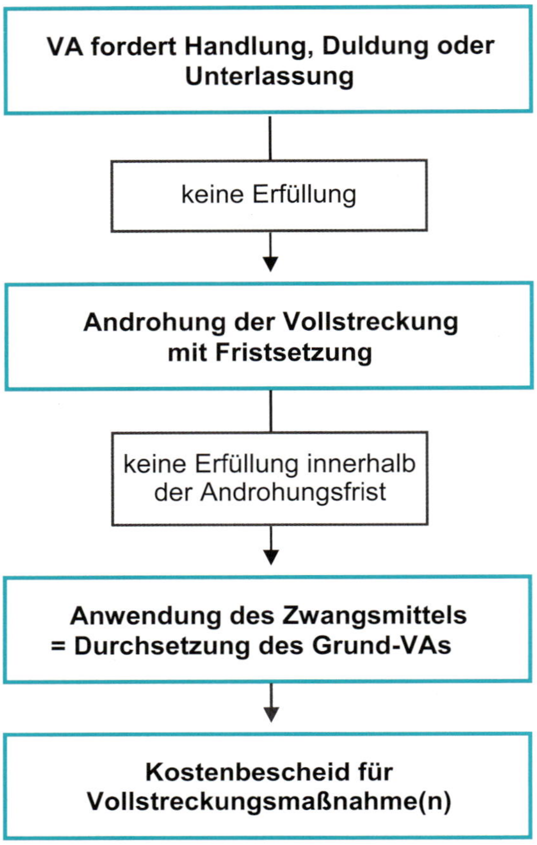

Vorweg wiederum ein Überblick über den Prüfungsaufbau der Rechtmäßigkeit einer Vollstreckungsmaßnahme nach dem VwVG bei VAen, mit denen eine Handlung, Duldung oder Unterlassung gefordert wird:

Übersicht: Rm. der Vollstreckung befehlender VAe nach dem VwVG, (Verwaltungsvollstreckung)

<u>**Verwaltungsvollstreckung nach dem VwVG NW**</u>

I. Ermächtigungsgrundlage

§§ 55 I, 57 I Nr. 1 - 3 i.V.m. §§ 59, 60, 61, 62 oder 62a VwVG NW, je nach Maßnahme

- ⇨ Ersatzvornahme, § 59 VwVG NW, oder
- ⇨ Zwangsgeld, § 60 VwVG NW (Ersatzzwangshaft § 61 VwVG NW als Unterfall), oder
- ⇨ unmittelbarer Zwang, § 62 VwVG NW, einschließlich Zwangsräumung, § 62a VwVG NW

II. Formelle Voraussetzungen

1. **Zuständigkeit** der Ordnungsbehörde, die den VA erlassen hat, § 56 I VwVG NW
2. **Verfahren:** Anhörung gem. § 28 I VwVfG NRW auf Realakte analog angewandt? Jedenfalls gemäß § 28 II Nr. 5 VwVfG NW entbehrlich

III. Materielle Voraussetzungen

1. **allgemeine Vollstreckungsvoraussetzungen: vollstreckbarer Grund-VA als Titel, § 55 I VwVG NW**
   - a) VA gerichtet auf Handlung, Duldung oder Unterlassung,
   - b) VA wirksam (§ 43 VwVfG NRW); also (§ 43 III VwVfG NRW) auch nicht nichtig (§ 44 VwVfG NW),
   - c) VA unanfechtbar oder Rechtsmittel ohne aufschiebende Wirkung (§ 80 II VwGO) oder Voraussetzungen für den Sofortvollzug liegen vor (arg. a maiore ad minus)
   - d) Ggf. Rechtmäßigkeitszusammenhang prüfen, vgl. Rn. 290
2. **Art und Weise der Vollstreckung**
   - a) Androhung des Zwangsmittels mit Frist, § 63 VwVG NW
   - b) Festsetzung des Zwangsmittels, § 64 VwVG NW (im Ordnungsrecht für alle Zwangsmittel erforderlich)
   - c) ordnungsgemäße Anwendung, § 65 VwVG NW, bei unmittelbarem Zwang zusätzlich §§ 66 ff. VwVG NW
3. **keine vollstreckungshindernden Einwände** nach Erlass des VA, z.B. Erfüllung, beachte bei rechtlicher Unmöglichkeit Duldungsverfügung

IV. Ermessen, insbesondere Grundsatz der Verhältnismäßigkeit, §§ 16, 15 OBG NRW

(War die Anwendung des Zwangs überhaupt verhältnismäßig, wurde unter den Zwangsmitteln das relativ mildeste ausgewählt und dieses nur in dem erforderlichen Umfang eingesetzt?)

1. Rechtmäßigkeit einer Vollstreckungsmaßnahme nach dem VwVG NW

a) Ermächtigungsgrundlage

Ermächtigungsgrundlage für die Vollstreckungsmaßnahme ist, je nachdem, welches Zwangsmittel angewendet wird, §§ 55 I, 57 I Nr. 1 - 3 i.V.m. 59, 60, 62 VwVG NW. 468

Ersatzvornahme

Bei einer Ersatzvornahme muss z.B. der Betroffene der Verpflichtung zur Vornahme einer *vertretbaren Handlung* nicht nachgekommen sein, § 59 I VwVG NW.

Zwangsgeld

Wird einem auf Handlung, Duldung oder Unterlassung gerichteten VA nicht folgegeleistet, kann gem. § 60 VwVfG 10,- bis 100.000,- Euro Zwangsgeld verhängt werden. Ist eine vertretbare Handlung geschuldet, so wird die Ersatzvornahme i.d.R. als geeigneteres Zwangsmittel vorgehen und die Zwangsgeldverhängung unzulässig sein.

Ersatzzwangshaft

Ist das Zwangsgeld uneinbringlich, so kann, sofern in der Zwangsgeldanordnung darauf hingewiesen wurde, gem. § 61 VwVG NW eine ein bis 14-tägige Ersatzzwangshaft angeordnet werden.

unmittelbarer Zwang

Der unmittelbare Zwang als ultima ratio erfordert gem. § 62 I VwVG NW, dass andere Zwangsmittel nicht in Betracht kommen oder keinen Erfolg versprechen oder unzweckmäßig sind. Er darf nicht eingesetzt werden, um eine Erklärungsabgabe zu erzwingen.

Zwangsräumung

Das VwVG NW kennt als besondere Form des unmittelbaren Zwangs die Zwangsräumung nach § 62a VwVG.

b) formelle Rechtmäßigkeit

aa) Zuständigkeit, § 56 I VwVG NW

Zuständigkeit, § 56 I VwVG NW

Die Zuständigkeit für die Vollstreckung ergibt sich aus § 56 I VwVG NW. Danach wird der VA von der Ordnungsbehörde vollzogen, die ihn erlassen hat. 469

bb) Verfahren

Anhörung entbehrlich

Im Verfahren ist die Möglichkeit einer Anhörungspflicht zu beachten. Diese besteht für Realakte grds. nicht, könnte aber gem. § 28 I VwVfG NRW analog zu fordern sein. Ob eine solche Analogie anzunehmen ist, braucht aber wegen der Entbehrlichkeitsregelung in § 28 II Nr. 5 VwVfG NRW nicht entschieden zu werden.

c) materielle Rechtmäßigkeit

aa) allgemeine Vollstreckungsvoraussetzungen: vollstreckbarer Grund-VA als Titel, § 55 I VwVG NW

(1) Vorliegen eines Verwaltungsaktes, der auf Handlung, Duldung oder Unterlassung gerichtet ist

wirksamer Grund-VA, gerichtet auf Handlung, Duldung oder Unterlassung

Zunächst muss ein Grund-VA vorliegen, der vollstreckt werden soll. Dieser muss auf Handlung, Duldung oder Unterlassung gerichtet sein. 470

> **Bsp.:** *Anordnung der Gemeinde an einen Grundstücksbesitzer, seine auf den Gehweg wachsenden Sträucher in den nächsten 2 Wochen zu kürzen.*

(2) Wirksamkeit des Grund-VA gemäß § 55 I VwVG NW

Der VA muss nach § 43 VwVfG NRW *wirksam* sein. Erforderlich ist daher die Bekanntgabe des VA; darüber hinaus darf keine Nichtigkeit nach § 44 VwVfG NRW vorliegen.

(3) Vollziehbarkeit des Grund-VA gemäß § 55 I VwVG NW

Grund-VA vollziehbar

Der VA muss nach § 55 I Alt. 1 oder 2 VwVG NW vollziehbar sein: 471

- ⇨ § 55 I Alt. 1 VwVG NW: Unanfechtbarkeit durch Ablauf der Rechtsmittelfrist;
- ⇨ § 55 I Alt. 2 VwVG NW: keine aufschiebende Wirkung eines Rechtsbehelfs gemäß § 80 II S. 1 Nr. 1 - 3 VwGO (§ 80 II S. 1 Nr. 2 VwGO gilt aber nur für die Polizei im institutionellen Sinne, nie für Ordnungsbehörden!) oder Anordnung der sofortigen Vollziehbarkeit nach § 80 II S. 1 Nr. 4 VwGO.

> **Bsp.:** *Hinsichtlich der Anordnung, die Sträucher zu kürzen, wird die sofortige Vollziehbarkeit angeordnet.*

Darüber hinaus wird es auch als ausreichend erachtet, wenn die Voraussetzungen für den Sofortvollzug nach § 55 II VwVG NW vorliegen (vgl. Rn. 289), arg. a maiore ad minus.

(4) Rechtmäßigkeitszusammenhang

Erfordernis des Rechtmäßigkeitszusammenhangs?

Die oben unter Rn. 290 dargestellten Erwägungen zum Rechtmäßigkeitszusammenhang angestellten Überlegungen gelten auch im Ordnungsrecht. Auch hier bedarf es keines Rechtmäßigkeitszusammenhangs. 472

bb) Art und Weise der Vollstreckung

(1) Androhung des Zwangsmittels mit Frist, § 63 VwVG NW

Androhung, § 63 VwVG NW

Zwangsmittel müssen grundsätzlich angedroht werden, § 63 I S. 1 VwVG NW. Nur in den Ausnahmefällen des § 63 I S. 3 VwVG NW ist die Androhung entbehrlich. Die Androhung selbst muss sämtliche Anforderungen an ihre Rechtmäßigkeit aufweisen.[436] 474

beachte § 28 I, II Nr. 5 VwVfG NRW

Sie ist ein Verwaltungsakt, so dass auch hier eine vorherige Anhörung grundsätzlich erforderlich wäre. Diese ist jedoch gemäß § 28 II Nr. 5 VwVfG NRW nicht nötig.

hemmer-Methode: Merken Sie sich also die Ausnahme des § 28 II Nr. 5 VwVfG NRW im Kontext zu Vollstreckungsmaßnahmen, insbesondere aber zur Androhung nach § 63 VwVG NW!

bei allen Zwangsmitteln:

Für *alle* Zwangsmittel gilt dabei: 475

Schriftform

Sie müssen *schriftlich* angedroht werden, § 63 I S. 1 VwVG NW.

Fristsetzung

Die Androhung muss eine angemessene *Frist* zur Erfüllung der Verpflichtung enthalten, § 63 I S. 2 VwVG NW.

Androhung schon im VA selbst möglich

Die Androhung kann *schon im zu vollstreckenden VA* enthalten sein, § 63 II VwVG NW.

Bestimmtheit

Es muss ein *bestimmtes Zwangsmittel* angedroht werden, § 63 III VwVG NW. Nachdem im Beispiel (Rn. 470) die Sträucher nicht geschnitten werden, droht die Gemeinde an, dass im Falle der Nichterfüllung bis zu einem bestimmten Tag ein Zwangsgeld in Höhe von 250 € fällig wird.

Numerus clausus

Zu beachten ist der numerus clausus der möglichen Zwangsmittel:

Mögliche Zwangsmittel sind *nur* die in § 57 I VwVG NW aufgeführten, sodass auch nur diese angedroht werden können.[437]

Zustellung

Die Androhung muss *zugestellt* werden, § 63 VI VwVG NW.

Zusätzlich gilt bei den einzelnen Zwangsmitteln: 476

bei Ersatzvornahme Kostenvoranschlag

Für den Fall der *Ersatzvornahme* ist *außerdem* § 63 IV VwVG NW zu beachten: Die Androhung muss einen *Kostenvoranschlag* für die voraussichtlichen Kosten der Ersatzvornahme enthalten.

---

436 Dazu insbesondere Rn. 481 ff.

437 Vgl. dazu den Beispielsfall Rn. 484.

bei Zwangsgeld Höhe

Für den Fall der Androhung eines *Zwangsgeldes* gilt ferner § 63 V VwVG NW: Die Androhung muss die *Höhe* des Zwangsgeldes enthalten.

(2) Festsetzung, § 64 VwVG NW

ergebnisloser Fristablauf → Festsetzung, § 64 VwVG NW

Ist die dem Verpflichteten in der Androhung gesetzte Frist zur Erfüllung der Verpflichtung ergebnislos verstrichen, so setzt die Behörde das Zwangsmittel gemäß § 64 VwVG NW fest. Anders als im Polizeirecht (dort nur bei Zwangsgeld, § 53 I PolG NRW) gilt diese Voraussetzung im VwVG NW für alle Zwangsmittel. 477

Wie die Androhung, so ist auch die Festsetzung ein VA, der gem. § 28 II Nr. 5 VwVfG NRW keiner Anhörung bedarf.

(3) Ordnungsgemäße Anwendung des Zwangsmittels, §§ 65, 66 ff. VwVG NW

bei unm. Zwang §§ 66 ff. VwVG

Hinsichtlich der ordnungsgemäßen Anwendung des Zwangsmittels ist § 65 VwVG NW zu beachten, die §§ 66 ff. VwVG NW enthalten weitere Regelungen, sofern es sich um unmittelbaren Zwang handelt. 478

cc) keine vollstreckungshindernden Einwände nach Erlass des Verwaltungsaktes

Vollstreckungshindernisse: Erfüllung, rechtl. Unmöglichkeit

Ferner ist (zumindest gedanklich) kurz zu prüfen, ob der Vollstreckung irgendwelche hindernden Einwände nach Erlass des VA entgegenstehen, wie etwa die Erfüllung der Verpflichtung. 479

Die rechtliche Unmöglichkeit stellt zwar ein Vollstreckungshindernis dar, das aber eventuell durch den Erlass einer *Duldungsverfügung* beseitigt werden kann.[438]

d) Ermessen hinsichtlich der Vollstreckung, insbesondere Verhältnismäßigkeit

Verhältnismäßigkeit

Natürlich ist auch im Rahmen der Verwaltungsvollstreckung nach dem VwVG NW der Grundsatz der Verhältnismäßigkeit zu beachten. Es gilt daher stets zu prüfen, ob die Anwendung von Zwang überhaupt, die Auswahl sowie die konkrete Anwendung des Zwangsmittels verhältnismäßig sind. 480

2. Rechtmäßigkeit der Androhung eines Zwangsmittels

Androhung bereits vor Vollstreckbarkeit möglich

Im Gegensatz zur Vollstreckung selbst müssen für die Androhung der Vollstreckungsmaßnahme die allgemeinen Vollstreckungsvoraussetzungen des §§ 55 I VwVG NW (wirksamer, vollstreckbarer VA, der auf Handlung, Duldung oder Unterlassung gerichtet ist) *noch nicht* vorliegen. Dies ergibt sich aus § 63 II S. 1 VwVG NW, da im Zeitpunkt des Erlasses des VA die allgemeinen Vollstreckungsvoraussetzungen grundsätzlich noch nicht vorliegen können. Vor Allem ist noch die Frage offen, ob der Betroffene die auferlegte Verpflichtung rechtzeitig erfüllt oder nicht. 481

438 Vgl. dazu die Ausführungen im Polizeirecht unter Rn. 227.

Rechtmäßigkeit der Androhung

Die Prüfung der Rechtmäßigkeit der Androhung folgt ansonsten dem allgemeinen VA-Prüfungsschema.

Rechtsgrundlage ist § 63 VwVG NW. Bezüglich des Verfahrens sei insbesondere nochmals auf § 28 II Nr. 5 VwVfG NRW hingewiesen.

a) Angemessenheit der in der Androhung zu setzenden Frist

Problem: Angemessenheit der Frist, wenn Klage noch läuft

Problematisch kann die *Angemessenheit* der in der Androhung zu setzenden *Frist*, § 63 I S. 2 VwVG NW sein, wenn diese Frist so gesetzt wird, dass sie z.B. während des Laufes einer Klage abläuft und eine sofortige Vollziehbarkeit des Grund-VAs nicht angeordnet wurde. 482

Das Problem ergibt sich also unmittelbar daraus, dass (wie bereits eingangs erwähnt) die Vollstreckbarkeit des VA keine Voraussetzung für die Androhung ist.

Bsp.: *Gegenüber A ergeht die Anordnung, seinen Pitbull, der schon des Öfteren bei Auseinandersetzungen seines Herrchens Menschen lebensgefährlich verletzt hat, einschläfern zu lassen. Die sofortige Vollziehbarkeit wurde dabei nicht angeordnet.*

A erhebt sofort entsetzt Anfechtungsklage gegen den Bescheid.

Zwei Tage später wird A schriftlich die Ersatzvornahme angedroht, falls er der im Bescheid genannten Verpflichtung nicht binnen drei Tagen nachkomme. A ist verzweifelt.

Verstoß gegen § 63 I S. 2 VwVG NW

Die Anfechtungsklage hat gemäß § 80 I VwGO aufschiebende Wirkung. Es kann dem Adressaten aber nicht zugemutet werden, die von ihm geforderte Maßnahme zu einem Zeitpunkt vorzunehmen, zu dem er wegen der aufschiebenden Wirkung der Klage noch gar nicht zur Erfüllung der Anordnung verpflichtet war.

Eine solche Anordnung verstößt gegen § 63 I S. 2 VwVG NW, da es an der Angemessenheit der Frist fehlt. Der Vollzug ist A innerhalb der Frist von drei Tagen billigerweise nicht zuzumuten.

Auswirkung strittig

Zur Auswirkung eines solchen Verstoßes sind zwei Meinungen vertretbar: 483

a) Zum einen kann angenommen werden, dass lediglich die *Frist wirkungslos* war; d.h., dass nach Ergehen eines den VA bestätigenden Urteils und vor der Vollstreckung nur eine neue Frist zu setzen ist (Argument: Regelung des § 31 VII VwVfG NRW).

b) Andererseits wird (konsequent) angenommen, dass die *Androhung rechtswidrig* war und vor einer Vollstreckung vollständig wiederholt werden muss.

b) Numerus clausus der Zwangsmittel

Problem: n.c. der Zwangsmittel; Abgrenzung Androhung - Ankündigung

Ein weiteres Problem kann sich im Rahmen des § 63 III S. 1 VwVG NW ergeben, wonach sich die Androhung auf bestimmte Zwangsmittel zu beziehen hat: Vor allem hier kann sich die Tatsache des numerus clausus der Zwangsmittel, § 57 I VwVG NW auswirken. 484

Fallbeispiel

Bsp.: *Auf dem Abraumgrundstück des Kiesgrubenbesitzers A sind starke Ölverschmutzungen durch die Förderfahrzeuge vorhanden.*

Die zuständige Behörde gibt ihm daher auf, diese Rückstände zu beseitigen. Dem Großunternehmer A ist dies aber zu teuer. Deshalb legt er die Verfügung unter der Ablage „Auf-nimmer-Wiedersehen“ (Papierkorb) ab.

Kurze Zeit später droht ihm die Behörde schriftlich an, seine Kiesgrube zu schließen, falls er die Verschmutzung nicht innerhalb von 14 Tagen beseitigt.

A sieht nun seine Einnahmen gefährdet und fragt an, was es mit dieser „Androhung" auf sich habe, wie ernst sie zu nehmen sei und was er zu befürchten habe.

Ausgangspunkt

Es wäre verfehlt, hier anzunehmen, dass diese „Androhung nach § 63 VwVG NW" rechtswidrig sei, weil der „angedrohte unmittelbare Zwang" unverhältnismäßig sei, da eine Ersatzvornahme als milderes Mittel in Betracht komme.

Es handelt sich bei der beabsichtigten Maßnahme weder um unmittelbaren Zwang, noch ist das zweite Schreiben der Behörde eine Androhung i.S.d. Vollstreckungsrechts:

Hier hat die Behörde versucht, die Beseitigung *mittelbar* durch *Ausübung von Druck* auf ein ganz anderes Rechtsgut (das Geld des A) zu erreichen. Ein solcher Druck kann aber *nur* durch das Zwangsmittel Zwangsgeld (§§ 57 I Nr. 2, 60 VwVG NW) ausgeübt werden ⇨ numerus clausus der Zwangsmittel.

keine vollstreckungsrechtliche Androhung

Deshalb ist das zweite Schreiben auch nicht als Androhung (Maßnahme der Zwangsvollstreckung), sondern als *nicht verbindliche Ankündigung eines neuen, selbständigen Grund-VA* anzusehen.[439] Erst dann, wenn *dieser VA* tatsächlich *ergangen* ist, kann er später vollstreckt werden (§ 55 I VwVG NW), sodass A vorerst keine Schließung zu befürchten hat.

hemmer-Methode: Sie befinden sich in dieser Konstellation also nicht im Rahmen einer Androhung im Vollstreckungsrecht.
Bei der Annahme einer Solchen handelt es sich um einen häufigen, aber vermeidbaren Klausurfehler.

3. Rechtmäßigkeit von Kostenbescheiden nach dem VwVG NW

Rm. von Kostenbescheiden

Gem. § 77 I VwVG NW i.V.m. VO VwVG NRW können für bestimmte Amtshandlungen im Vollstreckungsverfahren Kosten erhoben werden. 485

Vornehmlich kommt die Kostenerhebung für eine durchgeführte Ersatzvornahme nach § 59 I VwVG NW in Betracht. Es empfiehlt sich für die Prüfung der Rechtmäßigkeit eines solchen Kostenbescheides folgender Aufbau:

Übersicht: Rm. eines Kostenbescheides für eine Ersatzvornahme

Rechtmäßigkeit eines Kostenbescheides für eine Ersatzvornahme nach § 59 I VwVG NW

A. Rechtsgrundlage

§§ 59 I, 77 I VwVG NW i.V.m. § 20 II S. 1 und 2 Nr. 7 VO VwVG NRW

B. Formelle Rechtmäßigkeit

I. Zuständigkeit: die Behörde, die gehandelt (§ 56 I VwVG NW) hat, ist auch für die Kosten zuständig

II. Verfahren: Anhörung entbehrlich nach § 28 II Nr. 5 VwVfG NW

III. Form

439 Ähnliche Fälle: Schwerdtfeger, Rn. 132 ff.; Vogel, JuS 1961, 93; JA 1969,109; Erbel, JuS 1971, 35.

C. Materielle Rechtmäßigkeit

I. Rechtfertigung dem Grunde nach:

1. Maßnahme, deren Kosten geltend gemacht werden, muss selbst rechtmäßig sein (=> inzidente Prüfung der Rechtmäßigkeit der Ersatzvornahme),
2. Übereinstimmung der Ersatzvornahme:
   a) mit der vom Kläger im Grund-VA verlangten Handlung
   b) mit der erfolgten Androhung

II. Rechtfertigung der Höhe nach, insbesondere Problem der Kostennachforderung

III. richtiger Kostenschuldner, § 59 I VwVG NW „auf Kosten des Betroffenen"

a) Rechtsgrundlage

Rechtsgrundlage

Rechtsgrundlage eines Kostenbescheides für eine vorgenommene Ersatzvornahme ist §§ 59 I, 77 VwVG NW, § 20 II S. 1 und 2 Nr. 7 VO VwVG NRW. 486

b) Formelle Rechtmäßigkeit

formelle Rm. / Zuständigkeit

Die Zuständigkeit für den Erlass des Kostenbescheids hängt mit der Zuständigkeit für die Ersatzvornahme zusammen: Die Behörde, die die Ersatzvornahme durchgeführt hat (§ 56 I VwVG NW) erhebt auch die Kosten. 487

c) Materielle Rechtmäßigkeit

aa) Rechtfertigung dem Grunde nach

(1) Rechtmäßigkeit der Ersatzvornahme

Rm. der Ersatzvornahme selbst

Der Kostenbescheid ist nur dann rechtmäßig, wenn auch die Vollstreckungsmaßnahme, für die die Kosten erhoben werden, rechtmäßig ist.

An dieser Stelle muss daher eine komplette Rechtmäßigkeitsprüfung der Vollstreckungsmaßnahme in oben dargestellter Weise erfolgen.[440] 488

hemmer-Methode: Hier liegt regelmäßig der Klausurschwerpunkt. *Denkbar* ist, dass die Ersatzvornahme (VA) bereits durch Ablauf der Rechtsmittelfristen unanfechtbar und somit *bestandskräftig* geworden ist. Dann kann sich der Betroffene im Rahmen der Anfechtung des Kostenbescheids nicht mehr auf die Rechtswidrigkeit, sondern allenfalls noch auf eine denkbare Nichtigkeit berufen - dies wird häufig übersehen; dies ist insbesondere zu beachten, wenn der Kläger sich in der Sachverhaltsangabe auffällig über die „eindeutige Rechtswidrigkeit der Ersatzvornahme" auslässt.

440 Rn. 467.

(2) Übereinstimmung

Übereinstimmung

Die durchgeführte Ersatzvornahme muss in jedem Fall mit der vom Kläger im Grund-VA verlangten Handlung übereinstimmen sowie im gleichen Umfang, wie sie tatsächlich vorgenommen wurde, angedroht worden sein. 489

bb) Rechtfertigung der Höhe nach

Kostenhöhe

Hinsichtlich der Höhe der verlangten Kosten und dem Problem der Nachforderung von Kosten gilt das unter Rn. 326 Ausgeführte. 490

cc) richtiger Kostenschuldner

Kostenschuldner

Kostenschuldner ist, sofern es um die Kosten einer Ersatzvornahme geht, gemäß § 59 I VwVG NW der Betroffene, d.h. der zur Vornahme der vertretbaren Handlung Verpflichtete. 491

III. Verletzung subjektiv-öffentlicher Rechte

Verletzung in subj.-öffentl. Recht

Für alle hier abgehandelten, mit der Anfechtungsklage angegriffenen Maßnahmen ist nach § 113 I S. 1 VwGO zu prüfen, ob der Kläger durch die rechtswidrige Maßnahme in einem subjektiv-öffentlichen Recht verletzt ist. Nur dann ist die Anfechtungsklage auch begründet. 492

hemmer-Methode: Denken Sie an den Obersatz und vergessen Sie diesen Prüfungspunkt nicht, falls die angegriffene Maßnahme sich tatsächlich als rechtswidrig herausstellt!

ergibt sich aus Adressatenstellung

Als Adressat einer rechtswidrigen Maßnahme ist der Kläger grundsätzlich zumindest in seinem Grundrecht aus Art. 2 I GG verletzt.[441]

441 Hemmer/Wüst, Verwaltungsrecht I, Rn. 399 ff.

§ 2 DIE ORDNUNGSBEHÖRDLICHE VERORDNUNG

Befugnisnorm in VO

Wie bereits erwähnt, können auch Verordnungen, insbesondere VOen nach dem OBG NRW Befugnisnormen enthalten, auf deren Grundlage dann Verwaltungsakte ergehen können. Die Ermächtigung zum Erlass einer VO ermächtigt den „Verordnungsgeber" auch dazu, eine Solche mit entsprechenden Befugnissen auszustatten. 493

A. Rechtsschutz gegen eine rechtswidrige VO

Rechtsschutz: keine Normenkontrolle in NRW

Da in Nordrhein-Westfalen keine landesrechtliche Bestimmung i.S.d. § 47 I Nr. 2 VwGO existiert, findet eine Normenkontrolle gegen ordnungsbehördliche Verordnungen nicht statt. Dem Bürger bleibt grundsätzlich nur die Möglichkeit, den auf der Grundlage der Verordnung erlassenen VA anzufechten. Das Gericht überprüft dann *inzident* die Rechtmäßigkeit der VO als Ermächtigungsgrundlage für den VA. 494

Zulässigkeit

Richtet sich der Bürger im Wege der Anfechtungsklage gegen einen VA, der aufgrund einer ordnungsbehördlichen VO ergangen ist, so ergeben sich im Rahmen der Zulässigkeit der Anfechtungsklage keine Besonderheiten gegenüber den Ausführungen in § 1 des Skriptes. 495

Begründetheit

In der Begründetheit ist dann innerhalb der Überprüfung der Rechtmäßigkeit des VA unter dem Prüfungspunkt „materielle Rechtmäßigkeit - Wirksamkeit der Ermächtigungsgrundlage" die Rechtmäßigkeit der VO zu prüfen, es kommt also zu einer *Schachtelprüfung*:

Ausnahmsweise: allgemeine Feststellungsklage

Findet ein Einzelvollzug gerade nicht statt, so fehlt auch die Möglichkeit einer solchen inzidenten Normenkontrolle. Um den Bürger in diesen Fällen nicht rechtsschutzlos zu stellen, ist nach neuerer Rechtsprechung eine allgemeine Feststellungsklage statthaft, wenn gleichzeitig ein schwerer Grundrechtseingriff vorliegt.[442]

Prüfungsschema

VA aufgrund ordnungsbehördlicher VO:

I. Ermächtigungsgrundlage für VA: ordnungsbehördliche VO

II. Formelle Rechtmäßigkeit des VA

III. Materielle Rechtmäßigkeit des VA

- **1.** Wirksamkeit der Ermächtigungsgrundlage (VO)
  - **a)** Ermächtigungsgrundlage für VO
  - **b)** Formelle Rechtmäßigkeit der VO
  - **c)** Materielle Rechtmäßigkeit der VO
    - **aa)** Ermächtigungsgrundlage für VO wirksam
    - **bb)** Subsumtion der VO unter ihre Ermächtigungsgrundlage
  - **d)** Ermessen bezüglich VO (Verstoß der VO gegen höherrangiges Recht)
- **2.** Subsumtion des VA unter die VO

IV. Ermessen bezüglich Erlass des VA (Vereinbarkeit des VA mit höherrangigem Recht)

442 BVerfGE 115, 81 (91); Götz/Geis, Allg. Polizei- und Ordnungsrecht, § 25, Rn. 50; Geis, in FS Schenke 2011, 709; Hufen § 18 Rn. 8.

VO unwirksam → VA rechtswidrig

Stellt sich bei dieser Inzidentkontrolle heraus, dass die VO unwirksam ist, ist der (eigentlich) angegriffene VA *rechtswidrig,* da er ohne Rechtsgrundlage (Befugnis) erlassen wurde. 496

VO gilt aber fort!

Die Fortgeltung der VO hingegen wird durch ein insoweit ergehendes Urteil *nicht* berührt!

In Bezug auf die inzident festgestellte Unwirksamkeit der VO erwächst das Urteil *nicht in Rechtskraft*.

Um die unwirksame VO zu beseitigen, ist entweder die Aufhebung durch die zuständige Behörde selbst oder ein Urteil in einem Verfassungsbeschwerdeverfahren nötig.

B. Begründetheit einer Anfechtungsklage gegen einen VA, der aufgrund einer VO ergangen ist

Einzelheiten

Im Einzelnen verläuft die Begründetheitsprüfung der Anfechtungsklage folgendermaßen: 497

Obersatz

Die Anfechtungsklage ist begründet, wenn der VA rechtswidrig ist und der Kläger dadurch in seinen Rechten verletzt ist, § 113 I S. 1 VwGO.

I. Ermächtigungsgrundlage für VA

Ermächtigungsgrundlage für VA

Die Ermächtigungsgrundlage für den Erlass des VA ist die ordnungsbehördliche Verordnung. 498

II. Formelle Rechtmäßigkeit des VA

formelle Rechtmäßigkeit des VA

Die Überprüfung der formellen Rechtmäßigkeit des VA erfolgt nach der gewohnten Vorgehensweise. Es ist auf die Zuständigkeit der Behörde für den Erlass des VA, die Einhaltung des ordnungsgemäßen Verfahrens und die Beachtung der Formvorschriften einzugehen. 499

III. Materielle Rechtmäßigkeit des VA

materielle Rechtmäßigkeit des VA

Der VA ist nur dann rechtmäßig, wenn er auf eine wirksame Ermächtigungsgrundlage gestützt werden kann. Da die Ermächtigung für den Erlass des VA in einer ordnungsbehördlichen VO enthalten ist, müsste die VO daher ihrerseits rechtmäßig sein. 500

hemmer-Methode: An dieser Stelle wird also in das allgemeine Prüfungsschema „Rechtmäßigkeit des VA" die Rechtmäßigkeitsprüfung der VO nach dem Baukastenprinzip eingefügt.
Die Stufenprüfung ist häufig ein Schwerpunkt in Klausuren. Sie stellt eine zusätzliche, manch einen Klausurersteller faszinierende Möglichkeit dar, Wissen und Systemverständnis abzufragen.

1. Wirksamkeit der Verordnung

Überblick - Prüfungsaufbau

Eine Verordnung ist ungültig und damit grundsätzlich nichtig, wenn sie mit formellen oder materiellen Fehlern behaftet ist. Die Prüfung einer ordnungsrechtlichen VO gestaltet sich ebenso wie die Rechtmäßigkeitsprüfung eines VA schematisch. Zunächst soll hier ein Überblick in Form eines Aufbauschemas zur GefahrenabwehrVO gegeben werden.[443] 501

443 Vgl. zur Prüfung ordnungsbehördlicher Verordnungen auch Geis, Fälle zum Polizei und Ordnungsrecht, Fall 3 und Fall 20.

Prüfungsaufbau

Gültigkeit einer Gefahrenabwehrverordnung:

I. Ermächtigungsgrundlage
- **1.** Spezial-gesetzlich
- **2.** Generalermächtigung, §§ 25, 27 I OBG NRW

II. Formelle Rechtmäßigkeit
- **1.** Zuständigkeit
  - **a)** Sachlich, § 1 OBG NRW
  - **b)** Verbandskompetenz, §§ 27 II - IV OBG NRW
  - **c)** Organkompetenz, § 27 IV OBG NRW
- **2.** Verfahren
  - **a)** Ordnungsgemäße Beschlussfassung, §§ 47 ff. GO NRW, 32 ff. KrO NRW
  - **b)** Ausfertigung und Verkündung, § 33 OBG NRW
  - **c)** Inkrafttreten, § 34 OBG NRW
- **3.** Form, § 30 OBG NRW

III. Materielle Rechtmäßigkeit
- **1.** ggf. Gültigkeit der Ermächtigungsgrundlage selbst
- **2.** Subsumtion unter die Ermächtigungsgrundlage

IV. Ermessen, §§ 16, 15 OBG NRW
insbesondere Vereinbarkeit der VO mit höherrangigem Recht

a) Ermächtigungsgrundlage für VO

spezial-gesetzliche Ermächtigung

Neben den im OBG NRW für das allgemeine Ordnungsrecht geregelten Ermächtigungsgrundlagen gibt es auch Regelungen in speziellen Gesetzen. 502

Generalermächtigung der §§ 25, 27 I OBG NRW

Soweit keine spezialgesetzliche Ermächtigungsgrundlage für den Erlass einer ordnungsbehördlichen VO existiert, ist auf die Generalermächtigung der §§ 25, 27 I OBG NRW für den Erlass einer GefahrenabwehrVO zurückzugreifen. Danach sind die Ordnungsbehörden befugt, zur Abwehr von Gefahren für die öffentliche Sicherheit oder Ordnung VOen zu erlassen.

b) Formelle Rechtmäßigkeit der Verordnung

formelle Rechtmäßigkeit

Im Rahmen der formellen Rechtmäßigkeit von ordnungsrechtlichen Verordnungen stellen die Zuständigkeit der die Verordnung erlassenden Ordnungsbehörde sowie die Einhaltung des vorgeschriebenen Verfahrens die Hauptprüfungspunkte dar. 503

hemmer-Methode: Der formellen Rechtmäßigkeitsprüfung einer VO kommt eine weitaus größere Bedeutung zu als der Prüfung der formellen Rechtmäßigkeit eines VA. Insbesondere beim „Verfahren" sind häufig eine Vielzahl einzelner Verfahrensvoraussetzungen abzuprüfen. Sprechen Sie aber auch hier immer nur die problematischen Punkte umfassender an!

aa) Zuständigkeit

Zuständigkeit

Im Rahmen der Zuständigkeitsprüfung ist zwischen der sachlichen Zuständigkeit sowie der Verbandskompetenz und der Organkompetenz zu differenzieren. 504

(1) sachliche Zuständigkeit

sachliche Zuständigkeit, § 1 I OBG NRW

Die sachliche Zuständigkeit für den Erlass einer GefahrenabwehrVO ergibt sich aus § 1 I OBG NRW, da mit der VO, wie der Name bereits sagt, die Abwehr von Gefahren für die öffentliche Sicherheit oder Ordnung bezweckt wird. 505

(2) Verbandskompetenz

Verbandskompetenz, §§ 27 II - IV bzw. 26 OBG NRW

Die Verbandskompetenz bestimmt den *Verband*, folglich die juristische Person, die zum Erlass der entsprechenden VO ermächtigt ist. Sie ergibt sich grundsätzlich aus der jeweiligen, der entsprechenden Verordnung zugrunde liegenden Ermächtigungsgrundlage. Im Rahmen der Klausur ist die jeweils in Betracht kommende Ermächtigungsgrundlage aufzusuchen, um daraus zu ermitteln, welche juristische Person als Verband zuständig ist. 506

Nach der Generalermächtigung des OBG NRW liegt die Verbandskompetenz bei den *Gemeinden*, den *Kreisen* und *Bezirken* (§ 27 II - IV OBG NRW) bzw. dem Innenministerium, § 26 OBG NRW.

(3) Organkompetenz

Organkompetenz, § 27 IV S. 1 OBG NRW

Die Organkompetenz bestimmt, welches *Organ* des entsprechenden zuständigen Verbandes zum VO-Erlass zuständig ist. § 27 IV S. 1 OBG NRW legt die Organkompetenz für Verordnungen der Gemeinden und Kreise auf der Grundlage des OBG NRW sowie anderer Rechtsvorschriften fest. Sie liegt bei den Kollegialorganen *Gemeinderat* und *Kreistag*. 507

bb) Verfahren beim VO-Erlass

Verfahren

Das OBG NRW normiert in den §§ 33, 34 besondere Vorschriften für das Verfahren beim Erlass ordnungsrechtlicher Verordnungen. Diese werden insbesondere hinsichtlich der Beschlussfassung seitens der jeweiligen Kollegialorgane durch die entsprechenden Regelungen der Kommunalgesetze ergänzt. 508

(1) Ordnungsgemäße Beschlussfassung

Beschlussfassung bei Kollegialorganen

Die Beschlussfassung des jeweiligen Kollegialorgans regelt sich grundsätzlich nach den Vorschriften, die für das Organ gelten, das die Verordnung erlässt. 509

Für den Gemeinderat sind dies die §§ 47 ff. GO NRW, für den Kreistag die §§ 32 ff. KrO NRW.

hemmer-Methode: Die Beschlussfassung des jeweils zuständigen Kollegialorgans über eine VO stellt in Ordnungsrechtsklausuren meist die *Brücke in das Kommunalrecht* dar. Examensklausuren prüfen i.d.R. nicht nur ein isoliertes Gebiet des Verwaltungsrechts ab, sondern kombinieren zunehmend mehrere Gebiete des besonderen mit dem allgemeinen Verwaltungsrecht.

Erarbeiten Sie sich daher parallel zur VO-Prüfung die Beschlussfassung kommunaler Kollegialorgane in Hemmer/Wüst, Kommunalrecht NRW, Rn. 189 ff.

(2) Ausfertigung und Verkündung

Ausfertigung und Verkündung, § 33 OBG NRW

Die Ausfertigung und Verkündung (Bekanntmachung) einer ordnungsrechtlichen Verordnung richten sich nach § 33 OBG NRW. Die Norm verweist insofern auf § 7 IV GO i.V.m. den §§ 3, 4 der BekanntmVO. 510

(3) Inkrafttreten

Inkrafttreten, § 34 OBG NRW

Nach § 34 OBG NRW treten Verordnungen im Normalfall eine Woche nach ihrer Verkündung in Kraft. Es kann aber auch nach S. 1 ein späterer Zeitpunkt bestimmt werden. Ein früherer Zeitpunkt soll hingegen gemäß S. 2 nur dann bestimmt werden, wenn es im öffentlichen Interesse geboten ist; der Zeitpunkt darf jedoch frühestens der auf die Bekanntgabe folgende Tag sein. 511

cc) Form

Form

Hinsichtlich der Form sind die von § 30 OBG NRW gestellten Anforderungen zu beachten. 512

c) Materielle Rechtmäßigkeit der VO

materielle Rechtmäßigkeit

Im Rahmen der Prüfung der materiellen Rechtmäßigkeit einer ordnungsrechtlichen Verordnung ist nur in Ausnahmefällen *auch* die *Gültigkeit der Ermächtigungsgrundlage* zu prüfen. Der Schwerpunkt liegt auf der Subsumtion der zu kontrollierenden VO unter ihre Ermächtigungsgrundlage. 513

aa) Gültigkeit der Ermächtigungsgrundlage

Rechtmäßigkeit der Ermächtigungsgrundlage

Eine Verordnung kann ihrerseits nur auf eine gültige Ermächtigungsgrundlage gestützt werden. Die Prüfung der Rechtmäßigkeit der Ermächtigungsgrundlage selbst spielt in rein ordnungsrechtlich orientierten Klausuren regelmäßig keine Rolle. Soweit an deren Gültigkeit keine Zweifel bestehen, stellt man dies mit einem Satz kurz fest. 514

Sollten jedoch im Sachverhalt Hinweise vorhanden sein, dass schon Zweifel an der Rechtmäßigkeit der Ermächtigungsgrundlage bestehen (z.B. durch die im Sachverhalt geschilderten Rechtsauffassungen) so ist darauf näher einzugehen.

hemmer-Methode: In der Klausur ist die Überprüfung der Gültigkeit einer Ermächtigungsgrundlage die *Schnittstelle zum Staatsrecht*. Hier fügt sich die Überprüfung der Gültigkeit eines formellen Gesetzes ein. Verordnungsklausuren lassen sich ideal mit Staatsrechtsklausuren kombinieren. Lesen Sie zur Überprüfung der Rechtmäßigkeit von Gesetzen Hemmer/Wüst, Staatsrecht II, Rn. 144!

Prüfungsreihenfolge

Für die Prüfung der Rechtmäßigkeit der Ermächtigungsgrundlage empfiehlt sich folgende allgemeine Prüfungsreihenfolge:[444] 515

Ermächtigungsgrundlage

(1) Ermächtigungsgrundlage benennen

formelle Rechtmäßigkeit

(2) Formelle Rechtmäßigkeit:

(a) Hatte der die Ermächtigungsgrundlage erlassende Gesetzgeber überhaupt die *Gesetzgebungskompetenz*, Art. 70 ff. GG?

(b) Wurde das *Gesetzgebungsverfahren* korrekt durchgeführt, die Ermächtigungsgrundlage ordnungsgemäß ausgefertigt und verkündet, Art. 76 ff. GG?

materielle Rechtmäßigkeit

(3) materielle Rechtmäßigkeit

Hier ist die *Vereinbarkeit* der *Ermächtigungsgrundlage mit höherrangigem Recht* zu untersuchen.

Vereinbarkeit mit höherrangigem Recht

(a) Zunächst sind die allgemeinen Gültigkeitsanforderungen eines Gesetzes hinsichtlich der inhaltlichen Vereinbarkeit mit höherrangigem Recht zu prüfen:

⇨ Vereinbarkeit mit dem GG, insbesondere Grundrechten.

⇨ Landesgesetzliche Ermächtigungsgrundlagen müssen zudem mit der Landesverfassung konform sein.

(b) Darüber hinaus müssen noch die speziellen Gültigkeitsanforderungen an eine Ermächtigungsgrundlage geprüft werden.

Steigerung zum Parlamentsvorbehalt?

(aa) Durfte der Gesetzgeber überhaupt an die Exekutive delegieren oder besteht ein *Parlamentsvorbehalt* zugunsten des Gesetzgebers?

Wesentlichkeitstheorie

Die wesentlichen Entscheidungen muss der Gesetzgeber selbst treffen, sog. *Wesentlichkeitstheorie*. Kriterium für die Wesentlichkeit ist die Intensität des Grundrechtseingriffes. Einen Eingriff in den Kernbereich eines Grundrechts darf der Gesetzgeber nur selbst vornehmen.

Bestimmtheit

(bb) Bundesgesetzliche Verordnungsermächtigungen müssen nach *Inhalt, Zweck und Ausmaß* hinreichend bestimmt sein, Art. 80 I 2 GG. Dies gilt aufgrund des Homogenitätsgebots des Art. 28 I GG auch für landesrechtliche Verordnungsermächtigungen, vgl. Art. 70 S.2 LVerf NRW.

hemmer-Methode: Hier zeigt sich einmal mehr: Öffentliches Recht funktioniert häufig nach dem „Baukastenprinzip". Ein gutes Systemverständnis ist daher in öffentlich-rechtlichen Klausuren äußerst hilfreich!

bb) Subsumtion unter die Ermächtigungsgrundlage

Subsumtion unter Ermächtigungsgrundlage

Die angegriffene Verordnung ist unter ihre Ermächtigungsgrundlage zu subsumieren. 516

444 Dazu im Einzelnen Schwerdtfeger, Rn. 418 ff.

(1) spezial-gesetzliche Ermächtigungsgrundlage

Besondere Vorkenntnisse bezüglich solcher Befugnisnormen sind so gut wie ausgeschlossen. 517

Es kommt daher allein auf gekonnte (also genaue) Subsumtionsarbeit an.

hemmer-Methode: Um in der Klausur eine über dem Durchschnitt liegende Leistung zu erzielen, ist es nicht erforderlich, sämtliche Ermächtigungsgrundlagen mit den jeweiligen Einzelproblemen auswendig zu lernen. Diesen Wissensstand mit adäquatem Aufwand zu erreichen, wird für den „Normalsterblichen" sowieso außerhalb seiner menschlichen Fähigkeiten liegen.
Deshalb ist der beste Freund des/der Juristen/in das Gesetz.
Wer effektiv arbeitet, sucht systematisch die entsprechende Ermächtigungsgrundlage auf :
In welchem Rechtsgebiet wurzelt die Klausur - spezielles oder allgemeines Ordnungsrecht? Welches Gesetz gilt für das Rechtsgebiet? Welche Systematik steckt hinter dem einschlägigen Gesetz? - Dies lässt sich oft durch einen Blick in die Inhaltsübersicht bzw. durch Nachlesen der einzelnen Abschnittsüberschriften ermitteln. In welchem Abschnitt könnte sich eine entsprechende Ermächtigungsnorm systematisch befinden? Festlegung der in Betracht kommenden Norm. Danach subsumiert man sie mit juristischem Verstand. Das Gedächtnis sollte nicht als Festplatte zweckentfremdet, sondern im jeweiligen konkreten Einzelfall zum *Denken* genutzt werden. „Speichern" Sie die juristische *Systematik* und häufig wiederkehrende, nicht aber unnütze Einzelheiten!

(2) Generalermächtigung der §§ 25, 27 I OBG NRW als Ermächtigungsgrundlage

§§ 25, 27 I OBG NRW

Handelt es sich um eine auf die §§ 25, 27 I OBG NRW gestützte GefahrenabwehrVO, ist das Vorliegen der folgenden Voraussetzungen zu prüfen: 518

Abgrenzung zur Allgemeinverfügung

(a) Handelt es sich um eine VO im Sinne des § 25 S. 1 OBG NRW?

Verordnungen sind Gebote oder Verbote, die

⇨ für eine unbestimmte Anzahl von Fällen

⇨ an eine unbestimmte Anzahl von Personen gerichtet sind.

An dieser Stelle erfolgt die Abgrenzung zur Allgemeinverfügung i.S.d. § 35 I S. 2 VwVfG NRW, die sich im Gegensatz zur VO an einen *bestimmbaren Adressatenkreis* richtet.

Abwehr abstrakter Gefahren

(b) VO zum Zwecke der Abwehr abstrakter Gefahren, §§ 27 I, 25 OBG NRW

Die VO muss gemäß § 27 I OBG NRW der Abwehr von Gefahren für die öffentliche Sicherheit oder Ordnung dienen. § 27 I OBG NRW meint im Gegensatz zu § 14 I OBG NRW keine konkrete (im Einzelfall bestehende) Gefahr, sondern eine *abstrakte* Gefahr. Dies ergibt sich aus der Formulierung in § 25 OBG NRW, wonach die VO eine unbestimmte Vielzahl von Fällen regeln soll.

Eine abstrakte Gefahr besteht, wenn ein Lebenssachverhalt nach der allgemeinen Lebenserfahrung generell geeignet ist, mit hinreichender Wahrscheinlichkeit eine konkrete Gefahr herbeizuführen, vgl. Rn 200.

2. Subsumtion unter VO

Nachdem Sie die Rechtmäßigkeit der VO festgestellt haben, müssen Sie sodann im Einzelfall noch prüfen, ob der VA von der VO getragen wird, also der VA den Anforderungen der VO genügt.

IV. Ermessen bezüglich des VA

Ermessen bezügl. VA

Letztlich ist noch die ordnungsgemäße Ermessensausübung der Behörde beim Erlass des VA zu überprüfen, §§ 16, 15 OBG NRW, vgl. dazu Rn. 437 ff. 523

V. Rechtsverletzung

Rechtsverletzung

Stellt sich die Rechtswidrigkeit des VA heraus und ist der Kläger dadurch in seinen Rechten verletzt (zur Begründung Adressatenstellung heranziehen!), so ist die Anfechtungsklage begründet. 524

§ 3 DIE VERPFLICHTUNGSKLAGE, § 42 I ALT. 2 VWGO

Bedeutung der Verpflichtungsklage im Ordnungsrecht

Die Verpflichtungsklage spielt in Klausuren im Bereich des *allgemeinen* Ordnungsrechts eher eine untergeordnete Rolle. Sie kommt in Betracht, wenn sich das Klagebegehren auf den Erlass eines VA nach dem OBG NRW richtet oder wenn eine Genehmigung aufgrund einer ordnungsrechtlichen VO begehrt wird. *525*

Ungleich größer ist ihre Bedeutung für Klausuren, die *besondere*s Ordnungsrecht (insbesondere Baurecht, Immissionsschutzrecht, Gewerberecht) zum Gegenstand haben, soweit es etwa um die Versagung von Genehmigungen oder nachbarrechtliche Probleme geht. Im Rahmen dieses Skripts, das sich auf das allgemeine nordrhein-westfälische Ordnungsrecht konzentriert, soll daher insoweit nur auf die wesentlichen Punkte eingegangen werden[445].

ÜBERSICHT zur Verpflichtungsklage:
siehe bereits oben, Rn. 349.

A. Eröffnung des Verwaltungsrechtswegs

§ 40 I VwGO: öffentl.-rechtl. Streitigkeit? ⇨ Dreierschritt

Greift keine aufdrängende Sonderzuweisung, so wird die Generalklausel des § 40 I VwGO geprüft. Bei der Überprüfung wird hinsichtlich der Frage nach dem Vorliegen einer öffentlich-rechtlichen Streitigkeit am besten nach folgendem Dreierschritt vorgegangen:[446] *526*

1. Schritt: Festlegung des Streitgegenstandes

2. Schritt: Festlegung der Streit entscheidenden Normen (Zuordnung)

3. Schritt: Qualifikation der Streit entscheidenden Normen

Ordnungsrechtliche Normen sind grundsätzlich öffentlich-rechtlicher Natur.

B. Zulässigkeit

I. Verpflichtungsklage als statthafte Klageart, § 42 I Alt. 2 VwGO

Statthaftigkeit der Verpflichtungsklage

Die Verpflichtungsklage ist statthaft, wenn der Kläger mit seiner Klage den Erlass eines *VA* begehrt und noch *keine Erledigung* in der Hauptsache eingetreten ist. Die Verpflichtungsklage ist also einerseits von der allgemeinen Leistungsklage (Klagebegehren: andere Leistung als VA), andererseits von der Fortsetzungsfeststellungsklage (bei Erledigung) abzugrenzen. *527*

---

445 Zur Vertiefung des besonderen Ordnungsrechts: Umfassende Darstellung der wesentlichen Problematiken in Hemmer/Wüst, Verwaltungsrecht II, Rn. 1 ff.; zum nachbarschaftlichen Rechtsschutz im Bauordnungsrecht Steiner, BauR, Nr. 85 ff.

446 Vgl. Hemmer/Wüst, Verwaltungsrecht II, Rn. 5.

"EXKURS FÜR FORTGESCHRITTENE":

richtige Klageart zur Bewirkung des Endes einer Wiedereinweisung

Wird die im Rahmen der Wiedereinweisung Obdachloser von der Ordnungsbehörde einzuhaltende zeitliche Befristung[447] überschritten, stellt sich die Frage, mit welcher Klageart der Hauseigentümer das Ende der Beschlagnahme seiner Wohnung herbeiführen kann. 528

In Betracht kommen:

⇨ die allgemeine Leistungsklage auf Herausgabe der Wohnung oder

⇨ die Verpflichtungsklage auf Erlass eines Ausweisungs-VA an die Bewohner.

h.M.: FBA ⇨ allg. Leistungsklage

Es handelt sich im Verhältnis Hauseigentümer/Behörde um einen *Folgenbeseitigungsanspruch*, der nach h.M.[448] *mit der allgemeinen Leistungsklage* geltend zu machen ist (vgl. auch die Regelung in § 113 IV VwGO). Dass die Behörde ihrer Verpflichtung in der Regel durch einen Ausweisungs-VA an die Bewohner nachkommen wird, muss insoweit unbeachtlich sein. Der Erlass dieses VA stellt nur die *Erfüllung* des Folgenbeseitigungsanspruchs dar; die Behörde kommt also durch den VA nur ihrer Pflicht gegenüber dem Hauseigentümer nach.[449]

Die Verpflichtungsklage ist hier somit *nicht* statthaft. Statthafte Klageart ist die allgemeine Leistungsklage.

EXKURS ENDE

II. Klagebefugnis, § 42 II VwGO

Klagebefugnis

Die Klagebefugnis ist nach der *Möglichkeitstheorie* festzustellen. Sie ist zu bejahen, wenn nach dem eigenen Sachvortrag des Klägers durch den Nichterlass des begehrten VA eine Verletzung seiner subjektiv-öffentlichen Rechte zumindest *möglich erscheint*, d.h. nicht offensichtlich ausgeschlossen ist. 529

1. Ausgangspunkt: möglicher *Anspruch* des Klägers?

Ausgangspunkt

Zunächst ist zu untersuchen, ob eine Anspruchsgrundlage für den vom Kläger begehrten VA in Betracht kommt. Wird eine Genehmigung als eigene Begünstigung angestrebt, ist dies meist unproblematisch (z.B. § 75 I BauO NRW, §§ 6, 4 BImSchG, § 4 I GastG, §§ 30 ff. GewO). 530

2. Ermessen der Behörde

Ermessensnorm ⇨ Individualinteresse?

Ist der Behörde in der aufgefundenen, in Betracht kommenden Norm ein Ermessen eingeräumt, wie es im *OBG NRW* regelmäßig der Fall ist, so kann die Klagebefugnis nicht aus dem Ermessen selbst begründet werden. Nur der Tatbestand der Norm kann drittschützend sein. 531

447 Dazu bereits Rn. 440 sowie 442 im Rahmen der Anfechtungsklage, welche die richtige Klageart gegen die an den Wohnungseigentümer gerichtete Wiedereinweisungsverfügung ist.

448 Vgl. zur Anwendung auch i.R.d. Verpflichtungsklage Kopp/Schenke, § 113 VwGO, Rn. 86; § 42 VwGO, Rn. 41.

449 Vgl. Hemmer/Wüst, Verwaltungsrecht II, Rn. 20; Maurer, § 29, Rn. 9.

Voraussetzung hierfür ist allerdings immer, dass die Norm nicht nur die Interessen der Allgemeinheit schützen soll, sondern auch dem *Individualinteresse* des einzelnen Bürgers zu dienen bestimmt ist, was im Wege der Auslegung der in Betracht kommenden Norm zu ermitteln ist.

III. Klagegegner

Klagegegner

Die Verpflichtungsklage ist gemäß § 78 I Nr. 1 VwGO gegen den Rechtsträger der den Verwaltungsakt unterlassenden Behörde zu richten. Im Fall der örtlichen Ordnungsbehörden ist dies die Gemeinde (vgl. Rn. 418). 532

IV. Sonstige Sachurteilsvoraussetzungen

sonstige Sachurteilsvoraussetzungen

Bei den sonstigen Sachurteilsvoraussetzungen[450] tauchen keine ordnungsrechtsspezifischen Besonderheiten auf. Auch bei der Verpflichtungsklage ist das Vorverfahren i.d.R. entbehrlich, § 110 I S. 2 JustG NRW. 533

C. Beiladung

ggf. Beiladung

Bei mehrstufigen VAen kann eine notwendige Beiladung, § 65 VwGO, der am Genehmigungs-/Erteilungsverfahren zu beteiligenden Behörde in Betracht kommen.[451] 534

D. Begründetheit

Obersatz (!)

Obersatz: Die Verpflichtungsklage ist begründet, wenn die Ablehnung des VA rechtswidrig und der Kläger durch die Ablehnung des VA in seinen subjektiv-öffentlichen Rechten verletzt ist (§ 113 V VwGO). Dies ist der Fall, wenn der Kläger einen Anspruch auf den begehrten VA hat. 535

I. Anspruch auf Erlass eines VA aufgrund des OBG NRW

Aufbauschema

Anspruch auf Erlass eines VA aufgrund des OBG NRW 536

Der Kläger hat einen Anspruch auf Erlass des begehrten VA, wenn:

A. der begehrte VA auf eine **Anspruchsgrundlage** gestützt werden kann (die Ermächtigungsgrundlage für die Behörde ist zugleich die Anspruchsgrundlage für den Bürger, sofern diese drittschützend ist),

B. Formell

die Behörde zum Erlass zuständig ist,

- **I.** sachlich §§ 1, 3, 5 OBG NRW,
- **II.** örtlich § 4 OBG NRW,

C. Materiell

- **I.** die Voraussetzungen der Anspruchsgrundlage erfüllt sind und
- **II.** die Anspruchsgrundlage auch dem Interesse des Klägers dient

450 Dazu Hemmer/Wüst, Verwaltungsrecht II, Rn. 43 ff.

451 Vgl. Hemmer/Wüst, Verwaltungsrecht II, Rn. 54, sowie Hemmer/Wüst, Verwaltungsrecht I, Rn. 251 ff.

D. Ermessen

- **I.** Wenn der begehrte VA die ordnungsrechtlichen Handlungsgrundsätze wahren würde (§§ 16, 15 OBG NRW) und
- **II.** sich gegen den richtigen Adressaten richten würde (§§ 17, 18, 19 OBG NRW) und
- **III.** das Ermessen auf null reduziert ist.

hemmer-Methode: Bei einer Klausur mit prozessualem Aufbau wurde das Individualinteresse bereits bei der Klagebefugnis (s.o.) bejaht, sodass hier ein entsprechender Verweis ausreichend ist.

bei Anspruch auf fehlerfreie Ermessensentscheidung ⇨ Bescheidungsurteil

Sollte sich herausstellen, dass eine Ermessensreduzierung auf null *nicht* vorliegt, sondern lediglich ein Anspruch auf fehlerfreie Ermessensentscheidung besteht, so ergeht gemäß § 113 V S. 2 VwGO ein *Bescheidungsurteil*.[452] Nur im Falle einer Ermessensreduzierung auf null ergeht ein Vornahmeurteil auf Erlass des begehrten VA, § 113 V S. 1 VwGO. 537

II. Anspruch auf Erlass anderer VAe

Anspruch auf Erlass anderer VAe

Wird der Erlass eines Verwaltungsaktes aufgrund eines anderen Gesetzes (BauO NRW, BImSchG, GastG usw.) begehrt, so erfolgt die Prüfung nach folgendem Schema:[453] 538

Übersicht: Anspruch auf Erlass eines VA

Anspruch auf Erlass eines VA - Voraussetzungen

A. Benennung der **Anspruchsgrundlage**

B. Formell

- **I.** Ordnungsgemäßer Antrag des Bürgers[454]
- **II.** Zuständigkeit der Behörde
- **III.** Ggf. Mitwirkung anderer Behörden

C. Materiell

Subsumtion unter die Anspruchsgrundlage

- **I.** Besteht überhaupt Genehmigungspflichtigkeit?
- **II.** Genehmigungsfähigkeit

D. Bei **Ermessensnormen**: Ermessensreduzierung auf null bzw. Pflichtgemäße Ermessensausübung

Anspruchsgrundlagen

Klausurrelevante ordnungsrechtliche Anspruchsgrundlagen außerhalb des OBG NRW sind etwa: 539

- ⇨ §§ 75 I BauO NRW,
- ⇨ §§ 2 ff. GastG, 30 ff. GewO,
- ⇨ §§ 6, 19 BImSchG.

452 Vgl. Rn. 363 sowie Hemmer/Wüst, Verwaltungsrecht II, Rn. 57 ff.

453 Hierzu Hemmer/Wüst, Verwaltungsrecht II, Rn. 61 ff.

454 Nicht bei prozessualer Klausur: Hat der Kläger noch gar keinen Antrag gestellt, fehlt es bereits im Rahmen der Zulässigkeit am Rechtsschutzbedürfnis.

Genehmigungspflichtigkeit

Einige Vorhaben und Tätigkeiten sind aufgrund ihres geringen Umfangs oder einer nur geringen Gefahr für öffentliche und nachbarschaftliche Interessen *genehmigungsfrei* (so etwa §§ 65 - 67 BauO NRW oder § 4 I BImSchG), oder sie setzen lediglich eine *Anzeige* voraus (so etwa § 14 VersammlG, §§ 14 ff. GewO). Würde in einem solchen Fall trotzdem auf Erlass einer Genehmigung geklagt, so wäre die Klage unzulässig, weil schon das Rechtsschutzbedürfnis fehlen würde. *540*

Genehmigungsfähigkeit

Der Schwerpunkt der Klausur wird regelmäßig auf der Prüfung der Genehmigungsfähigkeit liegen.

III. Verletzung subjektiv-öffentlicher Rechte

Verletzung subj.-öffentl. Rechte

Wird der geltend gemachte Anspruch auf Erlass des VA oder ein Anspruch auf fehlerfreie Ermessensentscheidung bejaht, so hat die Ablehnung den Kläger in seinem subjektiv-öffentlichen Recht (auf Erlass bzw. auf fehlerfreie Ermessensausübung) verletzt, und die Verpflichtungsklage ist (ggf. teilweise) begründet. *541*

§ 4 FORTSETZUNGSFESTSTELLUNGSKLAGE (FFK), § 113 I S. 4 VWGO (ANALOG)

ÜBERSICHT zur Fortsetzungsfeststellungsklage:

siehe oben, Rn. 42.

A. Eröffnung des Verwaltungsrechtswegs und Zulässigkeit

§ 40 I VwGO u. Zulässigkeit

Die Eröffnung des Verwaltungsrechtswegs sowie die Zulässigkeit der FFK wurden bereits ausführlich im Rahmen des Polizeirechts abgehandelt.[455] 542

Bezüglich der ordnungsrechtlichen Besonderheiten sei im Wesentlichen auf die Ausführungen bei der Anfechtungsklage[456] verwiesen. Diese gelten gleichermaßen bei der FFK.

Erledigung regelmäßig bei Vollstreckungsmaßnahmen

Typischerweise werden wegen eingetretener Erledigung mit der FFK Vollstreckungsmaßnahmen nach dem VwVG NW angegriffen. Die FFK ist statthaft, da es sich bei Maßnahmen der Verwaltungsvollstreckung nach h.M. um VAe handelt (strittig, arg: § 112 JustG NRW, vgl. Rn. 60 ff.).

B. Begründetheit, § 113 I S. 4 VwGO

Begründetheit

Die Begründetheit der FFK wird nach der bekannten Vorgehensweise geprüft: 543

Obersatzbildung

Der Obersatz wird bei der FFK gebildet, indem der Obersatz der Anfechtungs- bzw. Verpflichtungsklage in die Vergangenheit gesetzt wird:

Die FFK ist begründet, wenn der erledigte VA rechtswidrig war und der Kläger dadurch in seinen Rechten verletzt wurde, bzw. wenn der Kläger einen Anspruch auf Erlass des begehrten VA (bei Ermessensnormen: Anspruch auf ermessensfehlerfreie Entscheidung) gehabt hätte.

I. Rechtswidrigkeit des erledigten VA bzw. Anspruch auf den versagten, erledigten VA

Hier gilt grundsätzlich dasselbe wie bei der Anfechtungs- und der Verpflichtungsklage. 544

Vollstreckungsmaßnahmen nach dem VwVG NW

Die Prüfung der Rechtmäßigkeit von Vollstreckungsmaßnahmen nach dem VwVG NW (Zwangsgeld, Ersatzvornahme, Ersatzzwangshaft, unmittelbarer Zwang, vgl. § 57 I VwVG NW) wurde bereits im Zusammenhang mit der Anfechtungsklage ausführlich behandelt.[457]

insbesondere Sofortvollzug

Mit der FFK wird der Betroffene insbesondere gegen Maßnahmen des Sofortvollzugs nach § 55 II VwVG NW vorgehen, da sich diese in der Regel erledigt haben, bevor der Betroffene hiervon Kenntnis erlangt hat. 545

455 Rn. 43 ff.; Hemmer/Wüst, Verwaltungsrecht II, Rn. 99 ff.

456 Rn. 411 ff.

457 Rn. 467 ff.

Wegen der Eilbedürftigkeit muss die Behörde sofort eingreifen, der Betroffene wird also vor vollendete Tatsachen gestellt. Ihm bleibt in dieser Situation nur die Möglichkeit, sich mit einer FFK gegen die Maßnahme zu wehren.

Aufbauschema

Rechtmäßigkeit einer Maßnahme des Sofortvollzugs

I. Ermächtigungsgrundlage
§§ 55 II, 57 I Nr. 1 - 3, 59 ff. VwVG NW

II. Formelle Rechtmäßigkeit

(nur) *Zuständigkeit* der Behörde, die für den fingierten Grund-VA zuständig wäre (§ 56 I VwVG NW), vgl. Wortlaut des § 55 II VwVG NW: „innerhalb ihrer Befugnisse";

III. Materielle Rechtmäßigkeit

1. Rechtmäßigkeit des fingierten Grund-VA (vgl. § 55 II VwVG NW: innerhalb ihrer Befugnisse)
2. besondere Voraussetzungen für den Sofortvollzug, § 55 II VwVG NW : zur Abwendung einer gegenwärtigen Gefahr
3. Voraussetzung des konkret angewendeten Zwangsmittels
4. ordnungsgemäße Anwendung bei unmittelbarem Zwang

IV. Ermessen

Bei der Prüfung einer Maßnahme des Sofortvollzugs ergeben sich inhaltlich keine Abweichungen gegenüber dem Polizeirecht, es sind lediglich anstelle der Normen des PolG NRW die entsprechenden Vorschriften des VwVG NW heranzuziehen.

II. Verletzung in subjektiv-öffentlichen Rechten

Schließlich muss die rechtswidrige Maßnahme bzw. die Ablehnung des VA den Kläger auch in seinen subjektiv-öffentlichen Rechten verletzt haben. 546

§ 5 ALLGEMEINE LEISTUNGSKLAGE[458]

Bedeutung der allg. Leistungsklage

Im Rahmen der allgemeinen Leistungsklage kann der Kläger all diejenigen Handlungen von Ordnungsbehörden verlangen, die nicht als VA mit der Verpflichtungsklage nach § 42 I Alt. 2 VwGO einzuklagen sind. Die Statthaftigkeit entscheidet sich daher mit der Prüfung, ob die begehrte Handlung VA-Qualität hat oder nicht. 547

Da die meisten begehrten Handlungen im Bereich des (allgemeinen) Ordnungsrechts als VAe qualifiziert werden, tritt die allgemeine Leistungsklage in Ordnungsrechtsklausuren in den Hintergrund.

„Obdachlosenfälle“

Wichtiger klausurrelevanter Fall der allgemeinen Leistungsklage im Ordnungsrecht ist folgende, bereits im Rahmen der Verpflichtungsklage angesprochene Fallkonstellation:

Der Kläger begehrt nach Ablauf der in der Zwangseinweisungsverfügung gesetzten Frist von der einen Obdachlosen einweisenden Behörde die Freigabe der Wohnung.[459]

§ 6 DIE ALLGEMEINE FESTSTELLUNGSKLAGE, § 43 VWGO[460]

allgemeine Feststellungsklage

Die allgemeine Feststellungsklage nach § 43 VwGO findet nur dann Anwendung, wenn sich das Klagebegehren des Klägers auf die Feststellung des Bestehens oder Nichtbestehens eines Rechtsverhältnisses oder auf die Feststellung der Nichtigkeit eines VA richtet. 548

Soweit jedoch nach dem Klagebegehren bereits eine FFK nach § 113 I S. 4 VwGO, ggf. analog, in Betracht kommt, fehlt es für die subsidiäre allgemeine Feststellungsklage an den Statthaftigkeitsvoraussetzungen (vgl. § 43 II S. 1 VwGO).

§ 7 DIE OBJEKTIVE KLAGEHÄUFUNG, § 44 VWGO

objektive Klagehäufung

Auch im Rahmen von Ordnungsrechtsklausuren ist die Möglichkeit einer objektiven Klagehäufung zu bedenken.[461] 549

§ 8 DAS WIDERSPRUCHSVERFAHREN, §§ 68 FF. VWGO

Widerspruchsverfahren auch hier nicht mehr von Relevanz

Auch in der Ordnungsrechtsklausur ist für das Widerspruchsverfahren praktisch kein Anwendungsgebiet mehr vorhanden. Durch die Regelung in § 110 I JustG NRW ist der Widerspruch sowohl für die Klage entbehrlich, als auch als eigenständiger Rechtsbehelf unstatthaft (vgl. Rn. 376). 550

458 Zur allgemeinen Leistungsklage Hemmer/Wüst, Verwaltungsrecht II, Rn. 163 ff.

459 Vgl. bereits Rn. 528.

460 Zur allgemeinen Feststellungsklage Hemmer/Wüst, Verwaltungsrecht II, Rn. 292 ff.

461 Zur objektiven Klagehäufung bereits Rn. 374 f.

§ 9 EINSTWEILIGER RECHTSSCHUTZ

einstweiliger Rechtsschutz

Hauptproblem im Bereich des einstweiligen Rechtsschutzes ist auch im Ordnungsrecht meist die Frage der Statthaftigkeit des jeweiligen Rechtsbehelfes, insbesondere die Abgrenzung zwischen einem Antrag nach § 80 V VwGO auf Anordnung bzw. Wiederherstellung der aufschiebenden Wirkung und einem Antrag auf Erlass einer einstweiligen Anordnung nach § 123 VwGO.[462] 551

In Klausurgestaltungen mit der Frage nach den Erfolgsaussichten einstweiligen Rechtsschutzes lassen sich letztlich eine Vielzahl ordnungsrechtlicher Fragestellungen einbauen.

Fallbeispiel

Zur Verdeutlichung der Problematik folgendes Fallbeispiel:

In der nordrhein-westfälischen kreisfreien Stadt Steintal herrscht seit Jahren Streit um den Abbruch eines zerfallenden, 5 m hohen Hinkelsteins auf dem Marktplatz von Steintal, der nach einer Sage ein 2.000 Jahre altes Geschenk einer Delegation gallischer Freunde gewesen sein soll. 552

Viele Bürger sind der Auffassung, dass der störende Steinhaufen beseitigt werden solle. Die von Fred F. ins Leben gerufene Bürgerinitiative „PRO STEIN" hingegen ist der Ansicht, dass das „künstlerisch wertvolle" Objekt erhalten werden müsse.

Am Montag, den 06.03.2017 beschließt der Bauausschuss von Steintal den Abbruch des Hinkelsteins im Herbst 2017.

Als Fred F. hiervon am Dienstag, den 07.03.2017 erfährt, beschließt er im Laufe der Woche, gegen diese Entscheidung zusammen mit ca. 300 Mitgliedern der Bürgerinitiative am Samstag, den 18.03.2017 auf dem Marktplatz von Steintal zu protestieren.

Am Montag, den 14.03.2017 macht Fred F. sein Vorhaben bekannt. Mit Schreiben vom 16.03.2017, eingegangen am 17.03.2017, teilt er der Stadt Steintal die geplante Protestaktion mit. Er führt in dem Schreiben aus, dass der kommende Samstag besonders günstig für die geplante Aktion sei, da zur selben Zeit auf dem Marktplatz ein Frühjahrsfest mit Krämermarkt stattfinde. Deshalb könnten viele Menschen auf das Problem aufmerksam gemacht werden.

Bei der Stadt hingegen bestehen Bedenken. So müsste z.B. mit einer Störung der bereits angespannten Verkehrslage im Zentrum von Steintal gerechnet werden, da die Bürgerinitiative auch die stark befahrenen Straßen um den Marktplatz in Anspruch nehmen wolle. Außerdem sei zu befürchten, dass durch die Aktion die Geschäftstätigkeit der Händler und Schausteller beeinträchtigt werde.

Das Hauptproblem sieht man bei der Stadt allerdings darin, dass, wie aus einschlägigen Kreisen zuverlässig zu erfahren war, mit tätlichen Aktionen einiger militanter Befürworter des Abrisses zu rechnen ist. Seitens der am Ort befindlichen Polizeiinspektion wird der Stadt mitgeteilt, dass am Samstag aufgrund dienstlicher Überlastung („Anti-Hooligan-Bundesligaeinsatz") maximal zwei Polizeibeamte abgestellt werden könnten.

Seitens der Stadt wird deshalb der Versuch unternommen, dem Fred F. am Donnerstag, dem 17.03.2017, telefonisch einen entsprechenden Kompromissvorschlag zu unterbreiten. Hierbei lässt dieser sich aber, für den anrufenden Beamten unüberhörbar, von seinem Sohn am Telefon verleugnen.

Daraufhin erlässt die Stadt Steintal noch am selben Tag aus den oben angeführten Gründen einen formell ordnungsgemäßen Bescheid, in dem die Durchführung der angemeldeten Veranstaltung nach § 15 I VersammlG verboten wird.

462 Zum einstweiligen Rechtsschutz Hemmer/Wüst, Verwaltungsrecht III.

Gleichzeitig wird in dem Bescheid die sofortige Vollziehung angeordnet. Letztere ist ordnungsgemäß begründet und stützt sich u.a. darauf, dass bei einem Abwarten einer Gerichtsentscheidung in der Hauptsache nicht wiedergutzumachende Schäden entstehen könnten. Der Bescheid wird noch am 17.03.2017 zur Post gegeben und geht dem Fred F. am Morgen des 18.03.2017 zu.

Er will die geplante Aktion am morgigen Samstag unbedingt durchführen und bittet deshalb seinen Nachbarn, den Rechtsanwalt Barney G., um Auskunft, ob noch heute, am 18.03.2017 ein Antrag auf einstweiligen Rechtsschutz Aussicht auf Erfolg habe.

Bestehen Erfolgsaussichten für einen Antrag auf einstweiligen Rechtsschutz?

1. Verwaltungsrechtsweg

Verwaltungsrechtsweg

Aufdrängende Sonderzuweisungen bestehen nicht. Aber die Streitigkeit ist öffentlich-rechtlicher Natur, da die streitentscheidenden Normen, egal ob das OBG NRW oder das VersammlG einschlägig ist, solche des Ordnungsrechts sind und damit ausschließlich Trägern öffentlicher Gewalt zuzuordnen sind. Auch ist die Streitigkeit nicht verfassungsrechtlicher Art und abdrängende Sonderzuweisungen sind nicht ersichtlich. Mithin ist der Verwaltungsrechtsweg nach § 40 I VwGO eröffnet. 553

2. Zulässigkeit eines Antrages auf einstweiligen Rechtsschutz

a) Statthafter Antrag?

statthafter Antrag: § 80 V oder § 123 VwGO?

Die VwGO kennt als mögliche Formen des einstweiligen Rechtsschutzes den Antrag nach § 80 V VwGO (bzw. § 80a III VwGO) sowie die einstweilige Anordnung nach § 123 VwGO. Beide Möglichkeiten schließen sich gemäß § 123 V VwGO gegenseitig aus. 554

entscheidend: Klageart der Hauptsache

Maßgeblich für die Art des vorläufigen Rechtsschutzes ist die mögliche Klageart in der Hauptsache. Handelt es sich hierbei um eine Anfechtungsklage, so ist regelmäßig der Antrag nach § 80 V VwGO statthaft. Für alle anderen Klagearten ist normalerweise § 123 VwGO einschlägig.

Die Klageart in der Hauptsache richtet sich nach dem Klagebegehren.

Fred F. will die Durchführbarkeit der Demonstration erreichen. Die Durchführung der Demonstration am 19.03.2017 kann er nur dadurch erreichen, dass in der Hauptsache das Versammlungsverbot (VA) aufgehoben wird. Somit ist die Anfechtungsklage gegen das Versammlungsverbot die richtige Klageart in der Hauptsache.

Folglich ist der Antrag auf Wiederherstellung der aufschiebenden Wirkung gemäß § 80 V VwGO statthaft.

hemmer-Methode: Falsch wäre es hier, in der Hauptsache eine Verpflichtungsklage anzunehmen, denn eine Versammlung unter freiem Himmel ist lediglich anmeldungs-, nicht aber genehmigungspflichtig. Das Klagebegehren richtet sich daher nicht auf die Verpflichtung der Stadt zur Erteilung einer Genehmigung der Demonstration!

b) Antragsbefugnis, § 42 II VwGO analog

Antragsbefugnis

Die Antragsbefugnis richtet sich nach der Klagebefugnis in der Hauptsache, d.h. der VA muss den Antragsteller in seinen Rechten verletzen können, § 42 II VwGO analog. 555

Fred F. könnte in seinem Grundrecht aus Art. 8 GG verletzt sein. Außerdem ist er als Adressat eines belastenden VA ohnehin antragsbefugt (da möglicherweise in Art. 2 I GG verletzt).

c) Rechtsschutzbedürfnis

fehlender Suspensiveffekt

aa) Zunächst erfordert das Rechtsschutzbedürfnis, dass ein gegen die Verfügung eingelegter Widerspruch oder eine Klage keinen Suspensiveffekt erzeugen würde. Dies ist der Fall, da die Stadt gleichzeitig mit dem Erlass des VA die sofortige Vollziehung angeordnet hat (§ 80 II S. 1 Nr. 4 VwGO). 556

bestehen Voraussetzungen hinsichtlich der Hauptsache?

bb) Es ist fraglich, welche Anforderungen darüber hinaus bezüglich der Hauptsache zu erfüllen sind. 557

vorherige Eröffnung des Widerspruchverfahrens?

Im Rahmen des § 80 V VwGO ist umstritten, ob der Antrag die vorherige Einlegung des Widerspruchs erfordert.[463] Hier stellt sich dieses Problem jedoch nicht, da das Widerspruchsverfahren in der Hauptsache gem. § 110 I S. 1 JustG NRW entbehrlich ist.

sind Anforderungen an die Anfechtungsklage zu stellen?

cc) Dass der Antrag bereits vor Erhebung der Anfechtungsklage zulässig ist, wird durch § 80 V S. 2 VwGO angeordnet. Nicht dadurch beantwortet ist aber die Frage, ob nicht gewisse Anforderungen an die Erfolgsaussichten der Hauptsache zu knüpfen sind. Der Antrag nach § 80 V VwGO kann nur die aufschiebende Wirkung solcher Hauptsacherechtsbehelfe wiederherstellen oder erstmalig anordnen, denen eine solche Wirkung nach § 80 I VwGO grundsätzlich zukäme. Unter welchen Voraussetzungen dies der Fall ist, ist umstritten.

Teilweise wird für die aufschiebende Wirkung eines Rechtsbehelfs dessen Zulässigkeit gefordert.[464] Andere sehen nur die Einhaltung einzelner Zulässigkeitserfordernisse als Voraussetzung für die aufschiebende Wirkung an.[465] Letztlich überzeugend ist hingegen, die aufschiebende Wirkung nur bei evident unzulässigen Rechtsbehelfen abzulehnen.[466] Die Prüfung der Zulässigkeit oder auch nur einzelner Zulässigkeitsvoraussetzungen ist im Hauptsacheverfahren durchzuführen. Diese Prüfung nicht in den einstweiligen Rechtschutz vorzuziehen ist ein Gebot des effektiven Rechtsschutzes, Art. 19 IV S. 1 GG. So knüpft § 80 I S. 1 VwGO die aufschiebende Wirkung auch allein an die Einlegung eines Rechtsbehelfs, nicht an dessen Zulässigkeit. Erst das Rechtsmissbrauchsverbot begründet das Entfallen der aufschiebenden Wirkung. Solange das Fehlen der Zulässigkeitsvoraussetzung noch zweifelhaft ist, wurde die Grenze zum Rechtsmissbrauch aber nicht überschritten.[467]

Vorliegend sind keine offensichtlichen Zulässigkeitsmängel der Hauptsache zu erkennen. Das Rechtschutzbedürfnis ist insoweit also gegeben.

Antrag nach § 80 IV VwGO erforderlich?

dd) Fraglich ist ferner, ob das Verfahren nach § 80 V VwGO voraussetzt, dass zuvor erfolglos ein Antrag bei der Behörde nach § 80 IV VwGO gestellt worden ist.[468] 558

Dies ist mit der h.M. zu verneinen, da es sich bei dem Verfahren nach § 80 V VwGO um ein Eilverfahren handelt, welches eine möglichst unverzügliche Bearbeitung erfordert. Zudem ergibt sich im Gegenschluss aus § 80 VI VwGO, dass ein vorheriger Antrag nur in diesen Fällen zwingend ist.

d) Antragsgegner, § 78 I Nr. 1 VwGO analog

Antragsgegner

Antragsgegner ist der Rechtsträger der Behörde, die den Ausgangs-VA erlassen hat, da die Anordnung des Sofortvollzugs stets als unselbständiger Annex zum Hauptsache-VA zu betrachten ist. 559

Antragsgegner ist somit die kreisfreie Stadt Steintal.

463 Vgl. zu diesem Streit: Hemmer/Wüst, Verwaltungsrecht III, Rn. 142 ff.

464 Klenke, NWVBl. 2005, 125 (127); Schmalz DVBl. 1992, 230 (231).

465 Kopp/Schenke § 80 Rn. 50; Hufen § 32 Rn. 6; Sodan/Ziekow/Puttler § 80 Rn. 31 f.

466 Detterbeck, Allg. VerwR, Rn. 1481: Eyermann/Schmidt § 80, Rn. 13 m.w.N.

467 Ausführlich zu diesem Streit: Hemmer/Wüst, Verwaltungsrecht III, Rn. 92 ff.

468 Vgl. Kopp/Schenke, § 80 VwGO, Rn. 136.

e) Parteifähigkeit, Prozessfähigkeit, ordnungsgemäßer Antrag, zuständiges Gericht

Parteifähigkeit

Die Stadt Steintal und Fred F. sind gemäß § 61 VwGO parteifähig. 560

Prozessfähigkeit

Die Stadt Steintal wird nach § 62 III VwGO i.V.m. § 63 I S. 1 GO NRW durch ihren Bürgermeister vertreten. Fred F. ist gemäß § 62 I Nr. 1 VwGO prozessfähig.

ordnungsgemäßer Antrag

Die Formvorschriften der §§ 81, 82 VwGO sind entsprechend heranzuziehen.

zuständiges Gericht

Zuständig ist das Gericht der Hauptsache, § 80 V VwGO.

Zwischenergebnis*:* Ein Antrag nach § 80 V VwGO auf Wiederherstellung der aufschiebenden Wirkung ist zulässig.

3. Begründetheit des Antrags nach § 80 V VwGO

Begründetheit des Antrags nach § 80 V VwGO

Der Antrag nach § 80 V VwGO ist begründet, wenn das Aussetzungsinteresse das Vollzugsinteresse überwiegt, was jedenfalls dann der Fall ist, wenn sich bei einer summarischen Prüfung ergibt, dass der VA rechtswidrig ist, da an der Vollziehung eines rechtswidrigen VA kein öffentliches Interesse bestehen kann. 561

Daneben muss die Anordnung des Sofortvollzugs i.S.v. § 80 II S. 1 Nr. 4 VwGO auch formell ordnungsgemäß zustande gekommen sein.

a) Formelle Voraussetzungen der Anordnung des Sofortvollzugs

Zuständigkeit

aa) Zuständige Behörde ist nach § 80 II S. 1 Nr. 4 VwGO sowohl die Ausgangs- als auch die Widerspruchsbehörde. Hier hat die Stadt Steintal als Ausgangsbehörde die Anordnung erlassen. 562

Anhörung

bb) Streitig ist, ob eine gesonderte Anhörung gemäß § 28 VwVfG NRW analog erforderlich ist. Dabei ist entscheidend, ob es sich bei der Anordnung um einen eigenständigen VA handelt.[469] Nach h.M. ist die Vollziehungsanordnung nur ein Annex zum VA, sodass es einer gesonderten Anhörung nicht bedarf.

Die Streitfrage kann hier aber offen bleiben, da Fred F. mit dem Telefonat am 17.03.2017 Gelegenheit zur Äußerung gegeben wurde. F ließ sich am Telefon verleugnen, sodass die Berufung auf eine Nichtanhörung rechtsmissbräuchlich wäre. Ferner wäre auch wegen der Eilbedürftigkeit eine Anhörung gemäß § 28 II Nr. 1 VwVfG NRW entbehrlich.

Begründung

cc) Laut Sachverhalt wurde die Anordnung schriftlich begründet, § 80 III S. 1 VwGO. Die Gründe gingen auch über diejenigen hinaus, die den VA notwendig gemacht haben: beim Abwarten der Entscheidung in der Hauptsache würden irreparable Schäden drohen.

c) Materielle Voraussetzungen

Interessenabwägung

In materieller Hinsicht ist der Antrag nach § 80 V VwGO begründet, wenn bei Abwägung aller Umstände davon auszugehen ist, dass das Interesse des Betroffenen an dem einstweiligen Nichtvollzug gegenüber dem öffentlichen Interesse oder dem überwiegenden Interesse eines Beteiligten an der sofortigen Vollziehung vorrangig ist. 563

i.R.d. Abwägung Einstellung der Erfolgsaussichten der Klage in der Hauptsache

Dabei sind die Erfolgsaussichten im Hauptsacheverfahren als Elemente der Interessenabwägung zu berücksichtigen. So überwiegt bei offensichtlicher Erfolglosigkeit einer Hauptsacheklage grundsätzlich das öffentliche Interesse an der sofortigen Vollziehung und umgekehrt. Daher sind die Erfolgsaussichten der Hauptsacheklage zu prüfen.

469 Zur Problematik BayVGH, BayVBl. 1988, 370.

aa) Zulässigkeit der Hauptsacheklage

Zulässigkeit einer Klage in der Hauptsache

In der Hauptsache wäre eine Anfechtungsklage zulässig. Dies ergibt sich bereits aus den Ausführungen zur Zulässigkeit des Antrags nach § 80 V VwGO.

bb) Begründetheit der Hauptsacheklage

Begründetheit einer Klage in der Hauptsache

Die Klage wäre begründet, wenn das angegriffene Versammlungsverbot rechtswidrig wäre und Fred F. dadurch in seinen Rechten verletzt würde (§ 113 I S. 1 VwGO). 564

(1) Ermächtigungsgrundlage

Ermächtigungsgrundlage

Rechtsgrundlage für das Versammlungsverbot ist § 15 I VersammlG.

(2) Formelle Rechtmäßigkeit

Zuständigkeit

(a) Die kreisfreie Stadt Steintal war für den Erlass des Versammlungsverbotes sachlich zuständig. 565

Die örtliche Zuständigkeit folgt aus § 3 I Nr. 3 lit. a VwVfG NRW.

Verfahren

(b) Zur Anhörung gilt das bereits oben Ausgeführte: Fred F. hätte am Telefon Gelegenheit zur Äußerung gehabt. Da er sich aber leugnen ließ, kann er sich nicht auf eine fehlende Anhörung berufen.

(3) Materielle Rechtmäßigkeit

materielle Rechtmäßigkeit

Das Versammlungsverbot wäre rechtmäßig, wenn es nach § 15 I VersammlG ergehen durfte. § 15 VersammlG ist im Lichte des Art. 8 GG zu sehen.[470] 566

§ 15 I VersammlG anwendbar

(a) § 15 I VersammlG ist grundsätzlich einschlägig. 567

öffentliche Versammlung

Es handelt sich bei der Protestaktion um eine bewusste und gewollte Zusammenkunft von mehr als zwei Personen in innerer Verbundenheit mit dem Ziel einer kollektiven Meinungsäußerung bzgl. Einer öffentlichen Angelegenheit. Somit liegt eine Versammlung vor.[471]

Diese soll als öffentliche Versammlung, da grundsätzlich jeder teilnehmen kann, unter freiem Himmel stattfinden, vgl. §§ 14, 15 VersammlG.[472]

Subsumtion

(b) Gemäß § 15 I VersammlG kann die Versammlung verboten werden, wenn nach den zur Zeit des Erlasses der Verfügung erkennbaren Umständen die öffentliche Sicherheit oder Ordnung bei der Durchführung der Versammlung unmittelbar gefährdet ist. 568

Verstoß gegen § 14 VersammlG

(aa) Hier könnte bei Durchführung der Versammlung eine unmittelbare Gefährdung der öffentlichen Sicherheit aufgrund einer Verletzung der Rechtsordnung vorliegen.

Fred F. hat nicht, wie in § 14 I VersammlG gefordert, die Versammlung 48 Stunden vor der Bekanntgabe angemeldet.

Allerdings würde ein Versammlungsverbot allein wegen eines Verstoßes gegen die Anmeldepflicht eine Verletzung des Grundsatzes der Verhältnismäßigkeit darstellen. Ein Verstoß gegen die Anmeldepflicht darf aufgrund der Bedeutung des Grundrechts aus Art. 8 GG nicht automatisch zum Verbot oder zur Auflösung einer Versammlung führen.[473] Es müssten also daneben weitere Gründe vorliegen.

---

470 „Brokdorf-Beschluss", BVerfGE 69, 315 ff. (= NJW 1985, 2395 ff.) = **juris**byhemmer.

471 Vgl. Rn. 274.

472 Vgl. Rn. 273-275.

473 BVerfGE 69, 315 = **juris**byhemmer.

Gefährdung der körperlichen Unversehrtheit der Versammlungsteilnehmer

(bb) Wegen der Gefährdung der körperlichen Unversehrtheit der Gruppe von Fred F. durch mögliche tätliche Angriffe der Hinkelsteingegner kann von einer Gefährdung der öffentlichen Sicherheit ausgegangen werden. 569

Hier geht die Gewalt jedoch nicht von den Demonstranten selbst aus, sodass die Demonstranten selbst als Nichtverantwortliche zu betrachten sind. Maßnahmen wären grundsätzlich gegen die militanten Hinkelsteingegner als Verantwortliche zu richten, § 17 OBG NRW analog.

Die Polizei und die Ordnungsbehörden sind grundsätzlich verpflichtet, eine Versammlung gegen Angriffe von außen zu schützen, um die Ausübung der Versammlungsfreiheit zu gewährleisten.

„Polizeilicher Notstand"

Anderes gilt dann, wenn die zu erwartenden Störungen durch die zur Verfügung stehenden Polizei- und Ordnungskräfte nicht verhindert werden können (sog. „polizeilicher Notstand", § 19 I Nr. 3 OBG NRW).[474]

Die zwei abgestellten Polizeibeamten reichen im vorliegenden Fall nicht aus, um Ausschreitungen zu verhindern. Die Maßnahme zur Gefahrenabwehr kann daher gegen die Demonstranten als Nichtverantwortliche gerichtet werden.

Verhältnismäßigkeit

Ein Versammlungsverbot als entsprechende Maßnahme ist auch verhältnismäßig, da eine Gefahrenabwehr durch Auflagen hier nicht möglich ist. Das Versammlungsverbot ist als ultima ratio gerechtfertigt.

mangelnde Kooperationsbereitschaft

Die Verhältnismäßigkeit des Versammlungsverbotes resultiert letztlich auch daraus, dass Fred F. die Versammlung erst verspätet angemeldet und dadurch die Stadt Steintal unter Zeitdruck gesetzt hat. Ein kooperatives Handeln ist durch das Verleugnenlassen des Fred F. gescheitert. [475]

Nach dem BVerfG führt eine mangelnde Kooperationsbereitschaft der Betroffenen zu einer Senkung der Eingriffsschwelle für die Behörde hinsichtlich der Eingriffe in Art. 8 GG.[476]

Verkehrsstörungen

(cc) Es ist ferner mit einer Gefahr für die öffentliche Sicherheit durch eine Störung der Verkehrslage im Zentrum von Steintal zu rechnen. 570

Bloße verkehrstechnische Gründe können aber ein Versammlungsverbot bei Berücksichtigung des Verhältnismäßigkeitsgrundsatzes grundsätzlich nicht rechtfertigen. Vielmehr müssen die Interessen der Verkehrsteilnehmer und deren Schutz aus Art. 2 I GG gegenüber dem Grundrecht der Demonstranten aus Art. 8 GG zurücktreten.[477] Eine totale Blockierung des Straßenverkehrs ist hier nicht zu befürchten.

kollidierende Berufsinteressen

(dd) Darüber hinaus könnte eine Gefahr für die öffentliche Sicherheit in der möglichen Verletzung der Berufsinteressen der Händler und Schausteller als geschütztes Individualrechtsgut, Art. 12 GG, liegen. Die Berufsinteressen der Händler und Schausteller könnten im Hinblick auf Art. 12 GG für ein Versammlungsverbot sprechen. Dann müsste zur Wahrung der Verhältnismäßigkeit eine Güterabwägung mit der Versammlungsfreiheit ergeben, dass diese zum Schutz anderer gleichartiger Rechtsgüter zurücktreten muss. Im vorliegenden Fall ist nicht ersichtlich, dass die Geschäftstätigkeit übermäßig beeinträchtigt würde. Durch die Demonstration ist eher mit einem größeren Kundenaufkommen zu rechnen. Somit ist durch entgegenstehende Interessen der Händler und Schausteller ein Versammlungsverbot nicht zu rechtfertigen. 571

474 BVerfGE 69, 361 = **juris**byhemmer.

475 Vgl. allgemein zum Kooperationsgebot Lisken/Denninger, Handbuch des Polizeirechts, S. 303 f.

476 BVerfGE 69, 357 = **juris**byhemmer.

477 BVerfGE 69, 353 = **juris**byhemmer.

Ergebnis:

Ergebnis

Das Versammlungsverbot ist rechtmäßig ergangen. 572

In der Hauptsache würde Fred F. somit offensichtlich keinen Erfolg haben. Die Abwägung fällt damit zugunsten des öffentlichen Interesses am Sofortvollzug aus, sodass ein Antrag nach § 80 V VwGO als unbegründet abgewiesen werden wird.

§ 10 SCHADENSERSATZ- UND ENTSCHÄDIGUNGSANSPRÜCHE

Schadensersatzansprüche

Hinsichtlich der Frage nach möglichen Schadensersatzansprüchen gegen Ordnungsbehörden gelten die i.R.d. Polizeirechts gemachten Ausführungen, da § 67 PolG NRW auf die §§ 39 ff. OBG NRW verweist.[478] 573

Entschädigungsansprüche

Soweit Entschädigungsansprüche geltend gemacht werden, gelten ebenfalls die bereits dargelegten Ausführungen:

Sämtliche Entschädigungsansprüche, die sich gegen den Träger der Polizei ergeben, können auch gegen den Träger der Ordnungsbehörde, die die Maßnahme getroffen hat, geltend gemacht werden.

hemmer-Methode: Merken Sie sich für Schadensersatz- und Entschädigungsansprüche also die Parallelität zwischen Polizei- und Ordnungsrecht, die sich letztlich aufgrund des § 67 PolG NRW ergibt.

478 Siehe dazu Rn. 379 ff.

WIEDERHOLUNGSFRAGEN:

RANDNUMMER

1. Rekapitulieren Sie die historische Entwicklung des Polizeibegriffes! ... *6 ff.*
2. Welcher Unterschied besteht zwischen dem Ordnungsbehördensystem und dem Einheitssystem? ... *11 f.*
3. Erläutern Sie die verschiedenen Polizeibegriffe! ... *13 ff.*
4. Welcher Polizeibegriff liegt dem POG zugrunde? ... *15*
5. Nennen Sie die wichtigsten Normkomplexe des Polizei- bzw. des Ordnungsrechts! ... *18 ff.*
6. Wie verteilt sich die Gesetzgebungskompetenz auf dem Gebiet des Polizei- und Ordnungsrechts? ... *26 f.*
7. Welchen Zweck verfolgte der MEPolG? ... *28*
8. In welchem Verhältnis stehen Polizei und Ordnungsbehörden? ... *29*
9. Wo ist die Organisation der nordrhein-westfälischen staatlichen Polizei geregelt? ... *30*
10. Legen Sie die Organisation der nordrhein-westfälischen staatlichen Polizei dar! ... *31 ff.*
11. Sind Ihnen weitere Polizeien neben der nordrhein-westfälischen staatlichen Polizei bekannt? ... *35 f.*
12. Welcher grobe Arbeitsablauf sollte bei der Lösung einer Polizeirechtsklausur eingehalten werden? ... *39 ff.*
13. Wann ist in einer Polizeirechtsklausur der Verwaltungsrechtsweg eröffnet? ... *43 ff.*
14. Nennen Sie die wichtigsten abdrängenden Sonderzuweisungen die i.R. von Polizeirechtsklausuren Bedeutung erlangen! ... *45 ff.*
15. Wann liegt ein Justizverwaltungsakt vor? ... *46 f.*
16. Wer sind die Ermittlungspersonen der Staatsanwaltschaft? ... *47*
17. Was gilt bei polizeilichen Maßnahmen, die sowohl präventive als auch repressive Zwecke verfolgen? ... *48*
18. Welche Besonderheiten sind bei der Befugnis aus § 81b Alt. 2 StPO zu beachten? ... *50*
19. Wie ist eine Freiheitsbeschränkung von einer Freiheitsentziehung abzugrenzen? ... *51*
20. Wann ist eine FFK statthaft? ... *52 ff.*
21. Welche polizeilichen Maßnahmen haben VA-Qualität? ... *55 ff.*
22. Begründen Sie, warum polizeilichen Maßnahmen aufgrund der Befugnisse aus §§ 8, 34 - 46 PolG NRW i.d.R. VA-Qualität zukommt! ... *56*
23. Warum haben Maßnahmen der Datenerhebung und Datenverarbeitung VA-Charakter? ... *58 f.*
24. Stellt die Androhung eines Zwangsmittels einen VA dar? ... *61*
25. Was gilt bezüglich der Anwendung von Zwangsmitteln? ... *62*
26. Wann tritt bei einem VA Erledigung ein? ... *63*
27. Welche Zeitpunkte sind bei der Erledigung eines VA zu unterscheiden? ... *64 f.*
28. Was ist bei der FFK hinsichtlich der Durchführung eines Widerspruchsverfahrens zu beachten? ... *67 f.*
29. Was gilt insoweit bezüglich der Klagefrist? ... *69 f.*
30. Welche Voraussetzungen hat das im Rahmen der FFK erforderliche berechtigte Interesse? ... *71 ff.*
31. Wer ist im Falle eigenständigen polizeilichen Handelns Klagegegner? ... *76*
32. Welche Besonderheiten sind bei der Amtshilfe bzw. der Vollzugshilfe zu berücksichtigen? ... *77 ff.*
33. Formulieren Sie den Obersatz einer FFK! ... *83*
34. Welche Ebenen polizeilichen Handelns sind zu unterscheiden? ... *84*

Die Zahlen verweisen auf die Randnummern des Skripts

A

B

D

E

hemmer/wüst Verlag

UNSER LERNSYSTEM IM ÜBERBLICK

VERSANDKOSTENFREI IN UNSEREM SHOP: www.hemmer-shop.de

DIE STUDENTENSKRIPTEN

DAS GRUNDWISSEN - 10 BÄNDE (je 9,90 €)

Die Grundwissenskripten sind für den Studenten in den ersten Semestern gedacht. In den Theoriebänden Grundwissen werden leicht verständlich und kurz die wichtigsten Rechtsinstitute vorgestellt und das notwendige Grundwissen vermittelt. Die Skripten werden durch den jeweiligen Band unserer Reihe „Die wichtigsten Fälle" ergänzt.

DIE BASICS - 11 BÄNDE (je 16,90 €)

Das Grundwerk für Studium und Examen. Es schafft schnell Einordnungswissen und mittels der hemmer-Methode richtiges Problembewusstsein für Klausur und Hausarbeit. Wichtig ist, wann und wie Wissen in der Klausur angewendet wird. Umfangreicher als die Grundwissenreihe und knapper als die Hauptskriptenreihe.

DIE HAUPTSKRIPTEN - 52 BÄNDE (je 19,90 €)

DAS PRÜFUNGSWISSEN:

In unseren Hauptskripten werden die für die Prüfung nötigen Zusammenhänge umfassend aufgezeigt und wiederkehrende Argumentationsketten eingeübt. Nutzen Sie die Skripten als Ihre ortsunabhängige Bibliothek - vom 1. Semester bis zum 2. Staatsexamen Ihr ideales Nachschlagewerk. Sie ersetzen das gute alte Lehrbuch. Sie sind - anders als das typische Lehrbuch - klausurorientiert. Beispielsfälle erleichtern das Verständnis. So wird Prüfungswissen auf anspruchsvollem Niveau vermittelt. Die studentenfreundliche Preisgestaltung ermöglicht den Erwerb als Gesamtwerk. So gehen Sie sicher in die Klausur.

DIE WICHTIGSTEN FÄLLE - 26 BÄNDE (je 14,80/12,80 €)

VOM FALL ZUM WISSEN:

An Grundfällen werden die prüfungstypischen Probleme übersichtlich in Musterlösungen dargestellt. Eine Kurzgliederung erleichtert den Einstieg in die Lösung. Der jeweilige Fallschwerpunkt wird grafisch hervorgehoben. Die Reihe „Die wichtigsten Fälle" ist ideal geeignet, schnell in ein Themengebiet einzusteigen. So werden Zwischenprüfung und Scheine leicht.

www.hemmer-shop.de

hemmer/wüst Verlag

UNSER LERNSYSTEM IM ÜBERBLICK

VERSANDKOSTENFREI IN UNSEREM SHOP: www.hemmer-shop.de

DIE KARTENSÄTZE

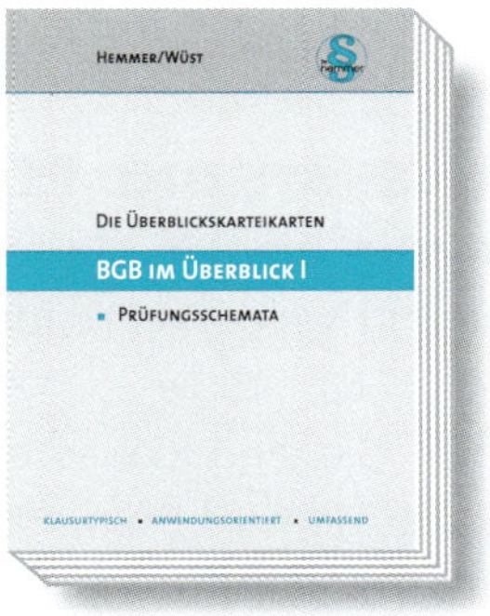

DIE ÜBERBLICKSKARTEIKARTEN - 7 SÄTZE (je 30,00/19,90 €)

ÜBER PRÜFUNGSSCHEMATA ZUM WISSEN:

Ihr Begleiter vom 1. Semester bis zum 2. Staatsexamen! In den Überblickskarteikarten sind die wichtigsten Problemfelder im Zivil-, Straf- und Öffentlichen Recht knapp, präzise und übersichtlich dargestellt. Sie erfassen effektiv auf einen Blick das Wesentliche. Die grafische Aufbereitung der Prüfungsschemata auf der Vorderseite schafft Überblick über den Prüfungsaufbau. Die Kommentierung mit der hemmer-Methode auf der Rückseite vermittelt deshalb das nötige Einordnungswissen für die Klausur und erwähnt die wichtigsten Definitionen.

DIE BASICS KARTEIKARTEN - 3 SÄTZE (je 16,90 €)

DAS PENDANT ZU DEN BASICS SKRIPTEN:

Mit dem Frage- und Antwortsystem zum notwendigen Wissen. Die Vorderseite der Karteikarte ist unterteilt in Einordnung und Frage. Der Einordnungstext erklärt den Problemkreis und führt zur Frage hin. Die Frage trifft dann den Kern der prüfungsrelevanten Thematik. Auf der Rückseite schafft der Antworttext Wissen.

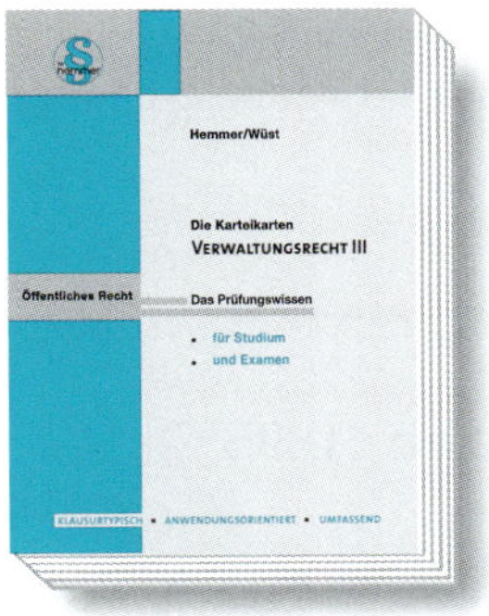

DIE HAUPTKARTEIKARTEN - 18 SÄTZE (je 16,90 €)

DAS PENDANT ZU DEN HAUPTSKRIPTEN:

Das Prüfungswissen in Karteikartenform für den, der es bevorzugt, mit Karteikarten zu lernen. Im Frage- und Antwortsystem zum Wissen. Auf der Vorderseite der Karteikarte führt ein Einordnungsteil zur Frage hin. Die Frage trifft die Kernproblematik des zu Erlernenden. Auf der Rückseite schafft der Antworttext Wissen.

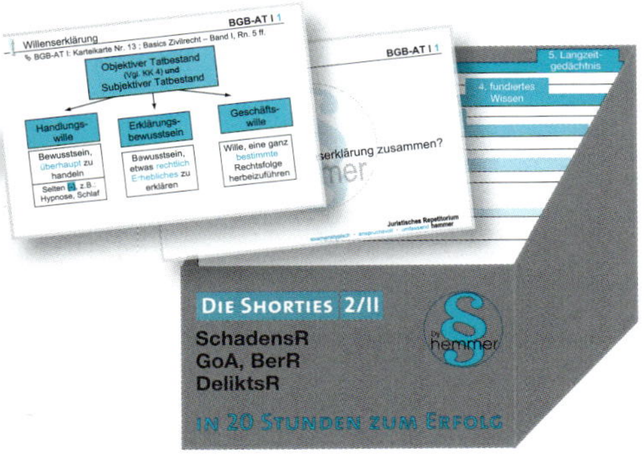

DIE SHORTIES - IN 20 STUNDEN ZUM ERFOLG IN DER HEMMER LERNBOX - 7 BOXEN (je 24,90 €)

Die kleinen Karteikarten in der hemmer Lernbox enthalten auf der Vorderseite jeweils eine Frage, welche auf der Rückseite grafisch aufbereitet beantwortet wird. Die bildhafte Darstellung ist lernpädagogisch sinnvoll. Die wichtigsten Begriffe und Themenkreise werden anwendungsspezifisch erklärt. Knapper geht es nicht - die Sounds der Juristerei! In Kürze verhelfen die Shorties so zum Erfolg.

www.hemmer-shop.de

hemmer/wüst Verlag

UNSER LERNSYSTEM IM ÜBERBLICK

VERSANDKOSTENFREI IN UNSEREM SHOP: www.hemmer-shop.de

NEU UND MODERN: UNSERE DIGITALEN PRODUKTE

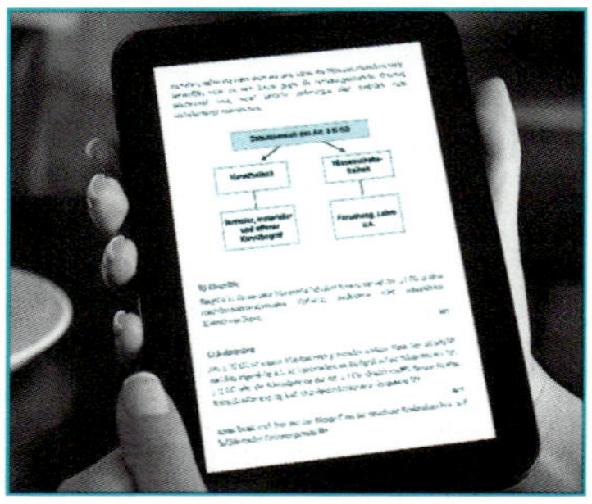

DIE EBOOKS (ab 9,90 €)

UNSERE EBOOKS ERHÄLTLICH FÜR IHRE MOBILGERÄTE UND PC'S:

In den eBooks, die mit unseren Hauptskripten identisch sind, werden die für die Prüfung nötigen Zusammenhänge umfassend aufgezeigt und wiederkehrende Argumentationsketten eingeübt.

Nutzen Sie die eBooks als Ihre ortsunabhängige Bibliothek. Sie sind klausurorientiert und zahlreiche Beispielsfälle erleichtern das Verständnis. So wird Prüfungswissen auf anspruchsvollem Niveau vermittelt. Die studentenfreundliche Preisgestaltung ermöglicht den Erwerb als Gesamtwerk. Die hemmer eBooks sind über den hemmer-shop erhältlich.

DIE APPS (je 6,99 €)

IN FÜNF STUNDEN ZUM ERFOLG:

Das Frage-Antwort-System der hemmer-Skripten als app. Das moderne Frage-Antwort-System für Ihr Handy oder Tablet:

Ideal zum Erlernen, Vertiefen und Wiederholen des prüfungsrelevanten Stoffs, auch für sog. Leerlaufphasen (z.B. in der Bahn ...).

Die Lernfragen eignen sich zur Kontrolle, ob Sie richtig gelernt haben.

Automatisches, gezieltes Wiederholen schafft Sicherheit und reduziert langfristig den Lernaufwand.

DIE AUDIOCARDS (zum Download: ab 19,95 €)

AUDITIVES LERNSYSTEM ZUM DOWNLOAD:

Die AudioCards sind auf dem aktuellen Rechtsstand der entsprechenden Hauptskripte.

Das Frage-Antwort-System der hemmer-Skripten zum Hören

Ganz nach dem Motto „Geht ins Ohr, bleibt im Kopf" verhelfen wir Ihnen mit unserem auditiven Lernsystem zu einer optimalen Prüfungsvorbereitung.

- auditiv: Der examensrelevante Stoff zum auditiven Lernen von erfahrenen Repetitoren. Ideal für schnelles Repetieren der hemmer-Skriptenreihe.
- modern: Frage-Antwort-System für Ihren i-Pod oder mp3-Player
- effektiv: Auditives Lernen optimiert die Wiederholung, im mp3-Format jederzeit verfügbar.
  Nutzen Sie Leerlaufphasen (z.B. im Auto, in der U-Bahn ...) zum Wiederholen und Vertiefen des gelernten Stoffs.

www.hemmer-shop.de

REIHE INTELLIGENTES LERNEN

hemmer/wüst Verlagsgesellschaft mbH
Mergentheimer Str. 44 / 97082 Würzburg
Tel.: 09 31 /7 97 82 38 / Fax: 09 31/7 97 82 40
Internet: www.hemmer-shop.de

ISBN 978-3-86193

Auflage/Jahr/Euro

Grundwissen für Anfangssemester

GW10 (-460-8)	BGB-AT Theorieband zu den wicht. Fällen	8.A/16 · 9,90
GW11 (-481-3)	SchuldR-AT Theorieband zu den wicht. Fällen	7.A/16 · 9,90
GW12 (-457-8)	SchuldR-BT I Theorieband zu den wicht. Fällen	7.A/16 · 9,90
GW13 (-399-1)	SchuldR-BT II Theoriebd. zu den wicht. Fällen	6.A/15 · 9,90
GW14 (-598-8)	Sachenrecht I Theorieband zu den wicht. Fällen	7.A/17 · 9,90
GW15 (-455-4)	Sachenrecht II Theorieband zu den wicht. Fällen	6.A/16 · 9,90
GW20 (-525-4)	Strafrecht AT Theorieband zu den wicht. Fällen	7.A/16 · 9,90
GW21 (-594-0)	Strafrecht BT Theorieband zu den wicht. Fällen	6.A/17 · 9,90
GW30 (-545-2)	StaatsR Theorieband zu den wicht. Fällen	7.A/17 · 9,90
GW31 (-523-0)	VerwaltungsR Theorieband zu den wicht. Fällen	7.A/16 · 9,90

Die wichtigsten Fälle

DF0 (-198-0)	Sonderband: Der Streit- und Meinungsstand im neuen Schuldrecht	5.A/13 · 14,80
DF1 (-493-6)	76 Fälle - BGB AT	9.A/16 · 12,80
DF2 (-613-8)	55 Fälle - Schuldrecht AT	10.A/17 · 12,80
DF3 (-691-6)	51 Fälle - Schuldrecht BT - Kauf/WerkV	10.A/18 · 12,80
DF4 (-518-6)	42 Fälle - GoA/Bereicherungsrecht	9.A/16 · 12,80
DF5 (-631-2)	45 Fälle - Deliktsrecht	8.A/17 · 12,80
DF6 (-517-9)	44 Fälle - Verwaltungsrecht	9.A/16 · 12,80
DF25 (-400-4)	30 Fälle - Verwaltungsrecht BT Bayern	4.A/15 · 12,80
DF7 (-453-0)	32 Fälle - Staatsrecht	10.A/16 · 12,80
DF8 (-510-0)	34 Fälle - Strafrecht AT	10.A/16 · 12,80
DF9 (-551-3)	44 Fälle Strafrecht BT I - Vermögensd.	10.A/17 · 12,80
DF10 (-618-3)	44 Fälle Strafrecht BT II - Nicht-Vermögensd.	9.A/17 · 12,80
DF11 (-461-5)	50 Fälle - Sachenrecht I	8.A/16 · 12,80
DF12 (-494-3)	43 Fälle - Sachenrecht II - ImmobiliarSR	9.A/16 · 12,80
DF13 (-567-4)	40 Fälle - ZPO I - Erkenntnisverfahren	8.A/17 · 12,80
DF14 (-485-1)	25 Fälle - ZPO II - ZwangsvollstreckungsV	7.A/16 · 12,80
DF15 (-423-3)	35 Fälle - Handelsrecht	7.A/15 · 12,80
DF16 (-506-3)	36 Fälle - Erbrecht	7.A/16 · 12,80
DF17 (-489-9)	26 Fälle - Familienrecht	8.A/16 · 12,80
DF18 (-680-0)	32 Fälle - Gesellschaftsrecht	7.A/18 · 12,80
DF19 (-515-5)	39 Fälle - Arbeitsrecht	7.A/16 · 12,80
DF20 (-533-9)	35 Fälle - Strafprozessrecht	6.A/16 · 12,80
DF21 (-428-8)	23 Fälle - Europarecht	5.A/15 · 12,80
DF22 (-422-6)	10 Fälle - Musterkl. Examen ZivilR	7.A/15 · 14,80
DF23 (-475-2)	10 Fälle - Musterkl. Examen StrafR	6.A/16 · 14,80
DF24 (-591-9)	8 Fälle - Musterkl. Examen SteuerR	9.A/17 · 14,80

Skripten Basics (110)

BI/1 (-448-6)	Zivilrecht I - BGB AT u.vertragl. SchuldV	10.A/16 · 16,90
BI/2 (-674-9)	Zivilrecht II - Sachenrecht/gesetzl. SV	9.A/18 · 16,90
BI/3 (-442-4)	Zivilrecht III - FamilienR/ErbR	8.A/15 · 16,90
BI/4 (-605-3)	Zivilrecht IV - ZivilprozessR	9.A/17 · 16,90
BI/5 (-486-8)	Zivilrecht V - Handels-/GesellschR	8.A/16 · 16,90
BI/6 (-522-3)	Zivilrecht VI - ArbeitsR	6.A/16 · 16,90
BII (-542-1)	Strafrecht	7.A/17 · 16,90
BIII/1 (-268-0)	Öffentliches Recht I -VerfassR/StaatsHR	6.A/14 · 16,90
BIII/2 (-388-5)	Öffentliches Recht II - VerwaltungsR	7.A/15 · 16,90
BIV (-403-5)	Steuerrecht - EstG & AO	9.A/15 · 16,90
BV (-512-4)	Europarecht	9.A/16 · 16,90

ISBN 978-3-86193

Auflage/Jahr/Euro

Skripten Zivilrecht (120)

1 (-415-8)	BGB-AT I, Ensteh.d.Primäranspruchs	14.A/15 · 19,90
2 (-479-0)	BGB-AT II, Scheitern des Primäranspr.	14.A/16 · 19,90
3 (-343-4)	BGB-AT III, Erlösch.d. Primäranspruchs	13.A/14 · 19,90
4 (-278-9)	Schadensersatzrecht I	8.A/14 · 19,90
5 (-492-9)	Schadensersatzrecht II	7.A/16 · 19,90
6 (-532-2)	Schadensersatzrecht III (§§ 249 ff.)	12.A/17 · 19,90
7 (-342-7)	Verbraucherschutzrecht	4.A/14 · 19,90
51 (-624-4)	Schuldrecht AT	11.A/17 · 19,90
52 (-683-1)	Schuldrecht BT I	10.A/18 · 19,90
53 (-563-6)	Schuldrecht BT II	10.A/17 · 19,90
8 (-519-3)	Bereicherungsrecht	15.A/16 · 19,90
9 (-321-2)	Deliktsrecht I	12.A/14 · 19,90
10 (-581-0)	Deliktsrecht II	10.A/17 · 19,90
11 (-619-0)	Sachenrecht I	14.A/17 · 19,90
12 (-465-3)	Sachenrecht II	11.A/16 · 19,90
12A (-378-6)	Sachenrecht III	12.A/15 · 19,90
13 (-564-3)	Kreditsicherungsrecht	12.A/17 · 19,90
14 (-483-7)	Familienrecht	13.A/16 · 19,90
15 (-459-2)	Erbrecht	13.A/16 · 19,90
16 (606-0)	Zivilprozessrecht I	13.A/17 · 19,90
17 (-633-6)	Zivilprozessrecht II	12.A/17 · 19,90
18 (-433-2)	Arbeitsrecht	15.A/15 · 19,90
19A (-462-2)	Handelsrecht	11.A/16 · 19,90
19B (-579-7)	Gesellschaftsrecht	14.A/17 · 19,90
31 (-450-9)	Herausgabeansprüche	7.A/16 · 19,90
32 (-254-3)	Rückgriffsansprüche	7.A/13 · 19,90

Skripten Strafrecht (120)

20 (-511-7)	Strafrecht AT I	13.A/16 · 19,90
21 (-671-8)	Strafrecht AT II	13.A/17 · 19,90
22 (-355-7)	Strafrecht BT I	12.A/14 · 19,90
23 (-392-2)	Strafrecht BT II	12.A/15 · 19,90
30 (-374-8)	Strafprozessordnung	11.A/15 · 19,90

Skripten Öffentliches Recht (120/130)

24 (-478-3)	Verwaltungsrecht I	13.A/16 · 19,90
25 (-630-5)	Verwaltungsrecht II	13.A/17 · 19,90
26 (-597-1)	Verwaltungsrecht III	13.A/17 · 19,90
27 (-524-7)	Staatsrecht I	12.A/16 · 19,90
28 (-287-1)	Staatsrecht II	9.A/14 · 19,90
29 (-655-8)	Europarecht	13.A/17 · 19,90
40 (-335-9)	Staatshaftungsrecht	4.A/14 · 19,90
33 (-662-6)	Baurecht/Bayern	12.A/17 · 19,90
33 (-505-6)	Baurecht/Nordrhein-Westfalen	9.A/16 · 19,90
33 (-666-4)	Baurecht/Baden-Württembg.	5.A/17 · 19,90
33 (-331-1)	Baurecht/Hessen	2.A/14 · 19,90
33 (-847-0)	Baurecht/Saarland	1.A/08 · 19,90
34 (-327-4)	Polizeirecht Bayern	10.A/14 · 19,90
34 (-097-6)	Polizei- u. Ordnungsrecht/NRW	5.A/12 · 19,90
34 (-432-5)	Polizeirecht/Baden-Württembg.	4.A/15 · 19,90
34 (-417-2)	Polizei- u. Ordnungsrecht/Hessen	2.A/15 · 19,90
34 (-028-0)	Polizei- u. Ordnungsrecht/Rheinl.-Pfalz	1.A/11 · 19,90
34 (-877-7)	Polizei- u. Sicherheitsrecht/Saarland	1.A/09 · 19,90
35 (-371-7)	Kommunalrecht/Bayern	10.A/15 · 19,90
35 (-076-1)	Kommunalrecht/NRW	8.A/11 · 19,90
35 (-541-4)	Kommunalrecht/Baden-Württembg.	5.A/17 · 19,90

hemmer/wüst
Verlagsgesellschaft mbH
Mergentheimer Str. 44 / 97082 Würzburg
Tel.: 09 31 /7 97 82 38 / Fax: 09 31/7 97 82 40
Internet: www.hemmer-shop.de

REIHE INTELLIGENTES LERNEN

ISBN 978-3-86193 — Auflage/Jahr/Euro

Lexikon/Definitionen

ISBN	Titel	Auflage/Jahr/Euro
D1 (-288-8)	Definitionen Strafrecht - schnell gemerkt	4.A/14 · 19,90
D2 (-065-5)	Legal terms für Juristen - Fachwörterbuch Englisch - Deutsch	1.A/11 · 19,90

Skripten Schwerpunkt (120)

ISBN	Titel	Auflage/Jahr/Euro
P1 (-429-5)	Kriminologie	7.A/15 · 21,90
P2 (-245-1)	Völkerrecht	8.A/13 · 21,90
P4 (-349-6)	Kapitalgesellschaftsrecht	5.A/14 · 21,90
P7 (-243-7)	Rechtsgeschichte I	3.A/13 · 21,90
P8 (-119-5)	Rechtsgeschichte II	2.A/12 · 21,90
P11 (-085-3)	Rechts- und Staatsphilosophie sowie Rechtssoziologie	2.A/11 · 21,90
P12 (-183-6)	Insolvenzrecht	3.A/12 · 21,90

Skripten Steuerrecht (120)

ISBN	Titel	Auflage/Jahr/Euro
42 (-528-5)	Abgabenordnung	9.A/16 · 21,90
43 (-267-3)	Einkommensteuerrecht	8.A/14 · 21,90

Skripten für BWL´er, WiWi & Steuerberater

ISBN	Titel	Auflage/Jahr/Euro
W1 (-430-1)	PrivatR f. BWL'er, WiWi & Steuerberat	8.A/15 · 19,90
W2 (-102-7)	Ö-Recht f. BWL'er, WiWi & Steuerberat	4.A/12 · 19,90
W3 (-480-9)	Musterkl. für's Vordiplom PrivatR	2.A/04 · 19,90
W4 (-197-6)	Musterkl. für's Vordiplom Ö-R	1.A/00 · 19,90
WF1 (-472-1)	Die 74 wicht. Fälle (BGB AT, SchuldR AT/BT)	5.A/16 · 19,90
WF2 (-247-5)	Die 44 wicht. Fälle (GoA, BerR, GesR, ...)	2.A/13 · 19,90

Skripten Fachbegriffe & Erläuterungen

ISBN	Titel	Auflage/Jahr/Euro
G1 (-146-1)	Mikroökonomie & Makroökonomie	1.A/12 · 19,90
G2 (-147-8)	Buchführung/Jahresabschl./Rechnungsw.	1.A/12 · 19,90
G6 (-151-5)	HandelsR/GesellschaftsR/WirtschaftsR	1.A/12 · 19,90
G7 (-152-2)	Öffentl. Recht/EuropaR/VölkerR	1.A/12 · 19,90

Basics Karteikarten

ISBN	Titel	Auflage/Jahr/Euro
BK1 (-329-8)	Basics - Zivilrecht	6.A/14 · 16,90
BK2 (-441-7)	Basics - Strafrecht	4.A/15 · 16,90
BK3 (-320-5)	Basics - Öffentliches Recht	4.A/14 · 16,90

Karteikarten Zivilrecht

ISBN	Titel	Auflage/Jahr/Euro
KK1 (-603-9)	BGB-AT I	10.A/17 · 16,90
KK2 (-496-7)	BGB-AT II	8.A/16 · 16,90
KK3 (-539-1)	Schuldrecht AT I	10.A/17 · 16,90
KK4 (-507-0)	Schuldrecht AT II	8.A/16 · 16,90
KK5 (-476-9)	Schuldrecht BT I (Kauf-u.WerkVR)	8.A/16 · 16,90
KK6 (-480-6)	Schuldrecht BT II	7.A/16 · 16,90
KK7 (-464-6)	Arbeitsrecht	5.A/16 · 16,90
KK8 (-413-4)	Bereicherungsrecht	7.A/15 · 16,90
KK9 (-531-5)	Deliktsrecht	7.A/16 · 16,90
KK11 (-484-4)	Sachenrecht I	9.A/16 · 16,90
KK12 (-482-0)	Sachenrecht II	8.A/16 · 16,90
KK13 (-495-0)	Kreditsicherungsrecht	4.A/16 · 16,90
KK14 (-336-6)	Familienrecht	4.A/14 · 16,90
KK15 (-188-1)	Erbrecht	4.A/13 · 16,90
KK16 (-566-7)	ZPO I	7.A/17 · 16,90
KK17 (-491-2)	ZPO II	6.A/16 · 16,90
KK18 (-358-8)	Handelsrecht	5.A/14 · 16,90
KK19 (-383-0)	Gesellschaftsrecht	6.A/15 · 16,90

ISBN 978-3-86193 — Auflage/Jahr/E

Die Shorties (Minikarteikarten) inkl. Box

ISBN	Titel	Auflage/Jahr/Euro
SH1 (-498-1)	**Box 1:** BGB AT, Schuldrecht AT	9.A/16 · 24,
SH2/I (-326-7)	**Box 2/1:** vertragliches Schuldrecht	5.A/14 · 24,
SH2/II (-514-8)	**Box 2/2:** gesetzliches Schuldrecht	6.A/16 · 24,
SH3 (-546-9)	**Box 3:** Sachenrecht, ErbR, FamR	8.A/17 · 24,
SH4 (-547-6)	**Box 4:** ZPO I/II, GesellschaftsR, HGB	7.A/17 · 24,
SH5 (-586-5)	**Box 5:** Strafrecht	10.A/17 · 24,
SH6 (-537-7)	**Box 6:** Grundrecht, StaatsOrgR, BauR, u.a.	8.A/17 · 24,
SH7 (-534-6)	**Box 7:** EuropaR, StaatshaftungsR	1.A/16 · 24,
SH8 (-513-1)	**Box 8:** ArbeitsR, StPO	1.A/16 · 24,

Karteikarten Strafrecht

ISBN	Titel	Auflage/Jahr/Euro
KK20 (-540-7)	Strafrecht AT I	9.A/17 · 16,
KK21 (-673-2)	Strafrecht-AT II	9.A/17 · 16,
KK22 (-488-2)	Strafrecht-BT I	9.A/16 · 16,
KK23 (-410-3)	Strafrecht-BT II	8.A/15 · 16,
KK24 (-409-7)	StPO	6.A/15 · 16,

Karteikarten Öffentliches Recht

ISBN	Titel	Auflage/Jahr/Euro
KK25 (-538-4)	Verwaltungsrecht I	9.A/17 · 16,
KK26 (-348-9)	Verwaltungsrecht II	6.A/14 · 16,
KK27 (-352-6)	Verwaltungsrecht III	6.A/14 · 16,
KK28 (-608-4)	Staats- u. Verfassungsrecht	10.A/17 · 16,
KK29 (-470-7)	Europarecht	4.A/16 · 16,

Überblickskarteikarten

ISBN	Titel	Auflage/Jahr/Euro
ÜK I (-669-5)	BGB im Überblick I	13.A/17 · 30,
ÜK II (-536-0)	BGB im Überblick II (Nebengebiete)	8.A/17 · 30,
ÜK III (-607-7)	StrafR im Überblick	10.A/17 · 30,
ÜK IV (-467-7)	Öffentl.-R im Überblick	10.A/16 · 19,
ÜK V (-487-5)	Öffentl.-R im Überblick II Bayern	8.A/16 · 19,
ÜK VI (-468-4)	Öffentl.-R im Überblick II NRW	3.A/16 · 19,
ÜK VII (-242-0)	Europarecht	5.A/13 · 19,

Assessor-Basics/Theoriebände (410)

ISBN	Titel	Auflage/Jahr/Euro
A IV (-401-1)	Die zivilrechtl. Anwaltsklausur/Teil 1	11.A/15 · 19,
A VII (-543-8)	Das Zivilurteil	12.A/17 · 19,
A VIII (-544-5)	Die Strafrechtskl. im Assessorexamen	8.A/17 · 19,
A IX (-412-7)	Die Assessorklausur Öffentl. Recht	6.A/15 · 19,

Assessor-Basics/Klausurentraining

ISBN	Titel	Auflage/Jahr/Euro
A I (-471-4)	Zivilurteile	17.A/16 · 19,
A II (-535-3)	Arbeitsrecht	15.A/17 · 19,
A III (-411-0)	Strafrecht	12.A/15 · 19,
A V (-396-0)	Zivilrechtl. Anwaltsklausuren/Teil 2	11.A/15 · 19,
A VI (-390-8)	Öff.rechtl. u. strafrechtl.Anwaltskl.	6.A/15 · 19,

Assessorkarteikarten

ISBN	Titel	Auflage/Jahr/Euro
AK I (-645-9)	Zivilprozessrecht im Überblick	7.A/17 · 19,
AK II (-516-2)	Strafprozessrecht im Überblick	8.A/16 · 19,
AK III (-384-7)	Öffentliches Recht im Überblick	5.A/15 · 19,
AK IV (-676-3)	Familienrecht im Überblick	3.A/18 · 19,

hemmer/wüst
Verlagsgesellschaft mbH
Mergentheimer Str. 44 / 97082 Würzburg
Tel.: 09 31 /7 97 82 38 / Fax: 09 31/7 97 82 40
Internet: www.hemmer-shop.de

Sonderartikel

Euro

Lernkarteikartenbox (28.01)

LB ______ Die praktische Lernbox für die Karteikarten 1,99

S 810 ______ Din A4, 80 Blatt 10er Pack 17,50

S1 ______ **Der Referendar (70.01)**
24 Monate zwischen Genie und Wahnsinn (Format A6) 9,80

S2 ______ **Der Rechtsanwalt (70.02)**
Meine größten Rein-) Fälle (Format A6) 9,80

S3 ______ **Der Jurist (70.03)**
Ein Lehrbuch für Leader (Format A6) 9,80

S5 ______ **Coach dich! (70.05)**
Psychologischer Ratgeber 19,80

S6 ______ **Lebendiges Reden (70.06)**
Psychologischer Ratgeber inkl. Audio-CD 21,80

S7 ______ **NLP für Einsteiger (71.01)**
Psychologischer Ratgeber 12,80

S8 ______ **Prüfungen als Herausforderung (70.08)**
Psychologischer Ratgeber 14,80

______ **Wiederholungsmappe (75.01)** 9,90
Intelligentes Lernen
inkl. Handbuch und Kurzskript

______ **Ordner hemmer.group (88.20)** 2,50
Ringbuchmappe für Einlagen, DIN A4

(-200-0) ____ **Die wahren Paradiese - 15 traumhafte Gärten** 39,80
Gebunden (Hardcover) mit Schutzumschlag, 208 Seiten
(275 x 255 mm)

(-500-1) ____ **Vom „Baumeland" zum Traumgarten** 34,80
Ein ländlicher Garten mit mediterranem Charme
Gebunden (Hardcover) mit Schutzumschlag, 180 Seiten
(275 x 255 mm) - 1. Auflage Mai 2016
Ein Buch über den eigenen Garten
Die intensive Beschäftigung mit dem Thema Garten seit mehr als zwanzig Jahren, all die Tätigkeiten im Jahreslauf, das Erleben der Natur und die Erfahrungen, die ich gemacht habe, fließen in dieses Werk über unseren Garten ein. Es werden sowohl die Entstehung der Gartenanlage als auch die vier Jahreszeiten mit den dazugehörenden Aufgaben im Garten beschrieben.

Life&Law

Euro

______ Einzelheft der Life&LAW 6,80

AboLL ______ Abonnement der Life&LAW
Life&Law 3 Monate kostenfrei,
danach erhalten Sie die Life&Law zum Preis von 5,80

LLJ ______ Life&LAW Jahrgangsband 1999 - 2015
______ bitte Jahrgang eintragen je 50,00

LLJ14 ______ Life&LAW Jahrgangsband 2016 80,00

LLE ______ Einband für Life&LAW Jahrgang je 6,00

Die AnwaltsBasics

978-3-9813969-0-4 ______ **Die AnwaltsBasics Erbrecht**
1. Auflage, November 2010, 429 S. 39,90

978-3-9813969-5-9 ______ **Die AnwaltsBasics Mediation**
erweiterte 2. Auflage, November 2013, 237 S. 23,90

Endsumme:

Lieferung erfolgt in aktueller Auflage

Kundennummer D

Prüfen Sie in Ruhe zuhause!
Alle Produkte dürfen innerhalb von 14 Tagen an den Verlag (Originalzustand) zurückgeschickt werden. Es wird ein uneingeschränktes gesetzliches Rückgaberecht gewährt. Hinweis: Der Besteller trägt bei einem Bestellwert bis 40 Euro die Kosten der Rücksendung. Über 40 Euro Bestellwert trägt er ebenfalls die Kosten, wenn zum Zeitpunkt der Rückgabe noch keine (An-) Zahlung geleistet wurde.

Die Lieferung erfolgt (ausschließlich innerhalb Deutschlands) versandkostenfrei an Ihre angegebene Adresse.
Ich weiß, dass meine Bestellung nur bearbeitet wird, wenn ich zum Einzug ermächtige. Bestellungen auf Rechnung können nicht berücksichtigt werden.
Bei fehlerhaften oder unleserlichen Angaben, sowie einer Rücklastschrift aufgrund Nichtdeckung meines Kontos wird der branchenübliche Schaden in Rechnung gestellt. Der Kunde ist berechtigt, diesem Pauschalbetrag den Nachweis entgegenzuhalten, dass nur ein geringerer Schaden entstanden ist. Die Lieferung erfolgt unter Eigentumsvorbehalt.

Name: ______ Vorname: ______

Adresse: ______

Telefon: ______ e-mail-adresse: ______

Buchen Sie die Endsumme von meinem Konto ab:

Konto-Nr.: ______ Bankleitzahl: ______

Bank: ______ BIC: ______

IBAN: ______

Ort, Datum: ______ Unterschrift: ______

HEMMER/WÜST VERLAG

DIGITAL EDITION

by hemmer

UNSERE EBOOKS ERHÄLTLICH FÜR IHRE MOBILGERÄTE UND PC‘S:

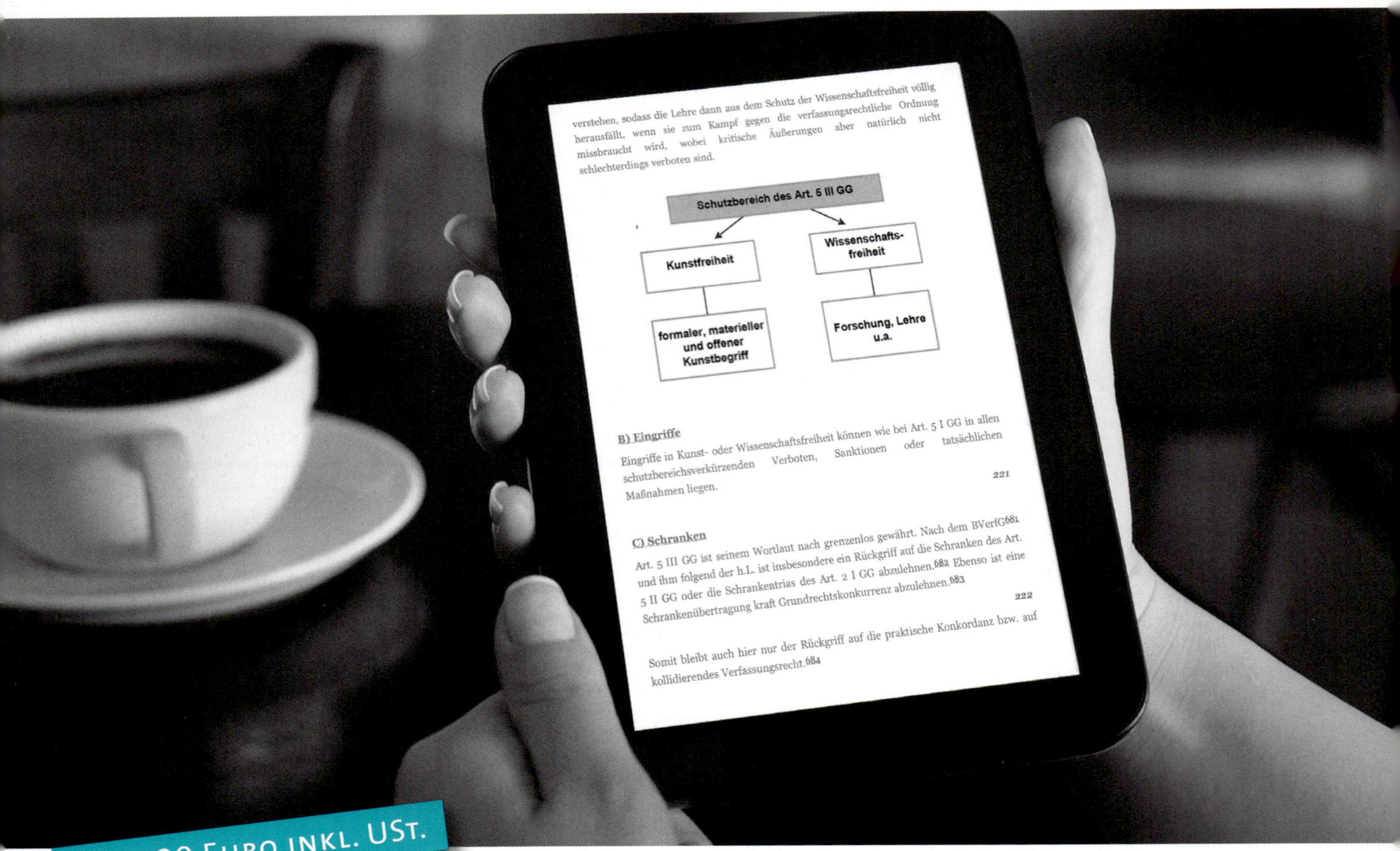

AB: 9,90 EURO INKL. UST.

ERHÄLTLICHE EBOOKS AUS DEN RUBRIKEN:

- GRUNDWISSEN
- DIE WICHTIGSTEN FÄLLE
- BASICS
- HAUPTSKRIPTE ZIVILRECHT
- HAUPTSKRIPTE STRAFRECHT
- HAUPTSKRIPTE ÖFFENTLICHES RECHT
- SCHWERPUNKT
- STEUERRECHT
- DIE ANWALTSBASICS
- BWLER, WIWIS & STEUERBERATER
- ASSESSORSKRIPTE
- PHILSOPH.-PSYCHOLOG. RATGEBER

SIE FINDEN UNSERE EBOOKS UNTER

WWW.HEMMER-SHOP.DE